神殺

# 신살론 - 길흉화복을 간명하는 힘

초판발행 2025년 01월 01일
초판인쇄 2025년 01월 01일
지은이 김 철 주
펴낸이 김 민 철

등록번호 제 4 -197호
등록일자 1992.12.05

펴낸곳 도서출판 문원북
주  소 서울시 마포구 토정로 222 한국출판콘텐츠센터 422
전  화 02-2634-9846
팩  스 02-2365-9846
메  일 wellpine@hanmail.net
카  페 cafe.daum.net/samjai
블로그 blog.naver.com/gold7265

ISBN 978-89-7461-512-3
규  격 152mmx225mm
책  값 25,000원

길흉화복을 간명하는 힘

# 신 살 론

문원북 BOOK

# 📖 들어가는 길

사주학에서 활용되는 지지의 형충파해(形沖破害) 이론은 서양 점성학의 행성 간 각도(角度) 이론과 밀접한 관련이 있다고 한다. 이는 신살론(神殺論)의 배경과도 일치하며, 박영창 교수가 논문에서 말하길 사주학에서 활용된 상당한 이론들이 서양 점성학에서 유래(由來)했다고 주장했는데 상당히 타당하다고 생각을 한다. 신살론(神殺論)의 배경은 행성 간 각도(角度)에서 나오는 압력(壓力)과 배척(排斥) 운동의 일환으로 볼 수 있으며, 이러한 각도(角度)로 인해 형성된 형충파해(形沖破害) 이론도 신살론(神殺論)과 그 기반을 공유(共有)한다고 이해하면 좋겠다. 대표적인 책으로는 칠정사여(七政四餘)가 있다.

서양의 점성학(占星學)은 기원전 3천 년경 수메르 문명에서 시작되었으며, 사주학은 남북조(南北朝) 시대 이후에 확립되었다. 서양 점성학이 인도를 거쳐 중국에 전래된 시기는 당나라 시대로 추정되며, 당나라 정원(貞元) 년간에 이필건이라는 바라문교의 제자가 점성학(占星學)인 십일성행력(十一星行曆)을 중국에 전했다는 기록이 있다.

사주학 창시자 중 한 사람으로 추정되는 원천강의 원천강오성삼명지남(袁天綱五星三命指南)이라는 책에서 사주(四柱)라는 단어가 처음 등장했으며, 그 내용을 보면 전반부는 사주학이고 후반부는 점성학으로 구성이 되어 있다. 이는 사주학과 점성학이 이미 당나라 시대에 융합(融合)되었음을 보여준다.

명리학의 고전인 삼명통회(三命通會)와 명리정종(命理正宗)에서는 서양 점성학의 내용을 다룬 오성술(五星術)이 수록되어 있다. 명리학이 성립되기 전부터 사람들은 하늘의 별을 보고 길흉을 점쳤고, 이는 점성학의 발전과 훗날 사주학에도 영향을 미쳤다. 서양의 점성학이 중국에 전래되어 발전한 것이 칠정사여(七政四餘)와 오성학(五星學)이며, 사주명리학의 형성 과정에 큰 영향을 끼쳤다.

오성학(五星學)의 구성 이론에서는 오성(五星)에 천간과 지지와 오행을 배정하고 있으며, 이는 십간변요표로 정리할 수 있다. 이 도표에서 행성 간의 길흉 작용은 사주의 십신 작용과 일치하며, 천간의 신살(神殺)이 십성(十星)으로 변형되어 있음을 확인할 수 있다. 사주학의 십신(十神)은 이를 받아들여 명리학에 응용한 것이며, 신살(神殺) 이론도 명리학에서 응용되었다. 과거에는 사주학(四柱學)과 오성학(五星學)이 운명학의 쌍벽을 이루었으며, 두 가지 학설에 능통한 사람들이 많았다. 육오 만민영도 그 중에 한 현자(賢者)로 뽑을 수 있는데, 육오 만민영은 그의 삼명통회에서 자기의 사주팔자를 논평한 글이 있다. 바로 오성학의 내용과 사주학의 이론을 함께 다룬 것이다.

'나의 명(命)은 경인일(庚寅日)이 12월 대한(大寒) 후에 출생하여 태양이 축궁(丑宮) 두 19도에 있고, 천월이덕(天月二德)이 경(庚)에 있으니 일주에 속하고 또 경(庚)에게 축(丑)이 귀인이다. 그러므로 장성부덕(將星扶德), 천을가림(天乙加臨)이다. 경(庚)이 축월(丑月)에 탄생하니 비록 휴(休)이지만 약하지 않다. 년이 임오(壬午)이니 본즉, 왕(旺)이고, 시(時)가 병술(丙戌)이니 사주에 편관이 있다. 그러므로 병형(兵刑)을 담당하였고, 청대(淸臺)의 벼슬을 했지만, 일주가 휴폐(休廢)하였기 때문에 벼슬이 크지 않았다.

이와 같은 육오 만민영의 간명에서는 오늘날의 사주학이 신살을 어떠한 방향으로 연구해야 할지를 암묵적으로 제시하고 있는 것이다.

과거에는 천문(天門)에 능통한 대현자(大賢者)들이 많았다고 하는데, 오늘날에는 현자(賢者)를 손꼽아 찾기 어렵다. 그 중의 유력한 원인으로는 명리학에서는 천문(天門) 신살(神殺)을 아류(亞流)로 보기 때문이라는 추측(推測)도 있다. 그래서 사주학(四柱學)의 부족한 면을 스스로 깨닫고 채우려고 하는 학인(學人)이라면 오성학(五星學)의 신살론(神殺論)이 대안(代案)이 될 수 있다는 생각을 해본다. 오성학(五星學)으로 대변(代辯)이 되는 신살론(神殺論)을 학습하여 통변술(通辯術)에 응용한다면 마치 천문지리를 통달(通達)한 현자(賢者)와 같은 고귀(高貴)한 길로 첫 발을 딛게 됨을 믿어 의심치 않는다.

甲辰年 辛未月 甲戌日 **甲辰** 拜上

# 목/차

(3)유년(流年)의 충(沖)을 당하는 시기에는 이동해주는 것
　　이 이롭다.

(4)어느 글자를 만나는가에 따라 운명이 바뀌지만 성패는
　　비슷하다.

(5)재고(財庫)를 볼 줄 알아야 한다.

# 02장 신살상학론(神殺象學論)

# 03장 현대인이 조심해야 할 신살(神殺)

# 04장   상학(象學) 실전법(實戰法) 사례 90제

# 1장

## 신살정론(神殺正論)

# 01 신살론(神殺論)의 정의(定義)

## 1) 신살(神殺)의 유래(由來)

신살은 오성학(五星學)에서 발생한 것으로 정확하게는 칠정사여(七政四餘)에서 기원(起源)을 합니다. 칠정사여(七政四餘)의 성요법(星曜法)은 별의 위치나 빛을 보아 길흉(吉凶)을 점치는 술법(術法)으로 성좌(星座)들이 교차(交叉)하고 모이는 삼합(三合)과 사정(四正)의 4방위에 위치하는 12궁의 위치로 길흉을 판단하는 학문입니다. 이것은 인생의 화복(禍福)의 길흉(吉凶)과 장수(長壽)와 요절(夭折), 궁핍(窮乏)등을 판단함에 있어서 대단히 정확하였습니다.

이러한 이론은 나중에 자미두수(紫微斗數)로 발전하였는데 중국 역사에서 명리학 같은 술법은 비교적 늦게 발달했습니다. 칠정성학(七政星學)은 고대 왕실의 전용물로 여겨 일반인들의 사용을 엄격히 금하였기 때문에 일반인들의 전수(傳受)가 쉽지를 않았지만, 고대부터 지금까지 암암리에 승계되어 온 점이 있었는데 감덕, 사마천, 장과로, 석신, 일행선사, 소강절, 양균송, 나율순, 원천강, 제갈량, 유백온, 오사청등과 같은 많은 현자(賢者)들이 널리 활용한 비술(祕術)이 됩니다.

초기의 점술(占術)은 대부분 나라의 운세, 전쟁의 승패, 자연재해, 풍년 여부 등을 점치는 데 쓰였습니다. 사기(史記)에 따르면 한무제 시대에 여러 학사들이 같은 날의 택일에 대해 별자리에 대한 다른 해석을 내놓아 논쟁이 있었다고 합니다. 따라서 신살(神煞) 이론은 택일(擇日)에 영향을 미치게 됨을 알 수가 있겠는데 이것이 훗날 사주 추명학에도 영향을 끼치게 됩니다.

## 2) 신살(神殺)의 원리(原理)

신살(神殺)이란 넓은 범위로 보면 성좌(星座)들의 오행쇠왕생극과 합형충파해를 표시한 기호(記號)라고 이해하면 됩니다. 이것들이 훗날 사주추명학에서 비견, 겁재등의 십신(十神)과 형충파해와 12운성(十二運星)으로 정착이 된 것입니다. 한 마디로 정의하자면, 형충파해와 십신들의 근본을 살펴보면 모두 행성의 움직임을 포착하여 만들어진 신살의 한 종류이며 칠정사여(七政四餘)를 통해 일부는 명리학(命理學)의 정설(定說)이 되었거나 혹은 변질(變質)이 되지 않은채 그대로 12신살로 내려온 것입니다.

그러므로 칠정사여(七政四餘)에서 발원한 것이 오성학(五星學)이었으므로 12운성의 이동을 오행으로 파악한 것은 오행학(五行學)이 되었고 음양(陰陽)오행으로 분류한 것은 십신(十神)이 되는 것입니다. 곧 천간대 지지를 분류해 놓은 행성의 움직임이 12궁성이고 천간대천간의 행성의 움직임을 음양(陰陽)으로 분류한 것이 십신입니다.

이와 같은 이론은 다음의 십간변요표(十干變曜表)를 보면 확인이 될 수 있습니다. 황도12궁은 12지지로 표시할 수 있는데 12지지에 어떤 행성이 위치하게 되는가에 따라 12행성 상호간의 각도(角度)를 측정할 수 있게 됩니다. 그것이 바로 지지의 형중회합 관계로 표출되는 것입니다.

년간별(年干別)로 10개를 일목요연하게 정리하면, 다음의 십간 변요표(十干變曜表)와 같습니다.

# 【십간 변요표十干 變曜表】

| 년간 | 甲 | 乙 | 丙 | 丁 | 戊 | 己 | 庚 | 辛 | 壬 | 癸 | 해설 |
|---|---|---|---|---|---|---|---|---|---|---|---|
| 天祿 천록 | 화성 | 월패 | 목성 | 금성 | 토성 | 달 | 수성 | 자기 | 계도 | 나후 | 비견 |
| 劫財 겁재 | 월패 | 화성 | 금성 | 목성 | 달 | 토성 | 자기 | 수성 | 나후 | 계도 | 겁재 |
| 傷官 상관 | 금성 | 목성 | 달 | 토성 | 자기 | 수성 | 나후 | 계도 | 월패 | 화성 | 상관 |
| 天福 천복 | 목성 | 금성 | 토성 | 달 | 수성 | 자기 | 계도 | 나후 | 화성 | 월패 | 식신 |
| 正財 정재 | 달 | 토성 | 자기 | 수성 | 나후 | 계도 | 월패 | 화성 | 금성 | 목성 | 편재 |
| 天陰 천음 | 토성 | 달 | 수성 | 자기 | 계도 | 나후 | 화성 | 월패 | 목성 | 금성 | 편재 |
| 天貴 천귀 | 달 | 수성 | 자기 | 계도 | 나후 | 화성 | 월패 | 목성 | 금성 | 토성 | 天合 |
| 正官 정관 | 자기 | 수성 | 나후 | 계도 | 월패 | 화성 | 금성 | 목성 | 달 | 토성 | 정관 |
| 天刑 천형 | 수성 | 자기 | 계도 | 나후 | 화성 | 월패 | 목성 | 금성 | 토성 | 달 | 칠살 |
| 正印 정인 | 나후 | 계도 | 월패 | 화성 | 금성 | 목성 | 달 | 토성 | 자기 | 수성 | 인수 |
| 天囚 천수 | 계도 | 나후 | 화성 | 월패 | 목성 | 금성 | 토성 | 달 | 수성 | 자기 | 편인 |
| 天權 천권 | 나후 | 화성 | 월패 | 목성 | 금성 | 토성 | 달 | 수성 | 자기 | 계도 | 印劫 |

[자료는 박영창교수]

이 도표에 의하면 행성 상호간의 길흉 작용은 사주에서의 십신(十神)작용과 일치한다는 사실을 알 수가 있습니다. 이것은 사주학과 점성학이 깊은 연관성을 가지고 있음을 증명하는 것입니다.

십간(十干)은 10가지인데, 실제로 년도(年度)를 표기하는 방법은 60갑자를 따르기 때문에 오성학에서는 60갑자에 납음오행을 붙여서 납음오행과 행성과의 관계를 가지고 길흉 판단하는 방법을 고안해냈습니다. 그러므로 사주학의 신살은 모두 오성학에서는 년주(年柱)기준으로 신살을 정하였기 때문에, 그 영향으로 현대 사주학에서도 년지(年支) 기준으로 신살을 정하고 있습니다. 그러나 서자평 이후로는 일주(日柱)를 위주로 간명하기 때문에 일주를 기준으로 한 신살도 함께 배정하게 되었습니다. 그래서 현대 명리학에서는 년주기준과 일주기준을 가지고 신살을 배정합니다. 따라서 12궁성의 움직임에 의해 12신살을 추출해 내는 법식이 있는데 다음 아래와 같습니다.

## 【12궁성에서 십이신살(十二神煞)이 나오는 원리】

| 運星 | 生 | 浴 | 帶 | 祿 | 旺 | 衰 | 病 | 死 | 墓 | 絶 | 胎 | 養 |
|---|---|---|---|---|---|---|---|---|---|---|---|---|
| 年支 | 地殺 | 桃花 | 月殺 | 亡身 | 將星 | 攀鞍 | 驛馬 | 六厄 | 華蓋 | 劫殺 | 災殺 | 天殺 |
| 亥卯未 | 亥 | 子 | 丑 | 寅 | 卯 | 辰 | 巳 | 午 | 未 | 申 | 酉 | 戌 |
| 寅午戌 | 寅 | 卯 | 辰 | 巳 | 午 | 未 | 申 | 酉 | 戌 | 亥 | 子 | 丑 |
| 巳酉丑 | 巳 | 午 | 未 | 申 | 酉 | 戌 | 亥 | 子 | 丑 | 寅 | 卯 | 辰 |
| 申子辰 | 申 | 酉 | 戌 | 亥 | 子 | 丑 | 寅 | 卯 | 辰 | 巳 | 午 | 未 |

## 【12궁성에서 십신(十神)이 나오는 원리】

| 日干 | 甲 | 乙 | 丙 | 丁 | 戊 | 己 | 庚 | 辛 | 壬 | 癸 |
|---|---|---|---|---|---|---|---|---|---|---|
| 紅艶 | 午 | 午 | 寅 | 未 | 辰 | 辰 | 戌 | 酉 | 子 | 申 |
| 運星 | 死 | 生 | 生 | 帶 | 帶 | 衰 | 衰 | 祿 | 旺 | 死 |
| 十星 | 傷官 | 食神 | 偏印 | 食神 | 比肩 | 劫財 | 偏印 | 比肩 | 比肩 | 正印 |
| 支勢 | 四正 | 四正 | 四孟 | 四庫 | 四庫 | 四庫 | 四庫 | 四正 | 四正 | 四孟 |

## (1) 간지(干支)에 따른 구분

① 천간(天干) 대 천간(天干) : 십신(十神)
② 천간(天干) 대 지지(地支) : 양인, 비인, 금여, 암록, 문창 등
③ 천간(天干) 대 월지(月支) : 천덕, 월덕, 월장 등
④ 지지(地支) 대 지지(地支) : 역마, 겁살 천살 도화 장성 망신 등

### 【천간 대 지지(天干對地支)신살】

| 십간 | 甲 | 乙 | 丙 | 丁 | 戊 | 己 | 庚 | 辛 | 壬 | 癸 |
|------|----|----|----|----|----|----|----|----|----|----|
| 祿 | 寅 | 卯 | 巳 | 午 | 巳 | 午 | 申 | 酉 | 亥 | 子 |
| 羊刃 | 卯 | 辰 | 午 | 未 | 午 | 未 | 酉 | 戌 | 子 | 丑 |
| 飛刃 | 酉 | 戌 | 子 | 丑 | 子 | 丑 | 卯 | 辰 | 午 | 未 |
| 金與 | 辰 | 巳 | 未 | 申 | 未 | 申 | 戌 | 亥 | 丑 | 寅 |
| 暗祿 | 亥 | 戌 | 申 | 未 | 申 | 未 | 巳 | 辰 | 寅 | 丑 |
| 文昌 | 巳 | 午 | 申 | 酉 | 申 | 酉 | 亥 | 子 | 寅 | 卯 |

### 【천간 대 지지(天干對地支)신살】

| 방국 | 寅卯辰 | 巳午未 | 申酉戌 | 亥子丑 |
|------|-------|-------|-------|-------|
| 孤神고신 | 巳 | 申 | 亥 | 寅 |
| 寡宿과숙 | 丑 | 辰 | 未 | 戌 |
| 隔角격각 | 午 | 酉 | 子 | 卯 |

## 【월지 대 천간 신살】

| 月支 | 寅 | 卯 | 辰 | 巳 | 午 | 未 | 申 | 酉 | 戌 | 亥 | 子 | 丑 |
|------|----|----|----|----|----|----|----|----|----|----|----|----|
| 天德 | 丁 | 申 | 未 | 辛 | 亥 | 甲 | 癸 | 寅 | 丙 | 乙 | 巳 | 庚 |
| 月德 | 丙 | 甲 | 壬 | 庚 | 丙 | 甲 | 壬 | 庚 | 丙 | 甲 | 壬 | 庚 |
| 月將 | 亥 | 戌 | 酉 | 申 | 未 | 午 | 巳 | 辰 | 卯 | 寅 | 丑 | 子 |

## 【천을귀인天乙貴人】

| 天乙 | 甲 | 乙 | 丙 | 丁 | 戊 | 己 | 庚 | 辛 | 壬 | 癸 |
|------|----|----|----|----|----|----|----|----|----|----|
| 陽貴 | 未 | 申 | 酉 | 亥 | 丑 | 子 | 丑 | 寅 | 卯 | 巳 |
| 陰貴 | 丑 | 子 | 亥 | 酉 | 未 | 申 | 未 | 午 | 巳 | 卯 |

## (2) 신살의 분류

| 분류 | 신살 |
|------|------|
| 납음오행 | 학당, 사관, 정인, 백호살 |
| 오행임관 | 옥당천을귀인, 문창성 |
| 삼합국 | 역마, 육액, 화개, 겁살, 재살, 천살, 지살, 년살, 월살, 망신,장성, 반안 |
| 방위 | 고신, 과숙, 격각살 |
| 사충 | 암금적살 신음, 파쇄, 백의 |
| 월건 | 천덕, 월덕, 월장 |
| 사후 | 진신, 교신, 퇴신, 복신 |
| 일 | 천중살(공망), 대패, 절로공망 |
| 태세 | 원신, 대모, 택묘, 구교, 상문, 조객, 병부 |

## (3) 형충회합(刑沖會合)이론은 어디서 근원하였는가

### ① 충(沖)의 원리

점성학에서는 행성(行星)이 지구(地球)에 대(對)하여 태양(太陽)과 정반대(正反對)의 이치(理致)에 오는 시각(時刻)을 대궁(對宮)의 충(沖)이라 표현을 합니다. 곧 행성(行星)과 태양(太陽)의 적경(赤經)의 차가 각도 180°를 구성하는 것입니다. 그런데 180도의 충(衝)이라는 관계가 그 객체나 대상 둘 다에게 결코 편하지 않은 관계 내지는 상황이라는 것은 명백합니다.

그래서 점성학에서는 천궁도에서 행성끼리 180도의 각도를 이루는 것을 흉하다고 말을 하였는데, 사주명리학에서는 이러한 충(沖)의 발생은 충돌, 이별, 소멸, 사고 ,재난의 뜻을 가진다고 논하고 있습니다.

예를 들면 자궁(子宮)과 오궁(午宮)의 행성들은 각기 180도의 각도를 이루고 있습니다. 자궁(子宮)과 묘궁(卯宮)은 90도의 각도를 이루고, 자궁(子宮)과 유궁(酉宮)도 90도를 구성합니다. 자궁(子宮)과 진궁(辰宮)은 120도의 각도를 이루고, 자궁(子宮)과 신궁(申宮) 역시 120도를 이루고 있습니다. 여기서 190도의 대궁(對宮)을 바라다보는 것을 충(沖)이라 명칭 하였는데 가장 멀리 있기 때문에 이 둘이 충돌하면 가장 강렬한 파괴가 일어난다고 생각했던 것입니다. 여기서 180도 대궁(對宮)으로 가장 먼 행성은 충(沖)이 되고, 90도 각도를 구성하는 행성들은 형파(刑破)를 구성합니다.

| 천궁도상 행성끼리 180도의 각도를 이루는 성좌 충살(衝殺) | | | | | |
|---|---|---|---|---|---|
| 子-午 | 丑-未 | 寅-申 | 卯-酉 | 辰-戌 | 巳-亥 |

## ② 형(刑)의 원리

점성학에서는 각 행성끼리 90도 각도로 구성하는 성좌들을 형(刑)이라 하여 흉(凶)하게 보고 있습니다. 사주 명리학에서는 이 이론을 받아들여 형살(刑殺)은 사고, 재난, 권세, 고집, 무례의 뜻이 있다고 명명(命名)합니다.

| 천궁도상 행성끼리 90도의 각도를 이루는 성좌 형살(刑殺) | | |
|---|---|---|
| 子 卯 | 丑戌未 | 寅巳申 |

## ③ 파(破)의 원리

점성학에서는 각 행성들이 90도에 좌하는 거리를 두고 파살(破殺)이라 하여 흉하게 보고 있습니다. 사주학에서도 이를 응용하여 파살(破殺)이라 하여 파괴(破壞), 분리(分離), 절단(切斷)의 뜻이 있다고 설명을 합니다.

| 천궁도상 행성끼리 90도의 각도를 이루는 성좌 파살(破殺) | | | | | |
|---|---|---|---|---|---|
| 子-酉 | 丑-辰 | 寅-亥 | 卯-午 | 巳-申 | 未-戌 |

## ④ 해(害)의 원리

서양 점성학에서는 육합(六合)을 방해하는 요소로 해살(害殺)을 설명합니다. 육합은 두 개의 행성이 서로 좋은 관계를 맺는 것을 의미합니다. 하지만 두 행성 중 하나를 충(冲)하는 제3의 행성이 나타난다면, 이 제3의 행성으로 인해 육합이 방해받게 됩니다.

예를 들어, 인(寅)과 해(亥)가 육합(六合)하려고 할 때 사(巳)가 개입하면, 사(巳)는 해(亥)를 충(冲)하여 인(寅)이 해(亥)와 육합(六合)할 시간이 없게 만듭니다. 이런 경우 인(寅)과 사(巳)는 부조화의 관계를 이루며 이를 인사해(寅巳害)라고 합니다.

요약하면, 해살(害殺)은 육합을 방해하여 두 행성 간의 조화로운 관계를 깨트리는 요소입니다. 점성학에서는 해살(害殺)을 흉하다고 논(論)했는데 사주

명리학에서는 해살(害殺)을 파괴, 시비, 사고, 형액, 모략, 갈등을 뜻한다고 설명합니다.

| 천궁도상 행성끼리 90도의 각도를 이루는 성좌 해살(害殺) | | | | | |
|---|---|---|---|---|---|
| 子-未 | 丑-午 | 寅-巳 | 卯-辰 | 申-亥 | 酉-戌 |
| 丑 | 未 | 亥 | 戌 | 巳 | 辰 |

## 3) 신살(神殺)을 보는 일반적인 간명 기법(技法)

한 주(柱)에 길신(吉神)과 흉신(凶神)이 같이 있으면 길신(吉神)이 많은지 흉신(凶神)이 많은지 보는데, 대략 길신이 많으면 좋고 흉신이 많으면 안 좋습니다. 공망이 있게 되면 흉살을 깨트리므로 공망과 흉살이 동시에 해소가 됩니다. 흉살이 길신으로 바뀌는 변수가 있으니 신살은 격국의 청탁에 따라 달리 해석해야 합니다.

따라서 대인(大人)에게는 흉살도 오히려 일주를 도와 화살위권(化殺爲權)이 되어 고귀해지지만, 천격(賤格)사주에서는 재앙이 됩니다.신살 하나로 팔자의 격이 좋아지는 것이 아니므로 반드시 회합형충(會合刑沖)을 보고 격국(格局)의 성패(成敗)를 보고 신살의 상호작용를 결정해야 합니다.

### (1) 분산영령(分散英靈)
신살을 볼 때는 기(氣)가 응집되었는지 분산되었는지를 살펴야 합니다. 분산되면 화복(禍福)도 따라서 분산되고 응집되면 화복도 따라서 응집됩니다. 그러므로 길한 것은 응집되어야 좋고 흉한 것은 분산시켜야 합니다. 그러므로 신살이 위치한 장소에는 장생녹왕이 하나만 있어야 귀하고 여러 곳에 있으면 정신이 분산되어 귀하지 못합니다.

## (2) 취렴정신(聚斂精神)

사주의 정(情)과 신(神)을 수렴하는 팔자는 길한데 사주의 장생녹왕이 하나만 있으면 귀격이며 천을귀인을 대동하면 대귀격이 됩니다.

## (3) 극출극입(剋出剋入)

흉악(凶惡)한 신살(神殺)들이 있는데 거기에 다른 악살(惡殺)이 모여서 일신(日身)을 공격하면 재앙(災殃)이 됩니다. 그러나 내가 흉살(凶殺)을 극하면 화살위권(化殺爲權)이 되어 오히려 좋아집니다. 살신(煞神)은 경중(輕重)을 구분하여야 하는데 자신이 살신(煞神)을 극(剋)하면 살(煞)이 변해서 권(權)이 됩니다. 흉신(凶神)이 년(年)을 극하면 안 되고 또한 일신(日身)을 극해도 안 됩니다. 년(年)을 극하면 화(禍)가 연속해서 일어납니다. 따라서 극출(剋出)이란 흉살(凶殺)이 일신을 극(剋)하지 못하게 밖으로 내 쫓는 것을 말합니다. 극입(剋入)은 길신이 팔자로 들어올 수 있게 만드는 환경을 말합니다. 귀인록마가 자신을 극하는 것을 극입(剋入)이라고 합니다. 흉신(凶神)과 악살(惡殺)은 팔자에서 극출(剋出)하는 것이 마땅하고 길신(吉神)과 귀인(貴人)은 팔자로 극입(剋入)하는 것이 마땅합니다. 그러므로 대부귀인(大富貴人)은 반드시 악살(惡殺)이 있고 화살위권(化殺爲權)이 되어야 대부귀(大富貴)를 누리게 됩니다.

따라서 극하는 것이 미미한데 육합을 하면 부귀와 영화를 누릴 수가 있습니다. 귀인을 극입(剋入)하면 최고로 아름답고 록마(祿馬)도 마찬가지이며 자랑할 만합니다. 극하고 합하면 묘하게 되는 것이 팔자입니다.

## (4) 장생대귀(長生帶貴)

장생이 귀인과 동주하면 발전이 많습니다.

## (5) 망겁대귀(亡劫帶貴)

겁살(劫殺)이 생왕(生旺)이고 녹마귀인(祿馬貴人)과 함께 하면 재주가 많고 지혜가 있고 민첩합니다. 또한 망신(亡身)이 생왕(生旺)이고 녹마귀인(祿馬貴人)

과 함께 하면 권모술수에 뛰어나고 승부욕이 강해서 이기려는 승심(勝心)을 내기를 좋아합니다. 그러므로 망신겁살(亡身劫殺)이 녹마귀인(錄馬貴人)을 대동(大同)하면 권위와 명예를 사방에 떨친다고 합니다. 망겁(亡劫)은 장생(長生)과 귀인(貴人)을 만나는 것을 좋아하니 화살위권(化煞爲權)이 되기 때문입니다. 장생 귀인이 없으면 단지 예술인이나 구류술사가 됩니다. 만약 일월(日月)에서 천덕월덕(天德月德)귀인을 보면 흉(凶)이 길(吉)로 바뀌는데, 이러면 설사 살(煞)이 와서 나를 극해도 화(禍)가 가볍습니다. 위와 같이 신살은 일위(一位)만 있어야 좋고 많으면 나쁘게 됩니다. 일위겁살(一位劫煞)이 장생지, 임관, 제왕지에 앉으면 화살위권(化殺爲權)이 되어 발전이 큽니다. 그러나 망신겁살(亡身劫殺)이 중중(重重)하면 형극(刑剋)을 면치 못하고 어려서 고독합니다. 만약 망겁(亡劫)이 중중(重重)하다면 가난하고 복이 없을 것이고 관형(官刑)과 옥살이 등으로 고통받을 것입니다. 만약 삼중(三重)의 망신겁살(亡身劫殺)이 있고 사절지(死絶地)이면 필시 도적(盜賊)이 되거나 옥살이, 병고(病故)의 재앙이 당할 수 있습니다. 망겁(亡劫)이 많이 있으면 설사 젊은 나이에 발복하더라도 마침내 실패로 끝내기가 쉽습니다. 망신(亡神)과 겁살(劫煞)이 고신(孤辰) 과숙(寡宿)이 같이 모이면 육친을 극해하는 것은 필연(必然)입니다. 망겁(亡劫)은 본래 고독한 별인데 일신(日身)을 형(刑)하면 승도(僧道)가 아니면 고빈(孤貧)하게 됩니다. 더불어 고과(孤寡)와 삼형(三刑)과 같이 있으면 결코 육친에게는 좋은 일이 아닙니다. 그래서 일지에 망겁이면 처(妻)를 극하고 시(時)에 있으면 자녀를 극하는데 필시 처(妻)는 우둔하고 자식은 비뚤어진다고 하였습니다. 또한 일시(日時)에서 망겁(亡劫)을 보면 주색(酒色)으로 질병을 얻는다고 합니다. 일시에 하나의 망신 혹은 겁살을 보고 또 함지가 있으면 만약 귀인을 만나더라도 생왕(生旺)하지 못하다면 주색(酒色)을 탐하고 예술(藝術), 의원(醫院), 점술(占術), 무당(巫堂), 선생(先生), 스님으로 세월을 보낼 수 있습니다. 망신겁살(亡身劫殺)이 있는데 만약 내가 가서 살(煞)을 극하는 구조이면 오히려 발전이 있으니 좋고 살(煞)이 와서 나를 극하는 것은 좋지 않습니다. 망신겁살은 귀인과 합이 되면 오히려 흉이 길로 바뀌게 됩니다. 겁살(劫煞)이나 망신(亡神)을 홀로 보고 있고 중간에 함지(咸池)나 귀인(貴人)이 있다면 이런 사람은 의사(醫師)가 되지 못한다면 복(卜), 무당(巫堂)이나 거간군(居間群)이 될 수 있습니다. 따라서 망겁(亡劫)은 그 사람의 명(命)에 맞춰 살아감으로써 고독함과 형을 면하게 됩니다.

망신겁살(亡身劫殺)을 찾는 방법은 다음과 같습니다. 일지(日支)의 묘(卯)가 있는데 만약 신(申)을 보면 겁살(劫殺)이고 인(寅)은 망신살이니 묘(卯)가 인신충(寅申沖)을 보게 되면 망겁(亡劫)이라 합니다. 고로 기묘(己卯)가 인(寅)이 있는데 경신(庚申)을 보거나 계묘(癸卯)가 병신(丙申)을 보면 재앙이 있습니다.

| 신살 | 子 | 丑 | 寅 | 卯 | 辰 | 巳 | 午 | 未 | 申 | 酉 | 戌 | 亥 |
|------|----|----|----|----|----|----|----|----|----|----|----|----|
| 겁살 | 사 | 인 | 해 | 신 | 사 | 인 | 해 | 신 | 사 | 인 | 해 | 신 |
| 망신 | 해 | 신 | 사 | 인 | 해 | 신 | 사 | 인 | 해 | 신 | 사 | 인 |

【예시】 이태위(李太尉)의 명(命)이다. 년지(年支) 술토(戌土)를 기준으로 보면 일지(日支)가 고겁동진(孤劫同辰)에 해당하고 사화(巳火)는 망신(亡身)에 속하니 고겁동진(孤劫同辰)이 망겁(亡劫)으로 구성이 되어 있다. 그런데 사해충(巳亥沖)이므로 망겁(亡劫)을 범했다. 일시지(日時支)의 망겁충(亡劫沖)은 노년(老年)의 불미(不美)함이니 낙정관살(落井關殺)에 빠질 수 있으니 참수(斬首)당하는 흉(凶)을 당하였다.

| 時 | 日 | 月 | 年 | 건 명 |
|----|----|----|----|-------|
| 비견 |  | 편재 | 정재 | 六神 |
| 己 | 己 | 癸 | 壬 | 天干 |
| 巳 | 亥 | 卯 | 戌 | 地支 |
| 정인 | 정재 | 편관 | 겁재 | 六神 |
| 망신 | 고신 | 도화 | 고신 | |
| 공망 | 겁살 |  | 겁살 | 神殺 |
| 낙정관살 |  |  |  | |

## (6) 고겁동진(孤劫同辰)

고신겁살(孤辰劫殺)이 같이 있는 것은 흉(凶)하니 축(丑)이 인(寅)을 보거나 진(辰)이 사(巳)를 보거나 술(戌)이 해(亥)를 보거나 미(未)가 신(申)을 보면 고신(孤辰)과 겁살(劫殺)이 동주(同住)한다고 하는 것인데, 거기에다 격각살도 있으면 초년에는 부귀하나 중년에는 형극과 고독 가난을 면치 못한다고 하였습니다.

소위 고과유혐어격각(孤寡猶嫌於隔角)이라 함이니, 승도구류지인(僧道九流之人)이거나 중년에 파직(罷職)당하고 멀리 유배(流配)를 갈 수 있습니다. 고겁(孤劫)은 록귀(祿貴)가 임해야만 복신(福神)이 될 수 있는데 고겁(孤劫)이 장생(長生)이 되고 귀록(貴祿)을 보면 오히려 좋습니다. 예를 들어, 축(丑)은 인(寅)이 고신(孤辰)이고 또한 겁살(劫殺)이 되고 진(辰)은 사(巳)가 고신(孤辰)이면 겁살(劫殺)이며 술(戌)은 해(亥)가 고신(孤辰)과 겁살(劫殺)이 됩니다.

| 년,일지 | 子 | 丑 | 寅 | 卯 | 辰 | 巳 | 午 | 未 | 申 | 酉 | 戌 | 亥 |
|---|---|---|---|---|---|---|---|---|---|---|---|---|
| 고신살 | 인 | 인 | 사 | 사 | 사 | 신 | 신 | 신 | 해 | 해 | 해 | 인 |
| 과숙살 | 술 | 술 | 축 | 축 | 축 | 진 | 진 | 진 | 미 | 미 | 미 | 술 |
| 겁살 | 사 | 인 | 해 | 신 | 사 | 인 | 해 | 신 | 사 | 인 | 해 | 신 |

선현(先賢)이 말을 하길 늙어서 남편이 없는 경우 과(寡)라 하고, 어려서 남편이 없는 경우를 고(孤)라 하니 고신과숙(孤辰寡宿)은 그러한 뜻입니다. 진(辰)은 별 진(辰), 혹은 때 신(辰)을 말하는 것이며, 숙(宿)도 역시 별을 말하는 것이니 진(辰)과 숙(宿)은 신(神)을 말하는 것입니다. 그러므로 사람이 이 별 진(星辰)을 범(犯)하면 고과(孤寡)라 합니다. 가령 해자축(亥子丑)방의 삼위(三位)에 앞선 일지(一支) 인(寅)을 보면 고(孤)라 하고, 그 후(後)의 일지(一支)인 술(戌)을 보면 과(寡)라 합니다. 대체로 고신(孤辰) 과숙(寡宿)은 음양(陰陽)이 희망이 없고 슬퍼하는 뜻이 있습니다.

【예시】 편재 신신(申申)이 중(重)한데 고신겁살(孤辰劫殺)이 동주(同住)면서 일지(日支)에는 십악대패살(十惡大敗殺)과 낙정관살(落井關殺)의 악살(惡殺)이 모이니 중년에 파직(罷職)당하고 유배(流配)되어 사망하였다.

| 時 | 日 | 月 | 年 | 건 명 |
|---|---|---|---|---|
| 상관 | | 편재 | 정관 | 六神 |
| **己** | **丙** | **庚** | **癸** | 天干 |
| **亥** | **申** | **申** | **未** | 地支 |
| 편관 | 편재 | 편재 | 상관 | 六神 |
| 지살 | 고신 | 고신 | 화개 | |
| | 겁살 | 겁살 | | 神殺 |
| | 십악대패 | | | |
| | 낙정관살 | | | |

### (7) 고신과숙격각살(孤辰寡宿隔角煞)

고신(孤辰)과숙(寡宿)살은 육친에 불리하게 전개가 됩니다. 이 살이 역마와 동주하면 타향에서 방랑하게 되는데 공망과 함께하면 어려서 의지할 데가 없게 됩니다.

만약 년월지(年月支)에 놓인 고신(孤辰)과숙(寡宿)이 상문(喪門)조객(弔客)과 함께 하면 부모를 일찍 여의게 된다고 합니다. 그러나 길신이 동주하여 귀격이 되면 남자는 타향에서 데릴사위가 되고 천격이면 결실은 없는데 번거로움이 많고 이사, 변동이 많습니다. 망겁(亡劫)과 고과(孤寡)가 같이 있으면 육친과 정(情)이 없고 일상(日上)에서 만나면 극처(剋妻)합니다.

흉살이 일신(日身)을 극하면 대흉(大凶)하고 길신이 일신을 극하면 오히려 부귀해집니다. 대부귀인은 반드시 악살이 있고 화살위권이 되어야 대부귀를 합니다. 과숙(寡宿)과 고신(孤辰)을 늦게 범(犯)하면 노년(老年)이 되어 자식을 먼저 보낸다고 합니다.

만약 함께 살아가려면 두 세번 성(姓)을 바꾸거나 혹은 승도(僧道)가 되어 스스로 공방(空房)을 지키면 좋다고 합니다. 고신(孤辰) 과숙(寡宿)이 공망(空亡)과 합(合)이 되거나 혹은 양인(羊刃)과의 합, 함지(咸池)와 합을 하면 총명하지 못하고 사나우며 우둔하다고 합니다.

만약 고신(孤辰)과숙(寡宿)이 양인과 합을 하는데 라망(羅網)이면 악사(惡死)를 당하며, 관형(官刑)을 면하더라도 병으로 고생할 수 있습니다.

## (8) 파택살(破宅殺)

파택살(破宅殺)이라는 것은 택사(宅舍)를 충(沖)하는 살인데 파택살이 있게 되면 부모나 선조의 업이 없거나 혹은 타향에서 객사한다고 합니다. 예를 들어 갑자(甲子)생이 기사(己巳)가 택(宅)이 되는데 사주 내에 해(亥)가 있으면 택(宅)을 파(破)하는 파택살(破宅殺)이 되는 것입니다. 이렇게 사주 원명에 파택살(破宅殺)이 있어도 안 되지만 세운에서 파택살(破宅殺)을 보게 되어도 매우 두렵다고 합니다. 혹은 택사(宅舍)가 공망(空亡)이거나 겁살(劫殺)망신(亡身)이 되어도 흉(凶)하니 가택(家宅)이 불안(不安)하고 변동(變動)이 심(甚)하며 만사(萬事)가 순탄(順坦)하지 못합니다.

또한 택사(宅舍)가 무기(無氣)하거나 혹은 형충파해(刑沖破害)하여 실령(失令)하고 흉신(凶神)에 해당(該當)하는 악살이 결집이 되면 생활(生活)의 보금자리가 무력(無力)하고 흉(凶)하니 가택(家宅)이 온전할 수 없고 가문(家門)또한 부실(不實)하며 조업(祖業)이 허무(虛無)하고 자손(子孫)또한 무력(無力)하다.

## (9) 녹마충합(祿馬沖合)

녹마귀인(祿馬貴人)은 합(合)을 좋아하고 충(沖)을 싫어합니다. 그러나 오히려 망겁흉살(亡劫凶殺)은 충(沖)을 좋아하고 합(合)을 싫어한다고 합니다. 곧 귀인(貴人)은 합(合)이 길하고 흉신(凶神)은 충(沖)이 길합니다. 만약 일시(日時)에서 일위(一位)의 망신겁살을 만났는데 귀인이 있고 사절지(死絕地)면 탐욕스럽고 호색(好色)하다고 합니다. 특히 예술인(術藝之人)의 명(命)에 이러한 살이 많습니다. 합귀(合貴)인데 다시 관(官)을 겸하면 소년에 청운(靑雲)의 뜻을 이루고 귀인녹마(貴人祿馬)가 나를 극하는데 합(合)이 되었으면 더욱 묘(妙)한 바가 있습니다. 만약 합귀합록(合貴合祿)을 얻었는데 천간에 관성이 있으면 좋습니다.

합에는 쌍합(雙合)이 있고 단합(單合)이 있고 내합(內合), 외합(外合), 순합(順合), 반합(反合)의 구별이 있습니다.

천간합과 지지합이 모두 되면 쌍합이고 천간합만 있으면 단합이며 년(年)명이 합이 되면 내합이요, 월일시(月日時)합은 외합입니다.

## 4) 12 신살의 종류(種類)와 간명 기법(技法)

### (1) 지살(地殺)

삼합의 생지(生地)가 지살(地殺)에 해당합니다. 즉 해묘미(亥卯未)는 목(木)의 생지인 해(亥)가 지살입니다. 인오술(寅午戌)은 화(火)의 생지인 인(寅)이 지살에 해당합니다. 사유축(巳酉丑)은 금(金)의 생지인 사(巳)가 지살입니다. 신자진(申子辰)은 수(水)의 생지인 신(申)이 지살이 됩니다.

삼합의 첫 글자로서 장생지(長生地)에 해당되기 때문에 환경의 변동이 있습니다. 역마의 성향과 비슷한 기질이 있지만 역마는 원거리에 해당한다면 지살은 근거리 이동을 많이 하게 됩니다.

그래서 가정 고향을 떠나 타향살이가 있을 수 있으며 직업으로는 운수업, 무역업, 항공업, 해운업, 선박업, 철도업, 자동차 등의 객지를 전전하며 활동하는 사람이 많습니다.

지살운에는 이사나 이동할 일이 생기는데 개인적인 일보다 공적인 일로 인한 이동이 많습니다. 지살이 형충되면 교통사고에 주의하여야 합니다. 만약 식상이 지살이면 외국어에 재능이 있다고 합니다.

### (2) 년살年殺 / 도화(桃花)살

함지(咸池)는 도화라고도 하며 함지(咸池)가 있는 사람은 곧 도화로 인해 인기가 있는데 총명과 기교가 있다고 합니다. 함지(咸池)가 진신(進神)과 동궁이면 용모가 꽃처럼 아름답습니다. 또한 무리를 지어 풍류를 즐기길 좋아하는데 함지(咸池)가 생왕지가 되면 외모가 아름답고 주색을 탐하여 재물을 낭비하고 혹은 예술에 소질이 있습니다.

만약 공망에 관귀(官鬼)가 임하고 사절지(死絶地)이면 반드시 시골의 무당이나 장인(匠人)등의 공인(工人)이 되기도 합니다. 함지(咸池)가 흉살(凶殺)이 모여 사절지(死絶地)가 되면 언행(言行)이 거짓되고 음란(淫亂)하여 삿되고 은혜를 잊고 믿음을 저버린다고 합니다. 만약 생왕(生旺)한데 원진(元辰)과 함께 하면 정당하지 않은 처(妻)가 많아서 부부 불란(不亂)이 끊이질 않는다고 합니다.

그러나 함지(咸池)가 녹마귀인(錄馬貴人)과 함께 하면 혹 재성(財星)에 해당하면 부인의 숨은 재물로 가업을 일으킬 수 있습니다. 함지살은 수(水)를 가장 꺼린다고 하였는데 수(水)의 성품과 함지(咸池)가 섞이게 되면 음란(淫亂)람이 강해져서 주색(酒色)을 즐기고 성품이 음탕(淫湯)하다고 합니다. 신자진(申子辰)생이 계유(癸酉)를 만났는데 해자수(亥子水)를 보는 것 등이 해당이 됩니다.

## (3) 월살(月殺)

삼합의 마지막 고지 글자와 충하는 지지가 월살이 됩니다.

예를 들어, 해묘미(亥卯未)는 미(未)와 충하는 축(丑)이 월살에 해당합니다. 인오술(寅午戌)은 술(戌)과 충하는 진(辰)이 월살이고 사유축(巳酉丑)은 축(丑)과 충하는 미(未)가 월살이며 신자진(申子辰)은 진(辰)과 충하는 술(戌)이 월살이 됩니다.

월살(月殺)은 고갈된다는 의미로 메마르다는 뜻이 있습니다. 곧 황무지와 같아서 그 땅에서는 대흉하니 싹을 내지 못한다고 합니다. 그러므로 월살이 있는 여자는 임신이 잘되지 않아서 자식이 없는 경우가 많고 있다 하더라도 아이가 비실비실하여 허약하므로 병원 신세를 자주 진다고 합니다. 이러한 경향으로 신비주의를 좋아하고 신병으로 고생하는 경우도 있으므로 무속인이 될 수도 있습니다. 월살이 있는 집안에서는 달걀이 부화되지 않는다고도 합니다. 월살은 타인으로 인해 정신적인 고초를 겪거나 정신박약이 있는 살이 될 수 있습니다.

그래서 필요 이상의 근심을 한다거나 혹은 한 일에 대해서 자책을 많이 하거나 또는 괜한 근심으로 마음을 졸이기도 합니다. 월살을 가진 사람은 타인의 말에 대해 민감하게 받아들이는 경우가 많습니다.

## (4) 망신(亡神)

망신(亡神)은 재앙이 가볍지 않습니다. 망신(亡神)에 해당하면 내가 처한 환경에서 기운이 다하여 없어지니 하나도 이루지 못하고 처와 자식, 조업(祖業)도 없어지게 됩니다.

그러므로 벼슬길에 오르기를 원하여도 헛된 이름뿐인 것으로 두렵게 되는 것이 망신살입니다. 망신살(亡神殺)은 삼합 오행으로 변화한 오행에서 식상(食傷)을 품고 있는 글자가 망신살이 되는 것입니다. 즉 오행으로 화한 기운을 설기하는 글자입니다.

예를 들면, 신자진(申子辰)은 오행 수(水)로 변화하는 해(亥)가 망신으로 해(亥)중의 갑목(甲木)이 수(水)를 설기하기 때문입니다. 인오술(寅午戌)은 사(巳)가 망신으로 사(巳)중의 무토(戊土)가 화(火)를 설기하기 때문입니다. 사유축(巳酉丑)은 신(申)이 망신으로 신(申)중의 임수(壬水)가 금(金)을 설기하기 때문입니다. 해묘미(亥卯未)는 인(寅)이 망신으로 인(寅) 중의 병화(丙火)가 목(木)을 설기하기 때문입니다.

망신이 천을귀인과 겸하면 위엄이 있고 모략과 계산이 빠르고, 재능이 뛰어나다고 합니다. 그래서 무인(武人)으로 나아가면 결단력이 있고 계략이 뛰어나고 싸움에 시종 승리한다고 합니다. 망신 겁살이 다른 흉살과 겸하게 되면 매우 흉하게 됩니다. 곧 성격이 급하고 군색하며 사리에 맞지 않는 행동이 많고 또는 거짓말을 잘하고 시비에 진실성이 없는 등 주색 풍류에 젖어들고, 형사소송이 발생하기도 하며 혹은 질병이 발생하여 고생하기도 합니다. 또한 자기를 낮추지 못하고 그 결과 사람을 잃어 세력을 만들지 못하여 기반을 잃어 버리게 되니 일이 어렵고 힘든 업무만 맡게 됩니다.

그러나 망신이 천을귀인및 건록과 같이 있으면 문장에 능수능란하여 관직으로 나아가서 집안을 일으키고, 관청의 일들을 관리하거나 혹은 벼슬아치가 되기도 합니다.

## (5) 장성(張星)

장성(張星)은 자오묘유(子午卯酉)의 왕지로 제왕지(帝旺地)에 해당하니 기(氣)가 무척 강한 세력입니다. 그래서 보통 군(軍)을 통제하는 길신이므로 리더십, 권위, 책임감을 나타내는 신살입니다.

기운이 지나치면 고집, 자기주장이 강하므로 독선적이 될 수 있습니다.

그래서 다른 길신과 더불어 움직이면 좋은데 귀인이 더해지면 길하고 복이 있습니다. 장성에 망신을 만나면 재목(材木)이 되고 천을귀인(天乙貴人)을 만나면 장수가 되던지 혹은 재상에 오를 수 있습니다. 장성살이 지살을 만나면 특히 길한데 지살은 장성살의 입장에서는 삼합의 생지에 해당합니다.

그러므로 년지나 일지에 지살을 가진 배우자와 결혼하면 금상첨화가 됩니다. 장성이 지살을 만나면 임무를 부여받고 실행하는 과정이 되는데 고유의 능력을 발휘할 수 있습니다. 장성살은 제왕지라 그 기운이 무척 강한 것이므로 보통 장성살 방위는 피하는 것이 길합니다. 장사집의 출입문이나 대문 등은 장성살 방위를 피하는 게 유리하고 만약 경쟁자가 장성살 방위에 있다면 불리하므로 그와의 경쟁은 피하는 게 좋습니다.

그러나 반대로 소송을 위해 변호사를 구한다면 상대방의 장성살에 해당하는 방위로 구하는 것이 승리하는 길이 될 수 있습니다.

## (6) 반안(攀鞍)

반안살은 일명 말안장에 앉는다는 신살(神殺)로, 자리를 일컫는 말이므로 직위상승, 명예 추락 등의 뜻을 가지고 있습니다. 즉 운전수를 부린다는 의미가 있어서 출세, 승진을 의미합니다.

그래서 반안(攀鞍)이 있는 팔자는 조상의 음덕이 있고 대인관계가 좋아서 인품이 중후합니다. 또한 반안(攀鞍)이므로 말안장에 앉는 모습이니 꾸미고 장식하는 것을 좋아 합니다. 반안살은 윗사람의 도움과 사랑을 받으며 명리를 취할 수 있으니 반안살은 일찍 출세하는 경우가 많고 행운도 따르며 만인의 존대를 받을 수 있습니다.

반안살이 도화살과 합하면 인기인으로 호사를 누릴 수 있는데 부귀한 사주가 많다고 합니다. 또한 반안살은 심리 기복이 심한 편인데 지혜가 뛰어난 편이고 학문에 흥미가 많습니다. 반안살과 화개살이 접해 있으면 학문에 큰 성취를 이룬다고 합니다.


## (7) 육액(六厄)

육액(六厄)은 신자진(申子辰)의 수국에서 수(水)는 묘(卯)에서 사(死)하고, 인오술(寅午戌) 화(火)국에서 화(火)는 유(酉)에서 사(死)하고, 해묘미(亥卯未) 목국의 목(木)은 오(午)에서 사(死)하고, 사유축(巳酉丑) 금국의 금(金)은 자(子)에서 사(死)하니 소이 액(厄)이라 합니다.

육액(六厄)은 관이 박탈되는 살로 육액이 양인과 겁살, 망신을 만나면 재앙이 크다고 합니다. 방해가 많고 고독하거나 골육과는 이별하고 재물은 넉넉하지 못하는데 육액은 일시에 놓인 것을 더욱 기피합니다.

액(厄)이란 재앙이란 뜻이고 어려움을 만난 것입니다. 뭐든 단축해서 처리하고 이 고통이 빨리 사라지기를 바라는 간절함이 있는 것입니다.

육액(六厄)살은 해당하는 육친의 애로, 막힘, 건강의 재앙이라는 뜻으로 해석합니다.

## (8) 역마(驛馬)

역마(驛馬)란 발동(發動)한다는 뜻이니 인오술(寅午戌)에서 신(申)을 보면 임수(壬水)를 끌어내어 발동하고, 신자진(申子辰)에서 인(寅)을 보면 병화(丙火)를 끌어내어 발동하게 됩니다. 수화상세(水火相激), 금목교쟁(金木交爭)이니 기(氣)의 충동(沖動)을 뜻합니다.

그러므로 역마가 공망(空亡), 충파(沖破), 퇴신(退神) 등을 만나지 않으면 영귀(榮貴)하게 됩니다. 국가기관에 종사하는 사람이 록(祿)이나 천을(天乙)과 함께하면 대권을 잡습니다. 대고신조객(帶孤神弔客)은 역마가 고신조객과 같이 있으면 고향을 떠나 산다고 합니다. 노년(老年)에 역마(驛馬)를 만나면 기(氣)가 약해서 허리, 다리통증이요, 어린시절의 유년(幼年)에 역마이면 경기(驚氣)와 질병(疾病)이 있을 수 있습니다. 운세에 역마가 있거나 역마와 합이 되면 관직을 얻거나 녹봉(祿俸)을 받습니다. 세운에 역마, 병부를 만나면 놀라는 병을 얻고 관부(망신)과 함께하면 관재(官災)나 놀랄 일이 있게 됩니다. 대체로 세운에 역마이거나 역마를 충하거나 역마를 합하면 발동, 이동수가 있습니다.

## (9) 화개(華蓋)

남녀(男女)가 화개가 공망(空亡)이면 봄날에 적막하니 더욱 불길에 갇히는 기세와 같아서 만약 일신(日身)의 명(命)에 화개가 임하면 일반적이라면 화개는 맑고 한가로워 예술인이라 말하고 휴수지(休囚地)라면 문장(文章), 의술(醫術), 점복(醫卜)을 겸하는 술사(術師)가 되어 구류(九流), 승도(僧道)가 됩니다.

만약 화개(華蓋)와 함지(咸池)가 겸해서 귀살(鬼殺)을 차게 되면 장인(匠人)이 되지 않는다면 선생이 되는데 귀(鬼)가 오행과 유기(有氣)마저 부족하게 되면 도사, 승려가 됩니다. 화개(華蓋)는 상생(相生)이 되면 좋은데 청아한(淸閑)한 복(福)을 누리게 되고 그렇지 않고 중(重)하게 되면 승도(僧道), 구류(九流)가 됩니다. 묘고(墓庫)가 된 화개(華蓋)를 만나면 복(福)과 수명의 터가 되지만 육친(六親)이 외롭게 되는 것은 면하기 어렵다고 합니다. 비록 귀격(貴格)이라도 화개(華蓋)가 중(重)하면 고독(孤獨)을 면치 못합니다.

그러므로 친구 및 형제가 적습니다. 고로 시상(時上)에 화개살(華蓋煞)을 중첩(重疊)하여 만나고 혹은 술(戌)이 미(未)를 만나 술미(戌未)형을 하거나 축(丑)이 진(辰)을 만나 축진(丑辰)파를 당하면 화개가 중(重)하다고 표현을 합니다.

# (10) 겁살(劫殺)

겁살(劫殺)은 물건을 탈취(奪取)하여 밖에서 빼앗아 가는 것으로 일컬어 겁탈(劫奪)이라고 합니다.

예를 들어 해묘미(亥卯未)는 신(申)이 겁살로 신(申) 중의 경금(庚金)이 목(木)을 겁탈하는 것을 말하고, 신자진(申子辰)은 사(巳)가 겁살로 사(巳)중에 무토(戊土)가 수(水)를 겁탈하는 것을 말하고, 인오술(寅午戌)은 해(亥)가 겁살로 해(亥)중의 임수(壬水)가 화(火)를 겁탈하는 것을 말하고, 사유축(巳酉丑)은 인(寅)이 겁살로 인(寅) 중의 병화(丙火)가 금(金)을 겁탈하는 것을 말합니다.

겁살(劫殺)은 명리(名利)가 분주(奔走)하고, 조상의 유업을 잃고 처자와 인연도 박하게 됩니다. 그러나 겁살이라고 꼭 재앙이 되는 것은 아닙니다. 겁살이 관성을 만나면 병권(兵權)을 잡아 위엄(威嚴)이 있고 나라를 거느려 모두 평안하게 할 수 있습니다. 고가에 이르기를 4개의 생지가 사주에 있고 다시 겁살에 해당하는 것이 있으면 고귀한 사람이 된다고 하였습니다. 또한 정관과 천을귀인이 시상(時上)에 있으면 높은 벼슬을 하며 겁살이 관성을 만나면 병권을 잡아 명성을 떨치고 위엄이 있습니다. 겁살은 원래 살(煞)의 우두머리가 되어 만약 살국을 형성하게 되면 사망에 이를 수 있습니다.

만약 겁살이 대모, 공망이 있으면 도둑이 되고, 금신(金神)인 경신(庚辛)이 아우르게 되면 조각과 금속공예의 직업이 되고 공망과 화금(火金)이 같이 있으면 대장장이, 도살자, 거간꾼, 포획과 수렵, 새 따위를 장에 가두어 기르는 사람이 된다고 합니다.

겁살당중(劫煞黨衆)이라는 팔자가 있는데 겁살이 중첩된 팔자를 말합니다. 즉 겁살이 2개이상 존재하면 설령 귀하다고 하더라도 범죄를 저지르거나 혹은 요절할 수 있습니다. 혹 군대에 들어가거나 여행하다 타향에서 사망하거나 그렇지 않다면 도적이 된다고 하였습니다. 일간이 극히 약하고, 또 일간의 사절(死絕)이 되면서 다시 공망이 되면 의심할 여지가 없습니다.

겁살폭려(劫煞暴厲)라는 것은 망신과 겁살이 두 개가 완전하게 있는 것이며, 또 양인(羊刃)의 기운이 겹쳐진 것을 말합니다. 이런 팔자를 겁살폭려라 하는데 사납게 나아간다고 하여 사람이 흉폭하고 일에 좋지 않고 일간의 사절이 되면 어려움을 면하기 쉽지 않습니다.

겁살공한(劫煞空閑)은 하는 일 없이 한가한 팔자를 말합니다. 즉 겁살이 고진, 과숙과 같이 겸하면 겁살공한이라 말합니다. 겁살이 고(孤), 과(寡), 형(刑), 격각(隔角) 4개 중에서 2개만 범하고, 겸해서 일간의 사절(死絶)되면 스님 아니면 도사가 됩니다.


## (11) 재살(災殺)

항상 겁살 앞에 거주하면서 장성살을 충하는 것을 재살(災殺)이라고 합니다. 신자진(申子辰)은 오(午)가 재살(災殺)이 되는데 장성(將星)이 되는 자(子)를 충하는 오(午)가 재살(災殺)이기 때문입니다. 인오술(寅午戌)은 자(子)가 재살(災殺)에 해당하는데 장성살이 되는 오(午)를 충하는 자(子)가 재살이기 때문입니다. 사유축(巳酉丑)은 묘(卯)가 재살(災殺)에 해당하는데 장성살이 되는 유(酉)를 충하는 묘(卯)가 재살(災殺)이기 때문입니다. 해묘미(亥卯未)는 유(酉)가 재살(災殺)이 되는데 장성살이 되는 묘(卯)를 충하는 유(酉)가 재살(災殺)이기 때문입니다. 재살(災殺)은 성격이 용맹하니 만약 길신(吉神)이 서로 도우면 무권(武權)의 직업이 좋습니다. 그러나 흉살(凶殺)을 만나면 재살(災殺)은 피를 보면서 횡사(橫死)할 수도 있습니다. 즉 화(火)가 재살이면 화상(火傷)을 당할 수 있고 수(水)가 재살이면 수액(水厄)을 당하기도 하고 만약 금목(金木)이 재살에 해당하면 창자루와 칼에 의해 상처를 입을 수도 있습니다. 만약 토가 재살이면 전염병에 걸려 죽을 수도 있습니다.

만약 재살이 관성, 인수가 생왕한 곳이 되면 길할 수 있습니다. 재살(災殺)은 극을 두려워하고 생하는 곳을 좋아하기 때문입니다. 재살이 악살을 동반하면 천재지변이나 단명할 수 있으며 불구나 횡액 같은 나쁜 일을 당할 수 있다고도 하고 또 납치되거나 감옥, 병원 등에 자주 들락날락하기도 하는 흉상이 됩니다.

## (12) 천살(天殺)

삼합(三合)의 장생지(長生地) 뒤의 위치한 진(辰), 술(戌), 축(丑), 미(未)를 말합니다.

예를 들어 해묘미(亥卯未)는 해(亥)가 장생지인데 그 이전의 글자는 술(戌)이 천살(天殺)에 해당되고, 인오술(寅午戌)은 인(寅)이 장생지가 되는데 그 이전의 글자 축(丑)이 천살(天殺)에 해당되고, 사유축은 사(巳)가 장생지인데 그 이전의 글자인 진(辰)이 천살이 해당되고, 신자진(申子辰)은 신(申)이 장생지인데 그 이전의 글자 미(未)가 천살(天殺)이 됩니다.

천살(天殺)은 생지(生地)의 앞에 있으므로 교만하여 대인관계에 문제를 일으키게 됩니다. 욕심이 많고 이상이 높고 때로는 비현실적인 꿈을 가지므로 비현실적인 행동들을 할 수 있습니다. 따라서 천살을 가진 사람은 대우받으려는 심리가 크게 작용이 됩니다. 그래서 조상 혹은 선생님 사장님 보스 왕자병 공주병의 기질이 나타나기도 합니다.

그러므로 천살은 방위학적으로 조상 방향 또는 선생님 방향으로 부르기도 합니다. 그래서 천살 방향을 향해 제사를 지내거나 선산에 모시는 것이 길하며 학생들은 천살 방향에 책상을 두고 공부하면 능률이 오를 수 있습니다. 천살은 해(害), 냉해, 수해, 지진 등 천재지변이 있기 때문에 천살은 불의에 천재지변을 당할 수 있습니다.

그래서 사람들이 경외시를 하기 때문에 남자는 고독하며 여자는 남편을 무시하고 그런 결과로 종교인이나 철학에 관심이 많다고 하기도 합니다.

# 5) 기타 특수 신살을 보는 기법(技法)

## (1) 공망살(空亡殺)

공망은 생왕(生旺)을 좋아하는데 공망이 생왕이면 도량이 크고 발동하면 헛된 명성(虛名)이 있으며 뜻밖의 복이 있을 수 있습니다. 공망이 사절(死絶)이면 일생의 성패(成敗)가 바람에 흔들리는 배처럼 무상하다고 합니다. 만약 악신(惡神), 흉살(凶殺)이 모이는데 공망(空亡)이 있으면 흉살(凶殺)을 무용지물(無用之物)로 만드니 좋습니다. 공망은 흉살을 서로 상쇄(相殺)시키는 힘을 가지고 있기 때문에 흉살(凶殺)이 공망(空亡)을 만나면 흉(凶)이 해소(解消)가 되어 좋습니다. 반대로 녹마귀인이 공망에 들면 오히려 복이 감소됩니다. 합(合)이 있으면 공망을 공망으로 보지 않습니다.

따라서 공망이 기쁠 때는 합을 꺼리게 됩니다. 공망이면서 발복한 사람들은 예술구류인(藝術九流人)에게 많이 나타납니다. 녹마재관(錄馬財官)이 모인 자리인데 공망이 있으면 복을 흩어버리니 나쁘게 봅니다. 이때는 합이 있으면 공망이 제 역할을 못하니 오히려 좋아집니다. 공망자리에 합충형(合沖刑)이 없으면 진공망(眞空亡)이라 합니다.

겁살(劫殺)과 공망(空亡)이 같이 있으면 교활하고 용맹하다고 합니다.

공망(空亡)과 망신(亡身)이 같이 있으면 떠돌아다닌다고 합니다.

공망이 건록지와 같이 있으면 일생 파산하여 거주지가 불안정합니다.

공망(空亡)이 함지(咸池), 육해(六害)와 같이 있으면 흉폭하게 됩니다.

공망(空亡)이 협귀(挾貴), 화개(華蓋), 삼기(三奇), 학당(學堂)과 같이 있으면 세상을 등진 탈속지사(脫俗之士)의 운명이 됩니다. 시(時)에 공망(空亡)을 만나고 다시 화개살이 있으면 자식이 적을 수 있습니다.

## (2) 양인살(羊刃殺)

양인(羊刃)을 보는 법은 연월일시(年月日時)의 구분이 없이 천간(天干)를 대비하여 지지에 놓인 글자를 얻으면 양인살(羊刃殺)이 됩니다.

그런데 양인격(陽刃格)과 양인살(羊刃殺)은 다른 명칭이므로 잘 구분해야 합니다. 격국에서 거론하는 양인격(陽刃格)은 일간 위주로만 구성이 되어 있으며 오직 양간(陽干)을 기준으로 지지를 살펴보는 것입니다.

그러나 양인살(羊刃殺)은 10개 음양간(陰陽干)을 구분하지 않으며 천간을 대비하여 해당하는 지지를 얻으면 양인살(羊刃殺)로 인정합니다. 양인(羊刃)은 양(羊)의 뿔을 말하는데 날카롭고 강해서 도검(刀劍)에 비유가 됩니다. 양의 습성(習性)은 상대방의 뒷모습을 보면 돌발하여 뿔을 들이대므로 흉폭(凶暴)하다고 하여 붙여진 이름이 양인(羊刃)입니다. 이러한 양인(羊刃)을 가진 사람은 도검(刀劍)에 상(傷)하거나 압사(壓死), 충돌(衝突)하는 재난이 있을 수 있습니다.

그런데 사람의 관계에 있어서는 무릇 사람이 벼슬을 소유하면 반드시 칼을 하사하여 보위(保衛)한다는 뜻이 있는 것이 양인(羊刃)입니다. 록(祿) 앞의 일진(一辰)이 양인이 되는 것이므로 록(祿)이 지나가면 인(刃)이 나타나는 것이 세상의 순리인데, 공(功)이 이루어지면 물러가야 함이 신하(臣下)의 마땅한 도리(道里)입니다. 그런데 물러가지 않으면 지나침이 있게 됩니다. 이것이 제왕지(帝旺地)입니다. 당연히 극(極)한 장소는 기(氣)가 강렬하여 사납고 흉폭하여 불화(不和)하게 되는 것입니다. 음양(陰陽)과 만물의 이치(理致)는 모두 권력이 왕성하게 되면 나쁘게 됩니다.

그러므로 이미 이루어져 극(極)이 되지 않을 때 물러감이 복(福)이 되고, 극이 되어 끝나면 어찌 흉을 만나지 않겠습니까.

## (3) 백호살(白虎殺)

백호(白虎)는 혈광횡사(血光橫死)를 주재한다고 합니다. 백호(白虎)가 수화(水火)로 구성이 되면 익사(溺死), 분신(焚身)을 조심하고 금목(金木)이면 날카로운 장도(杖刀)를 조심하고 토(土)이면 추락(墜落)이나 붕괴(崩壞) 혹은 전염병을 조심해야 합니다.

백호(白虎)가 일신(日身)을 극하면 가장 흉(凶)하지만 만약 길신이 도우면 무권(武權)이 있을 수 있습니다. 백호가 형충(形沖)이 되면 해당되는 육친에 혈광사한 흔적이 있으며 년주(年柱) 백호(白虎)이면 조상 중에 혈광사(血狂死)로 사망한 조부(祖父)가 있을 수 있습니다. 만약 월주(月柱) 백호(白虎)이면 부모궁이니 어려서 부모 횡사(橫死)를 겪을 수 있습니다.


## (4) 천을귀인(天乙貴人)

천을귀인이 장생(長生), 제왕(帝旺)이면 용모가 헌칠하고 총명하고 덕망이 높은 큰 인물이 되고 병이 없습니다. 그러나 반대로 천을귀인이 일간의 사절지(死絶地)가 되면 자만심이 강하고 고집이 강한데 또한 형(刑), 충(沖), 공망(空亡)이 되면 복이 감소되고 평생 곤고할 가능성도 있습니다.

천을귀인은 공망이 되면 귀인으로 보지 않습니다. 천을귀인이 겁살(劫殺)과 동주하면 위엄이 있고 모사가 능하다고 합니다. 천을귀인이 식신과 동주하면 식복이 있습니다. 귀인의 합은 길하다고 하였는데 천을귀인은 간합(干合)이나 지합(支合)이 되면 신용이 있고 부유하고 평생 죄를 범하지 않는다.

천을 귀인을 보는 법은 예를 들어, 일간(日干)을 기준하여 갑일(甲日), 무일(戊日), 경일(庚日)생이 축(丑)이나 미(未)가 있으면 천을귀인이 되는 것입니다. 사주(四柱)의 지지(地支)중 어느 지지에 있어도 귀인(貴人)이 됩니다.

## (5) 십간록(十千祿)

일간이 지지에서 록(祿)의 성분을 취하는 방법이 있는데 건록을 취하여 록(祿)이라 말을 합니다. 이것은 자기가 태어난 계절이라 하여 가장 왕성함을 말하는 것이니 록(祿)이라 합니다. 그래서 록(祿)이라 하는 것은 작위(爵位)인 것입니다.

응당 세력(勢力)를 얻어 누리는 것이니 이를 갖다 록(祿)이라 합니다. 갑을(甲乙)의 록(祿)은 인묘(寅卯)에 같이 배합됩니다. 동(東)에 거(居)하고, 병정(丙丁)의 록(祿)은 사오(巳午)와 같이 배합하고 (南)에 거주를 합니다. 경신(庚辛)의 록(祿)은 신유(申酉)와 같이 배합되어 서(西)에 거주하며, 임계(壬癸)는 해자(亥子)와 같이 배합하여 북(北)에 거주합니다.

중궁(中宮)에 위치하는 진술축미辰戌丑未)는 록(祿)의 근원을 취하지 않습니다. 즉 무토(戊土)의 록은 사화(巳火)가 되고 기토(己土)의 록(祿)은 오화(午火)가 되는 것이지 진술축미(辰戌丑未)에서 록(祿)을 취하지 못하는 것입니다.

왜냐하면 진술(辰戌)은 괴강(魁剛)이라 말하기를 변방(邊方)의 나쁜 땅이라 하여 록원(祿元)이 의지치 못하고 축미(丑未)는 천을귀인(天乙貴人)이 출입하는 문(門)이라 하여 록원(祿元))이 그 문으로 도망가게 된다고 합니다. 소위(所謂) 사궁(四宮)에는 록(祿)이 없습니다.

또 말하길 사계절(四季節)에 끝이니 잡기(雜氣)가 있어 록(祿)이 온전치를 못함으로 취하지를 않는다고 합니다.

## (6) 원진살(元辰殺)

원진은 헤어져서 만나지 못한다는 뜻입니다. 세운에서 만나면 마치 물건이 바람을 맞아 움직이고 쉬지 못하는 것과 같고 안으로 질병이 없으면 밖으로 어려움이 있습니다. 비록 부귀(富貴)라도 역시 두렵고 대운에서 만나면 십년 (十年)이 두렵다고 합니다. 벼슬자리에 있다가도 쫓겨나고 가정에서도 흉한 허물이 있습니다. 길신(吉神)이 돌봐주더라도 기복(起伏)을 면치 못한다. 관부 원진이면 허물없이 억울한 일을 당하고 겁살원진이면 움직이는 것마다 위태로움과 치욕을 당할 수 있습니다.

## (7) 천라지망

천라지망(天羅地網)이라는 말은 그물에 갇힌다는 뜻이니 술해(戌亥)가 만나면 천라(天羅)가 되고 진사(辰巳)가 만나면 지망(地望)이라 말합니다. 하늘은 서북 (西北)이 기울어져 있어 술해(戌亥)는 음(陰)의 끝이 되고, 땅은 동남이 꺼져있 어 진사(辰巳)는 양(陽)의 끝이 되어 나망(羅網)이 있게 됩니다. 음양(陰陽)이 마침내 극(極)한 위치에 도달하면 어두워져 암매(暗昧)하므로 명료하게 되지 않으니 곧 사람에게 라망(羅網)이 있게 되면 사물분별이 어두워져 사리판단을 잘 하지 못한다고 합니다. 그래서 그물에 갇힌 것처럼 헤어 나오지를 못한다고 하여 줄여서 라망(羅網)이라 합니다. 보통 지망(地望)은 여자에게 불리하고 천라(天羅)는 남자에게 불리하다고 하는데 지망(辰巳)이 혼잡하면 보통 여자는 우환(憂患)을 막아야 하고, 천라(亥戌)가 침범하면 남자에게 액난(厄難)이 염려된다고 하였습니다. 사주에 천라지망이 있으면 막힘이 많고 다시 악살(惡殺)이 같이 있고, 오행이 무기(無氣)하면 반드시 나쁘게 사망한다고 합니다.

운에서 이것이 있게 되면 또한 동일하게 논합니다. 가장 두려운 것은 천라지망이 같이 있게 되면 더욱 해롭게 됩니다. 생시의 지지가 천반(天盤)과 더불어 묶이게 되어 다투니 설사 안방을 얻었다 한들 복을 누릴 수가 없다는 것입니다.

## (8) 상문조객(喪門弔客)

주로 상가(喪家)집 출입과 관련한 살(殺)로서 상문(喪門)은 내가 문상(問喪)을 가는 것이고, 조객(弔客)은 내가 상주(喪主)가 되어 문상객을 맞는 것입니다. 운에서 상문이나 조객살을 만나면 활동성이나 운동성이 위축되는 것이며 해당하는 육친이 병에 걸리거나 다치게 되고 집안에 슬픈 일이 생긴다는 좋지 못한 살입니다. 특히 주중(柱中)에 상문이나 조객살이 있으면 자손에게 실패가 오거나 건강이 좋지 못하다는 살인데, 부부관계도 소원하고 연인과는 이별수, 가족과도 이별수가 있을 수 있습니다.


## (9) 진신(進神)

진신이란 갑자(甲子), 갑오(甲午), 기묘(己卯), 기유(己酉)를 말합니다. 단독으로는 길흉을 말할 수 없고 진신이 녹과 합이 되면 명예가 높고 관록이 있습니다. 귀인과 합이 되어도 좋습니다. 반면에 흉신에 진신이 놓이면 기가 응집이 되기 때문에 흉하게 됩니다. 진신을 보는 법은 진신 단독으로 움직이는 것이 아니므로 귀인의 합이 되면 길하고 흉신과 합이 되면 흉하게 됩니다. 즉 기를 응집하여 일어나기 때문에 귀인은 더 좋아지고 흉신은 더 흉해지게 되는 작용을 합니다.

# 02 십간록(十幹祿)

명리학에서 사람의 관록(官祿)을 보는 방법으로 2가지 방식이 있는데, 첫 번째로는 널리 알려진 십신(十神)중에 하나인 관성(官星)을 찾는 방법이고, 다른 한 가지 방법은 지지의 12운성인 건록(建祿)에서 자신의 록(祿)을 찾는 것입니다.

예로부터 관록(官祿)이라 함은 관성(官星)과 건록(建祿)의 줄인 말이고 오래전부터 사주학에서는 관록(官祿)을 관성(官星)과 건록(建祿)에서 찾았음을 알 수가 있습니다. 그러므로 일간이 지지에서 록(祿)의 성분을 취하는 방법이 있는데 건록을 취하여 록(祿)이라 말을 합니다.

이것은 자기가 태어난 계절이라 하여 가장 왕성함을 말하는 것이니 록(祿)이라 합니다. 그래서 록(祿)이라 하는 것은 작위(爵位)인 것입니다.

응당 세력(勢力)를 얻어 누리는 것이니 이를 갖다 록(祿)이라 합니다. 스스로 십간(十干)과 십이지(十二支)를 나눔으로 시작(始作)되는 것이니 문득 갑을(甲乙)의 록(祿)은 인묘(寅卯)에 같이 배합됩니다.

동(東)에 거(居)하고 병정(丙丁)의 록(祿)은 사오(巳午)와 같이 배합하고 남(南)에 거주를 합니다. 경신(庚辛)의 록(祿)은 신유(申酉)와 같이 배합되어 서(西)에 거주하며 임계(壬癸)는 해자(亥子)와 같이 배합하여 북(北)에 거주합니다. 이런 방식은 십간(十干)이 지지(地支)의 신(神)에서 나아가 록(祿)을 삼는 것을 말하는 것입니다.

이를 갖다가 록(祿)이 왕성(旺盛)함을 쫓아 행하게 된다하니, 소위 갑록(甲祿)은 인(寅)에 있고 을록(乙祿)은 묘(卯)에 있으며 병록(丙祿)은 사(巳)에 있으며 정록(丁祿)은 오(午)에 있으며 무록(戊祿)은 사(巳)에 의탁하며 기록(己祿)은 오(午)에 의탁합니다. 경록(庚祿)은 신(申)에 있고 신록(辛祿)은 유(酉)에 있으며 임록(壬祿)은 해(亥)있고 계록(癸祿)은 자(子)에 있게 됩니다.

중궁(中宮)에 진술축미辰戌丑未)가 있는데 진술축미(辰戌丑未)에서는 록(祿)의 근원을 취하지 않습니다. 즉 무토(戊土)의 록은 사화(巳火)가 되고 기토(己土)의 록(祿)은 오화(午火)가 되는 것이지 진술축미(辰戌丑未)에서 록(祿)을 취하지 못하는 것입니다. 왜냐하면 진술(辰戌)은 괴강(魁剛)이라 말하기를 변방(邊方)의 나쁜 땅이라 하여 록원(祿元)이 의지치 못하고 축미(丑未)는 천을귀인(天乙貴人)이 출입하는 문(門)이라 하여 록원(祿元))이 그 문으로 도망가게 된다고 합니다. 소위 진술축미(辰戌丑未)의 사궁(四宮)에는 록(祿)이 없습니다. 또 말하길 사계절(四季節)에 끝이니 잡기(雜氣)가 있어 록(祿)이 온전치를 못함으로 취하지를 않는다고 합니다.

| 십간 | 甲 | 乙 | 丙 | 丁 | 戊 | 己 | 庚 | 辛 | 壬 | 癸 |
|---|---|---|---|---|---|---|---|---|---|---|
| 祿록 | 寅 | 卯 | 巳 | 午 | 巳 | 午 | 申 | 酉 | 亥 | 子 |

## 1) 십간록의 개념(槪念)

### (1) 갑(甲)

**• 복성록(福星祿)**

갑록(甲祿)은 인(寅)에 있는데 만일 갑(甲)이 병인(丙寅)을 보면 인중(寅中)에는 무병갑(戊丙甲)이 암장(暗藏)이 되어 있습니다. 그런데 무토(戊土) 아래에는 병화(丙火)와 갑목(甲木)이 있고 목(木)은 병화(火)를 생하고 병화(火)는 다시 무토(戊土)를 생하므로 능히 양명(養命)의 근원인 무토 재물을 취하게 됩니다. 이를 복성록(福星祿)이라 합니다.

**• 복마록(伏馬祿)**

무인(戊寅)은 무토(戊土) 편재(偏財)가 화토상생(火土相生)으로 장생이므로 이를 복마록(伏馬祿)이라 하여 길(吉)하게 봅니다.

- **파록(破祿)**

  경인(庚寅)은 개두(蓋頭)의 상(像)을 가진 까닭에 파록(破祿)이라 하고 반길(半吉), 반흉(半凶)합니다.

- **정록(正祿)**

  임인(壬寅)은 정록(正祿)이라 하지만 공망이 진사(辰巳)인 까닭에 진사(辰巳)는 재관(財官)에 해당하므로 팔자에서 재관공망(財官空亡)은 필히 이별(離別), 고독(孤獨)하거나 승도(僧道)가 된다고 합니다.

- **장생록(長生祿)**

  갑인(甲寅)은 장생록(長生祿)이라 하고 대길(大吉)하다고 합니다.


## (2) 을(乙)

- **을록(乙祿)**

  을록(乙祿)은 묘(卯)에 있습니다.

- **희신왕록(喜神旺祿)**

  을묘(乙卯)를 보는 것이 희신(喜神)왕록(旺祿)이라 하여 주로 길하게 보았습니다.

- **절로공망(截路空亡)**

  정묘(丁卯)는 절로공망(截路空亡)이라 하여 주로 흉(凶)하게 봅니다.

- **진신록(進神祿)**

  기묘(己卯)는 진신(進神)록이라 합니다.

- **파록(破祿)**

  신묘(辛卯)는 개두(蓋頭)의 상(像)을 가진 까닭에 파록(破祿)이라 하고 또 교신(交神)이 되며 반길(半吉) 반흉(半凶)합니다.

- **사록(死祿)**

  계묘(癸卯)는 태을(太乙)을 띠 하였으며 사록(死祿)이 되며 귀(貴)하여도 마침내 가난해 진다고 합니다.

## (3) 병(丙)

• **병록(丙祿)**

병(丙)의 록(祿)은 사(巳)에 있습니다.

• **구천고록(九天庫祿)**

기사(己巳)를 보면 구천고록(九天庫祿)이라 하여 길(吉)하게 봅니다.

• **절로공망(截路空亡)**

신사(辛巳)는 절로공망(截路空亡)이 되어 흉하게 봅니다.

• **복귀신록(伏貴神祿)**

계사(癸巳)는 복귀신록(伏貴神祿)이 되며 반길(半吉) 반흉(半凶)하다 합니다.

• **왕마록(旺馬祿)**

을사(乙巳)는 왕마록(旺馬祿)이 되고 길하게 봅니다.

• **고록(庫祿)**

정사(丁巳)는 고록(庫祿)이라서 모두 길(吉)하게 봅니다.


## (4) 정(丁)

• **정록(丁祿)**

정(丁)의 록(祿)은 오(午)에 있습니다.

절로공망(截路空亡): 경오(庚午)를 보면 절로공망(截路空亡)이라 흉합니다.

• **합록(合祿)**

임오(壬午)는 덕이 합록(合祿)되었다하여 길하게 봅니다.

• **진신록(進神祿)**

갑오(甲午)는 진신록(進神祿)이 되어 다 흉하게 봅니다.

• **희신록(喜神祿)**

병오(丙午)는 희신록(喜神祿)이 되고 다만 양인(羊刃)을 사귀는 것이라서 반길(半吉)하다고 봅니다.

- **양인록(羊刃祿)**

  무오(戊午)는 양인록(羊刃祿)이 엎드린 것이라 해서 흉(凶)함이 많습니다.


## (5) 무(戊)

- **구천창고록(九天倉庫祿)**

  무(戊)의 록(祿)은 사(巳)에 있으며 기사(己巳)를 보면 구천창고록(九天倉庫祿)이라 해서 주로 길(吉)하지만 절로공망(截路空亡)이기도 합니다.

- **귀신록(貴神祿)**

  계사(癸巳)는 귀신록(貴神祿)이 되는데 이른바, 천을귀인이 됩니다. 무계(戊癸)는 암합(暗合)하여 관직(官職)의 위치가 크다고 합니다.

- **록마동향(驛馬同鄉)**

  무(戊)가 을사(乙巳)를 보면 록마동향(驛馬同鄉)이라 길합니다.

- **왕고록(旺庫祿)**

  정사(丁巳)는 왕성한 고록(庫祿)이라서 길합니다.


## (6) 기(己)

- **己祿(기록)**

  기(己)의 록(祿)은 오(午)에 있습니다.

- **절로공망(截路空亡)**

  경오(庚午)를 보면 절로공망(截路空亡)로 흉합니다.

- **사귀록(死鬼祿)**

  임오(壬午)는 사귀록(死鬼祿)이 되어 흉(凶)합니다

- **진신합록(進神合祿)**

  갑오(甲午)는 진신(進神)합록(合祿)이라 현달(顯達)합니다.

- **희신록(喜神祿)**

  병오(丙午)는 희신록(喜神祿)이라 길합니다.

- **복신양인록(伏神羊刃祿)**

  무오(戊午)는 복신양인(伏神羊刃)이라서 흉(凶)합니다.


## (7) 경(庚)

- **경록(庚祿)**

  경(庚)의 록(祿)은 신(申)에 있습니다.

- **절로공망(截路空亡祿), 대패록(大敗祿록)**

  임신을 보면 절로공망에 해당하여 대패록이라 하여 흉하게 봅니다.

- **대패록(大敗祿)**

  병신(丙申)은 대패(大敗祿)이라서 성패(成敗)가 많습니다.

- **복마록(伏馬祿)**

  신(戊申)은 복마록(伏馬祿)이라서 지체(遲滯) 됨이 많습니다.

  그러나 만일 복성(福星)을 두면 귀길(貴吉)해집니다.

- **장생록(長生祿)**

  경신(庚申)은 장생록(長生祿)이니 대길(大吉)하게 봅니다.


## (8) 신(辛)

- **신록(辛祿)**

  신(辛)의 록(祿)은 유(酉)에 있습니다.

- **복신록(伏神祿)**

  계유(癸酉)를 보면 복신록(伏神祿)이 되어 수화(水火수화)를 서로 침범하였다고 하여 흉하게 봅니다.

- **파록(破祿)**

  을유(乙酉)는 파록(破祿)이며 성패(成敗)가 많습니다.

- **공망귀신록(空亡貴神祿)**

  정유(丁酉)는 공망귀신록(空亡貴神祿)이라 정(丁)이 목(木)의 기운을 받으면 아름답고 신(辛)의 수(水)는 목욕(沐浴)이니 주로 간음(姦淫) 사건이 일어나고 희신(喜神)을 두면 길합니다.

- **진신록(進神祿)**

  기유(己酉)는 진신록(進神祿)이며 신유(辛酉)는 정록(正祿)이라 하여 모두 길하게 봅니다.


## (9) 임(壬)

- **임록(壬祿)**

  임(壬)의 록(祿)은 해(亥)에 있습니다.

- **귀신합록(貴神合祿)**

  정해(丁亥)를 보면 귀신합록(貴神合祿)이 되어 길합니다.

- **천덕록(天德祿)**

  을해(乙亥)는 천덕록(天德祿)이 되어 길합니다.

- **왕록(旺祿)**

  기해(己亥)는 왕록(旺祿)이 되어 좋습니다.

- **록마동향(祿馬同鄉)**

  신해(辛亥)는 록마동향(祿馬同鄉)이 되어서 대길(大吉)합니다.

- **대패록(大敗祿)**

  계해(癸亥)는 대패록(大敗祿)이라서 가난하고 천박(淺薄)합니다

## (10) 계(癸)

- **계록(癸祿)**

  계의 록(癸祿)은 자(子)에 있습니다.

- **진신록(進神祿)**

  갑자(甲)를 보면 진신록(進神祿)이 되며 주로 등과(登科)하여 현달(顯達)합니다.

- **양인록(羊刃祿)**

  병자(丙子)는 양인록(羊刃祿)을 사귄다하며 만약 복성(福星)을 함께 한다면 귀(貴)하고 권력(勸力)있습니다.

- **복양인합귀록(伏羊刃合貴祿)**

  무자(戊子)는 복양인합귀록(伏羊刃合貴祿)이 귀록(貴祿)과 합하여 엎드렸다 해서 반길(半吉)하게 봅니다.

- **인수록(印祿)**

  경자(庚子)는 인수록(印祿)이라 해서 길하다.

- **정양인록(正羊刃祿)**

  임자(壬子)는 정양인록(正羊刃祿)이라하며 흉(凶)하게 봅니다.

【예시1】이 명조는 세계적인 소프라노 조수미씨 명조다 월지(月支)가 태왕(太旺)한 식상관(食傷官)인데 사지상문(死地喪門)이고 3개의 인목(寅木)은 절각(截脚)이라 비록 시간(時干)의 편인(偏印)이 돕더라도 일간이 도설(盜洩)당할 수 있다. 그런데 일찍이 천간(天干)에 경신(庚辛)과 지지의 서방금(西方金)대운을 만나 십간록(十干祿)을 얻어, 조기 유학을 떠나 24세 이후부터 각종 콩쿠르에서 우승하면서 명성(名聲)을 떨치기 시작하였다.

| 時 | 日 | 月 | 年 | 곤 명 |
|---|---|---|---|---|
| 편인 | | 식신 | 식신 | 六神 |
| **戊** | **庚** | **壬** | **壬** | 天干 |
| **寅** | **寅** | **子** | **寅** | 地支 |
| 편재 | 편재 | 상관 | 편재 | 六神 |
| 지살 | 지살 | 월덕 | 지살 | |
| 관귀 | 관귀 | 상문 | 관귀 | 神殺 |
| | | | 태극 | |
| | | | 월덕 | |

| 甲 | 乙 | 丙 | 丁 | 戊 | 己 | 庚 | 辛 | 大運 |
|---|---|---|---|---|---|---|---|---|
| 辰 | 巳 | 午 | 未 | 申 | 酉 | 戌 | 亥 | |

## 2) 십간록(十干祿)의 종류(種類)

- **생성록(生成祿)**

  갑을(甲乙)인이 갑인(甲寅), 을묘(乙卯)를 얻는 종류가 해당이 되는데 길하게 봅니다. 록(祿)위에 비견을 취하는 형태를 말하는데 록(祿)의 간여지동(干與之同)이니 록(祿)이 록(祿)을 일으키는 것을 말합니다.

- **명위록(名位祿)**

  갑인(甲人)이 병인(丙寅)을 보는 종류가 해당이 되는데 길하게 봅니다. 일간의 록위에 식신(食神)이 놓인 것을 말하며 명예가 높아집니다.

- **진록(真祿)**

  갑인(甲人)이 병(丙) 혹 기(己)를 보는 것이며 을인(乙人)이 기(己) 혹 오(午)를 보는 종류이니 재성과 식신을 두른 형태를 말하며 모두 귀격(貴格)에 해당합니다.

- **진퇴진록(進退真祿)**

  지지에서 진퇴(進退)를 통하여 록(祿)에 도달하는 과정을 말합니다. 즉 일주가 록(祿)을 만나는 경우에 일간이 나아가는 글자를 록(祿)으로 만나는 경우를 진신록이라 말합니다. 예를 들어 병진(丙辰)일주가 있다면 병화(丙火)의 록(祿)은 사화(巳火)가 됩니다. 그런데 진토(辰土) 글자 다음이 사화(巳火)에 해당하므로 나아가는 글자인 사화(巳火) 록(祿)을 만난 것을 말하여 진신록(進神祿)이라 합니다. 이것인 나아갈 진(進)에서 록(祿)을 얻었다 하여 진록(進祿)이라 합니다. 반대로 병오(丙午)일주인 경우에 사화(巳火)가 록(祿)에 해당하는데 오화(午火) 이전은 사화(巳火)가 되므로 후퇴하는 글자 사화(巳火)록을 만난 것이므로 퇴록(退祿)이라 하여 록에 이르더라도 어려움이 따른다고 하였습니다. 또한 무진(戊辰)일주에서 정사(丁巳)를 만나면 무토(戊土)의 록(祿)은 사화(巳火)에 해당하는데 진토(辰土) 글자 다음은 사화(巳火)에 해당하므로 진신록(進神祿)을 만난 것입니다. 그러므로 진퇴진록에 해당하는 간지는 다음과 같습니다.

무진(戊辰)은 정사(丁巳)를 보고 무오(戊午)는 정사(丁巳)를 보며 병진(丙辰)은 계사(癸巳)를 보며 병오(丙午)도 계사(癸巳)를 보며 계해(癸亥)는 갑자(甲子)를 보며 계축(癸丑)은 갑자(甲子)를 보며 임술(壬戌)은 계해(癸亥)를 보며 임자(壬子)도 계해(癸亥)를 보는 것을 말합니다. 그래서 나아 갈 때 록(祿)을 만나는 것은 평이(平易)하다고 하지만 만약 후퇴할 때에 만나는 록(祿)은 어려움이 있다고 말을 하였습니다.

【예시2】어느 상서(尙書)의 명조(命造)이다. 오(午)는 양인(羊刃)이고 사(巳)는 록(祿)이다. 따라서 무오(戊午)가 정사(丁巳)를 만난 것은 퇴신록(退神祿)에 해당하고 사유합(巳酉合)으로 월지 공망(空亡)이 상쇄(相殺) 되므로 천을귀인(天乙貴人)이 살아났다. 그래서 월간의 정관(正官)이 재생관(財生官)으로 빛을 발휘하였다.

| 時 | 日 | 月 | 年 | 건 명 |
|---|---|---|---|---|
| 정인 | | 정관 | 정재 | 六神 |
| 丁 | 戊 | 乙 | 癸 | 天干 |
| 巳 | 午 | 丑 | 酉 | 地支 |
| 편인 | 정인 | 겁재 | 상관 | 六神 |
| 지살록 | 양인 도화 | 천을귀인 공망 | | 神殺 |

• 회합록(會合祿)

록(祿)에 있어 회합록(會合祿)이 있으니 갑록(甲祿)은 인(寅)인데 경술(庚戌)의 종류를 얻는 것과 같습니다. 지지가 합을 얻은 것을 말합니다.

## • 식신대록(食神帶祿)

식신이 록(祿)을 두른 형태를 말합니다. 곧 식신의 록 기둥을 얻은 것입니다. 예를 들어 임(壬)의 식신(食神)은 갑(甲)인데 갑인(甲寅)을 얻어 식신이 자신의 록 위에 앉아 있는 것입니다. 계(癸)의 식신(食神)은 을(乙)인데 을묘(乙卯)를 얻고 무(戊)의 식신(食神)은 경(庚)인데 경신(庚申)을 얻고 기(己)의 식신(食神)은 신(辛)인데 신유(辛酉)를 얻는 것을 말합니다. 이런 경우를 식신대록이라 하여 식신이 자기 록 위에 있다고 하여 주로 길(吉)하게 봅니다.

## • 식신합록(食神合祿)

식신합록(食神合祿)이 있는데 갑(甲)의 식신(食神)은 병(丙)이며 병신(丙申)과 병인(丙寅)을 얻는 것을 말합니다. 또한 을(乙)의 식신(食神)은 정(丁)인데 정미(丁未)와 정묘(丁卯)를 얻는 것을 말하고, 경(庚)의 식신(食神)은 임(壬)인데 임진(壬辰)과 임자(壬子)를 얻는 것을 말하며 신(辛)의 식신(食神)은 계(癸)인데 계사(癸巳)와 계축(癸丑)등의 8가지 종류를 얻는 것을 말합니다. 이것은 모두 길하게 봅니다.

【예시3】임(壬)의 식신(食神)은 갑(甲)인데 갑인(甲寅)이 동주(同住)하면 식신대록(食神大祿)이라 한다.

| 時 | 日 | 月 | 年 | 건 명 |
|---|---|---|---|---|
| | | 식신 | | 六 神 |
| 壬 | 甲 | | | 天 干 |
| | 寅 | | | 地 支 |
| | 식신 | | | 六 神 |
| | 食祿 | | | 神 殺 |

**• 록두재(祿頭財)**

록두재(祿頭財)라는 것이 있는데 록(祿)위에 재물이 있는 것이 말합니다.
곧 갑인(甲人)이 무인(戊寅)을 보고 을인(乙人)이 기묘(己卯)를 보는 종류로
주로 사람이 부유(富有)하며 명망(聲望)이 있습니다.

【예시4】 명나라의 마지막 황제인 숭정제(崇禎帝)의 명조이다. 을(乙) 일간(日
干)의 록(祿)은 묘(卯)인데 기묘(己卯)을 얻었으니 록두재(祿頭財)를
구성했다. 편재(偏財) 록두재(祿頭財)는 부귀공명(富貴功名)을 뜻한
다. 그런데 만약 묘미합(卯未合)과 인해합(寅亥合)으로 목국(木局)을
결성하면 종상(從像)으로 넘어간다. 반드시 군겁(群劫)으로 인해 록
두재(祿頭財)를 파괴하여 비천(卑賤)한 운명이 되었을 것이다.
그러나 다행히도 천간의 경신금(庚辛金)이 이를 제지하고 있었는데
년월(年月)의 복성귀인(福星貴人)과 협록(夾祿)의 도움이 있었다.
그러므로 1627년 재위(在位)에 올라 1644년 갑신년(甲申年)에 사
망하였다. 병(丙)대운의 갑신년(甲申年)은 병신합거(丙辛合去)하여
신금(辛金)을 제거하더니 갑신년(甲申年)에 갑기합거(甲己合去)로
록두재(祿頭財)를 파(破)한 것이 원인이 되었다.

| 時 | 日 | 月 | 年 | 건 명 |
|---|---|---|---|---|
| 편재 | | 정관 | 편관 | 六 神 |
| **己** | **乙** | **庚** | **辛** | 天 干 |
| **卯** | **未** | **寅** | **亥** | 地 支 |
| 비견 | 편재 | 겁재 | 정인 | 六 神 |
| 십간록 | 귀문 | 협록 | 복성귀인 | 神 殺 |
| | 백호 | 고신 | | |

• **녹두귀**(祿頭鬼)

록(祿)의 머리에 귀살(鬼殺)을 놓은 것으로 구설(口舌)형상파모(刑喪破耗)가 있다고 합니다.

예를 들면 갑(甲)이 경인(庚寅)을 보고 을(乙)이 신묘(辛卯)를 보는 종류입니다. 경인(庚寅)은 개두(蓋頭)가 되어 인록(寅祿)을 극하는 것이니 경금(庚金)이 나의 록(祿)을 극하는 귀살(鬼殺)이 되는 것입니다.

【예시5】 경인(庚寅)은 개두(蓋頭)의 상(像)이라 일간의 십간록(十干祿)을 파괴하고 있다. 더구나 관살혼잡(官殺混雜)이므로 곧 귀살(鬼殺)이 되는 것이니 형상파모(刑喪破耗)가 많았다.

| 時 | 日 | 月 | 年 | 건 명 |
|---|---|---|---|---|
| | | 칠살 | 정관 | 六 神 |
| **甲** | **庚** | **辛** | | 天 干 |
| | **寅** | | | 地 支 |
| | 비견 | | | 六 神 |
| | 십간록 | | | **神 殺** |

• 순중록(旬中祿)

동일한 일순(一旬) 중(中)에서 록(祿)을 보는 것이 있습니다.

예를 들면 갑신(甲申)이 경인(庚寅)의 같은 3순(旬)를 만나는 것인데 갑(甲)의 록(祿)은 인(寅)이므로 경인(庚寅)은 순중록에 해당하는 것입니다. 또한 무오(戊午)가 정사(丁巳)의 같은 6순(旬)를 만나는 것으로 관직의 요직을 맡는다고 합니다.

【예시6】 갑신(甲申)일주는 경인(庚寅)을 만나면 순중록(旬中祿)에 속한다. 비록 경인(庚寅)이 개두(蓋頭)가 되어 십간록(十干祿)을 훼손할까 염려가 되었지만, 정화(丁火)가 상관제살(傷官制殺)하므로 좋아졌다.

| 時 | 日 | 月 | 年 | 건 명 |
|---|---|---|---|---|
|  |  | 상관 | 편관 | 六 神 |
| **甲** | **丁** | **庚** | | 天 干 |
| **申** | **亥** | **寅** | | 地 支 |
| 편관 | 편인 | 비견 | | 六 神 |
|  |  | 십간록 | | 神 殺 |

## • 천록귀신(天祿貴神)

록(祿)과 천을귀인(天乙貴人)이 연결되는 경우입니다.

예를 들어, 정(丁)의 록은 오(午)에 있는데 병오(丙午)를 만나는 경우를 말합니다. 또한 오(午)의 록(祿) 위의 병(丙)의 글자를 얻고 병(丙)의 천을귀인은 유(酉)와 해(亥)에 있습니다.

그런데 신유(辛酉) 혹은 신해(辛亥)를 얻는다고 하면 유(酉)는 병(丙)의 천을귀인(天乙貴人)이 되고 신(辛)의 천을귀인(天乙貴人)도 역시 오(午)가 되는 것이니 거듭 천을귀인(天乙貴人)을 본다고 하여 입격(入格)이 되면 반드시 극품(極品)의 귀(貴)를 누린다고 합니다.

【예시7】 정(丁)의 십간록(十干祿)은 오(午)이고 천을귀인(天乙貴人)은 해(亥)와 유(酉)가 됩니다. 그런데 신해(辛亥)를 만나게 되면 신(辛)의 천을귀인(天乙貴人)은 오(午)가 된다. 그러므로 신해(辛亥)는 일간의 천을귀인(天乙貴人)에 앉아 있으면서 십간록이 되는 오(午)는 신(辛)의 천을귀인(天乙貴人)도 되는 것입니다. 이러한 구조를 천록귀신(天祿貴紳)이라 합니다.

| 時 | 日 | 月 | 年 | 건 명 |
|---|---|---|---|---|
| | 비견 | 편재 | 六神 |
| 丁 | 丙 | 辛 | 天干 |
| 酉 | 午 | 亥 | 地支 |
| 편재 | 비견 | 정관 | 六神 |
| 천을귀인 | 십간록 | 천을귀인 | 神殺 |

• 간지합록(干支合祿)

　만일 갑(甲)의 록(祿)은 인(寅)에 있는데 갑인(甲寅)이 기해(己亥)를 얻고 을
(乙)의 록은 묘(卯)에 있는데 만일 을묘(乙卯)가 경술(庚戌)을 얻는 종류를
말합니다. 간지(干支)가 서로 합(合)이 되는 구조를 말하며 주로 관직(官職)
이 높고 귀(貴)하게 됩니다.


• 호환귀록(互換貴祿)

　일시(日時)에서 록(祿)이 서로 교차된 경우 입니다.

　예를 들어, 경인(庚寅)이 갑신(甲申) 일시(日時)를 보는 종류입니다.

　즉 경(庚)의 록(祿)은 신(申)이고, 갑(甲)의 록(祿)은 인(寅)에 해당이 되어 호
환귀록(互換貴祿)이라 합니다.


【예시8】 십간록 위에 놓인 편재(偏財)는 록두재(祿頭財)에 해당하는데 경(庚)
　　　　의 록(祿)은 신(申)이고 갑(甲)의 록(祿)은 인(寅)이므로 호환귀록(互
　　　　換貴祿)이 되어 있다.


| 時 | 日 | 月 | 年 | 건 명 |
|---|---|---|---|---|
| 편재 | | | | 六 神 |
| **甲** | **庚** | | | 天 干 |
| **申** | **寅** | | | 地 支 |
| 십간록 | 편재 | | | 六 神 |
| 십간록 | | | | 神 殺 |

· 조원록(朝元祿)

  일시(日時)에 있는 천간(天干)이 년지에 록을 가진 경우입니다.

  년지(年支) 인(寅)에서 갑(甲)의 일시(日時)를 보는 종류입니다.


· 녹마동향(祿馬同鄕)

  이것은 지지의 역마가 일간의 록에 해당하는 경우를 말합니다.

  예를 들어 년지(年支)를 기준으로 보면 신자진(申子辰)의 마(馬)가 인(寅)에

  있는데 일간이 갑목이 되면 갑(甲)의 록(祿)은 인(寅)에 해당하므로 인(寅)

  는 록마동향(祿馬同鄕)이 되는 것입니다.

  곧 일간의 록(祿)과 마(馬)가 같은 고향이라는 말이 됩니다.


【예시9】 년지(年支) 진(辰)의 역마(驛馬)는 인(寅)에 해당하는데 일간 갑(甲)
　　　　의 십간록(十干祿)은 인(寅)이므로 시지(時支)의 인(寅)을 록마동향
　　　　(祿馬同鄕)이라 말한다.

| 時 | 日 | 月 | 年 | 건 명 |
|---|---|---|---|---|
|  |  |  |  | 六神 |
|  | 甲 |  |  | 天干 |
| 寅 |  |  | 辰 | 地支 |
| 비견 |  |  | 편재 | 六神 |
| 록마 |  |  |  | 神殺 |

• 합록(合祿)

갑(甲)의 록(祿)은 인(寅)에 있는데 만약 인록(寅祿)이 해(亥)를 만나면 인해
합(寅亥合)으로 명합(明合)이라 하고, 이것을 합록(合祿)이라 부릅니다.

만약 인(寅)은 없는데 해(亥)만 있다면 암합(暗合)이라고 하는데 허공(虛空)
에서 인(寅)을 당겨와 암합(暗合)한다고 말하는 것입니다.

합록(合祿)이 된 사람은 주변의 도움을 받아 성공한다고 합니다.

【예시10】 갑(甲)의 록(祿)은 인(寅)에 있는데 나의 십간록(十干祿)과 합하는
　　　　　 해수(亥水)는 명합(明合)이니 합록(合祿)이 된다.

| 時 | 日 | 月 | 年 | 건 명 |
|---|---|---|---|---|
|  |  |  |  | 六 神 |
|  | 甲 |  |  | 天 干 |
|  |  | 寅 | 亥 | 地 支 |
|  |  | 비견 | 편인 | 六 神 |
|  |  | 십간록 |  | 神 殺 |

• 공록(拱祿), 협록(夾祿)

갑(甲)의 록(祿)은 인(寅)인데 만약 인(寅)이 없지만, 축묘(丑卯)를 보면 축
(丑)과 묘(卯) 중앙에 안 보이는 인(寅)을 공협(拱夾)으로 중앙에 끼고 있다
고 하여 공록(拱祿) 혹은 협록(夾祿)이라 하며, 부귀를 얻는다고 합니다.

【예시11】 갑(甲)의 록(祿)은 인(寅)에 있는데 인(寅)은 없지만 축(丑)과 묘(卯)
가 존재하면 그 중간에 안 보이는 인(寅)을 당겨온다고 하여 공록
(拱祿)이라 말한다.

| 時 | 日 | 月 | 年 | 건 명 |
|---|---|---|---|---|
| | | | | 六神 |
| | 甲 | | | 天干 |
| | | 丑 | 卯 | 地支 |
| | | 정재 | 겁재 | 六神 |
| | | 拱祿寅 | 神殺 | |

• 조원협합(朝元夾合)

만일 계사(癸巳)가 무진(戊辰), 무오(戊午)를 보면 2개의 무토(戊土)는 더불
어 계(癸)를 합하고, 지지에서는 진사오(辰巳午)를 구성하여 사(巳)를 중앙
에 협(夾)하는 것을 말하는데 무(戊)의 록(祿)은 일지의 사(巳)인지라 주로
봉작(封爵)을 받게 된다고 합니다.

• 입록당(入祿堂)

이우가(理愚歌)에서 말하길 록(祿)이 록당(祿堂)에 든다하여 모름지기 크
게 사은숙배(謝恩肅拜)할 일이 있다 하니, 이허중이 말하길 갑(甲)이 갑술
(甲戌)을 얻고 갑(甲)으로써 세간(歲幹)을 삼는다면 술(戌)에 이르러 갑(甲)의
본연(本位)의 자리를 찾는 것이니 록당(祿堂)이라 한다고 하였습니다. 이
것은 록(祿)이 본연의 록당(祿堂)에 들어간다는 뜻입니다. 년간의 오호둔
법에 따라 동일 천간과 해당 지지를 다시 얻는 경우를 말합니다.

예를 들어 갑목(甲木)이 오호둔법상 갑술(甲戌)을 얻었을 때 록(祿)이 록(祿)
에 입당하여 성취를 얻는다고 합니다. 오행(五行)이 극(克)함이 없으며 제
위(諸位)가 서로 도우면 발복(發福)함이 필히 크다고 합니다.


• 기타 록(祿)

고인(古人)이 말하길 일간은 록(祿), 향(向), 근(近), 합(合)의 4 글자를 얻게
되면 귀(貴)하다고 하였습니다. 역시 두 글자만 보아도 귀하다고 하였습
니다.

예를 들어 만일 갑(甲)의 록(祿)은 인(寅)에 있는데 인(寅)으로써 건록을 삼
는데 축(丑)이 향(向)이 되고 묘(卯)가 근(近)이 되며 해(亥)가 합(合)이 됩니
다. 인축(寅丑)암합을 얻는 것이고 인해(寅亥)합록(合祿)을 얻는 것을 말합
니다. 록(祿)은 합이 되면, 가급적 형살(刑殺)이나 칠살(七殺)을 보는 것을
꺼립니다. 만약 록(祿)이 원진(元嗔), 사절(死絶) 운이 되면 기운이 탁해져
도박 등의 천박한 행동을 할 수 있습니다.

록(祿)이 관부살(官符殺)을 만나면, 관직에 이르나 쟁송(爭訟)을 많이 겪게
됩니다. 록(祿)이 천중살(天中殺)을 만나면, 재산을 잃거나 파재(破財)할 수
있습니다. 록(祿)이 겁살(劫煞)을 만나면, 천박한 것을 좋아하며, 불의(不義)
한 재물을 얻을 수 있습니다.

# 03 간명(看命) 비전(祕傳)

## 1) 간명요결(看命要訣)

사주를 풀어 가는 순서

① 일주의 강약과 왕쇠를 월령과의 관계에 의하여 정한다.
② 사주의 격국은 월지를 기준하여 판단한다.
③ 격국으로 용신, 희신, 기신, 한신 등을 찾아낸다.
④ 격국의 청탁관계를 살펴서 격국의 귀천 고저(高低)를 판단한다.
⑤ 십이운성과 왕상휴수사로 각 육신의 왕쇠를 판단한다.
⑥ 각 육신(六神)에 위치하는 신살(神殺)의 의미를 추리(推理)한다.
⑦ 희기를 대운과 년운, 월운에 대조하여 감정한다.
⑧ 감정순서를 정한 후 관운, 재운, 건강, 질병, 부부궁, 자손, 형제 성격, 직업 등 제반 작용을 판별 한다.

### (1) 체(體)와 용(用)

팔자(八字)는 체(體)와 용(用)의 관계가 분명하므로 그 용(用)은 반드시 근묘화실(根苗花實)의 순리(順理)에 따라 움직이게 됩니다.

따라서 체(體)를 살펴볼 적에는 10년의 운기를 통째로 하여 성패(成敗)를 살펴보고 용(用)을 볼 적에는 시간의 흐름이 관여(關與)되니 5년씩 간지(干支)를 구분해 살펴봐야 합니다. 다만 용(用)을 보는 것은 용(用)의 운기가 체(體)와 달리 용(用)에서는 근묘화실(根苗花實)에 따라 진행이 되어 흐르기 때문에 시간적 기(氣)의 흐름을 분리해 줘야 하는 것이 요지(要旨)입니다.

그래서 고전(古典)에서 말하기를 "대운의 간지를 5년으로 구분하여 보라" 말했던 것은 간지(干支)의 희기(喜忌)가 다르기 때문입니다.

그러므로 천간을 5년간 근묘화실에 대입하여 통변한 후, 지지도 5년간을 근묘화실에 대입하여 통변합니다. 세운 통변에 있어서도 비록 천간을 중요시하나 근묘화실의 진행은 마찬가지이므로 천간은 6개월을 담당하고, 지지도 6개월을 담당한다고 보고 일년(一年) 중에서 운기(運氣)를 두 개로 구역으로 나눠 구분하여 전(前), 후(後)반기로 나누어 통변합니다. 다만, 적천수에서 주장한 요결(要訣)되로, 양간(陽干) 양지(陽支)이거나 혹은 형충(形沖)으로 인해 동(動)을 유발(誘發)하여 유년(流年)의 기운이 조기(早期) 발현(發顯)이 된다는 점을 이해해야 합니다.

그러나 모든 운기(運氣)가 근묘화실(根苗花實)을 따라 움직이므로 형충회합도 이를 따르게 됩니다.


## (2) 명운(命運) 불이법(不二法)

명조와 대운은 두 가지 법이 아니고 명식의 연장(延長)이라고 보면 됩니다. 그래서 사주팔자(四柱八字)에서 대운(大運)을 더하여 오주(五柱)가 됨과 같습니다. 그래서 용신을 체(體)로 하고 대운을 용(用)으로 하여 명식의 변화를 따지게 됩니다. 빈부(貧富)는 명식에 의하여 정해집니다. 비록 부귀(富貴)는 격국에서 정해지는 것이나 궁통(窮通)은 운(運)에 관계되는 것이니 지지를 중히 여기되, 천간이 배반치 않고 서로 생부(生扶)하는 것이 아름답습니다.

그러므로 대운에서 원국의 부족함을 채우게 되면 발전이 따르는데 이것 때문에 취운법(取運法)을 보는 까닭입니다.

만약에 원국 자체가 완벽하여 대운의 영향이 없다고 하면 이를 귀격(貴格) 사주라 하여 대격(大格)으로 보았던 것입니다.

## (3) 근묘화실(根苗花實)

사주팔자는 근묘화실(根苗花實)에 따라 년월(年月)의 두 궁(宮)으로 초년의 삼십년의 영화(榮華)를 판단하고 일시(日時) 두 궁(宮)으로는 후(後) 삼십년의 부귀(富貴)를 추측합니다.

따라서 일주가 근묘화실과 유정(有情)하게 흐르면 길하게 되고 만약 일주가 휴수(休囚)하면 무정하니 흉(凶)과 허물이 있는 것입니다.

## (4) 대운은 성패(成敗)이고 세운은 득실(得失)

세운(歲運)은 일년간의 길흉을 주관(主官)하는 것이고 대운(大運)은 원국의 성패(成敗)를 주관합니다. 그러므로 세운으로는 득실(得失)을 중요하게 다루고 대운으로는 성패(成敗)를 논(論)하면 됩니다.

그래서 간명(看命)할 때에는 대운에서 성패(成敗)가 변하면 이것을 패중유성(敗中有成) 혹은 성중유패(成中有敗)라 하여 세운(世運)의 득실(得失)을 따로 구하였습니다. 그러므로 체(體)가 변하면 용(用)도 변하는 것이니 세운의 희기(喜忌)도 변하는 것입니다.

사주의 명조를 체로 보게 되면 대운은 용이 되고 대운을 체로 보면 세운은 용(用)이 됩니다. 대운이 길(吉)하여 성국(成局)하면 세운이 비록 흉(凶)하더라도 흉(凶)이 적고 대운이 흉(凶)하여 패국(敗局)하면 세운이 길(吉)하더라도 길(吉)하지 않는 것이니 대운과 세운의 조화를 잘 읽어 간명해야 합니다.

대운의 지지는 계절이 중심이 되니 대운은 지지를 중요하게 보고, 천간은 항상 하늘을 본 따서 순환하므로 세운은 천간을 중심으로 간명하는데 전, 후반기를 잘 살펴야 합니다.

## (5) 동정론(動靜論)

원국에서 정(靜)한 물건은 대운(大運)과 세운(歲運)의 형충회합(刑沖會合)으로 동(動)하게 됩니다. 이것을 동정론(動靜論)이라 말하는데 대운과 세운의 지지는 형충회합 및 공망, 신살 등을 잘 보아 운명을 추리해야 합니다. 천간 또는 지지가 합국이 되거나 천간에 투간이 되면 통변의 작용은 빠르게 나타납니다. 이 원칙에 의해 행운의 천간은 명중의 천간에 반응해서 동(動)하게 됩니다. 동(動)한다는 표현은 움직인다는 뜻입니다.

사주 간명의 이치는 동(動)하는 것을 포착하는데 있습니다. 그래서 팔자 간명은 동(動)하는 원리에 숨겨져 있습니다. 왜냐하면 팔자는 구조적으로 긴밀한 연결이 되어 있다고 보는 겁니다.

그리고 형충회합(形沖會合)으로 동(動)하는 원리를 읽을 줄을 알아야 합니다. 동(動)하는 구조는 사주마다 다르며 충동(衝動), 형동(形動), 암충암합(暗沖暗合), 고출(庫出), 입고(入庫) 등을 살펴야 합니다.

그러므로 이 움직임으로 인해 나타나는 희기(喜忌)의 작용과 거류법(去留法)에 의한 떠나고 잔존(殘存)하는 희기를 볼 줄 알면 사주간명의 절반은 정리가 되는 것입니다.

## (6) 전각운(轉角運)

대운은 기후의 연장이고 나무를 접붙이는 것과 같아서 진(辰)에서 사(巳), 또는 술(戌)에서 해(亥)운으로 바뀌는 것과 같이 운이 교차하는 것을 전각(轉角)이라 하는데, 전각에 해당할 때에는 흉격의 명은 사망까지 이르게 되고 길격의 명이라도 재난이 일어나게 되며 특히 노인은 접목운을 두려워합니다. 예를 들어, 인묘진(寅卯辰)은 동방목운(東方木運)이고 사오미(巳午未)는 남방화운(南方火運)이라 이 둘은 계절의 접경지역을 진토(辰土)에 두고 있는데 진토(辰土)에서 사화(巳火)가 바뀌는 시기를 전각운이라고 말을 합니다. 대운(大運)이 전각(轉角)의 변곡점을 지나는 시기가 되면 유독 돌아가는 사람이 많고, 사고도 많이 발생하게 되는데, 전각운에는 많이 발생하므로 깊은 관심을 가지고 통변해야 합니다.


## (7) 동일(同一)글자를 만남

명중에 원래 (元) 있는 것이 다시 행운에서 올 때는 작용이 커지게 됩니다. 예를 들어 명중에 재(財)가 있는데 재운 또는 재를 돕는 운이 오게 되면 재성은 발동하게 됩니다.

그런데 인수운으로 변동되면 재극인이라 인수피상(被傷)이 일어납니다. 또는 겁재운에는 재성피탈이 발생하게 됩니다. 동일 육신을 만나면 동(動)하여 움직이게 되고 극하는 육신을 만나면 피상(被傷)을 당하여 흉해집니다. 다른 육신도 이와 마찬가지로 살펴보면 됩니다.


## (8) 천충지격(天沖地擊)

전충(戰沖)에서는 어느 신(神)이 항복하는가를 보아야 합니다. 태세와 대운이 전투하면 변화를 헤아릴 수 없다고 하였습니다. 만약 태세의 천간이 대운의 천간과 상극하는데 태세가 항복하거나 아니면 대운이 항복하게 되는가를 살펴 운명을 간명해야 합니다. 따라서 일주(日主)가 대운을 기뻐하고 태세를 꺼릴 때 태세가 항복하면 길하다고 보는 것이고 만약 일주(日主)가 대운을 꺼리고 태세를 기뻐할 때 태세가 항복하면 흉하다고 보면 됩니다.


## 9) 개두(蓋頭)와 절각(折脚)

대세운에는 천간의 강약 여하(如何)를 보아야 합니다. 예컨데 경인(庚寅)년에는 인(寅)이 경금(庚金)에 의해 극을 받으면 개두(蓋頭)라 하고 태세의 지지가 약하다고 판단합니다. 그 결과 인목(寅木)이 재성(財星)이면 재성개두의 운이므로 재물의 축재가 어렵다고 간명합니다. 만일 대운이 경신(庚申)이면 경인년(庚寅年)을 만난 인신충(寅申沖)은 인목(寅木)이 파손을 당하게 됩니다. 그러므로 일주가 신(申)을 쓰면 길하지만 인(寅)을 쓴다면 대흉하게 됩니다.


## (10) 관합(官合)과 재합(財合)

일간이 대운 및 세운과의 합을 말하는데 대운의 천간이 일간과 관합(官合) 혹은 재합(財合)하는 것은 귀(貴)하다고 보았습니다. 그런데 이미 원국에 관합이 된 명식에서 세운에서 다시 관성이 등장하면 쟁합(爭合)이라 오히려 불리해집니다. 이런 경우에는 하나를 잃고 다른 하나를 얻어야 하므로 이직(移職), 변동이 불가피하다고 판단하는 것입니다.


## (11) 합거(合去)와 합동(合動)

대운 혹은 세운의 천간이 일간 이외의 천간과 합을 하게 되면 합의 유형을 잘 살펴야 합니다. 만약 합이 된 글자의 지지 세력이 강하다면 합거(合去)가 아닌 것이니 이것은 합동(合動)으로 파악하는 것입니다.
합거(合去)운에는 제거가 되는 것이라 사라지는 것이지만, 만약 합동(合動)이 되면 지지의 세력이 동(動)하여 그 해에는 그 세력의 물상이 발현이 됩니다. 만약 희신(喜神)이면 희신발동이니 그 해는 대길(大吉)할 것이고 만약 기신(忌神)이면 기신발동이니 질환, 사고, 손재 등이 발생하게 됩니다.


## (12) 지지 육합(六合)

유년의 지지가 육합을 만나면 묶인다고 보고 일지궁과 합하는 것은 일주의 합이라 합거(合去)라고 하지 않습니다. 일지는 부부이니 내 아내가 재물을 합하는 것이니 어찌 불리하다고 판단하겠습니까.

내가 재물을 취해 아내에게 건네주는 것이므로 일지궁합은 길하게 보았습니다. 다만, 일지궁은 부부궁이라 부부에 관련한 상황이 전개가 될 수 있습니다. 역시 일주(日主) 용신의 희기를 보아서 표준을 삼으니 예컨대 술토(戌土)가 기신(忌神)인데 계묘년(癸卯年)을 만나면 묘술합(卯戌合)이라 기신제거운이니 길하게 됩니다.

그러나 만약 원국에서 화(火)가 기신인데 묘술합(卯戌合)으로 합화(合化)가 되었다고 한다면 오히려 기신태왕이 되어 불길하게 됩니다.

그러하니 모두 오행의 변화를 잘 살펴 간명해야 마땅합니다. 지지육합은 합극(合剋)과 합생(合生)이 있으므로 이를 잘 분간해야 하는데 진유합(辰酉合)은 합생이고 묘술합(卯戌合)은 합극입니다. 보통 합생에서는 오행을 생하여 합이 들어오기 때문에 묶이는 것보다 합기현상이 일어나기 쉽습니다.

진유합(辰酉合) 인해합(寅亥合), 오미합(午未合)은 합생(合生)이고

사신합(巳申合), 묘술합(卯戌合), 자축합(子丑合)은 합극(合剋)입니다. 합극(合剋)에서는 묶임현상이 강하고 합생(合生)에서는 생조하는 합기(合氣)현상이 두드러집니다.

## (13) 삼합(三合)과 반합(半合)

삼합은 육합(六合)과 달리 반합(半合)이 되더라도 합거(合去)현상 보다는 합기(合氣)현상이 일어납니다. 왜냐하면 삼합의 글자는 지장간의 공통되는 오행을 품고 동일오행이 암장(暗藏)으로 만나기 때문입니다.

그래서 합극으로 구성이 된 육합과는 다른 현상이 일어남을 살펴야 합니다.그래서 만약 유년의 지지가 인(寅)이고 대운이 오(午)일 때, 인오(寅午)가 반합을 이루었다면 일주용신이 화를 반기면 길하게 됩니다. 이것은 합거(合去)로 안보고 암장(暗藏)의 기운이 화(化)로 나타난다고 보는 것입니다.

## (14) 범태세(犯太歲)

태세(太歲)는 세월 중의 왕(王)이니 가히 범(犯)할 수 없는 것인데 범(犯)한 즉, 흉(凶)하다고 하였습니다. 곧 세군(歲君)은 군주(君主)와 부모를 말하는데 곧 상위(上位)가 되는 어른이므로 아랫사람들이 주인을 범(犯)한 것과 같아서 벌액(罰厄)을 받게 된다는 이치인 것입니다.

경(經)에서 말하기를, 일주가 세군(歲君)을 범(犯)하면 하극상이니, 재앙이 반드시 중(重)하고 오행이 구해줌이 있으면 그 해에 도리어 재물을 얻는다고 하였습니다.

예를 들어 갑(甲)일간이 무(戊)년을 만나는 것이 그것이니 극함이 중(重)하면 사망에 이르게 됩니다. 만약, 갑을(甲乙)일간이 인묘해자(寅卯亥子)시에 태어나 세군(歲君)을 극(剋)하는 자는 반드시 사망한다고 하였습니다.

그러나 구해줌이 있으면 길하니 팔자 중에 경신(庚辛)이 있고 사유축금국(巳酉丑金局)이 있어서 갑목(甲木)을 제압해 주면 오히려 발전이 있게 됩니다.

또한 합으로 인해 세운이 제거가 되는 것도 범태세를 만들 수 있으므로 합 거운에는 잘 살펴야 합니다. 그러므로 대저 태세는 가히 상하지 말 것이며 오행이 구해주는 역할이 있어야 그 해에 재물을 얻을 것이고 만일 세군을 범하게 되면 당주가 반드시 상(傷)을 입는 흉액이 있기 쉽고 처첩이나 재물을 파극(破剋), 괴손(壞損)할 운이 된다고 하였습니다.

또한 흉살이 집결하여 함지(咸池), 양인(陽刃)등이 묘지(墓地),병지(病地)에 임(臨)하여 여러 흉살을 겸(兼)할 때에는 화환(禍患)이 백출(百出)하게 된다고 합니다. 일간이 비록 그 세년을 극하지 않더라도 오히려 대운이 년운을 극세하면 또한 불길한데 더욱 세운이 형충되고 양인이 충합되면 당주는 반드시 파(破)하고 상사(喪事)를 당하게 됩니다.

【예시1】 범태세(犯太歲)운에는 사망한 사람으로 판단한다.

| 時 | 日 | 月 | 年 | 세운66 | 대운58 | 건 명 |
|---|---|---|---|---|---|---|
| 비견 | | 편관 | 겁재 | 편재 | 식신 | 六 神 |
| 己 | 己 | 乙 | 戊 | 癸 | 辛 | 天 干 |
| 巳 | 丑 | 卯 | 戌 | 卯 | 酉 | 地 支 |
| 정인 | 비견 | 편관 | 겁재 | 편관 | 식신 | 六 神 |

이 명조는 을묘(乙卯) 편관격인데 신유(辛酉)대운을 만나면서 을신충(乙辛沖)
과 사유축(巳酉丑) 삼합으로 제살태과(制殺太過)에 처해질 수 있습니다.

계묘년(癸卯年)은 66세이므로 유금(酉金)이 근묘화실(根苗花實)을 진행하면서
66세에 임하면 유금대운[63~67]의 말에 해당하는데 이 시기에 사유축(巳
酉丑)삼합국을 결성합니다.

그 때에 계묘년(癸卯年)은 년주와 무계합(戊癸合)이고 묘술합(卯戌合)이니 범태
세(犯太歲)를 범(犯)하게 됩니다.

범태세를 범(犯)한 자는 이미 죽은 사람이라 말했는데 이 사람은 계묘년(癸
卯年) 정축(丁丑)일에 후두암(喉頭癌)으로 사망했다고 합니다.

## (15) 이동(移動)운

무릇 팔자에서 이동수를 보는 법은 가장 먼저 오행에서 찾아야 합니다. 목(木)은 솟구침이고 화(火)는 퍼져감이고 토(土)는 중재이고 금(金)은 수축이고 수(水)는 흐르는 것입니다. 그러하니 수(水)를 만나면 이동, 역마의 힘이 강하므로 이런 팔자는 지방 이동이 많은 직업을 선택하는 게 유리하고 물과 관련이 된 사람이 많습니다.

그 다음으로는 역마살(驛馬殺)과 지살(地殺)을 찾아야 합니다. 역마의 흐름을 눈여겨 보고 어느 시점에서 찾아오는지 명확히 파악할 수 있다면 이동운을 볼 수가 있습니다. 세 번째로 진술충(辰戌沖)과 같은 역마의 성질을 가지고 있는 잡기(雜氣) 글자들을 찾아야 합니다. 또한 십신적으로도 편재도 왕하면 역마가 나타난다고 합니다. 금전은 유통이 되는 물건이라 돈을 안 쓰고는 못 베기는 것입니다. 그러니 편재에서는 이동은 필연적으로 따라오는 것입니다.

따라서 사주에 편재가 많거나 혹은 진술충(辰戌沖)이 존재하면 이 사람은 역마로 인해 이동이 많다고 볼 수 있습니다. 돈을 쓰고 싶어서 이동하고 진술충하니 땅이 흔들려 이동을 하는 것입니다. 이런 팔자는 한 곳의 정착하기 어렵고 순례하듯 돌아 다니므로 그 역마의 힘을 소진시켜줘야 합니다. 이러한 여러 가지 현상들을 종합에서 이동운을 가려 살펴야 합니다.

## 2) 삼명통회의 대운, 세운 희기법(喜忌法)

태세(太歲)는 유년(流年) 혹은 세운(歲運)이라고도 하는데 이것은 한 해의 천자(天子)를 상징합니다. 그래서 한해의 모든 신살(神殺)의 지존(至尊)이 됩니다. 방위(方位)를 통정(統正)하고 육기(六氣)를 전송(傳送)하고 운(運)을 4계절(四季節)로 이동(移動)시켜서 한 해의 공(功)을 이루니 지극히 높아서 위가 없습니다.

그러므로 만일 태세와 충극(剋衝)을 하거나 혹은 태세가 압복(壓伏)을 당하면 상서롭지 못한 징조입니다. 운이라는 하는 것은 24기(氣)와 협화(協和)하여 작용함으로서 일생을 아름답게도 하고 허물이 있게도 하는 것으로 사주를 붙들어 주고 삼원(三元)을 보필하는 것입니다.

따라서 대운과 더불어 해마다 흐르는 유년(流年) 즉 태세(太歲)는 서로 표리(表裏)관계에 있게 됩니다. 그러므로 대운과 유년의 흐름으로 운명의 화복(禍福)과 생사(生死)가 얽매이는 것입니다.

고로, 세(歲)는 천간(天干)을 사용하며 운(運)은 지지(地支)를 사용합니다. 호운(好運)이 들어올 경우에 일간(日干)이 유년(流年) 천간(天干)을 손상(損傷)시키면 화(禍)가 가볍고, 호운(好運)이 아닌 경우에는 곧 재관(財官)의 운(運)에서 벗어나고 있는데, 일간(日干)이 그 해의 천간(天干)을 손상시킨다면 화(禍)가 무겁게 됩니다. 이미 발복(發福) 중에 있는 운명(運命)이라 하면 화(禍)와 근심이 대단하게 됩니다.

대체로 호운(好運)이 아닌 곳으로 행한다는 것은 쇠(衰)절지(絶地)로 향하는 것을 말합니다. 그러므로 이미 발(發)한 운인가 아직 발(發)하지 운인가를 아는 것이 매우 중요합니다. 그 기운(氣運)이 이미 지나갔거나 지나지 않은 것을 말하는 것입니다.

행운(行運)이라 함은 생월(生月)로서 기원(起源)을 삼는 것인데, 행운(行運)이 태세(太歲)와 충극(沖克)하는 것을 가장 두려워합니다. 또 세운(歲運)이 월(月)을 충(衝)한다해도 화(禍)가 반드시 일어나게 됩니다. 또한 세운(歲運)이 일간

(日干)을 상대(相對)하는 것을 반음(返吟)이라 하고 "돌이켜운다"고 말하며, 세운(歲運)이 일간(日干)을 압박(壓迫)하는 것을 복음(伏吟)이라 하여 "엎드려운다"고 말을 합니다.

이 두 가지는 육친(六親)에게 이롭지 못한 것이며 파재(財를) 당하지 않게 되어도 길(吉)한 것은 아닙니다. 무릇 세운(歲運)의 길흉(吉凶)은 원래부터 사주 내에 관성이 없더라도 세운 천간에서 정관(正官)이 오면 발복을 하고, 사주 내에서 편관이 없거나 혹은 제살태과(制殺太過)하는 중이라면 세운 천간에 관성을 만나면 역시 발복(發福)하게 됩니다.

또한 세운의 지지(地支)에 재성이 없으나 세운 천간(天干)에 재성이 있으면 역시 발재(發財)를 하게 됩니다.

그러나 세운의 지지(地支)에 칠살이 없는데 세운의 천간(天干)에 칠살을 만나면 이것은 화(禍)가 됩니다. 또한 말하기를 회기혼매(晦氣昏昧)라고 하는 상(像)이 있습니다. 회기(晦氣)는 밝지 못한 상(象)이고 혼매(昏昧)는 어둡다는 뜻입니다. 곧 임(壬)일간일 때 태세(太歲) 정(丁)을 만나게 되어 정임합(丁壬合)이 되면 태세(太歲)인 정화(丁火)가 어둡게 되는 것이 대표적입니다. 또한 갑기(甲己)와 을경(乙庚)의 사례를 볼 때 간합(干合)으로 인해 어둡게 되는 것입니다.

예를 들어 지지에 토(土)가 많아 절목(折木)의 상(像)인데 갑기합토(甲己合土)가 되면 화격(化格)이 되면 다행이나 화격(化格)에 실패하게 되면 오히려 목(木)이 어둡게 되는 이치입니다. 고로 일간(日干)과 더불어 시간(時干)이 태세(太歲) 천간(天干)과 합하면 적당치 않습니다. 합하면 이름을 회기(晦氣)라 말합니다. 특히 회기(晦氣)라 하는 것은 일(日)은 가볍고 시(時)는 무겁다고 합니다. 이것은 일간이 합하는 것은 자신이 얻는 것이므로 유정(有情)할 수 있게 되어 재앙(災殃)이 적은 것이고 태세(太歲)가 시간(時干)과 합하는 것은 합거(合去)라하니 나의 것을 빼앗은 것이라 재앙이 무겁다한 것입니다.

또 일간(日干)이 태세(太歲)를 합하는 것은 갑일(甲日) 기년(己年)의 경우이고, 태세가 일간을 합하는 것은 기일(己日) 갑년(甲年)의 경우를 말합니다. 갑(甲)

이 기(己)와 합(合)하면 재앙이 무겁고 기(己)가 갑(甲)과 합(合)하면 재앙이 가볍다고 합니다 , 이러한 구조는 범태세(犯太歲)의 원인이 되는 까닭이기도 합니다. 또한 태세(太歲)의 위치와 가까운 자는 재앙이 무겁고 먼 자는 재앙(災殃)이 가볍게 됩니다. 이것은 태세가 흉신이면 가장 먼저 접근이 되는 년간은 흉하고 시간은 늦게 만나므로 흉의 세력이 약화가 되어 재앙이 적다고 하는 것입니다.

또한 ,태세(太歲)가 일지 전(前) 오신(五辰)에 위치해 있으면서 천간합(合)을 하는 것이 있는데 이것을 태세입택(太歲入宅)이라고 합니다.
이것은 어두운 기운이 문(門)에 임하였다 하여서 주인은 재액(災厄)이 일어나게 됩니다. 예를 들어 임오(壬午)일주가 있다면 오(午) 전(前) 오위(五位)는 해(亥)가 됩니다. 그러므로 정해(丁亥)가 유년(流年)으로 들어오게 되면 정임합(丁壬合)을 하므로 정화(丁火)가 어둡게 되는 것입니다. 이것을 태세입택(太歲入宅)이라 합니다.

지지가 육합(六合)되는 가운데 간합(干合)을 하면 원앙합(鴛鴦合)이라 하여 이는 유용한 것이 되는데 호사(好事)가 있게 됩니다. 간지가 모두 합(合)이 되면 집안이나 주위(周圍)의 식구가 늘어나게 되고 길신(吉神)을 득하면 선비는 응당 천거하는 문서를 보고 기뻐하게 됩니다.
그러나 만약, 상형(相刑)을 하고 휴수지(休囚地)에 임(臨)하게 되면 주인에게 재액이 있게 됩니다. 육해(六害)가 있게 되면 주인의 식구는 줄게 되고 또는 질병(疾病)을 얻게 되고, 혹은 집안의 노비가 도망가는 염려가 있게 됩니다.[현대는 직원이 횡령하는 사건] 또한 일시(日時)가 택묘살에 있게 되면 주인의 집안은 안녕하지 못하게 됩니다.
일간과 태세의 합을 보듯이 세운(歲運)과 대운(大運)의 합(合)도 이와 같이 보면 됩니다.

대운(大運)이 태세(太歲)와 상극(相剋), 상충(相衝)됨은 마땅하지 않으며 더욱 대운(大運)이 유년태세(流年太歲)를 극(剋)하는 것을 꺼려합니다, 이것은 마치 일간이 태세를 범(犯)하는 것과 같으며 형상파모(刑喪破耗)가 발생합니다. 그런데 귀인(貴人), 록마(祿馬)가 있으면 길(吉)함이 되는데 팔자(八字)에 구제(救援)함이 있으면 근심할 것이 없습니다.

태세(太歲)가 대운(大運)을 충극(衝剋)하는 자는 길(吉)하고, 대운(大運)이 태세(太歲)를 충극(衝剋)하는 자는 흉(凶)하다라고 하였습니다.

격국(格局)이 길(吉)하지 못한 자는 죽게 되지만, 세운(歲運)과 상생(相生)하는 자는 길(吉)하다라고 하였습니다. 또 록마귀인(祿馬貴人)이 서로 합(合)하는 자는 역시 길(吉)하다라고 하였습니다.

【예시2】유년태세(流年太歲)의 묘(卯)가 년지(年支) 유(酉)를 묘유충(卯酉沖)했다. 이것은 년(年)과 일(日)의 유금(酉金)이 합세하여 태세(太歲)인 묘(卯)를 충극(沖剋)하는 것이다. 그러므로 흉(凶)하다고 봐야 할 것이지만 오히려 고시(高試)합격(合格)이라는 큰 발전이 있었다. 왜냐하면, 이 명조가 정격(正格) 구성이었다면 정묘년(丁卯年)에 일간 십간록(十干祿)이 되는 묘(卯)를 충(沖)하는 시기에 흉변(凶變)이 있어야 하는 것이 맞다.

그러나 만약 화기격(化氣格)을 구성한다면 일간의 묘록(卯祿)을 충극하여 제거(除去)하는 것은 화격(化格) 변화(變化)를 돕는 길이 된다. 고로 정묘년(丁卯年)에 을경합(乙庚合)으로 화격(化格)의 공(功)을 이룬 것이다.

| 時 | 日 | 月 | 年 | 세운31 | 건 명 |
|---|---|---|---|---|---|
| 정관 | | 편인 | 식신 | 식신 | 六 神 |
| 庚 | 乙 | 癸 | 丁 | 丁 | 天 干 |
| 辰 | 酉 | 丑 | 酉 | 卯 | 地 支 |
| 정재 | 편관 | 편재 | 편관 | | 六 神 |
| 공망 | | 백호 | | 비견 | 神 殺 |
| 천덕 | | | | | |
| 월덕 | | | | | |

【예시3】 회기혼매(晦氣昏昧)라고 하는 것은 임(壬)일간이 정화(丁火)를 만나 간합(干合)하므로 어둡게 되는 기운을 말한다.

원국에 정임(丁壬)합거(合去)로 정화(丁火)가 어두운 상(像)인데 정축년(丁丑年)에 재차 정임합(丁壬合)으로 인해 회기혼매(晦氣昏昧)가 된 상(像)이다. 이러한 어두운 재성(財星)은 쓸 수가 없다. 마치 달콤한 꿀을 바르고 유혹하는 것이니 파재(破財)는 확연한 사실이다.

그러므로 명주는 정축년(丁丑年)에 남편의 부도(不渡)로 생계(生計)가 어렵다고 하였다.

| 時 | 日 | 月 | 年 | 세운31 | 곤 명 |
|---|---|---|---|---|---|
| 정인 | | 비견 | 정재 | 정재 | 六神 |
| 辛 | 壬 | 壬 | 丁 | 丁 | 天干 |
| 丑 | 子 | 子 | 未 | 丑 | 地支 |
| 정관 | 겁재 | 겁재 | 정관 | 정관 | 六神 |
| 금여 | 도화 | 도화 | | | 神殺 |
| | 양인 | 양인 | | | |
| | 월덕 | 월덕 | | | |

## 3) 실전(實戰) 신살(神殺) 사례

### (1) 입춘(立春)에 사주를 세우고 동지(冬至)를 새 해의 시작으로 본다.

역경(易經)에서도 복괘(復卦)에 해당하는 11월을 자월(子月) 동짓달을 일 년의 시작으로 삼았다는 이야기가 있습니다. 역법(曆法)에 동지(冬至)에 음양(陰陽)이 바뀌는 관계로 기운이 크게 동(動)한다고 합니다. 그래서 동지에 내(來)년도의 사건들이 많이 앞당겨져 일어나게 됩니다. 이것은 자월(子月)에는 음양(陰陽)의 기운이 바뀌므로 크게 동(動)하는 까닭에 새해의 기운을 끌어들이는 이치인 것입니다.

그러나 동지에는 묘책이 생겨날 뿐이고 실제로는 그 다음 해에 결말이 나타납니다. 즉 동지에는 전조(前兆)만 보이기 시작할 뿐이고 새 해 입춘이 지나야 실체가 드러나는 겁니다. 이것은 동지에 음양이 바뀌므로 마음이 바뀌는 겁니다.

그래서 동지부터 갑자기 내년에 하고자 하는 일이 일어나는 것입니다.

" 내년에 유학 가고 싶다! "
" 내년에 시집가고 싶다! " 등

그리고 학원에 전화를 하여 정보를 물색하고 입춘(立春)이 지나 학원에 등록하면서 씨앗을 심는 겁니다. 그래서 실제로 남자를 중매로 만나거나, 학원에 입학금을 지불하고 등록하는 일이 입춘(立春)이 지나 파종(播種)하는 시기에 일어납니다. 그래서 입춘(立春)에 파종(播種)이 되고, 실천으로 옮기는 겁니다. 따라서 동지에는 마음이 일어나고 입춘에 실행으로 옮겨지는 겁니다.

【예시4】 모친은 계묘년(癸卯年) 동지(冬至)에 아들을 뉴질랜드에 이민 보내려고 하였는데 실행은 갑진년(甲辰年)에 진행하였다. 갑진년에는 편재가 들어오니 목돈을 잡을 기회가 온 것이다.

그런데 갑기합(甲己合)으로 정인문서를 판 것이므로 문서를 주고 목돈을 챙긴 것이다. 이것은 모친이 부동산 팔아 마련한 자금이다. 계묘년(癸卯年) 동지(冬至) 쯤에서 마음이 생겨나 계약금(契約金)을 동지쯤에 받았다고 한다.

| 時 | 日 | 月 | 年 | 세운 | 곤 명 |
|---|---|---|---|---|---|
| 편재 | | 편관 | 정인 | 편재 | 六神 |
| 甲 | 庚 | 丙 | 己 | 甲 | 天干 |
| 申 | 申 | 寅 | 酉 | 辰 | 地支 |
| 비견 | 비견 | 편재 | 겁재 | 편인 | 六神 |

【예시5】 임인(壬寅)년 12월 임자월(壬子月) 동지(冬至) 쯤에 찾아 갔을 때 "내년 신축년(辛丑年)에는 남자가 생길 것이다" 말했다고 한다.

그러나 방문자는 늙은 여자에게 무슨 남자가 생기겠습니까? 하고 의심하였다고 한다. 그런데 신축년 01월 계축월[입춘 前]에 정말 남자를 만났다고 하면서 신기하다며 재방문하였다고 한다.

| 時 | 日 | 月 | 年 | 곤 명 |
|---|---|---|---|---|
| 상관 | | 정인 | 정인 | 六神 |
| 乙 | 壬 | 辛 | 辛 | 天干 |
| 巳 | 戌 | 丑 | 丑 | 地支 |
| 편재 | 편관 | 정관 | 정관 | 六神 |

## (2) 용신을 살려 주는 오행이 배우자의 궁합 띠가 된다.

> 若在六月見辰支名為逢時化合格以癸水為妻丁火為子
> 若二己一甲爭合取支中比劫為用以甲為用者壬癸為妻
> 甲乙為子其餘用庚者土妻金子用丁者木妻火子
> 女命以妻作夫用作子十干皆同
>
> [궁통보감 6월 갑목]

갑(甲)을 용(用)하면 임계(壬癸)를 아내로 삼고, 갑을(甲乙)을 자식으로 본다. 경(庚)을 용(用)하면 토(土)가 아내요, 금(金)이 자식이 된다. 정(丁)을 용(用)하면 목(木)이 아내요, 화(火)가 자식이 된다. 여명(女命)도 이와 같이 보는데 처(妻)를 부(夫)로 보고, 용(用)은 자(子)로 본다. 이는 십간(十干)이 다 마찬가지다.

궁통보감에서 말하기를 "화(火)를 용(用)하면 목(木)이 아내요, 화(火)가 자식이다" 라고 말하였습니다. 궁통보감에서는 단순히 용신을 살려주는 오행이 처(妻) 궁합이 된다라고 말하였는데 여기서 말하는 용신은 유용지신(有用之神)을 뜻하는 것입니다. 때에 따라서, 격국용신이 될 수도 있겠지만 유용지신은 상신(相神)을 위주로 하여 결정합니다.

예를 들면 갑목(甲木)일간이 정화(丁火) 상관(傷官)을 용(用)하여 상신(相神)이 되는데 만약 목(木)이 태과(太過)한데 정화(丁火)가 가상관(假傷官)이라면 부족한 정화(丁火)의 기운을 보충하여 진상관(眞傷官)을 이루게 하는 목적이 있기 때문에 오화(午火)를 반기는 겁니다.

따라서 목(木)은 이미 태강(太强)하니 목(木)으로 돕는 것은 불리하고 정화(丁火)를 돕는 동일 오행이 궁합이 됩니다.

그러하니 이 사람은 오화(午火)의 말띠 여자를 만나 결혼하였습니다. 이것이 용신을 살려주는 "오행이 배우자가 된다"라고 말하는 것입니다.

【예시6】 이 명조는 을묘생(乙卯生) 남편과 혼인하고, 계사(癸巳)년에 남편이 사망했다.

신월(申月)에 태어난 신금(辛金) 일간이 사유합금(巳酉合金)으로 인해 일신(日身)이 금(金)태왕하므로 분관(分官)의 염려가 있었다. 분관(分官)이 작용한다는 사실은 이 사람이 부부(夫婦) 이별(離別)수가 있다고 보는 것이다.

그러므로 마땅히 비견 금(金)을 제어(制御)하는 정화(丁火)가 용신(用神)이 되는 것인데 여기서 말하는 용신은 자평진전의 격국용신이 아니라 상신(相神)에 해당하는 유용지신(有用之神)을 말하는 것이다.

따라서 팔자 내(內)의 육친론(六親論)으로 보면 정화(丁火)는 남편성에 해당이 되겠지만 또한 유용지신(有用之神)이 된 것이므로 궁합에서는 정화(丁火) 유용지신(有用之神)을 돕는 을묘생(乙卯生)의 토끼띠를 궁합으로 선택한 것이다.

| 時 | 日 | 月 | 年 | 곤 명 |
|---|---|---|---|---|
| 식신 | | 정인 | 편관 | 六神 |
| 癸 | 辛 | 戊 | 丁 | 天干 |
| 巳 | 酉 | 申 | 巳 | 地支 |
| 정관 | 비견 | 겁재 | 정관 | 六神 |

**(3) 유년(流年)의 충(沖)을 당하는 시기에는 이동해주는 것이 이롭다.**

때에 따라서는 종(從)하는 시기가 나타날 수 있습니다. 그럴 경우에는 종상(從像)을 취하기 때문에 당연히 희기(喜忌)기 바뀌게 됩니다.

그런데 유년(流年)에서 충(沖)을 만나게 되면 길흉(吉凶)이 바뀌는 시기이므로 흉길(凶吉)이 변화하여 나타나게 됩니다. 이러한 점을 잘 이해하고 명식을 분석해야 합니다. 대운에서 성패(成敗)가 만들어지면 성격(性格)에서는 세운의 희신(喜神)이 더욱 강렬해지고 패격(敗格)에서는 길신이라도 평범해질 수 있는 것입니다.

그래서 명국의 흉신(凶神)충발(衝發)이 희기(喜忌)가 변하면 길신(吉神)충발(衝發)로 나타나기도 하는 것입니다. 이런 경우에는 개운법으로 이동을 권해줄 수도 있습니다. 보통 흉운(凶運)에는 이동이 불가(不可)하다고 말하였지만 길신충(吉神沖)에서는 이동으로 소화(消化)를 해주는 것이 여러모로 이로운 점이 있다는 것입니다.

【예시7】 시간(時干)의 계수(癸水)는 사중(巳中)의 무토(戊土)와 무계(戊癸)명암합(明暗合)으로 인해 이미 계수(癸水)는 무력한 물건이다. 그러나 년간(年干)의 계수(癸水)가 돕게 되면 시간(時干)의 계수(癸水)도 살아나므로 종격(從格)은 어렵다.

그러나 이 팔자가 무오(戊午)대운을 만나게 되면 무계합화(戊癸合火)로 진행이 될 가능성이 높다. 고로 무오(戊午)대운에는 목화종(木火從)으로 돌아선 것이다.

그런데 경자년 (庚子年)에는 자오충(子午沖)을 하므로 격동(激動)하는 시기라 중대하게 보았었는데, 마침 이 동일 명조들은 종(從)한 대운을 따라 종(從)을 강화하는 지역으로 이사들을 하게 되었다. 4명 중에 3명이 이사를 간 방향은 전부 동남(東南)쪽이다. 즉 목화종(木火從)을 강화하는 지역으로 이사를 한 것인데 그 결과 이 종격에서는 자오충은 흉신(凶神)충발(衝發)이 아니라, 길신(吉神)충발(衝發)로 변한 것이니 대부분 평온무사 했다. 다만 4명 중에 한 사람은 이사를 못 갔는데 경자년(庚子年)에 직장 괴롭힘으로 사직했다고 한다.

| 時 | 日 | 月 | 年 | 세운27 | 대운 | 곤 명 |
|---|---|---|---|---|---|---|
| 정관 | | 정인 | 정관 | 편재 | 식신 | 六 神 |
| 癸 | 丙 | 乙 | 癸 | 庚 | 戊 | 天 干 |
| 巳 | 午 | 卯 | 酉 | 子 | 午 | 地 支 |
| 비견 | 겁재 | 정인 | 정재 | 정관 | 겁재 | 六 神 |

**(4) 어느 글자를 만나는가에 따라 운명이 바뀌지만 성패는 비슷하다.**

사주를 간명할 때에는 용신(用神)을 구한 후에 희기(喜忌)를 살펴보는데 어느 글자를 선택할 수 있는지를 고민해야 합니다. 그 사람이 결정한 글자에 의해 동일 운명이라도 운명이 뒤바뀌게 되는 사람들이 많습니다. 그래서 과거 역대 선배들의 간명지를 살펴보면 동일 사주 구성자들에 대한 고민의 흔적이 발견이 됩니다. 그분들도 동일명조들이 다른 직업을 가지는 상황들이 많았기 때문에 쉽게 직업을 단정하지 않고 어떤 환경의 글자를 만나는가에 따라 운명이 바뀐다고 본 것입니다.

그래서 말하기를 "당신은 갑목(甲木)의 글자를 따라 갔다면 성공했을 것인데 경금(庚金)의 기신(忌神)을 따라 간 것이니 운명의 걸림돌이 많았다" 또는 "당신은 이 직업은 맞지 않는다, 다른 직업을 선택했어야 했다" 던가 아니면 "흉신을 선택하면 안 되고 길신을 선택하여 직업을 찾도록 해야 한다." 고 가르친 것입니다. 곧 동일팔자라고 해도 어느 글자의 환경을 선택하는가에 따라 그의 운명이 바뀌는 겁니다.

【예시8】 비견태왕(比肩太旺)하면 식신(食神)의 설기(洩氣)로 가야 목화통명(木火通名)을 이룬다. 그런데 갑기합(甲己合)은 정재(正財) 기토(己土)를 탐합(探合)한 것이니 대학 교수자리와 개원의 갈림길에서 갈등하다가 학자로 가지 않고 개원의(開院醫)가 되었다.

| 時 | 日 | 月 | 年 | 건 명 |
|---|---|---|---|---|
| 식신 | | 식신 | 정재 | 六神 |
| **丙** | **甲** | **丙** | **己** | 天干 |
| **寅** | **寅** | **寅** | **酉** | 地支 |
| 비견 | 비견 | 비견 | 정관 | 六神 |

## 5) 재고(財庫)를 볼 줄 알아야 한다.

【예시9】 이 명조는 축(丑)중의 신금(辛金)은 편재(偏財)로 큰 재물(財物)이 된
다. 그런데 축토(丑土)는 식신(食神)이므로 의식주(衣食住)를 일으키
는데 그 내부에는 편재(偏財)를 숨겨 둔 상(像)이므로, 이를 식신생
재(食神生財)하여 축토(丑土)라는 재물 창고에 쌓아 둔 모습이다. 이
것을 화개(華蓋)창고(倉庫)라 하여 재고(財庫)라 하였다.
재고(財庫)가 년지(年支)와 일지(日支) 두 곳에 창고를 둔 사람이다.
그러므로 이 사람은 사업체가 두 곳으로 하나는 식품공장을 운영하
고 다른 하나는 수영장과 썰매장 시설을 운영하고 있었다.

| 時 | 日 | 月 | 年 | 건 명 |
|------|------|------|------|------|
| 겁재 |  | 상관 | 편인 | 六神 |
| **丙** | **丁** | **戊** | **乙** | 天干 |
| **午** | **丑** | **寅** | **丑** | 地支 |
|  | 癸辛己 |  |  | 지장간 |
| 비견 | 식신 | 정인 | 식신 | 六神 |
|  | 화개 |  | 화개 | **神殺** |

신
살
론

# 2장

## 신살상학론(神殺象學論)

# 신살상학론(神殺象學論)

## 1. 신살상학론(神殺象學論)의 개념(槪念)

# 01 신살상학론(神殺象學論)의 개념(槪念)

삼명통회의 논육신(論六神編)을 살펴보면 육신(六神)과 신살(神殺)을 형충파해(形沖破害)로 분석하여 간명하는 과정을 보여 줍니다. 육신(六神)과 신살(神殺)의 만남은 새로운 변화를 만들어 냅니다. 십성(十星)이 월지를 중심으로 다른 신살(六神)을 만나 벌어지는 운명(運命)이 신살상학론(神殺象學論)이라고 보면 됩니다.

어떠한 육신(六神)이 어느 사주 궁에 위치하고 신살과 결합(結合)하여 전개가 되는가에 따라 팔자의 운명이 달라집니다. 예를 들어 인류의 최초의 움직임은 생존(生存)을 위해 사냥을 하는 단순한 행동들을 매일 반복하였는데 이것은 식상(食傷)이라는 개념을 탄생시켰습니다. 단순히 생존을 위해 동물을 사냥하다가 많은 사냥감을 확보하게 되면서 소유(所有)라는 개념이 발생합니다. 이것이 재성(財星)입니다.

또한 물건(物件)을 소유하게 되면서 빈부(貧富)의 차이가 발생하고 여기서 계급층(階級層)이 발생하게 되었는데 이것이 곧 관성(官星)을 말합니다. 계급으로 이루어진 사회에서는 더 효율적인 지배를 위해 문화(文化)를 발전시켰는데 이것이 인성(印星)이 됩니다.

그러므로 문화(文化), 지식(智識) 등의 융성(隆盛)은 비겁(比劫)으로 다시 흘러 들어오니 인류의 자아(自我)를 한층 성숙(成熟)하게 됩니다.

그래서 월지의 겁재(劫財)는 대중을 말하는데 정관을 만나면 길들여진 단체로 보는 것이며 겁재(劫財)가 인수(印綬)를 만나면 대중을 돕는 참모(參謀)가 될 수 있습니다. 또한 월지(月支)의 인수(印綬)가 재성(財星)을 보면 돈 벌기 위한 교육, 문서, 자격증을 취득하는 길이 올바른 것입니다.

만약, 월지(月支)가 식신(食神)이면 자기의 재능이 나타난 것이니 재성(財星)을 보면 식신생재(食神生財)로 자기의 재능을 살려 재물을 만드는 길이 바람직합니다. 이러한 변화를 예측하는 것으로 논육신(論六神)이라고도 합니다.

그런데 이 단계에서 육신(六神)과 신살(神殺)을 덧붙여 간명하는 과정을 신살상학론(神殺象學論)이라 말합니다. 즉 식상(食傷)이 화개(華蓋)를 만나면 예능감각이 뛰어나다고 말하던지 혹은 겁재(劫財)가 겁살(劫殺)을 만나면 겁탈하는 능력에 배가(倍加)가 되므로 손재수가 발생하고 겁재(劫財)가 천을귀인(天乙貴人)이면 협력자로 체인점 가입자가 되며 재생살(財生殺)이 천살(天殺)이면 거스를 수 없는 조직의 법규(法規)이니 계약서가 됩니다.

# 1) 비겁(比劫)편

비견(比肩)은 경쟁관계에서 출발한 육신(六神)이므로 자기 영역(領域)에 대한 애착(愛着)이 강합니다. 이러한 기질로 인해 비견(比肩)은 개인주의 성향을 보이기도 합니다. 그 대신에 남의 영역에 대한 이해도가 높아서 상대방의 위치를 침범하지 않으며 존중을 합니다. 이것은 곧 계급사회로 진출할 수 있는 교두보가 되기도 합니다. 고로 군, 검, 경, 운동선수, 단체집단, 협의체 구성원 등에서 활동하는 사람들이 많이 나타나게 됩니다. 만약, 인성(印星)은 많은데 비견(比肩)이 없다고 하면 자신의 생각은 많은데 같이 공유할 친구가 없다는 말이 되고 만약 식상(食傷)은 많은데 비견(比肩)이 없다고 하면 자기가 가진 재능은 많은데 이를 같이 활용할 동료가 없다는 뜻이 됩니다. 또한 재성(財星)은 많은데 비견(比肩)이 없다면 할 일은 많은데 같이 동참하여 끌고 갈 협조자가 없다는 뜻이니 재다신약자(財多身弱者)와 같아서 일은 많은데 나 혼자서는 감당하기 어려워 실패한다는 말과 같은 것입니다.

본래 겁재(劫財)는 인수(印綬)를 기피(忌避)하였지만, 육신(六神)합상(合像)에서는 그 관계의 설정을 먼저 살펴봅니다. 예를 들어 겁재(劫財)는 원래 태왕(太旺)한 오행이므로 그 세력을 억제해줄 필요성에 의해 억부(抑扶)로 다스려야 마땅하다고 합니다. 그래서 관성을 희신(喜神)하고 인수(印綬) 비겁(比劫)은 기피한 것입니다. 그러나 오행의 기질은 그러하다고 해도 육신합상에서는 그 관계 설정에 의미를 먼저 고려해야 합니다.

그래서 인수(印綬)가 겁재(劫財)를 생조(生助)하여 방조(幇助)할 염려가 있더라도 인수(印綬)와 겁재(劫財)가 합상(合像)을 이루게 되면 그 정책을 받아들이는 대중(大衆)으로 보는 것입니다. 그래서 비록 겁재(劫財)태왕(太旺)을 이루더라도 겁재(劫財)는 인수를 환영하는 바이니, 인기를 누리는 속성으로 나타날 수도 있다는 겁니다. 이것은 예를 들어 설명한 아베총리의 명조에서 잘 나타납니다.

【예시1】일본 자민당 총리 고(故) 아베신조 총리는 월지(月支)가 겁재(劫財)
로 양인격(陽刃格)이다.

년지(年支)의 오화(午火) 정관(正官)으로 제화(制化)가 된 겁재(劫財)로 본다. 그
러나 일시지(日時支)의 정편인(正偏印)으로 진유합(辰酉合)과 유축합(酉丑合)으
로 합상(合像)을 시도하는 것도 분명하게 나타난다.
그런데 정인(正印)은 천살(天殺)이므로 거스릴 수 없는 대중의 견해로 인식을
하여 정책 결정에 반영이 되었다. 이것은 정책 결정 과정에서 대중들의 의
견들을 다양하게 정취 한다는 말이 되기도 하였다.
그러므로 편인(偏印)과 정인(正印)의 육신은 정책(政策)참모자(參謀者)들로 당
연하게도 이 정책은 인기를 누렸는데, 그의 이러한 다양한 접근방식은 곧
대중(大衆)의 호감도(好感度) 증가로 표현이 되었다.

| 時 | 日 | 月 | 年 | 건 명 |
|---|---|---|---|---|
| 정관 | | 상관 | 편재 | 六神 |
| **丁** | **庚** | **癸** | **甲** | 天干 |
| **丑** | **辰** | **酉** | **午** | 地支 |
| 정인 | 편인 | 겁재 | 정관 | 六神 |
| 천살 | 월살 | 공망 | 재살 | |
| 천을 | | 도화 | | 神殺 |

【예시2】 사주의 주인은 정형외과(整形外科)전문의로 개원(開院)하였다.

월령 인목(寅木)에서 천간으로 투출한 글자가 없으므로 그대로 월겁격(月劫格)이 된다. 그런데 천간에 관살혼잡(官殺混雜)이 일간과 합충(合沖)을 한다. 따라서 이 사람은 대중 속에 몸담은 사람으로 집단체제의 컨트롤에 의해 성숙해져가는 인물이 틀림이 없다.

그러므로 이 명주는 대중들과 어울려 협력하여야 길이 열리는 팔자로 군, 검, 경, 운동선수, 의료계 등에 적합한 인물이다,

그런데 특히 신유(辛酉)와 을묘(乙卯)의 현침살(懸針殺)이 천충지충(天沖地沖)하였는데 묘유충(卯酉沖)은 현침(懸針)과 재살(災殺)의 충(沖)이므로 주사를 놓고 남을 간히게 하는 물상이 되었다.

그러므로 특히 을신충의 물상은 뼈, 디스크, 고관절을 상징했으므로 이명조는 정형외과(整形外科)전문의다.

| 時 | 日 | 月 | 年 | 건 명 |
|---|---|---|---|---|
| 편인 | | 정관 | 편관 | 六 神 |
| **癸** | **乙** | **庚** | **辛** | 天 干 |
| **未** | **卯** | **寅** | **酉** | 地 支 |
| 편재 | 비견 | 겁재 | 편관 | 六 神 |
| 화개 | 재살 | 겁살 | 재살 | |
| | 현침 | 망신 | 현침 | 神 殺 |

【예시3】공동창업자들을 가맹점에 가입시켜 체인점을 운영하는 대표다.

이와 같은 직업이 나타나는 이유는 인(寅)중에 뿌리를 내린 월간의 정화 식신(食神)을 놓고 주변의 비견겁재(比肩劫財)들이 공동으로 협약(協約)하고 있기 때문이다. 즉 식신(食神)을 놓고 비견(比肩)들이 생조하는 모습은 공동 창업자이고 가맹 점주들을 상징한다고 보면 된다.

저들은 공동으로 일하고 나는 일지 편재(偏財)를 두고 앉아 있으므로 재산관리는 내가 한다. 갑인(甲寅)은 겁재(劫財)가 겁살(劫殺)을 만났으므로 겁탈(劫奪)하려는 성향이 강하였다.

그래서 인축(寅丑)암합(暗合)으로 내 일지의 편재를 빼앗으려고 하지만, 시지(時支)의 신금(申金) 정관(正官)은 천을귀인(天乙貴人)이므로 인신충거(寅申沖去)하여 겁살을 후퇴하여 내 편재를 보호하였다.

그러므로 일지 편재를 빼앗고자 도발해 오는 겁재(劫財)들은 재생관(財生官)이라는 가맹규칙을 정하여 인신충(寅申沖)으로 일벌백계하고 있는 모습이다

| 時 | 日 | 月 | 年 | 건 명 |
|---|---|---|---|---|
| 겁재 | | 식신 | 겁재 | 六神 |
| 甲 | 乙 | 丁 | 甲 | 天干 |
| 申 | 丑 | 卯 | 寅 | 地支 |
| 정관 | 편재 | 비견 | 겁재 | 六神 |
| 역마 | 공망 | 도화 | 겁살 | |
| 망신 | 천살 | 재살 | 고신 | 神殺 |
| 천을 | 과숙 | 조객 | 천덕 | |
| 월덕 | | | 월덕 | |

## 2) 식상(食傷)편

식상(食傷)은 배출하는 인자(因子)이므로 내가 사회(社會)에 대한 공헌도가 높은 육신(六神)이기도 합니다. 그렇기 때문에 식상(食傷)은 자기 스스로가 좋아서 하는 인생을 살아가게 됩니다. 특히 상관(傷官)의 자리는 재능, 예능, 자유분방함의 속성(俗性)이 내포(內包)가 됩니다.

왜냐하면 식상(食傷)은 정관(正官)을 극하는 관계 설정으로 인해 국가 혹은 가정의 강압적인 요구에 응하지 않는 까닭입니다. 그런데 만약 식상(食傷) 옆에 재성(財星)이 붙어 있게 되면 내가 좋아하는 일을 하면서 재성(財星)을 생조하는 일을 하면 됩니다. 그러나 식상(食傷)이 재성(財星)이 없게 되면 기술 집약적인 노동에 의지해서 살아가야 합니다. 이런 경우의 문제는 재성이 없으니 재물의 유입이 불안정하다는 점입니다. 그렇기 때문에 재성이 없는 식상(食傷)은 반드시 인성(印星) 혹은 편관(偏官)을 만나야 성공을 기대할 수 있게 됩니다.

그렇게 되면 인성(印星)이 상관(傷官)의 인자(因子)를 조절하므로 기술집약적인 삶이 됩니다. 고로 상관패인(傷官佩印)은 전문직 종사자로 많이 나타나게 됩니다. 만약, 식상(食傷)에 편관(偏官)이 놓이게 되면 식상제살(食傷制殺)하므로 특화(特化)가 된 전문적인 기술을 얻을 수 있습니다. 본래 칠살은 위험하나 식상(食傷)으로 제화(制化)가 되면 다루기 쉬운 기술로 변질이 되는 것입니다. 반대로 식상(食傷)에 정관(正官)이 놓이게 되면 식상(食傷)은 정관(正官)을 깨뜨리는 존재가 되는 것이므로 정직한 근무는 어렵게 됩니다. 곧 이러한 상관견관(傷官見官)의 구조에서는 틀을 깨뜨리는 업무를 배정받아 살아가게 됩니다.

이것은 비평가, 변호사, 경찰, 정보국, 법원 등의 쟁론(爭論)하는 직업이 유망(有望)한 것입니다. 또한 식상(食傷)이 많은데 비견(比肩)이 없으면 힘이 부족한 상태인데 동시에 여러 개의 사업을 펼치는 사람이라 중도에 중단되는 일이 발생합니다.

이런 경우에는 인성(印星)이 존재해서 과도(過度)한 식상(食傷)을 적절하게 조절해주면 작업 성취도가 높아져 성공할 수 있게 됩니다. 혹은 비견(比肩)을 끌어들이면 부족한 일꾼을 보충하는 것이 되므로 공동작업, 공동개발자로 진행할 수도 있습니다.

그러므로 비견(比肩)이 많은 상황에서 식상(食傷)이 하나이면 공동비견자들이 하나의 식상(食傷)에 집중하는 모습이니 공동창업자가 됩니다. 그래서 이러한 형태는 연쇄점(連鎖店)사업 및 가맹점사업 등으로 나타나게 됩니다.

【예시4】 이 명주는 중앙정보부에서 공직생활을 하였다.

월지 상관(傷官)이 년간(年干)의 식신(食神)으로 투출이 되었다. 그런데 식신(食神)이 년지(年支)에 편관(偏官)에 앉아 있으니 식신제살이고 월간에는 정관(正官)을 극하므로 상관견관(傷官見官)을 보이고 있다. 제살(制殺)과 견관(見官)을 동시에 사용하는 을미(乙未)의 식상(食傷)은 미토(未土) 편관(偏官)이 화개살(華蓋殺)이므로 역시 특화(特化)된 전문기술을 가지고 투쟁을 하는 노련한 직업이 나타나야 좋다. 그런데 일간이 쟁관(爭官)을 만난 것이므로 이 투쟁하는 정관은 이심(二心)으로 합을 하지 못하는 까닭에 비밀스러운 중앙정보국 경찰국 근무와 같은 직업으로 출현을 하였다.

| 時 | 日 | 月 | 年 | 대운 | 건 명 | |
|---|---|---|---|---|---|---|
| 정관 | | 정관 | 식신 | 비견 | 六 神 | |
| 戊 | 癸 | 戊 | 乙 | 癸 | 天 干 | |
| 午 | 卯 | 寅 | 未 | 酉 | 地 支 | |
| 편재 | 식신 | 상관 | 편관 | 편인 | 六 神 | |
| 육해 | 장성 | 망신 | 화개 | | | |
| 현침 | 문창 | 금여 | 비인 | | 神 殺 | |
| | 낙정 | | 백호 | | | |
| | 천을 | | 곡각 | | | |

【예시5】 의류사업으로 천만위안의 수입을 올린 여자 사주다.

월지(月支)의 식신(食神)은 의식주(衣食住)와 관련한 상품이고 년지(年支)의 재성(財星)은 일찍이 재물을 얻는다는 뜻이다. 그런데 사(巳)와 묘(卯)는 천을귀인(天乙貴人)에 해당하고 천을귀인(天乙貴人)이 식신생재(食神生財)하는 격국은 내가 직접 서비스하여 재화(財貨)를 일으키는 일을 하는 사람이 된다.

그런데 년지(年支)의 사화(巳火) 재성(財星)이 일지 유금편인(酉金偏印)과 사유합(巳酉合)을 하고 있다. 이것은 식신생재(食神生財)하여 벌어 논 년지의 재물(財物)을 내가 편인 문서화하여 취득하는 구조이니 내가 의류 유통을 주도하는 사업주(事業主)임을 알 수 있다.

또한 묘목(卯木)의 상(像)은 문필(文筆), 교육, 봉제공장, 공예품, 화장품, 미용실, 의상, 장식, 분장, 패션, 조각가, 의류, 인쇄, 출판, 등이다. 그런데 묘월(卯月)의 정화(丁火)는 개화(開花)의 모습이다. 정신적인 행위를 위주로 한다면 문화, 예술이면 인쇄, 출판업이 나오지만, 물질적 행위로 보면 패션, 조각, 봉제, 의상이 나온다. 이 중에서 특히 옷 장사로 병오(丙午)운에 발재(發財)하여 천만위안을 벌었다고 한다.

| 時 | 日 | 月 | 年 | 대운26 | 곤 명 |
|---|---|---|---|---|---|
| 정관 | | 비견 | 편재 | 정재 | 六 神 |
| 戊 | 癸 | 癸 | 丁 | 丙 | 天 干 |
| 午 | 酉 | 卯 | 巳 | 午 | 地 支 |
| 편재 | 편인 | 식신 | 정재 | 편재 | 六 神 |
| 도화 | 장성 | 재살 | 지살 | | 神 殺 |
| | | 천을 | 천을 | | |

**【예시6】** 식당을 시작할 남자분의 사주다.

갑진년(甲辰年)에는 의식주(衣食住) 관련하여 계획을 세우려는 심정(心情)이
발동(發動)하였다. 이것은 갑목(甲木) 식신(食神)의 영감(靈感) 때문이다.
즉 식신(食神)으로 편재(偏財)를 키우고자 하는 심리가 갑진년(甲辰年)에 생겨
난다. 갑진년 7월 신미월(辛未月)은 미토(未土)가 목고(木庫)이므로 식신입고
가 따른다. 이것은 식신(食神)이 궁리(窮理)를 다하여 끝맺는 모습이다.
그러므로 갑진년 신미월(辛未月)에 점포를 얻어 한 달 안에 실내(室內) 인테
리어를 마무리하고, 8월 임신월(壬申月)에 비견(比肩)의 장생운이니 종업원을
뽑아 식당운영을 시작할 계획이다.

| 時 | 日 | 月 | 年 | 세운30 | 건 명 |
|---|---|---|---|---|---|
| 편인 | | 편재 | 식신 | 식신 | 六神 |
| 庚 | 壬 | 丙 | 甲 | 甲 | 天干 |
| 戌 | 辰 | 子 | 戌 | 辰 | 地支 |
| 편관 | 편관 | 겁재 | 편관 | 편관 | 六神 |
| | | 양인 | | | |
| | | 홍염 | | | 神殺 |

## 3) 재성(財星)편

재성(財星)은 내가 사회궁(社會宮)을 극하는 자리입니다. 그래서 식상(食傷)이 의식주와 관련된 생존(生存)의 개념이라면 재성(財星)은 소유(所有)에 대한 지배(支配)의 개념이 일어납니다.

그래서 월지가 재성(財星)인 사람은 재화(財貨)를 소유하거나 관리하는 측면에서 인생을 해결해 나가야 합니다. 그러므로 월지의 재성(財星)은 두 가지로 나타나는데 내 재물을 다루는 사람인가 아니면 남의 재물을 다루고 고정수입을 얻는 사람인가로 분류가 됩니다.

만약, 월간의 재성(財星)이 있는데 년간에 정관(正官)이 있어서 재생관(財生官)이 되면 이 재성(財星)은 관성(官星)에서 나오는 재물이므로 남의 재산을 관리한다고 보면 됩니다. 따라서 재물이 관청에서 나온다는 것은 나는 고정급여자로 생활한다는 뜻이기도 합니다.

만약, 정재(正財)라면 고정된 수입이 들어오고 편재(偏財)라면 내가 일한 만큼 벌어들이는 성과급(成果給)이 됩니다. 또한, 월지의 재성(財星)이 있는데 월간에 비견(比肩)을 함께 가지고 있다면 남의 재산을 관리하는 청지기 같은 사람이고 월지(月支)와 일지(日支)에도 재성(財星)이 있게 되면 남의 재산을 관리하다가 내 자산(資産)을 모아 독립하는 사람이라고 보면 됩니다.

만약, 월지에 재성(財星)이 있는데 다시 시지(時支)에 편재(偏財)가 있게 되면 고정수익이 있으면서 때때로 재테크에 성공하여 부수입을 올리는 사람이 될 수 있습니다.

그러므로 식신생재(食神生財)가 되면 내가 직접 영업활동을 하여 재물을 벌어들이는 사람이고 재생관(財生官)이 되면 다른 사람들이 식신생재(食神生財)하여 벌어 논 재물(財物)을 관리하는 사람이며, 이런 재화(財貨)들을 적합하게 소비하여 관성을 키우고 유지하는 사람입니다.

따라서 재성(財星)은 자연히 할 일이 많은 것이고 내가 극하는 게 많으면 돈이 들어오게 됩니다.

만약, 식상(食傷)을 가진 재성(財星)이면 제조업 등의 부가가치(附加價値)적인 사업으로 돈벌이가 되는 것이고 인성(印星)을 가진 재성(財星)은 학문을 연마하여 문서화 된 자격증을 취득하거나 혹은 정보 공유를 통해 인터넷 유통으로 재물을 벌게 됩니다. 다만, 재성(財星)은 내가 극하는 인자(因子)라 적당해야 좋습니다.

만약, 재성(財星)이 많아 내가 극할 일이 많게 되면 오히려 수(囚)가 되는 것입니다. 수(囚)라는 것은 곧 일간이 갇힌다는 의미이므로 돈은 되겠지만 몸이 허약하면 내가 감당할 수 없는 것입니다. 도리어 내가 갇히는 신세가 되어 남의 재물이 되는 것입니다.

따라서 재다신약(財多身弱)이란 용어가 등장했던 것입니다.

【예시7】 은행에서 대출업무를 맡고 있는 남자분의 사주다.

이 사주에서 월지(月支)의 기축(己丑)은 내가 사회궁을 극하는 자리이니 재성(財星)이 된다. 그러므로 재물은 반드시 소유권이 발생하는데 이 재물은 년간(年干) 정관(正官)을 재생관(財生官)하였으므로 남의 청탁(請託)재물을 관리한다고 보면 된다.

왜냐하면 년간(年干)의 정관(正官)은 국가 공인된 사회조직을 말하는 것이므로 단체에서 입출금(入出金)의 공동자산(資産)을 말하기 때문이다. 따라서 이 명조는 월간의 정재(正財)와 시간의 편재(偏財)를 관리하므로 은행에서 대출업무를 맡고 있습니다.

| 時 | 日 | 月 | 年 | 건 명 |
|---|---|---|---|---|
| 편재 | | 정재 | 정관 | 六神 |
| 戊 | 甲 | 己 | 辛 | 天干 |
| | 寅 | 丑 | | 地支 |
| | 비견 | 정재 | | 六神 |
| 자녀 | 배우자 | 사회궁 | 국가궁 | 宮星 |

【예시8】이 사주의 주인공은 사티아 나델라 마이크로소프트 대표이다.

을사(乙巳)대운 컴퓨터공학 석사학위를 받고 마이크로소프트에 입사해 능력을 인정받고 2014년에 제 3대 CEO가 되었다.

이 사주는 월지 정관(正官)에서 무토(戊土) 정재(正財)가 투출했다.

천을귀인(天乙貴人)이 되는 재관격(財官格)을 구성하였는데 겁살(劫殺)도 가졌으므로 그에게는 통제권(統制權)이 있는 재관(財官)이였다.

년지(年支)에 미토(未土) 편재(偏財)가 있다. 또한 년간(年干)에 정화(丁火) 식신(食神)으로 식신생재(食神生財)가 되고 있다.

이것은 년간(年干)의 식신(食神)이 재성(財星)으로 흘러가는 것이다. 그러므로 일찍부터 자신의 식신적 재능을 인정받아 공공(公共)의 재화(財貨)를 생산하는데 기여(寄與)하는 사람이 되었다. 또한 미토(未土)편재(偏財)가 정관(正官)을 재생관(財生官)하므로 재능이 회사의 성장에 이바지하는 공(功)이 상당하였다.

그러므로 일지궁의 비견(比肩)은 통솔을 의미하는 바, 정관과 비견을 묘신(卯申)암합(暗合)하는 48세에 비견(比肩)들을 통솔하는 CEO의 자리에 오르게 되었다.

| 時 | 日 | 月 | 年 | 건 명 |
|---|---|---|---|---|
| | | 정재 | 식신 | 六神 |
| 乙 | 戊 | 丁 | | 天干 |
| 卯 | 申 | 未 | | 地支 |
| 비견 | 정관 | 편재 | | 六神 |
| 장성 | 천을 겁살 | 화개 | | 神殺 |

# 4) 관성(官星)편

관성(官星)은 비견(比肩), 겁재(劫財)를 다스리는 완장(完葬)이라고 하며, 명예(名譽), 직위(職位), 권력(勸力), 완장(完葬), 계급(階級), 통제(統制)등의 사회를 상징합니다. 그래서 월지(月支)의 관성(官星)이 놓이게 되면 조직(組織), 계급(階級)사회에 투신(投身)하게 됩니다. 이런 사람은 조직(組織)의 상하(上下)관계에 적응이 된 사람이므로 아랫사람을 다스릴 줄 알고 위 사람은 섬길 줄 알기 때문에 계급적인 사회가 마땅합니다. 그러므로 위치에 따른 관성의 고저(高低)를 살펴야 한다.

년간(年干)에 관성(官星)이 있으면 국가에 헌신하는 완장(腕章)이 되고 월간에 관성(官星)이 놓이면 사회에 공인된 명예(名譽) 완장(完葬) 직급(職級)이 있게 됩니다. 시간(時干)에 관성(官星)이 놓이면 내 사유화된 조직을 가지게 되거나 혹은 명예직으로 활용하게 됩니다.

만약, 월지의 관성(官星)이 있는데 일지에는 식신(食神)이 놓이면 식신(食神)은 관성(官星)을 다루는 도구가 되므로 내 재능을 활용하여 성취한 배경이 되고, 년지의 식신(食神)이 놓이면 공인된 재능으로 사회적인 기관에 협력하는 것입니다.

만약 재성(財星)이 관성(官星)과 함께 있으면 재생관(財生官)이므로 이 관성(官星)은 쉽게 무너지지 않고 오래 지속이 된다고 보면 됩니다.

만약 월지 관성(官星) 위에 재성이 놓이면 재물을 공유하는 금융조직이 되고 관성(官星) 위의 인수(印綬)가 있으면 공인된 정보를 수용하여 활용하는 사람이 되며, 관성(官星) 위의 식신(食神)이라면 기술, 재능을 가지고 활약하게 됩니다. 그러므로 정관(正官)은 비견(比肩)에게 유리하게 작용하고 편관(偏官)은 겁재(劫財)에게 유리하게 작용합니다.

【예시9】 미합중국 46대 대통령 조 바이든 사주다.

월지(月支) 해수(亥水) 정관(正官)이 년간에 임수(壬水) 정관(正官)으로 투간(投干)하였다. 그런데 재생살(財生殺)하는 신해(辛亥)월주는 천을귀인(天乙貴人)과 겁살(劫殺)을 가진 권력자이다.

그러므로 정관(正官)은 사회적으로 공인(公認)을 받아 젊어서 일찍 정치계 입문에 성공하였다. 그런데 월간에는 편재(偏財)를 놓아 재생관(財生官)이 되었던 연고(緣故)로 정치생명은 장구(長久)하였는바, 시간에 정인(正印)을 얻은 까닭에 나이 늙어서도 명예와 대통령 당선인으로 년간의 정관(正官)을 오래도록 유지할 수 있었다.

이것은 모두 월지(月支) 해수(亥水)에서 올라온 임수(壬水)와 갑목(甲木)이므로 용신(用神)은 쉽게 무너지지를 못하는 까닭이다. 또한 축(丑)과 해(亥)는 자(子)를 공협(拱夾)하므로 식신(食神)과 정관(正官)이 동질성(同質性)을 띄는 까닭에 식신이 정관을 해롭게 하지 못하였고, 오히려 축토(丑土)가 해자축(亥子丑) 방국으로 정관을 도와 조직공동체가 되게 이끌어 주었다.

그러므로 경자년(庚子年)에 해자축(亥子丑)방국으로 정관국을 결성하는 해에 대통령에 당선이 되었다.

| 時 | 日 | 月 | 年 | 건 명 |
|---|---|---|---|---|
| 정인 | | 편재 | 정관 | 六神 |
| 甲 | 丁 | 辛 | 壬 | 天干 |
| 辰 | 丑 | 亥 | 午 | 地支 |
| 상관 | 식신 | 정관 | 비견 | 六神 |
| 백호 | 백호 | 겁살 | 도화 | 神殺 |
| | | 천을 | | |

## 5) 인성(印星)편

인수(印綬)는 원래 배우는 자리이므로 학습이 필요한데 사회궁이 인성이라는 것은 모친(母親)의 기질이 있습니다. 따라서 인수는 받아들이는 인식 등에 탁월한 능력이 있습니다. 그래서 만약 인성(印星)의 수용 능력을 최대한 발휘하여 학문에 집중하면 자격증을 취득할 수 있습니다.그렇게 되면 인수는 정당한 권리를 얻는 것이므로 주변 사람들의 도움을 많이 받을 수가 있습니다. 만약, 인성이 재성(財星)을 옆에 두게 되면 돈 버는 목적이 강한 학습을 하게 되고, 인성이 관성을 옆에 두게 되면 관인상생(官印相生)으로 조직에서 혜택을 받는 사람이 됩니다. 따라서 재격패인(財格敗印)은 전문자격증을 취득하는 길이 좋고 관인상생(官印相生)은 대기업근무가 좋습니다.

만약, 내가 종교, 철학을 배웠는데 졸업하고서도 사회에 나가서는 별로 유용하지 못하였다면 주변에 재성 혹은 관성의 인연(因緣)이 없는 까닭이 많습니다. 그러나 내가 종교, 철학과를 졸업하고 상담업무를 하는 유망한 회사에 진출하여 고정 수익을 얻는다고 한다면 인수와 재성이 잘 연결이 되었거나 혹은 인수와 관성이 결합한 것입니다. 고로 인수가 관성 혹은 재성을 잘 만나면 돈벌이가 되는 것이고 다만 인수가 관성 혹은 재성이 없으면 가난한 선비로 남는 것입니다. 또한, 인수(印綬)가 식상(食傷)을 만나게 되면 내가 배운 지식을 식상을 통해 발현(發顯)할 기회를 얻는 인생을 살아가게 됩니다. 고로 인수용상(印綬用傷)에서는 교육업(敎育業), 연예인, 방송, 서비스 업종에서 길이 열리게 됩니다.

이와 같이 인수는 어떤 육신(六神)을 만나는가에 따라 살아가는 행태(行態)의 변화가 다양하게 발생하게 됩니다. 그러나 인수(印綬)가 이도 저도 없게 되면 역시 배운 지식만 많을 뿐 활용할 장소가 없는 것이므로 사용할 용신이 없다는 말과 같은 이야기가 되는 것입니다.

그래서 인수다자(印綬多者)의 무재성(無財星) 팔자는 노력 없이 얻기만 하려니 거지팔자라는 말이 나온 것입니다.

【예시10】 종합병원에서 간호 과장을 맡고 있는 여자 분의 사주다.

월지 정관(正官)에서 병화(丙火)가 투간하였으니 관인상생(官印相生)을 구성하였다. 그런데 월지(月支) 정관(正官) 위에 등장한 년월간(年月干)에 식상관(食傷官)의 출현은 현장 근무자를 상징(象徵)한다.

특히 기사(己巳)일주는 지살(地殺)이니 조직 내부에서 움직임이 많아야 좋다. 명주는 간호사(看護師)출신으로 초년에는 주로 병실(病室)을 돌며 현장의 간호 활동을 담당하였다. 그러다가 시간(時干)의 병화(丙火)가 정인(正印)으로 투출한 시점에서는 인수(印綬)라는 직함을 얻었다. 즉 이 도장(圖章)은 년월간의 식상(食傷)들을 관리하는 상관패인(傷官佩印)의 임명장(任命狀)이 되었던 것이다.

현재 간호과장으로 간호사들을 관리 감독하는 임무를 맡고 있다.

| 時 | 日 | 月 | 年 | 곤 명 |
|---|---|---|---|---|
| 정인 | | 상관 | 식신 | 六神 |
| 丙 | 己 | 庚 | 辛 | 天干 |
| 寅 | 巳 | 寅 | 酉 | 地支 |
| 정관 | 정인 | 정관 | 식신 | 六神 |
| 겁살 | 지살 | 겁살 | 장성 | 神殺 |

【예시11】 보험회사 영엉팀장을 맡고 있는 여자 분의 명조다.

이 명조는 월지가 편인(偏印)인데 년지(年支) 겁재(劫財)와 오술합(午戌合)을 하고 있다. 이것은 술토(戌土)가 겁재(劫財)와 천살(天殺)을 얻은 것이므로 권력을 가진 것인데 화겁위인(化劫爲印)의 상(像)으로 문서로 변한 것이다.
곧 겁재(劫財)를 가입시켜 문서화시키는 일을 담당하는 것이다.
그런데 천간에는 상관생재(傷官生財)가 분명하고 또한 임오(壬午)는 정임(丁壬)암합(暗合)하여 재성(財星)과 편인(偏印)이 암합(暗合)으로 연결이 된 것이다. 그러므로 이 편인(偏印) 문서는 일정한 재화(財貨)를 받고 겁재(劫財)를 가입시키는 보험성 증서가 되었다.
그래서 이 명주는 보험회사 영엉팀장으로 탁월한 보험성적을 올리며 근무하고 있다고 한다.

| 時 | 日 | 月 | 年 | 곤명 |
|---|---|---|---|---|
| | | 정재 | 상관 | 六神 |
| 己 | 己 | 壬 | 庚 | 天干 |
| 巳 | 未 | 午 | 戌 | 地支 |
| 정인 | 비견 | 편인 | 겁재 | 六神 |
| 망신 | 반안 | 장성 | 천살 | 神殺 |
| 역마 | 과숙 | 육해 | 태극 | |

비견

【예시12】 직업이 약사인 여자 분의 사주이다.

월령의 인원용사(人元用事)를 용신(用神)으로 취하였다. 즉 미(未)중의 을목(乙木) 용신은 인수인데 일지의 오화 천의성(天醫星)을 만났다. 병화(丙火)일간이 을목(乙木)을 만나면 고초인등(枯草引燈)의 물상(物像)을 취하는데 약재(藥材) 을목은 유금(酉金)과 을경암합(乙庚暗合)이 되어 있다.

그런데 계유(癸酉)는 육해(六害)라는 호리병에서 솟아나는 정화수이다. 육해(六害)가 을목의 약재(藥材)를 만나면 원래 약탕기(藥湯器)가 된다.

그러므로 유금(酉金) 호리병에 담겨진 액체는 약재를 불로달인 생리 수 혹은 약초물이 된다.

| 時 | 日 | 月 | 年 | 곤명 |
|---|---|---|---|---|
| 정관 | | 상관 | 정관 | 六神 |
| **癸** | **丙** | **己** | **癸** | 天干 |
| **巳** | **午** | **未** | **酉** | 地支 |
| 비견 | 겁재 | 상관 | 정재 | 六神 |
| 곡각 | 천의성 | 곡각 | 육해 | **神殺** |

# 2장

# 신살상학론(神殺象學論)

## 2. 신살상학론(神殺象學論)의 사례(事例)

# 01 다비견(多比肩)과 식신정관의 합상은 의식주 경쟁업체이다

| 時 | 日 | 月 | 年 | 곤 명 |
|---|---|---|---|---|
| 편인 | | 겁재 | 비견 | 六神 |
| **辛** | **癸** | **壬** | **癸** | 天干 |
| **酉** | **卯** | **戌** | **卯** | 地支 |
| 편인 | 식신 | 정관 | 식신 | 六神 |
| 천의<br>현침 | 천을 | 백호 | 천을 | 神殺 |

## ▶ 사/주/분/석

천간에 임계수(壬癸水)의 비견겁재(比肩劫財)가 즐비하다는 점은 경쟁해야 할 대상자가 많다는 신호입니다. 즉, 월지(月支)의 술토(戌土) 정관(正官)이 년지의 식신(食神)과 묘술합(卯戌合)은 의식주(衣食住)에 규합하는 조직체를 말하는 것입니다.

그러한 환경에서 경쟁 상대자와 힘을 겨뤄야 하는 것이 내 운명입니다. 그런데 천을귀인(天乙貴人)에 해당하는 년지(年支)의 식신(食神)과 묘술합(卯戌合)이니 곧 국가기관에서 부여받은 의식주와 관련한 단체이고 나 또한 일지의 식신(食神)으로 묘술합(卯戌合)하였으니 여러 부서와 공동으로 근무한다는 점은 분명합니다.

그런데 술(戌)중에서 신유(辛酉)금이 투출한 것이므로 편인(偏印) 문서(文書)를 다루게 되는 것입니다. 곧 금융업의 종사자가 가능합니다.

그런데 묘유충(卯酉沖)을 하면 편인 문서를 의식주로 바꿔주는 삶이 될 것입니다. 대출업, 상품개발, 마게팅. 계약심사, 보험업 근무는 적합합니다.

보험회사에 입사하여 30년 이상 근무를 하고 있으며 임원입니다.

# 02 겁재가 정편인을 수용하면 대중 의견의 수렴, 청취를 뜻한다

| 時 | 日 | 月 | 年 | 세운67 | 건 명 |
|---|---|---|---|---|---|
| 정관 | | 상관 | 편재 | 비견 | 六神 |
| 丁 | 庚 | 癸 | 甲 | 庚 | 天干 |
| 丑 | 辰 | 酉 | 午 | 子 | 地支 |
| 정인 | 편인 | 겁재 | 정관 | 상관 | 六神 |
| 과숙 | 공망 | 공망 | 재살 | | |
| 백호 | 월덕 | 양인 | 조객 | | 神殺 |
| 천살 | 과숙 | 도화 | | | |
| 음양 | | 육해 | | | |

## ▶ 사/주/분/석

일본 자신당 총리 고(故) 아베신조의 명조입니다.

이 명조의 특징은 월지(月支)가 유금(酉金)의 양인격(陽刃格)을 형성하였습니다. 그런데 년지(年支) 오화(午火) 정관(正官)에 의해 제화(制化)가 되었기 때문에 이 겁재(劫財)는 국가권력에 의해 한 번 다스려진 법규(法規)에 의해 공인(公認)을 받은 단체입니다. 곧 양인(羊刃) 위에 앉은 상관생재(傷官生財)는 국가 권력에 붙어 단체형성을 주도하는 이익단체(利益團體)로 나타나게 되었습니다.

그러므로 아베신조 총리는 월지의 겁재(劫財)가 대중적인 인기를 누렸는데 이것은 진유합(辰酉合)으로 겁재(劫財)가 편인(偏印)을 수용(受容)하거나 혹은 유축합(酉丑合)으로 겁재(劫財)가 정인(正印)을 수용하면서 다양한 의견(意見) 청취가 가능했기 때문입니다.

고로 진유합(辰酉合)하고 유축합(酉丑合)하므로 나의 정편인(正偏印)과 겁재(劫財)가 뜻을 공유(共有)하여 대중들에게 전파(傳播)되었다는 의미가 됩니다. 따라서 월간 계수(癸水) 상관(傷官)의 훌륭한 언변은 인수(印綬)에 뿌리를 둔 것이므로 진축파(辰丑破)하여 올라오는 정편인(正偏印)의 살아있는 현장 지식인 것입니다.

그러나 양인(羊刃)은 오화(午火) 정관(正官)에 의지하였는데, 경자년(庚子年)에 갑경충(甲庚沖)과 자오충(子午沖)으로 국가권력의 손재(損財)와 손상(損傷)을 가져 왔습니다.

따라서 코로나로 인해 올림픽 개최가 연기되는 등 질환과 악재(惡材)를 겪다가 총리직에서 경자년(庚子年)에 사퇴 후 2022년 7월 8일 11시 32분경에 제26회 일본 참의원 의원 통상선거를 이틀 앞두고 후보 지원 유세를 하던 중 야마가미 데쓰야에게 총기에 암살당하였습니다.

# 03 군겁쟁재된 편재에 문서가 암합하면 불법적인 일을 한다

| 時 | 日 | 月 | 年 | 세운41 | 대운32 | 곤 명 |
|---|---|---|---|---|---|---|
| 편재 | | 편인 | 비견 | 비견 | 편재 | 六神 |
| 壬 | 戊 | 丙 | 戊 | 戊 | 壬 | 天干 |
| 戌 | 午 | 辰 | 戌 | 寅 | 子 | 地支 |
| 비견 | 정인 | 비견 | 비견 | 편관 | 정재 | 六神 |
| 백호 | 양인 | 공망 | 비견 | | | 神殺 |
| | | 과숙 | | | | |
| | | 상문 | | | | |

## ▶ 사/주/분/석

무오(戊午) 일주(日柱)가 진월(辰月)에 무술(戊戌)년주를 만난 것이므로 비견다
자(比肩多者)라 할 만합니다. 그런데 일단 비견(比肩)이 많으면 경쟁할 대상자
가 많은 환경에서 성장해야 함을 알려주게 됩니다.

그래서 이 사람은 사람들을 대상으로 하는 전자제품 영업을 시작하였는데,
임수(壬水) 편재(偏財)가 군겁쟁재(群劫爭財)의 상(像)을 취하는 까닭에 곧 불법
적인 카드깡을 하여 돈을 벌게 됩니다.

즉 술(戌)중의 정화(丁火)가 임수(壬水)와 정임명암합(丁壬明暗合)한 것은 암장
(暗藏)이 된 문서에 편재(偏財)가 걸려 있는 것으로 숨어 있는 카드깡이란 바
로 이런 것입니다. 곧 숨어서 정화(丁火)라는 영수증을 지속적으로 발행하게
되면 임수(壬水)편재(偏財)가 암동(暗動)하여 재물의 수익이 들어오는 구조가
된 것입니다.

임자(壬子)대운에는 2개의 임수(壬水)가 출현하였고 진자합(辰子合)으로 인해 화겁위재(化劫爲財)가 되니 재격(財格)이 분명해지므로 재물을 축재(蓄財)하는 것은 당연한 일입니다.

그래서 임자(壬子)대운에 임수(壬水)가 병임충(丙壬沖)을 하여 숨은 정화(丁火)를 크게 동(動)하게 하였으므로 카드깡을 유발하였는데 그로 인해 암합이 된 임수(壬水)편재(偏財)를 얻을 수가 있었습니다.

또한 자(子)대운에 진입해서는 진자합(辰子合)이 되므로 군겁쟁재(群劫爭財)의 상(像)에서 벗어나 돈을 크게 벌었지만 자수(子水)가 오화궁(午火宮)에 진입하여 자오충(子午沖)으로 양인(羊刃)을 충동(衝動)하게 하였는바, 무인년(戊寅年)에는 비견(比肩) 무토(戊土)가 양인의 충으로 문서 사건을 일으켰습니다.

무인년(戊寅年)에 인오술(寅午戌)삼합국이 되면 임수(壬水) 편재(偏財)가 마르게 됩니다. 곧 양인충의 결과물은 재물 손재수가 분명한 것입니다.

이 사주의 주인공은 임자(壬子) 대운부터 카드깡을 이용한 가전제품 사업으로 10년간 많은 돈을 벌었으나, 무인년(戊寅年)에 동업자가 부정한 일을 하면서 사업이 기울었고 사기를 당하는 등 악재가 겹쳐 파산하였다고 합니다.

# 04 재생관(財生官)은 매뉴얼에 따라 움직이는 프랜차이즈 사업이 적성에 맞다

| 時 | 日 | 月 | 年 | 건 명 |
|---|---|---|---|---|
| 겁재 | | 식신 | 겁재 | 六神 |
| 甲 | 乙 | 丁 | 甲 | 天干 |
| 申 | 丑 | 卯 | 寅 | 地支 |
| 정관 | 편재 | 비견 | 겁재 | 六神 |
| 역마<br>망신<br>천을<br>월덕 | 공망<br>천살<br>과숙 | 도화<br>재살<br>조객 | 겁살<br>고신<br>천덕<br>월덕 | 神殺 |

## ▶ 사/주/분/석

사주의 남자 분은 을축(乙丑)일주인데 갑인(甲寅)과 정묘(丁卯)를 둔 다비견자(多比肩者)입니다. 그런데 비견(比肩)들이 모두 공동(公同)의 식신(食神)을 창조하는 일에 협조하고 있는 모습입니다.

그러므로 정화(丁火)라는 의식주(衣食住)를 가진 서비스업종에서 성공을 하게 되었는데, 비견다자(比肩多者)를 상대로 하는 체인점가입 영업에서 좋은 성적을 거두었습니다. 그 결과 그는 영업팀장과 같은 위치에 올라 다비견자(多比肩者)들의 영업 활동이 늘어날수록 축토(丑土) 편재(偏財)라는 재물이 늘어나게 되었습니다.

그러면서 시지(時支) 정관(正官)은 재생관(財生官)이 되었으므로 일정한 규칙을 가진 자기 브랜드의 체인점사업으로 확대되었습니다. 이것은 축토(丑土) 편재(偏財)라는 재물을 지키기 위해 정관 신금(申金)으로 비견과 겁재를 적절히 처리할 수 있는 구조를 세웠던 것입니다.

즉 정관은 월지의 묘목(卯木) 비견(比肩)을 묘신암합(暗合)하고 겁재(劫財)는 인신충(寅申沖)을 하여 경계하므로 관성이 재산을 보호해주는 가맹점규칙으로 자리 잡았습니다.

명주의 사회생활 전반을 보면 20대부터 다양한 직업을 전전하며 배우다가 호프집 체인점 영업을 시작으로 30대에는 자기이름을 브랜드로 프랜차이즈 사업을 하여 크게 발전한 사람입니다.

# 05 식신과 정관의 합거는 남편이 자녀를 데리고 떠나간다

| 時 | 日 | 月 | 年 | 대운48 | 곤 명 |
|---|---|---|---|---|---|
| 편재 | | 식신 | 겁재 | 정관 | 六神 |
| **壬** | **戊** | **庚** | **己** | **乙** | 天干 |
| **戌** | **辰** | **午** | **亥** | **亥** | 地支 |
| 비견 | 비견 | 정인 | 편재 | 편재 | 六神 |
| 과숙 | 홍염 | 양인 | 망신 | | |
| 단교 | 반안 | 재살 | 관귀 | | 神殺 |
| 백호 | 백호 | 조객 | 천덕 | | |
| 음양 | 공망 | | 공망 | | |

## ▶ 사/주/분/석

월지 오화(午火)가 양인(羊刃)인데 무진(戊辰)이 진술충(辰戌沖)이 된 것이므로 무기(戊己)토(土)의 세력이 강하여 반드시 양인(羊刃)의 기운을 설기하는 경금(庚金) 식신(食神)을 활용해야 합니다.

만약, 경금이 통관신으로 작용하지 못하면 군겁쟁재(群劫爭財)로 위태롭게 됩니다. 그러므로 을해(乙亥)대운에 을경합거(乙庚合去)가 되면 곧 정관과 식신의 합거(合去)인데, 정관(正官)이 손상 받고 식신(食神)은 없어지고 남편이 자식을 데리고 떠나가는 모습이므로 이혼으로 나타납니다. 따라서 정관(正官)의 손상에 의한 진로(進路)장애가 나타날 수도 있다.

그러므로 이 명주는 을해(乙亥)대운 중에 이혼했다고 합니다.

# 06 편인이 식신을 충(沖)하여 움직이면 투자계획 문서를 말한다

| 時 | 日 | 月 | 年 | 대운 | 건 명 |
|---|---|---|---|---|---|
| 편인 | | 정관 | 비견 | 비견 | 六神 |
| 庚 | 壬 | 己 | 壬 | 壬 | 天干 |
| 子 | 寅 | 酉 | 申 | 子 | 地支 |
| 겁재 | 식신 | 정인 | 편인 | 겁재 | 六神 |
| 장성 | 역마 | 도화 | 역마 | | |
| 재살 | 문창 | 육해 | 관귀 | | 神殺 |
| | | | 문곡 | | |

## ▶ 사/주/분/석

월지(月支)의 정인문서(正印文書)를 중심으로 년일지(年日支)가 인신충(寅申沖)의 역마충(驛馬沖)을 구성합니다.

그런데 임신(壬申)은 비견(比肩)편인(偏印)이니 나하고는 경쟁관계에 있는 문서인데 임인(壬寅)일주를 인신충(寅申沖)을 할수록 내 의식주(衣食住)는 늘어납니다. 많은 경쟁자가 보내온 편인문서로 인해 바빠지고 의식(衣食)이 늘어나 성장하는 구조가 됩니다.

그러므로 기유(己酉)는 정인(正印)정관(正官)이고 유금(酉金)은 금융업이므로 정인(正印)이라는 문서를 품은 금융업종에 종사하는 사람이 됩니다.

그런데 인신충(寅申沖)은 문서적으로 평가하면 수직(垂直) 상승을 뜻하는데 그래프를 말하고 역마이니 변동 폭이 심한 도표가 됩니다. 곧 금융업에서도 감정평가사, 애널리스트 등 직업군에서 많이 나타납니다. 이 사람은 외국계 투자회사에서 외환투자가로 성공하였다고 합니다.

# 07 병화(丙火)운에 발재하여 오화(午火)운에 파재(破財)했다

| 時 | 日 | 月 | 年 | 대운52 | 건 명 |
|---|---|---|---|---|---|
| 정재 | | 정재 | 비견 | 비견 | 六神 |
| **庚** | **丙** | **庚** | **丙** | **丙** | 天干 |
| **寅** | **戌** | **子** | **子** | **午** | 地支 |
| 편인 | 식신 | 정관 | 정관 | 겁재 | 六神 |
| 역마 | 월살 | 장성 | 재살 | | 神殺 |
| 지살 | 백호 | 재살 | | | |

## ▶ 사/주/분/석

월지 정관(正官)인데 년지 정관(正官)이 붙어 있으니 중관(重官)에 해당합니다. 중관(重官)은 칠살로 보기 때문에 식신(食神)으로 제복(制伏)하거나 혹은 비견(比肩)으로 분관(分官)하여 해소(解消)하는 방법이 있습니다. 또한 경금(庚金) 재성(財星)이 2개이므로 년간(年干)의 비견(比肩)으로 월간의 재성(財星) 하나를 맡기는 사업이 좋습니다.

이러한 구조를 비견(比肩)의 분업화(分業化)라고 하였는데 유명한 선생을 초빙(招聘)하여 년간(年干) 비견으로 하여금 나의 재성을 맡기는 일을 해야 성공합니다. 따라서 이러한 비견구도는 단독 사업이 바람직하지 못하고 협력 사업이 올바르다고 보는 것입니다. 이러한 중관(重官)과 정재(正財)의 분잡(紛雜)에서는 마땅히 비견(比肩)이 희신(喜神)으로 작용이 됩니다.

그러므로 중관을 제하는 일지의 식신(食神)은 길하였고 을사(乙巳)대운은 병화(丙火)의 록(祿)이 되고 경금(庚金)의 장생(長生)지이니 당연히 발복(發福)하는 수순(手順)이 따르게 됩니다. 다만 병화(丙火) 비견은 호운(好運)이 되었고 오화(午火)운의 자오충(子午沖)은 문제가 되지 않았지만 인오술(寅午戌)삼합은 문제가 됩니다.

왜냐하면 화식위겁(化食爲劫)으로 겁재(劫財)태왕(太旺)해지면 중관(重官)이 살아나는 까닭입니다. 겁재(劫財)태왕(太旺)하면 재성의 겁탈이 시작이 되고 또한 정재(正財)는 자수(子水) 사지(死地)가 중관(重官)으로 더욱 심화되므로 재성(財星) 파괴(破壞)는 분명해집니다.

사주의 주인공은 공무원 입시학원을 설립하여 을사(乙巳)대운과 병(丙)대운까지 많은 재산을 모았습니다. 그런데 오(午)대운에 학원을 처분하고 선배와 동업으로 사업하다가 재산을 모두 날렸다고 합니다.

# 08 여명(女命)이 명관과마(明官跨馬)이면 남편은 고관대작이다

| 時 | 日 | 月 | 年 | 곤명 |
|---|---|---|---|---|
| 정관 | | 식신 | 식신 | 六神 |
| **庚** | **乙** | **丁** | **丁** | 天干 |
| **辰** | **未** | **未** | **巳** | 地支 |
| 정재 | 편재 | 편재 | 상관 | 六神 |
| 반안<br>공망 | 백호 | 화개 | 역마 | 神殺 |

▶ 사/주/분/석

일찍이 말하기를 '여명(女命)이 명관과마(明官跨馬)이면 남편이 번영(繁榮)한다'고 하였는데 이것은 재생관(財生官)의 명조를 말합니다.

재성(財星)은 정관(正官)을 생하는 물건이므로 재성(財星)은 처, 재화(財貨)가 되고 정관(正官)은 명예(名譽)를 상징하니 재물을 주고 명예를 취득하는 상(像)이다.

그러므로 남자 사주에서 명관과마(明官跨馬)가 되면 처덕(妻德)이 높고 자식은 고귀(高貴)하며, 여명(女命)에 명관과마(明官跨馬)가 되면 정경부인(貞敬夫人)이니 남편이 번영(繁榮)고 한다고 말한 것입니다. 그러므로 이 명조는 남편성이 시상(時上)의 경금(庚金) 정관(正官)입니다.

그런데 경금(庚金)인 진토(辰土)에 앉아 재생관(財生官)이 되고 있습니다. 진토(辰土) 정재(正財)는 일간(日干) 을목(乙木)의 재성(財星)이고 경금(庚金)은 정관

(正官)이니 명관과마(明官跨馬)로 구성이 됩니다. 다만 화(火)가 치성(熾盛)하고 을목(乙木)은 미토(未土) 고중(庫中)에 앉아 위태롭게 느껴지나 일간이 진토(辰土) 재성(財星)에 앉아 자양(滋養)되고 있는 것이 좋았습니다.

마침 대운이 잘 들어 금운(金運)인 신유(申酉) 금향(金鄕)에서 대발(大發)하였고, 해자(亥子) 수운(水運)에도 치성한 화(火)를 식혀주어 제화존부(制火存夫)에 성공할 수 있었습니다.

그러므로 이 명주는 남편도 재상(宰相)이고 아들도 재상(宰相)으로 대부귀(大富貴)한 정경부인(貞敬夫人)의 사주입니다. [사주첩경]

# 09 편인(偏印) 상관(傷官)의 합상은 기술계약 서이다

| 時 | 日 | 月 | 年 | 건 명 |
|---|---|---|---|---|
| 편인 | | 상관 | 비견 | 六神 |
| **庚** | **壬** | **乙** | **壬** | 天干 |
| **戌** | **戌** | **巳** | **午** | 地支 |
| 편관 | 편관 | 편재 | 정재 | 六神 |
| 낙정 | 낙정 | 천을 | | |
| 괴강 | 백호 | | | 神殺 |

## ▶ 사/주/분/석

임오(壬午)와 임술(壬戌)은 두 비견(比肩)으로 비록 경쟁관계이지만 을목(乙木)이라는 꽃을 피우기 위해 공동협력하는 모습을 가지고 있습니다.

그런데 1차 용신(用神)인 사화(巳火)에서 투간한 2차 용신(用神) 경금(庚金)이 을목(乙木)을 을경합(乙庚合)하고 있습니다.

이것은 무엇을 말하는가?

편인(偏印)과 상관(傷官)의 합은 기술협력서를 의미합니다.

곧 내가 편재(偏財)를 얻기 위해 기술과 문서에 협력했다는 싸인 문서를 뜻하게 됩니다. 고로 초년에 그는 원양어선에서 선원으로 일하게 되었습니다. 무신대운에는 양어장 사업을 하여 성공하였으나, 말년에는 건강과 사업이 모두 저조하던 중, 무인년에 자살하였다고 합니다.

# 10 수다토류(水多土流)가 되면 패격지상(敗格之象)이다

| 時 | 日 | 月 | 年 | 세운28 | 대운28 | 건 명 |
|---|---|---|---|---|---|---|
| 식신 | | 겁재 | 식신 | 겁재 | 편관 | 六 神 |
| 己 | 丁 | 丙 | 己 | 丙 | 癸 | 天 干 |
| 酉 | 亥 | 子 | 亥 | 寅 | 酉 | 地 支 |
| 편재 | 정관 | 편관 | 정관 | 정인 | 편재 | 六 神 |
| 재살 | 지살 | 도화 | 지살 | 망신 | 재살 | 神 殺 |

## ▶ 사/주/분/석

지지가 해자해(亥子亥)이면 수(水)가 태왕(太旺)한 사주에서 기토(己土) 식신(食神)은 수다토류(水多土流)가 됩니다. 태왕(太旺)한 수(水)가 지살(地殺)과 섞이게 되면 수다토류(水多土流)의 힘은 가중(加重)이 될 수 있습니다. 수다토류(水多土流)라 함은 흙이 물결에 휩쓸려 사라지는 것이니 만일 갑목(甲木)이 물에 휩쓸리면 부목(浮木)이 되고 흙이 물에 휩쓸리면 수다토류(水多土流)가 됩니다.

그러므로 기토(己土)라는 식신(食神)의 수다토류(水多土流)가 되면 그 사람의 의식주(衣食住)는 불안정한 것이 분명한 것입니다.

그런데 이런 식신(食神)으로 편재(偏財)를 생조하면 식신생재(食神生財)라 하겠지만, 식신이 곧 끊기는 것이니 편재 유금(酉金)은 항구적(恒久的)이지 못하여 고립(孤立)이 되는 것입니다.

그러나 편재(偏財)가 재살(災殺)입니다. 편재는 투기, 도박, 유흥에 집착하는 성향이 강한 물건입니다. 그런데 편재(偏財)가 자유파(子酉破)이면서 재생살(財生殺)합니다. 이것은 수다토류(水多土流)의 흉(凶)을 가중(加重)시키는 것이 됩니다.

그러므로 유금(酉金) 편재(偏財)는 유흥, 도박으로 인해 칠살이 일어난다는 뜻이기도 하니 곧 편재 재살로 인해 갇히는 운명이 되었습니다. 그러하니 계유(癸酉)대운은 천간의 정계충거로 칠살을 만났는데 지지로는 유금(酉金) 편재(偏財)가 재살(災殺)운(運)을 재차 만난 것으로 이 시기에 구속이 되었습니다.

### ▶ 근황

농사짓는 모친의 슬하에서 자랐다. 갑술(甲戌)대운 병인(丙寅)년 28세에 용접공으로 일하던 중 도박 빚에 쪼들리자 손님을 가장하고 가게에 들어가 강도짓을 하다가 주인이 반항하자 살해 후 멀리가지 못하고 체포되어 무기징역을 받고 형을 살고 있다.

# 11 탐재괴인의 상(象)은 재물에 욕심을 내면 안 된다

| 時 | 日 | 月 | 年 | 세운59 | 대운52 | 건 명 |
|---|---|---|---|---|---|---|
| 정인 | | 편재 | 편재 | 식신 | 비견 | 六 神 |
| 辛 | 壬 | 丙 | 丙 | 甲 | 壬 | 天 干 |
| 亥 | 申 | 申 | 申 | 午 | 寅 | 地 支 |
| 비견 | 편인 | 편인 | 편인 | 정재 | 식신 | 六 神 |
| 공망 | 지살 | 지살 | 지살 | 재살 | 역마 | 神 殺 |
| 망신 | | | | | | |

## ▶ 사/주/분/석

인수를 쓰는 사주에서 재성이 투출하면 탐재괴인이 될 수가 있습니다. 그런데 인수가 태강할 경우에는 오히려 재성을 상신(相神)으로 써야 하는 경우도 있습니다. 이 사주는 편인이 태강한 팔자이므로 효신이 될 수도 있기 때문에 오히려 재성으로 견제해주는 것이 마땅합니다.

그러므로 인수용재(印綬用財)로 성격이 되었지만 갑오년(甲午年)에는 오술합국(午戌合局)이 됩니다. 그러면 재성의 국으로 변하는 까닭에 탐재괴인에 걸려 재물관련 소송을 당할 수가 있습니다. 특히 갑오년(甲午年)은 재살(災殺)에 해당하였으므로 구속이 될 수 있습니다.

탐재괴인(貪財壞印)이 되면 주인공은 재물에 욕심을 내면 안 됩니다. 군인일 경우 방산비리, 군납비리와 같은 일에 연류 될 수 있습니다.

이 분은 육사 출신으로 계사년에 4성 장군에 진급하였으나, 갑오(甲午)년에 방산 비리에 연루되어 수감되었습니다.

신
살
론

# 3장

현대인이 조심해야 할 신살(神殺)

# 01 겁살(劫殺)

## 1) 겁살(劫殺) 찾는법

겁살은 년지,일지를 기준으로 찾는데 오행이 절(絶)이 되는 자리이다.

| 겁살 찾는 법 | | | | |
| --- | --- | --- | --- | --- |
| **년지,일지** | 寅午戌 | 巳酉丑 | 申子辰 | 亥卯未 |
| **겁살(劫殺)** | 亥 | 寅 | 巳 | 申 |

단순하게 년지(年支) 기준의 오행(五行)으로 겁살(劫殺)만 판단하면 실수할 수가 있으므로 일간 기준의 12운성과 십신의 길흉 여부를 함께 판독해야 정확한 추명(推命)이 가능해집니다. 만약 일간이 겁살(劫殺)을 감당하고 다스릴 수 있으면 귀(貴)하게 봅니다.

## 2) 겁살(劫殺)의 개념(槪念)

겁살(劫殺)은 그 기운이 가장 허약한 절지(絶地)에 빠진 것으로서 어떠한 곤경과 재난을 당해도 대항하기가 어렵습니다. 막을 능력이 약하다는 것이므로 의지력도 약하여 재난에서 벗어나기 힘들다고 합니다. 따라서 겁살이 사주에 있는 자는 대개 불안한 심정을 지닌 사람이 많습니다. 그래서 대운이나 원국에 겁살이 존재하게 되면 이것은 불안전한 심리가 반영된 건축물에 살거나 갈등에 놓인 부동산을 소유하고 있거나 혹은 강제철거, 강제집행을 당한 경험이 있을 수가 있습니다.

겁살은 보통 타인으로 부터 겁탈을 당하거나 타인을 겁탈한다는 흉신입니다. 길(吉)하게 표출이 되면 권위, 총명, 재능 특출, 의협심, 신속, 결단, 과단성, 속성(速成) 속패(速敗)이고 흉(凶)하게 표출이 되면 불의의 탈재(奪財), 도난, 이별, 졸속(拙速), 탈취(奪取), 급변(急變),급질횡액(急疾橫厄), 차량전복, 각종 재앙이 발생합니다. 사주에 겁살기신이 존재하면 사치와 낭비가 많아서 축재(蓄財)가 어렵고 도박, 투기등으로 파재(破財)하는 경향이 있습니다.

## 3) 오행별(五行別) 겁살(劫殺) 형태(形態)

**갑을(甲乙)겁살**: 방망이로 두둘겨 맞거나 목 메달릴 수 있습니다.
**병정(丙丁)겁살**: 불과 화약으로 상해(傷害)를 당합니다.
**경신(庚辛)겁살**: 총, 도포, 칼로 자상(自傷)을 입힙니다.
**임계(壬癸)겁살**: 음독, 수해(水害), 익사(溺死)를 당하기도 합니다.

## 4) 겁살(劫殺)이 희신으로 작용하는 경우

합법적인 저작권을 소유하고 남을 겁탈하는 사람입니다. 그러므로 차압, 압수 등에 검, 경찰, 교도관이며 몸을 겁탈하는 합법적인 자격증 의사, 약사, 법조인이 해당이 됩니다. 머리를 겁탈하는 자격증은 미용사, 이발사도 됩니다. 겁살(劫殺)이 희신으로 작용하면 당하는 것이 아니라 횡재를 하는 것이 많습니다. 복권에 당첨, 생각지도 않은 유산을 물려받는 것, 잊었던 돈이 들어오는 것이며 운에서 겁살이 희신 길신으로 작용하면 복잡한 가운데에서 나에게 횡재수가 발생할 수 있습니다.

## 5) 겁살과 육신(六神)의 결합상(結合像)

### · 겁살(劫殺)재성(財星)

고부갈등, 부부불화, 부친무정, 처문제, 손재수, 부도, 파산이 있을 수 있습니다. 남자가 재성겁살이면 아내는 남편이 돈 버는 기계로 생각한다고 말하면 됩니다. 겁살이 재성희신이고 일지궁에 있으면 처덕이 있습니다. 이런 사주는 처로 인해 재산을 축재(蓄財)할 수 있습니다.

겁살이 재성기신에 해당하면 재성이 병재에 해당하므로 처로 인해 손재를 당하고 파재할 수도 있습니다. 특히 일지(日支)에 재성겁탈(財星劫奪)이 놓이면 재산(財産)상의 손실(損失)이 있을 수 있습니다.

### · 겁살(劫殺) 정관(正官)

직업변화, 남편문제, 자식문제, 직업이직, 전직, 중단, 관재구설등이 있을 수 있습니다. 여자가 관성겁살이면 남자에게 아무리 잘해줘도 남자는 여자에게 고마워할 줄 모른다고 합니다. 남자가 관성겁살이라면 부모가 잘해줘도 자녀들은 항상 불만이 많습니다. 겁살이 관성희신이면 정계나 관계에서 발전할 수 있습니다.

### · 겁살(劫殺)칠살(七殺)

겁살이 중중(重重)하고 칠살이면 성격이 포악(暴惡)하고 형액(刑厄)이 따르는데 해소하려면 종교인 혹은 구류업에 종사하면 좋습니다.

구류업 → 의사, 예술인, 역술가, 연애인, 법관, 성직자, 외교관, 군경, 운동선수 9가지 직종을 명리에서 구류업이라고 함

### · 겁살(劫殺)인성(印星)

부모이별, 계약불리, 관재문서, 구설시비, 계약파기 등이 나타납니다. 남녀공통으로 인성이 겁살이면 부모 봉양 잘해줘도 부모는 항상 불평이 많다고

합니다. 겁살이 편인이면 역술계, 예술계, 구류업 등에 종사하고 겁살이 정인이면 문장력이 뛰어나 학계에서 인정을 받을 수 있습니다.

### • 겁살(劫殺)식상(食傷)

진로장애, 업무중단, 과대망상, 패가망신, 건강이상, 식신장애 등이 나타납니다. 겁살이 식상일 경우에는 능란한 화술로 재물을 취득할 수 있습니다. 이런 사람이 공무원이라면 외교활동에서 발전할 수 있습니다.  겁살이 식상(食傷)기신(忌神)이면 남녀 공통으로 글이나 말로 인하여 화를 당할 수 있습니다.

특히 여자는 겁살(劫殺)자녀라고 하여 자식으로 속을 앓을 수 있는데, 여자는 자식이나 남편으로 인한 재액(災厄)이 그칠 날이 없습니다.

남자는 식신과 상관이 장인(丈人), 장모(丈母)에 해당하므로 만약 식상이 기신이며 처가(妻家)로 인해 피해를 당할 수 있습니다. 그러나 인수가 있어 식상을 통제하면 반대로 작용하므로 처가의 도움을 받을 수가 있고 혹 흥행하는 작품이 나오게 됩니다.

### • 겁살(劫殺)상관(傷官)

겁살상관이 제압(制壓)이 되지 못하면 흉폭(胸幅)하여 불법적인 일에 관여하지만 만약 제복이 되면 기술자, 조각가, 꽃꽂이, 외과의사 등에 적합합니다. 여자인 경우 겁살자식이라 자식근심이 떠나지 않을 수 있습니다.

### • 겁살(劫殺)비겁(比劫)

형제애로(兄弟隘路), 동료불신, 동업파괴가 나타납니다. 비겁은 형제를 말하는데 형제가 기신이고 겁살이므로 나의 재산을 탈취하는 형제가 될 수 있으며, 이로 인해 유산상속에서 제외당할 수 있습니다.

그리고 이러한 사람은 동료애를 파괴하므로 동업은 불가하며, 돕는다며 찾아오는 친구들은 대부분 겁살도둑이 될 수 있습니다.

## 6) 근묘화실(根苗花實)의 응용법

- **년지(年支)겁살(劫殺)**

  조실부모, 객지고생, 관재구설, 조상별리(別離)입니다.

- **월지(月支)겁살(劫殺)**

  조실부모, 관재구설, 부모형제 이별, 육친무덕, 고향출가입니다.

- **일지(日支)겁살(劫殺)**

  부부별리(夫婦別離), 상처(喪妻), 이혼(離婚)입니다.

- **시지(時支)겁살(劫殺)**

  자식무덕(子息無德), 자손 병약, 말년고생입니다.


## 7) 겁살격국(格局)으로 보는 직업분류

겁살 직업으로는 검경, 법관, 군인, 감사원, 운동선수, 차압, 수사관, 의사, 의료계, 물리치료사, 건물해체, 폭발물, 외과수술, 세무, 감사, 조사, 의료, 강제집행, 건설, 부시고 깨고 무너트리고 쓸어버리는 환경이 좋습니다. 겁살이 경금(庚金)과 신금(辛金)과 같이 있으면 무관 출신이거나 주물, 조각업종에서 종사하거나 공망이 되고 화기(火氣)를 얻으면 철공업이나 도살업이 적합합니다.

## 8) 겁살(劫殺)과 신살(神殺)의 결합상(結合像)

- **겁살록(祿)**

  일간이 록(祿)을 얻은 겁살이므로 권위, 위엄이 있습니다.

- **겁살괴강살, 양인살**

  형충(形沖)되면 교통사고 등 횡액(橫厄) 급사(急死)가 우려됩니다.

  그러나 제압(制壓)이 되면 외과의사, 법원, 경찰의 직업이 가능합니다.

- **겁살(劫殺)도화(桃花)**

  주색잡기에 능하여 일시(日時)에 겁살이 합하거나 기신(忌神)이 도화   이면 주색(酒色)을 탐(貪)하여 불륜, 애정 관계 등으로 수치를 모른다고 합니다. 겁살이 기신이고 형충(形沖)할 때에 해당 육친에 재액이 발생합니다. 만약 겁살이 제압이 되면 유명인이 될 수 있습니다.

- **겁살(劫殺)공망(空亡)원진살(元嗔殺)**

  겁살이 원진과 구성이 되고 공망이면 부끄러움을 모르고 도둑 심보가 있습니다.


## 9) 기타 겁살 동향

사유축(巳酉丑)생이 인(寅)일에 방문하면 그 집안에 사활이 걸린 문제로 내방(來訪)한 것입니다. 어느 사람이나 겁살 방향에는 이용 불편사항이 있으며 가구를 자주 변동하는 곳이 됩니다. 겁살 방향에는 건물 신축하면 사건 사고, 관재수, 구설시비가 따른다고 합니다. 겁살은 빼앗으려다가 도리어 일을 그르친다는 의미에서 도난과 이별의 흉살입니다. 겁살년운에는 동산과 부동산에 질권(質權), 압류(押留), 경매(競賣) 등의 횡액이 있을 수 있으므로 매사 신중하게 처신해야 합니다.

겁살 시기에는 이전(移轉), 분리(分離), 조성(助成), 동업(同業), 사직(辭職) 등의 움직임보다는 지키는데 전력하는 것이 좋습니다. 겁살운에는 사치와 낭비가 심해지고, 도박 등 사행성 또는 투기적 사업에 몰입하여 패가망신할 수 있습니다. 건축물과 관련한 복잡한 문제를 야기할 수 있습니다.

【예시1】정재(正財)를 겁탈하여 횡재수가 많다.

인목(寅木)비견(比肩)이 겁살(劫殺)에 해당한다. 정관이 중중(重重)하면 중관(重官)이 되는데 중관(重官)은 중살(重殺)로 파악하는 것이니 곧 비견(比肩)이 희신(喜神)이 된다.

그런데 비견(比肩)겁살(劫殺)이 희신(喜神)이면 횡재수가 많다. 곧 남의 것을 겁탈하여 빼앗기는 것이 아니라 오히려 내가 빼앗는 것이다.

그러므로 갑인(甲寅)일주는 인축(寅丑)암합(暗合)하므로 정재(正財)를 겁탈하여 횡재수가 많았다.

▶ 사/주/분/석

| 時 | 日 | 月 | 年 | 곤 명 |
|---|---|---|---|---|
| 정관 |  | 정관 | 정관 | 六神 |
| **辛** | **甲** | **辛** | **辛** | 天干 |
| **未** | **寅** | **丑** | **酉** | 地支 |
| 정재 | 비견 | 정재 | 정관 | 六神 |
|  | 겁살 |  |  | 神殺 |

【예시2】 이 남자는 강도 강간으로 징역 15년을 선고(宣告) 받았다.

겁살(劫殺)이 중중(重重)하고 칠살(七殺)이 형충(刑沖)되면 무도(無道)하고 잔인 (殘忍)하다.

특히 정관(正官)이 해해형(亥亥形)으로 관형(官刑)에 걸린 상황인데 묘(卯) 도 화(桃花)를 범(犯)하고 있다. 이른바, 도화(桃花)겁살(劫殺)이니 여자라면 추행 (醜行)을 당하거나 혹 남자라면 도화겁살로 인해 강제추행(强制醜行)이 있을 수 있다.

그러므로 이 사람은 강도강간으로 15년의 징역형을 선고 받았다.

▶ 사/주/분/석

| 時 | 日 | 月 | 年 | 건 명 |
|---|---|---|---|---|
| 편관 | | 식신 | 겁재 | 六神 |
| 癸 | 丁 | 己 | 丙 | 天干 |
| 卯 | 亥 | 亥 | 午 | 地支 |
| 편인 | 정관 | 정관 | 비견 | 六神 |
| 도화 | 겁살 | 겁살 | | 神殺 |

【예시3】 22년 동안 끊임없이 소송이 진행 중인 사기꾼이다.

겁살상관(劫殺傷官)에 숨어 있는 신중(申中)의 임수(壬水)가 재성(財星)인데, 정임(丁壬)명암합(明暗合)을 하여 들어오는 정화(丁火) 편인(偏印)은 팔자의 비견, 겁재(劫財) 태왕을 도우니 기신(忌神)이 되어 불편하다.

곧 팔자(八字)의 비견(比肩)과 겁재(劫財)는 재물을 손재(損財)하므로 겁살(劫殺) 신중(申中)에 숨은 재성(財星)은 나오기 어렵다. 고로 정화(丁火) 편인(偏印)은 독촉문서(督促文書)에 해당하니 그런 즉, 신중(申中) 임수(壬水)가 출현하면 정임(丁壬) 합거(合去)로 정재(正財)를 회수(回收)하려 채권자(債權者)들이 독촉(督促) 중이다.

그러므로 이 사람은 22년 동안 관재(官災), 구설(口舌), 소송(訴訟)이 진행 중인 사기꾼이다.

▶ 사/주/분/석

| 時 | 日 | 月 | 年 | 건 명 |
|---|---|---|---|---|
| 겁재 |  | 겁재 | 편인 | 六神 |
| **戊** | **己** | **戊** | **丁** | 天干 |
| **辰** | **未** | **申** | **未** | 地支 |
| 겁재 | 비견 | 상관 | 비견 | 六神 |
|  |  | 겁살 |  | 神殺 |

【예시4】 경찰, 법관, 외과 의사 등의 으로 진로를 잡는 것이 좋다.

특목고 진학에 실패한 학생의 사주인데 진로선택을 위하여 상담 해왔습니다. 이 팔자는 형혹입백(熒惑入白)의 상(像)으로 상관견관을 구성하였으니 정상적인 상하(上下)관계의 업종(業種)은 불리하다.

특히 해수(亥水)는 겁살(劫殺)문서(文書)이니 합법적으로 남을 겁탈하는 공문서. 의사, 경찰, 법원집행서 등에 해당한다.

즉 상하(上下)관계를 뛰어넘는 공공집행이 가능하다. 이런 사람들은 합법적으로 상대방을 겁탈할 수 있는 공공의 기술 자격증을 확보했다는 것을 말한다. 그러므로 경찰, 법관 또는 외과 의사 등의 길이 합당하다.

▶ 사/주/분/석

| 時 | 日 | 月 | 年 | 건 명 |
|---|---|---|---|---|
| 비견 | | 정관 | 상관 | 六神 |
| 乙 | 乙 | 庚 | 丙 | 天干 |
| 酉 | 亥 | 寅 | 戌 | 地支 |
| 편관 | 정인 | 겁재 | 정재 | 六神 |
| | 겁살 | 지살 | | 神殺 |

【예시5】 종합병원 사무장으로 불법 시술을 하다가 구속이 되었다.

월령의 신금(申金) 겁살(劫殺)은 현침(懸針)인데 목욕지(沐浴地)에 놓이니 단아(端雅)하다.

그래서 숙살지기(肅殺之氣)를 품은 겁살(劫殺)상관(傷官)은 예리한 단검(短劍)으로 갑을(甲乙)의 목(木)을 조각하는 정교한 기술자이다.

경금(庚金)은 원래 "바꾸다, 고치다"에서 발원(發源)한 글자이므로 신중(申中)의 경금(庚金)과 묘중(卯中)의 을목(乙木)의 을경(乙庚)암합(暗合)하는 상(像)은 금(金)으로 목(木)을 조각하여 바꾸는 것을 말한다.

이러한 겁살(劫殺)상관(傷官)을 가진 직업으로는 병원, 의사, 무당, 스님 등의 규류업이 많다.

이 사람은 대형병원 사무장인데 불법 시술을 하다가 적발이 되어 고소당하여 구속이 되었다. 겁살상관은 잘 다루면 기술자이지만 형충(刑沖)을 당해 흉운(凶運)이 되면 불법적인 도구로 전락하게 된다.

▶ 사/주/분/석

| 時 | 日 | 月 | 年 | 건 명 |
|---|---|---|---|---|
| 상관 | | 정관 | 편관 | 六神 |
| **庚** | **己** | **甲** | **乙** | 天干 |
| **午** | **亥** | **申** | **卯** | 地支 |
| 편인 | 정재 | 상관 | 편관 | 六神 |
| | 지살 | 겁살<br>목욕 | | **神殺**<br>12운성 |

【예시6】 종합병원 방사선과(放射線科) 기사 사주다.

양인(陽刃)과 비인(飛刃)이 겁살(劫殺)을 만나 형충(形沖)이 되면 남을 해치거
나 혹은 수술을 당할 수 있다. 그런데 자사암합(子巳暗合)으로 겁살(劫殺)이
제압(制壓)이 되었다.
고로 겁살(劫殺)문서(文書)를 가진 것이므로 이 사람은 합법적으로 남의 몸을
구속, 겁탈하는 자격증을 가진 사람이다.
그런데 극음(極陰)과 극양(極陽)이 빅뱅이 되는 자오충(子午沖)을 만나면 전자
파(電磁波)가 방출이 되는 것이니, 직업은 방사선과(放射線科) 기사이다.

▶ 사/주/분/석

| 時 | 日 | 月 | 年 | 건 명 |
|---|---|---|---|---|
| 편관 | | 정재 | 편인 | 六神 |
| **甲** | **戊** | **癸** | **丙** | 天干 |
| **子** | **子** | **巳** | **午** | 地支 |
| 정재 | 정재 | 편인 | 정인 | 六神 |
| 재살 | 재살 | 겁살 | 재살 | 神殺 |
| 비인 | 비인 | | 양인 | |

【예시7】 고철을 수집 가공해서 중국으로 사업을 하는 사주다.

사주의 주인공은 폐기물을 가공하여 중국에 수출하는 불법적인 사업을 한다. 그런데 신금(申金)은 건록(建祿)이고 역마(驛馬)겁살(劫殺)이니 금속(金屬)을 다루는 업종(業種)이다.
특히 신해(申亥)파살(破殺)은 겁살끼리 두들겨 패서 가공하여 움직이는 것으로 해(亥)는 잡동사니 물건이니 고철(古鐵)을 취급(取扱)한다. 역마겁살은 발달린 쇠라서 무역업이고 편재가 인유(寅酉)원진이라 불법적인 일에 관여(關與)한다.

## ▶ 사/주/분/석

| 時 | 日 | 月 | 年 | 건 명 |
|---|---|---|---|---|
| 정재 | | 식신 | 정인 | 六神 |
| 乙 | 庚 | 壬 | 己 | 天干 |
| 酉 | 寅 | 申 | 亥 | 地支 |
| 겁재 | 편재 | 비견 | 식신 | 六神 |
| | | 겁살 | 겁살 | 神殺 |
| | | 역마 | | |

【예시8】 신종 마약 펜타인 복용하다 중독되어 구속이 되었다.

겁살식신(劫殺食神)이 자녀(子女)가 되었다. 그런데 식신(食神)이 정관(正官)을 어둡게 하고 있었는데 겁살(劫殺) 자식(子息)이 기신(忌神)이 되어 정관(正官)을 극하면 자식으로 인해 부모(父母)가 속을 앓는다고 하였다.
그러므로 경자년(庚子年)에 딸이 다이어트를 위해 신종 마약 펜타인 복용하다 중독되어 구속되었다.

▶ 사/주/분/석

| 時 | 日 | 月 | 年 | 곤명 |
|---|---|---|---|---|
| 정관 | | 정재 | 정인 | 六神 |
| 丁 | 庚 | 乙 | 己 | 天干 |
| 亥 | 戌 | 亥 | 酉 | 地支 |
| 식신 | 편인 | 식신 | 겁재 | 六神 |
| 겁살 | 겁살 | | 神殺 | 神殺 |
| 역마 | 역마 | | | |

【예시9】 여자 권투선수로 발전하였다.

겁살(劫殺)이 기신(忌神)이면 폭력(暴力), 탈재(奪財) 등을 일으키지만 만약 겁
살(劫殺)희신(喜神)이면 합법적인 자격증을 가지고 상대방을 탈취(奪取). 겁탈
(劫奪)하는 수단이 된다.

그러므로 경신금(庚申金)이 겁살(劫殺)정관(正官)이 된 사람은 검경, 법관, 운
동선수, 외과수술, 등의 길이 좋다. 그런데 해수(亥水) 3개가 정관(正官)을 재
왕생관(財旺生官)하면 겁살이 생왕(生旺)한 정관은 관귀(官鬼)가 될 수 있다.
그러나 다행인 점은 공망왕기(空亡旺氣)가 되었으므로 겁살(劫殺)을 눌러 겁
액(劫厄)을 해소(解消)했는데 이로써 숨은 천을귀인(天乙貴人)이 발현이 될 수
있었다.

그런 즉, 겁살정관이 남을 해(害)하지 않고 정당한 권력으로 움직여 일찍부
터 전국고교대회에서 우승하는 등, 여자 권투 선수로 발전하였다.

▶ 사/주/분/석

| 時 | 日 | 月 | 年 | 곤 명 |
|---|---|---|---|---|
| 식신 | | 겁재 | 비견 | 六 神 |
| 丁 | 乙 | 甲 | 乙 | 天干 |
| 亥 | 亥 | 申 | 亥 | 地支 |
| 정인 | 정인 | 정관 | 정인 | 六 神 |
| 지살 | 지살 | 공망 | 지살 | |
| 곡각 | 곡각 | 겁살 | 곡각 | 神 殺 |
| | | 천을귀인 | | |

# 02 도화살(桃花殺)

## 1) 도화살(桃花殺) 찾는 법

도화는 년 또는 일주로 보는데 오행의 패욕지라고 한다.

| 도화살 찾는 법 | | | | |
|---|---|---|---|---|
| **년지, 일지** | 寅午戌 | 巳酉丑 | 申子辰 | 亥卯未 |
| **도화(桃花)** | 卯 | 午 | 酉 | 子 |

## 2) 도화살(桃花殺)의 개념(槪念)

회남자(淮南子)가 이르기를 일출부상(日出扶桑)하니 입어함지(入於咸池)라하여 함지(咸池)는 서방(西方)의 칠숙(七宿)이 함지(咸池)가 되며 함지는 태양이 지는 곳이니 낙조(落照) 시에는 그 빛이 휘황찬란한데서 연유되니 도화를 다른 말로 함지(咸池)또는 패신(敗神)이라고 합니다. 소위 도화(桃花)란 오행의 지지 삼합국(三合局)에서 목욕(沐浴)에 해당되는 지점을 말합니다. 예를 들면 해묘미(亥卯未)목국(木局)에서 목(木)의 장생지(長生地)는 해(亥)가 되고 목욕(沐浴)은 자(子)가 됩니다. 고로 자(子)가 도화살이 됩니다. 본래 도화가 있는 사람은 머리가 총명(聰明)하여 모르는 것이 없고 다재다능한 팔방미인에 속한다고 하였으나 또 충(沖)이나 파(破)되는 것을 꺼리는데 만일 충파(沖破)되면 도화병(桃花病)으로 몸을 망치거나 간통(姦通)하다 형옥(刑獄)을 당하거나 정사(情死)하는 경우도 있을 수가 있습니다. 따라서 충파된 도화병에 걸리게 되면 음란(淫亂)할 수 있기 때문에 그로 인해 패가(敗家)할 수도 있습니다.

## 3) 생왕(生旺)도화와 사절(死絶)도화

• **생왕도화**(生旺桃花)

  용모가 아름답고 주색(酒色)을 좋아하며 술취해 풍월을 읊는데, 돈을 물
  쓰듯 하여 유흥비로 가산을 탕진하고 풍류와 주색잡기와 소리로 일생을
  보낸다고 합니다.

• **사절도화**(死絶桃花)

  사생활이 문란하고 호색(好色)하다고 하며 언행이 바르지 않고 교활, 음
  탕하며 은혜(恩惠)를 모르고 신용(信用)이 없으며 도박(賭博)을 좋아합니다.

## 4) 도화(桃花)와 육신(六神)의 결합상(結合像)

도화(桃花)는 정관과 정인을 좋아하는데 사주에 정관(正官)과 정인(正印)이 도
화와 같이 있으면 자기 억제력이 있어 정절(貞節)을 지킨다고 합니다. 사주
에 식신(食神)과 같이 있으면 문학(文學)과 연예인(演藝人)예술방면에 재주가
있고 성공합니다.
사주에 겁재와 같이 있으면 유부남과의 염문으로 색난(色難)이 염려됩니다.
사주에 편인과 같이 있으면 스스로 음란하여 동성애를 할 수 있습니다. 사
주에 비견과 같이 있으면 홀로 있기를 좋아하고 독신주의(獨身主義)가 많을
수 있습니다.

• **인수도화**(印綬桃花)

  첩모봉양(妾母奉養), 모친정한(母親情恨) 및 이별(離別),재가(再嫁)하여 서모
  를 봉양하는데 모친이 첩실이었다 거나 혹은 모친이 그로 인해 한이 맺
  혔다고 한다면 인수도화가 작용한 것으로 보면 됩니다.

## ・ 비겁도화(比劫桃花)

탈재파산(奪財破産), 탈부(奪夫)하는데 비겁이 도화이면 비겁이 재성을 탈재(奪財)하므로 재물을 모으기 어렵습니다. 또한 여자인 경우에는 비겁도화가 되면 경쟁자가 도화를 가진 경우이므로 내 남편을 빼앗길 수 있다는 근심이 있어서 탈부(奪夫)한다고 말을 한 것입니다.

## ・ 식상도화(食傷桃花)

사주에 도화와 상관과 같이 있으면 용모가 아름답고 재주가 좋습니다. 그러나 자신의 용모를 믿고 색정(色情)으로 인한 범죄를 일으켜 수옥 당할 수 있습니다. 여명(女命)은 자녀호색(子女好色)이고 혹은 본인도 조기연애(早期戀愛)를 경험하는데 상관이 자녀에 해당하니 자식 출산이 빠를 수 있습니다. 여명에게는 식상이 자녀에 해당하므로 자녀도 연애다망(戀愛多望)하니 호색(好色)한다고 보는 것입니다. 삭관구설(削官口舌)의 경우는 식상이 도화이면 식상이 정관을 극하므로 언변 구설로 인해 남편은 삭탈관직에 처해질 수 있습니다.

## ・ 재성도화(財星桃花)

취재(聚財), 소실축재(小室蓄財), 인처치부(因妻致富), 부친풍류(父親風流)하는데 재성(財星)과 록(祿)이 도화이면 재물을 모으거나 소실을 두고 축재(蓄財)할 수 있습니다. 이러한 도화는 처(妻)로 인하여 치부(致富)하거나 부친(父親)은 풍류가(風流家)가 많습니다.

## ・ 정관도화(正官桃花)

승진(昇進), 남명(男命)은 자녀(子女)가 호색연애(好色戀愛)하고 여명(女命)은 연애결혼(戀愛結婚)하거나 부군작첩(夫君作妾)하는데 정관이 도화이면 남자는 승진하는 기쁨이 있고 자녀는 호색하거나 연애결혼을 합니다. 여자에게는 부군이 첩을 두거나 본인은 연애결혼을 하는 경우가 많습니다.

## • 편관도화(偏官桃花)

사주에 칠살(七殺)과 같이 도화(桃花)가 있으면 이성간에 색난(色難)을 일으켜 궁지에 몰릴 수가 있습니다. 특히 여성은 남성에게 성폭행을 당하고 유흥업소 밤무대에 빠지기 쉽다고 합니다. 관재(官災), 신병(身病), 남명(男命)은 자녀호색(子女 好色)이고, 여명(女命)은 부군작첩(夫君無德)하는데 남자에게 칠살이 도화이면 관재가 많고 신병이 있거나 자녀는 호색하고 여자에게는 부군의 덕이 없거나 부군이 첩실을 둘 수도 있습니다.

## 5) 근묘화실로 접근하는 방법

도화가 년월(年月)에 있으면 장내도화(牆內桃花)라 하고 일시(日時)에 있으면 장외도화(牆外桃花)라고 합니다. 장내도화는 조상 시절에 도화병으로 고생한 선조가 있을 수 있겠지만 일단 소년 시절에 만난 도화라 부모의 통제 하에 두기 때문에 오히려 발전이 있을 수 있습니다만 장외도화에서는 성가(成家)한 후에 만나는 도화이니 부부변동과 자손이 호색(好色)으로 패가(敗家) 할 수 있어서 집안에 근심이 있는 것입니다.

## • 년지도화(年支桃花)

조상 선조 대에 도화로 인해 패가한 육친이 있을 수 있습니다.

## • 월령도화(月令桃花)

모친이 두 분이 있을 수가 있는데 모친(母親)은 재취(再娶)할 수 있겠고 해외에 이복형제를 볼 수 있습니다.

## • 일지도화(日支桃花)

여자이면 부정(不貞)을 저지르기 쉽고 아니면 부군은 작첩하고 남명은 첩을 두거나 혹은 여색으로 인한 구설이 있습니다.

## • 시지도화(時支桃花)

자손이 도화병으로 패가망신할 수 있습니다.

# 6) 도화(桃花)의 종류

## · 곤랑도화(滾浪桃花)

천간은 상합(相合)하고 지지는 형(刑)일 때 황음(荒淫)으로 인해 성병을 앓는다고 하는데 여자의 경우에 곤랑도화가 심하면 황음으로 인해 유흥에서 일할 수 있다고 합니다. 또한 남명은 황음으로 인한 변절이 있어서 여자로 인하여 원한을 받는다고 합니다. 서(書)에 이르기를 남녀간에 곤랑도화를 범하면 주색황음에 불구가 되는 자가 많다고 하였습니다. 예를 들면 을묘(乙卯) 일주가 경자(庚子) 월주를 만나게 되면 을경(乙庚)은 상합하고 자묘(子卯)는 상형(相形)하므로 이를 곤랑도화(滾浪桃花)라 말을 합니다. 또한 병자(丙子)일주에 신묘시(辛卯時), 기묘일(己卯日)에 갑자시(甲子時)와 같은 것들이 있습니다. 사주에 곤랑도화를 가지고 있으면 너무나 색을 밝혀 정신을 잃을 정도로 몰입하며 때에 따라서는 정사(情死)하는 수도 있으며 남녀가 모두 곤랑도화를 가지고 있으면 더욱 심하다고 볼 수 있습니다.

## · 나체도화(裸體桃花)

갑자일(甲子日), 경오일(庚午日), 정묘일(丁卯日), 계유일(癸酉日)의 4일주를을 말합니다. 여자가 나체도화이면 남편이 바람둥이라고 합니다. 또한 일지(日支)에 도화가 있는데 위의 살(煞)을 가지고 있으면 음란할 뿐만 아니라 나체를 좋아하며 이성이면 노소를 가리지 않는다고 합니다. 그러므로 나체도화 사주를 가진 사람들은 대중 앞에서 자신을 표현하는 직업에 종사하는 경우가 많습니다. 예를 들어, 연예인, 방송인, 마케팅 전문가 등이 이에 해당됩니다.

## • 편야도화(遍野桃花)

편야도화는 일명 월하도화(月下桃花)라고도 하는데 사주(四柱) 원국내에 자(子), 오(午), 묘(卯), 유(酉)의 네 자를 모두 갖춘 것을 말합니다. 편야도화가 있으면 유랑인연(幼郎因緣)이라 하여 떠돌면서 주색황음(酒色荒淫)하는데 이는 사주(四柱)의 격(格)이 좋아도 마찬가지이고 대운, 유년에서 만나도 똑같이 작용합니다. 건륭황제가 편야도화라고 합니다. 그러하니 일국의 황제가 동서남북으로 치달아 성(城)을 정복하여 처첩(妻妾)을 취하는 것은 편야도화가 명예가 되었지만 소인배가 편야도화가 되면 강도강간을 일삼는 것으로 처형을 당할 수가 있습니다.

【예시1】 년지(年支)가 상관인데 상관(傷官)은 곧 자녀성(子女星)이므로 상관(傷官) 도화(桃花)이면 ,일찍 연애(戀愛)하였다.
그런데 월지의 편관역마(偏官驛馬)가 인유(寅酉)원진이니 남자는 상관을 보고 도화(桃花)로 붙었다가 원진(元嗔)으로 이별하여 집을 떠나니 20대에 미혼모(未婚母)가 되었다.

▶ 사/주/분/석

| 時 | 日 | 月 | 年 | 곤 명 |
|---|---|---|---|---|
| 비견 |  | 식신 | 상관 | 六神 |
| 戊 | 戊 | 庚 | 辛 | 天干 |
| 午 | 辰 | 寅 | 酉 | 地支 |
| 정인 | 비견 | 편관 | 상관 | 六神 |
| 도화 |  | 역마 | 도화 | 神殺 |
| 양인 |  | 겁살 |  |  |

【예시2】일지궁(日支宮)에 놓인 편관(偏官) 묘목(卯木)은 도화(桃花)이다. 또한 도화(桃花)를 묘오파(卯午破)하므로 축오귀문(丑午鬼門)이 나타날 수 있다. 이것은 도화(桃花)사건이 일어나면 귀문(鬼門)을 동(動)하게 하여 나를 미치게 만든다는 뜻이다. 축오귀문(丑午鬼門)을 일으키는 사람은 월지(月支) 축토(丑土) 비견(比肩)이다.

그러므로 말하길 "관성도화(官星桃花)는 부군(夫君)이 작첩(作妾)한다" 하였는데 나의 남자친구는 내 여자 친구와 몰래 사귀다가 발각(發覺)이 되었는데 나와 이별(離別)하였다.

▶ 사/주/분/석

| 時 | 日 | 月 | 年 | 곤 명 |
|---|---|---|---|---|
| 겁재 | | 비견 | 상관 | 六神 |
| 戊 | 己 | 己 | 庚 | 天干 |
| 辰 | 卯 | 丑 | 午 | 地支 |
| 겁재 | 편관 | 비견 | 편인 | 六神 |
| | 도화 | | | 神殺 |

【예시3】 임자(壬子)일주가 양인홍염(陽刃紅艶)인데 겁재(劫財)가 양(兩)투출(投出)하였다. 그런데 월지(月支) 유금(酉金)은 정관도화(正官桃花)를 구성했는데 자유파살(子酉破殺)이 되었다.

도화(桃花)가 양인(陽刃)과 형합(形合)하던가 또는 파(破)하면 호색음란(好色淫亂)하다. 더구나 상관(傷官)이 도화를 충(沖)하여 자묘형살(子卯形殺)에 걸리면 성(性)관련 질환으로 고생할 수 있다.

그러므로 임자(壬子)일주는 홍염(紅艶)으로 흘러가니 명주(命主)는 바람을 피다가 남편에게 갑인(甲寅)월에 들켰다는데, 남편이 달래서 같이 살았지만, 다시 다른 남자를 만나 궁합을 보러 왔다.

▶ 사/주/분/석

| 時 | 日 | 月 | 年 | 곤 명 |
|---|---|---|---|---|
| 겁재 | | 겁재 | 식신 | 六神 |
| **癸** | **壬** | **癸** | **甲** | 天干 |
| **卯** | **子** | **酉** | **子** | 地支 |
| 상관 | 겁재 | 정관 | 겁재 | 六神 |
| 절로 공망 | 양인 홍염 | 도화 | 양인 홍염 | 神殺 |

【예시4】 식상(食傷)이 부재(不在)하고 자녀궁(子女宮)은 공망(空亡)이니 결혼하기 힘들었다. 또한 재성(財星)은 태왕(太旺)하던 중에 병재(病財)를 형성하였다.

따라서 일지궁의 묘목(卯木) 도화(桃花)는 년지(年支)의 병재(病財)인 술토(戌土) 정재(正財)를 탐합(貪合)하니 도화지합(桃花之合)을 따라 젊어서 가출(家出)하여, 일찍이 유흥업소(遊興業所)에서 일을 하다가 독신(獨身)으로 50대에 부모 곁으로 돌아왔다고 한다.

▶ 사/주/분/석

| 時 | 日 | 月 | 年 | 곤 명 |
|---|---|---|---|---|
| 정관 | | 편재 | 정재 | 六神 |
| 庚 | 乙 | 己 | 戊 | 天干 |
| 辰 | 卯 | 未 | 戌 | 地支 |
| 정재 | 비견 | 편재 | 정재 | 六神 |
| 반안 | 도화 | 반안 | | 神殺 |
| 공망 | | | | |

【예시5】 경(庚)일간은 묘(卯)가 재성(財星)인데 년간(年干)에 갑목(甲木) 편재(偏財)가 투출하였다. 편재(偏財)가 득령(得令)하여 세력을 얻었으니 부친은 재산이 있었다.

그런데 재성도화(財星桃花)이다. 즉, 재성도화(財星桃花)는 부친(父親)이 바람을 좀 피고 작첩(作妾)하기도 한다. 그러므로 모친은 후취(後娶)자리로 시집을 왔다.

▶ 사/주/분/석

| 時 | 日 | 月 | 年 | 건 명 |
|---|---|---|---|---|
| 정인 | | 정관 | 편재 | 六神 |
| 己 | 庚 | 丁 | 甲 | 天干 |
| 卯 | 午 | 卯 | 午 | 地支 |
| 정재 | 정관 | 정재 | 정관 | 六神 |
| 도화 | | 도화 | | 神殺 |

【예시6】 묘(卯)는 편관(偏官)이고 인(寅)은 정관(正官)인데 묘술합(卯戌合)과 인해합(寅亥合)으로 구분하므로 천간에 2개의 비견(比肩)은 분관 (分官)을 뜻하게 된다. 분관(分官)은 쪼개진다는 뜻이니 한 번 결혼 (結婚) 후 이혼(離婚)은 분명하다.

그런데 월지(月支) 묘(卯)는 도화관성(桃花官星)에 해당하니 이혼 사유는 부군(副君)의 작첩(作妾)으로 인함을 알 수 있다.

이 여자 분은 을미년(乙未年)에 이혼했다.

## ▶ 사/주/분/석

| 時 | 日 | 月 | 年 | 곤 명 |
|---|---|---|---|---|
| 정인 | | 비견 | 상관 | 六 神 |
| **丙** | **己** | **己** | **庚** | 天 干 |
| **寅** | **亥** | **卯** | **戌** | 地 支 |
| 정관 | 정재 | 편관 | 겁재 | 六 神 |
| 지살 | 겁살 | 도화 | 괴강 | 神 殺 |
| 공망 | | 공망 | | |

【예시7】 이 남자는 60대 초반인데 미혼(未婚)이고 덤프트럭 기사이다.

양인도화(羊刃桃花)가 자묘형(子卯形)이 되면 탈재파산(奪財破産)이요, 여색(女色)으로 구설(口舌)이 많아 재물을 모으기 어렵다. 또한 생왕도화(生旺桃花)이니 유흥비 지출이 심하고 주색잡기(酒色雜技)로 소일(消日)하다가 결혼도 잊어버렸다.

갑진년(甲辰年) 4월에 여자에게 5천만 원을 사기(詐欺)를 당하였는데, 4월은 무진(戊辰)으로 묘진해(卯辰害)를 거듭 범하여 진상관(眞傷官)을 건드렸으니 상관부진(傷官不盡)의 재앙을 당한 것이다.

진토(辰土)는 구궁도 수가 5, 10이므로 1억 혹은 5천만 원을 피해 입었다는 것을 추측할 수 있다.

▶ 사/주/분/석

| 時 | 日 | 月 | 年 | 건 명 |
|---|---|---|---|---|
| 식신 | | 상관 | 겁재 | 六神 |
| **甲** | **壬** | **乙** | **癸** | 天干 |
| **辰** | **子** | **卯** | **卯** | 地支 |
| 편관 | 겁재 | 상관 | 상관 | 六神 |
| 백호 | 도화 | | | 神殺 |
| | 양인 | | | |

【예시8】 비견도화(比肩桃花)는 남자는 탈재파산(奪財破産)이요, 여자는 탈부(奪夫)라 하였는데 유금(酉金)은 사유합(巳酉合)으로 비견(比肩)이 정관(正官)과 도화겁살(桃花劫殺)을 이룬 경우인데 경쟁자가 도화(桃花)를 가진 경우이므로 내 남자를 도둑질 맞을 기운이 거세다는 뜻이다.

특히 생왕도화(生旺桃花)이므로 용모(容貌)는 아름답고 도화꽃은 만개(滿開)하니 쉽게 단념해도 쉽게 다른 벌들이 찾아 들어온다.

특히 정편관(正偏官) 이위(二位)의 상(像)이 뚜렷하므로 한 남자에 종속된 일부종사 (一夫從事)는 어렵다. 이 여자 분은 을미년(乙未年) 20살에 남자와 싸우고 헤어지고 딴 남자를 만났는데, 정유년(丁酉年) 22살에 또 헤어졌다.

▶ 사/주/분/석

| 時 | 日 | 月 | 年 | 세운 | 곤 명 |
|---|---|---|---|---|---|
| 편관 | | 상관 | 정관 | 편관 | 六 神 |
| 丁 | 辛 | 壬 | 丙 | 丁 | 天 干 |
| 酉 | 巳 | 辰 | 子 | 酉 | 地 支 |
| 비견 | 정관 | 정인 | 식신 | 비견 | 六 神 |
| 공망 | 겁살 | 천덕 | | 도화 | |
| 도화 | | 월덕 | | | 神 殺 |
| 홍염 | | | | | |

# 03 역마살(驛馬殺)

## 1) 역마살(驛馬殺) 찾는 법

역마살은 년지, 일지를 기준으로 보는데 삼합의 첫 글자와 충(沖)되는 글자 곧 장생을 충(沖)하는 글자이다.

### 역마살 찾는 법

| 년지,일지 | 寅午戌 | 巳酉丑 | 申子辰 | 亥卯未 |
|---|---|---|---|---|
| 역마(驛馬) | 亥 | 寅 | 巳 | 申 |

## 2) 역마살(驛馬殺)의 개념(概念)

인오술(寅午戌)의 생지(生地)가 되는 인(寅)을 충(沖)하는 글자는 신(申)이 되는데 삼합(三合)의 장생(長生)에 해당되는 대궁(大宮)을 충하는 것이므로 활동(活動)과 동요(動搖)의 신(神)라고 부릅니다.

그래서 이동살이라고도 합니다. 일지(년지)를 기준으로 하나 사주에 인신사해(寅申巳亥) 사맹이 있으면 역마로 보아도 무방하다고 합니다.

인신사해 사맹의 역마는 음양(陰陽) 의복(衣服) 기령이 순환하여 왕래 송영(送迎)하는 신으로, 모든 일에 적극적인 것이 좋으며, 조용하게 지내는 것은 좋지 않습니다. 역마는 활동성이 뛰어남으로 사방팔방 돌아다니기를 좋아하고 임기응변의 재주가 뛰어나며, 역마가 재성과 같이 있으면 외화를 벌어들이거나 일찍부터 재산을 축적합니다. 역마는 소문이나 전파매체처럼 중간 매체에 해당하므로 분쟁해결이나 중요한 연락 임무 또는 중매 등은 역마에 해당하는 띠가 나서게 되면 쉽게 해결되며 좋은 결과를 가져오기도 합니다. 역마(驛馬)는 병지(病地)에서 출현하기 때문에 가만히 있으면 입원(入院)할 일들이 생겨날 수 있습니다.

그러므로 역마는 움직이지 않으면 해소가 안되는 것이니 역마는 부지런히 움직여 윗사람들의 천거로 승진하는 운이라 하여 천진(薦進)이라고 칭하기도 합니다. 그래서 역마일에는 순환하면 원행, 여행, 전거 등에 적합합니다. 다만 길신(吉神), 길성(吉星)이 함께 순환되는 것을 조건으로 합니다. 역마(驛馬)가 명중(命中)에 있으면 원행(遠行)을 주로 하며 충(沖)을 당한즉, 객사(客死)하는 수도 있는데 흉살(凶殺)이 결집(結集)하는 시기에 움직이면 사고수가 있을 수 있습니다.

그러나 대부분의 역마가 길신과 함께 있으면 재리(財利)와 명예(名譽)가 향상(向上)합니다. 그래서 외교적 사업이나 운수, 교통, 통신 등의 직업을 선택하면 좋습니다.


## 3) 역마살의 출생배경

방위적(方位的)으로 인(寅)은 간방(艮方)으로 동북간(東北間)이 되며, 신(申)은 곤방(坤方)으로 서남간방(西南間方)이요, 사(巳)는 손방(巽方)으로 동남간(東南間)이 되고, 해(亥)는 건방(乾方)으로 서북간(西北間)에 위치하여 사간방(四間方)으로 동서남북(東西南北)의 중계역할(中繼役割)을 하고 있는 정방형(正方形)이 됩니다. 고로 역마살(驛馬殺-은 항상 동서남북(東西南北)으로 달려야 하는 역할이기 때문에 멀리 뛰는 것, 즉 타향(他鄕)살이 또는 타국출입(他國出入)으로 해석하게 됩니다.

역마는 대개 삼합회국의 장생지를 출발하여 나오니 생발지기의 상징입니다. 그래서 역마는 기(氣)가 생동(生動)하는 것처럼 달리는 말을 가리키니 운수교통이나 통신이동의 신(神)이 됩니다.

원행(遠行), 출타(出他), 이사(移徙), 해외(海外)출입(出入), 각종 물자의 이동(移動), 운반(運搬), 무역(貿易), 운수(運輸), 관광(觀光), 운동경기 등의 일이나 정보교환(情報交換), 신문방송(新聞放送) 등의 언론, 선전보도(宣傳報道), 우편통신(郵便通信), 서적출판(書籍出版), 명예(名譽)의 선양(宣揚)이 발생합니다. 원거리 이동, 해외여행, 이사, 이민뿐만이 아니라 신문, 방송, TV, 우편통신, 전화, 컴퓨터, 잡지 등의 매스미디어를 통틀어서 역마성이라 합니다. 매스컴을 통해 말이 달린 것처럼 움직여 퍼져간다고 본 것입니다.

## 4) 역마의 희기(喜忌)

무릇 사람이 마(馬)를 만나는데 전왕(專旺)을 기뻐하고 공망(空亡)과 박잡(駁雜)함을 싫어하니 있다면 막힘없이 트이지 못한다고 합니다. 사절(死絶)을 미워하고 식신(食神)과의 만남을 기뻐하며 재(財)를 보는 것이 유익(有益)합니다.

역마는 희경(喜慶) 천동(遷動)의 신(神)으로 생왕(生旺)을 기뻐합니다. 대소 역마의 경중(輕重)은 함께 하는 길신(吉神)이나 흉신(凶神) 또는 생왕(生旺) 쇠절(衰節) 등에 의해서 결정됩니다. 예컨대 기세(氣勢)가 있으면 복(福)이 두텁고, 기(氣)가 없을 때는 복력(福力)이 미약하다고 판단합니다. 길신과 함께 있으면 군자는 늘 영예로운 자리에 있고, 보통사람은 재록(財祿)이 풍성합니다. 행운에 이 신(神)이 돌아오면 옮겨서 개선되는 즐거움이 있습니다.

그러므로 길이 증가하면 흉(凶) 역시 증가하니 사주 전체의 배합을 살펴보아 길흉을 판단해야 합니다. 보통 말하는 바로는 역마는 재를 가장 기뻐하니 만약 명국에 재(財)로서 용신을 삼거나 또는 생왕(生旺)한 것을 기뻐한다면 가장 좋다고 하였습니다. 육친에서는 편재를 그 역할과 쓰임새에 따라 역마와 같이 취급하곤 합니다. 재화(財貨)금전(金錢)이 유통성을 갖고 있는 것처럼 움직여 주기 때문에 재신을 역마라 본 것입니다. 따라서 재성과 같은 의미를 갖는 역마는 재신과 거의 동일한 길흉작용을 하는 일이 많습니다. 고로 편재가 충이 되면 이동하는데 년(年)월지(月支)의 편재(偏財)의 진술충(辰戌沖)이 되면 어려서 집을 떠나고 타향(他鄉)에서 성가(成家)한다고 했습니다.

역마(驛馬)가 길성(吉星)에 있으면 매사가 순조롭고 비약적으로 발전하며, 건록과 충하면 출세하여 그 이름이 명진사해한다고 했습니다.

역마가 길신과 있으면 외무부에서 일하고 길신과 역마가 함께 있을 경우에는 크면 초천(超遷)의 기쁨이 있고 작으면 이동에 따른 이익이 있습니다. 흉신과 역마가 함께 있으면 동분서주하지만 노고에 비해 이익이 적습니다. 역마가 귀인의 명이면 입신출세하지만 평인이면 분주다망이라 평생 안정을 기하기 어렵고, 이사, 이직이 많으며 소득 없이 바쁘기만 합니다. 그러므로 역마가 길신이 되면 출세하여 해외까지 왕래하는 것을 뜻하지만 흉신이 되면 타관에서 평생 동분서주로 풍상이 있음을 뜻합니다.


## 5) 역마의 분류

### · 장생임관마(長生臨官馬)

역마가 생왕(生旺)이면 활동마(活動馬)요. 생왕마(生旺馬)는 대마(大馬)요. 왕마(旺馬)는 큰 차(車)에 해당하고 혹식록귀기(食祿貴氣)를 두른다면 일당백(一當百)을 만난 것으로 길하게 판단합니다.


### · 병절공망마(病絶空亡馬)

역마가 사절(死絶)을 만나면 노마(老馬)입니다. 사절마(死絶馬)는 소마(小馬)인데 쇠사절마(衰死絶馬)는 리어카, 손수레, 자전거에 해당합니다. 공망은 휴마(休馬)이고 공망마(空亡馬)는 공망이 해공(解空)되는 탈공생왕시(脫空生旺時)에 기마(起馬)합니다.

파패(破敗), 교퇴(交退), 복신(伏神)만난 것으로 비록 길성을 만나도 만나지 않은 것이 되니, 설령 벼슬을 얻었다 할지라도 거칠고 혼탁하며 비천(卑賤)하여 청요직(淸要職)은 아닌 것이다.

· **록마동향(祿馬同鄉)**

갑자(甲子)일주가 시지(時支)에서 병인(丙寅)을 얻으면 록마동향(祿馬同鄉)이 됩니다. 만일 장생이나 임관마가 승왕(昇旺)하고 혹 록(祿)과 식신(食神)의 귀기를 두르면 곧 일당 백마를 만나 이기고 일신(日身)은 소년으로 빠르게 형통하므로 관(官)이 분명하게 드러나게 됩니다.

록마동향(祿馬同鄉)이 구성이 된 팔자는 모두 부귀(富貴)에 이를 수 있는데, 3공(三台) 아니면 8좌(八座)의 고위관직에 오르게 됩니다.

【예시1】일지궁의 신자진(申子辰)에서는 시지의 인(寅)이 마(馬)가 되고 갑(甲)에겐 인(寅)은 임관건록이 됩니다.

그러므로 록마동향(祿馬同鄉)이라 합니다. 록과 역마가 같은 글자라는 뜻입니다. 또 병화(丙火)는 갑(甲)의 식신이고 병화 식신이 인(寅)에는 장생이니 병인(丙寅)은 장생마(長生馬)가 되는 것입니다.

▶ 사/주/분/석

| 時 | 日 | 月 | 年 | 건명 |
|---|---|---|---|---|
| 丙 | 甲 | | | 天干 |
| 寅 | 子 | | | 地支 |
| 역마록 | | | | 神殺 |

## 6) 역마의 성질

역마는 악살(惡殺)이 아니나 그저 떠돌아다닌다는 의미가 강하며 만약 충파 (沖破)가 되면 타향(他鄉)에서 실패를 경험합니다.

- **역마(驛馬)의 합충(合沖)**

  역마가 합이 되면 매어 있는 것과 같아 길흉이 겹치고 발전이 더디지만, 반면에 충이 되면 채찍질과 같아 속성속패(速成速敗)하여 조기(早期)에 발 (發)하는데 길하면 더욱 길하고 흉하면 더욱 흉하게 됩니다.

- **역마중중(驛馬重重)**

  사주에 역마가 여러 개 있으면 종신토록 집에 편안히 있을 날이 없습니 다. 사주원국에 역마살이 많거나 용신이 역마이면 역마성 직업이나 그러 한 업종에 종사하는 것이 좋다.

- **노소역마(老少驛馬)**

  소아(小兒)와 노인(老人)은 마(馬)를 보는 것이 불리하니, 소아는 12세 이 전, 3세 이상인데 혹시 마(馬)를 소운(小運)과 태세(太歲)에서 만나 충(沖)하 거나 혹 임관마(臨官馬)를 많이 만나면 주로 질병으로 놀라거나 전복(顚覆) 의 뒤집혀 엎어진 사건을 당함과 같은 뜻이니 차마(車馬)사고이거나, 배 가 뒤집히는 재앙을 당할 수 있습니다. 노인에게 태세(太歲)에서 역마를 타면 주로 원기(元氣)가 약하여 요통(腰痛)과 각통(脚痛)의 질환이 있고, 관 절염 등으로 고생할 수 있습니다.

- **유년역마(流年驛馬)**

  역마가 세운에서 들어오는 경우를 유년역마라 말하는데 유년역마에는 말에게 편책(鞭策)을 휘둘러 호환(互換)이 되는지를 살펴야 하는 것입니다. 가령 팔자에서 인목의 역마가 존재한다면, 신자진(申子辰)의 마(馬)가 인(寅)에 있으므로 혹 태세(太歲)에 신(申)이 있어 인(寅)을 충동(衝動)한 즉, 태세(太歲)가 말채찍으로 편책이 됩니다. 또한 소운(小運)이 신(申)에 있다면 역시 소운이 편책이 되니 세운에서 들어오는 역마충은 주로 동(動)하는 것이 많습니다.

그래서 유년역마는 세운에서 만나는 역마로 이사, 변동, 해외출입 등의 단서가 됩니다. 행운에서 길신역마가 사주와 합되면 영전이요, 승진인데 이사, 변동 해외출행 등의 즐거움이 찾아와 의외로 발달하고, 흉신이거나 충(沖), 극(剋)을 하면 변동, 변혁을 하여 손재와 정신고통이며, 교통사고나 객사 등의 재액(災厄)이 염려 됩니다.

그러나 큰 인물에 역마 운이 오면 해외출장이 많고 대운 세운 월운이 모두 역마를 충하는 운이 오면 승물(乘物)에 의한 재액이 발생할 수 있습니다. 충(沖)하는 것을 말채찍이라 하여 편책(鞭策)이라고 하는데 만약 길신을 채찍질하면 승전이고 흉신을 채찍질하면 재액이니 만약, 다른 데 신이 있어 통관하면 액난을 면할 수 있습니다.

년운에 역마와 망신이 함께 돌아오면 관재사건으로 놀라는 일이 생기고 역마와 병부가 함께 있으면 병난 때문에 고생하고 항상 발열하는 일이 생길 수 있습니다.

# 7) 역마(驛馬)와 신살(神殺) 결합상(結合像)

- **현침겁살(懸針劫殺)역마(驛馬)**

  역마겁살이 서로 다투어 상전(相戰)하면 교통사고가 일어날 수 있습니다. 현침살이 겹쳐지면 이동으로 인해 신체의 손상이 많은 명입니다.

- **장성(將星)역마**

  역마와 장성이 동주하면 일찍부터 재물을 모으고 현모양처를 만납니다. 역마는 생왕해야 길하고, 휴수되면 병사마와 같아서 역마 구실을 제대로 못하게 됩니다.

- **역마공망(驛馬空亡)**

  역마가 공망(空亡)이 되면 휴수마(休囚馬)인데 탈공(脫空)시에 해공(解空)이 되어 역마가 일어나니 이 시기에 기마(起馬)합니다. 역마가 공망이 되면 주거가 불안정하고 신체에 잔병이 많습니다.

- **도화역마(桃花驛馬)와 망신살(亡身殺)**

  이 결합이 기신에 해당하면 색정(色情)으로 인하여 도주(逃走)하거나 망신 (亡身)당하는 경우가 있을 수 있습니다. 고로 도화가 역마 동주하거나 충 (沖)되면 타향에 나가 객사(客死)할 수도 있습니다.

- **고신과숙(孤辰寡宿)역마**

  타향이나 외국에서 외롭고 방탕한 생활을 한다고 합니다. 여자가 정관이 고신과숙이고 역마이면 남편과 이별할 수 있습니다.

- **장생역마(長生驛馬)**

  학문과 관계되는 사업으로 크게 부(富)를 이룬다고 합니다.

- **제왕역마**(帝王驛馬)

  평생 금전에 부족함이 없습니다.


- **오행마**(五行馬)

  금마(金馬)는 자동차요, 수마(水馬)는 선박이요, 목마(木馬)는 손수레, 우차(牛車)요, 화마(火馬)는 항공편으로 봅니다.


- **병부역마, 관부욕마**

  역마가 병부와 함께 있으면 병(病)으로 놀래고, 관부와 함께 있으면 관청(官廳)의 일로 놀랜다고 합니다.


- **귀인역마**(貴人驛馬)

  역마가 천을귀인과 동주하면 천마귀인이라 하고 어느 분야든 고위직에 오를 수 있습니다.


- **개두절각마**(蓋頭折脚馬)

  도중하차하는 사고마(事故馬)에 해당합니다.

# 8) 역마(驛馬)와 육신(六神)의 해석

• **식신역마(食神驛馬)**

역마가 식신과 동주하고 신왕하면 복력이 풍후합니다.

• **관인역마(官印驛馬)**

역마가 관성과 인수로 더불어 합을 이루면 공무(公務)로 국외로 나가거나 운송, 교통, 무역, 항공계, 국제기관에 근무합니다.

• **정관역마(正官驛馬)**

남자는 직업이 물류택배 및 유동성을 가진 무역업이 좋고 여자라면 남편이 해외 근무가 있을 수 있습니다.

• **칠살역마(七殺驛馬)**

사주에 상관 및 칠살(七殺)이 왕하고 역마가 있어 삼형을 만나면 교통사고 등 노상에서 횡액을 당할 수 있습니다. 역마가 칠살(七殺)과 동주하면 타향에 가서 고생합니다.

• **정재역마(正財驛馬)**

역마와 재성이 같이 임하면 운수업이 길하거나 해외무역, 해외 출입업, 상공업등과 관련된 상인의 명입니다.

# 9) 근묘화실에 따른 역마 해석

- **년지역마(年支驛馬)**

  년지역마는 고향(故鄉)을 떠나 타향(他鄉)에서 성가(成家)하고 공망이 되면 거주지가 불안하여 객사할 수 있습니다.

- **월지역마(月支驛馬)**

  월지역마는 초년고생이 매우 심하며, 이동이 많은 물류업 무역업이 좋고 해외근무가 적합합니다

- **일지역마(日支驛馬)**

  배우자궁에 역마이니 부부 불화 혹은 직업적으로 떨어져 살 수 있는데 음주가무와 돌아다니는 것을 좋아하여 이성문제가 많습니다.

- **시지역마(時支驛馬)**

  시지에 장생(長生), 관대(冠帶)와 동주(同柱)하면 대관대성(大官大成)하게 되고 역마장생으로 성공할 수 있습니다. 혹은 해외에 다른 가정을 두고 양방(兩房)에 자식 낳아 집안의 안정이 어렵고 분주하며 풍파가 많습니다.

【예시1】 이 명조는 년지(年支) 신금(申金)과 월지(月支) 인목(寅木)이 인신충(寅申沖)으로 역마지살(驛馬地殺)의 충(沖)을 형성하였다.

고로 이동하는 물류업종(物流業種)에서 종사(從事)하였는데 소형화물자를 운행하다가 정사(丁巳)대운 경오년(庚午年) 10월(月)에 인사신(寅巳申) 삼형을 당하여 교통사고로 사망하였다.

이것은 경오년(庚午年)에 오화(午火)로 인해 자오충(子午沖)을 유발하니 인사신(寅巳申)삼형을 앞당겨왔다. 역마(驛馬)가 흉운(凶運)에 동(動)하여 출행(出行)하게 되면 객사(客死)할 수 있다.

▶ 사/주/분/석

| 時 | 日 | 月 | 年 | 세운23 | 대운23 | 건 명 | |
|----|----|----|----|--------|--------|------|---|
| 상관 | | 비견 | 편재 | 편관 | 상관 | 六 | 神 |
| 丁 | 甲 | 甲 | 戊 | 庚 | 丁 | 天 | 干 |
| 卯 | 子 | 寅 | 申 | 午 | 巳 | 地 | 支 |
| 겁재 | 정인 | 비견 | 편관 | 상관 | 식신 | 六 | 神 |
| | 효신 | 역마 | 지살 | | | 神 | 殺 |

【예시2】 월지의 인목(寅木)은 역마(驛馬)인데 을사년(乙巳年)에 인사형(寅巳形)을 하였다. 편인(偏印)이 편관(偏官)을 형동(形動)하였는데 역마가 크게 동(動)한 즉, 편인(偏印) 문서(文書)는 유학길이다.
직업은 방송국 PD인데 을사(乙巳)년에 외국 유학을 준비하고 있다.

## ▶ 사/주/분/석

| 時 | 日 | 月 | 年 | 세운30 | 곤 명 |
|---|---|---|---|---|---|
| 편관 | | 식신 | 편인 | 정관 | 六 神 |
| 甲 | 戊 | 庚 | 丙 | 乙 | 天 干 |
| 子 | 子 | 寅 | 子 | 巳 | 地 支 |
| 정재 | 정재 | 편관 | 정재 | 편인 | 六 神 |
| | | 역마 | | | 神 殺 |

【예시3】이 남자 분은 신사(辛巳)년 27세에 출국하여 유학을 떠났다.

그런데 년주의 갑인(甲寅)은 정인(正印)인데 간여지동(干與之同)을 형성하였으므로 경(庚)대운에 갑경충(甲庚沖)하면 충거(沖去)가 아니라 충동(衝動)이 발생하였다. 고로 문서가 동(動)하게 되니 경(庚)대운에 재성인 현금을 들여 문서 얻을 일이 생겼다.

그런데 무슨 문서인가? 신사년(辛巳年)에 사화(巳火)가 역마로 인사형동(寅巳形動)하여 들어오는 시기이니 해외 출입할 문서를 얻었다.

## ▶ 사/주/분/석

| 時 | 日 | 月 | 年 | 세운27 | 대운25 | 건명 |
|---|---|---|---|---|---|---|
| 정재 | | 비견 | 정인 | 편재 | 정재 | 六神 |
| 庚 | 丁 | 丁 | 甲 | 辛 | 庚 | 天干 |
| 戌 | 卯 | 丑 | 寅 | 巳 | 辰 | 地支 |
| 상관 | 편인 | 식신 | 정인 | | 상관 | 六神 |
| | | | | 역마 | | 神殺 |

【예시4】 월령의 인(寅)중에서 갑목(甲木) 식신(食神)이 투출하였다. 그런데
인목(寅木)은 역마(驛馬)에 해당하므로 역마식신(驛馬食神)을 구성
하였다. 그러므로 이 사람은 움직임이 많았고 생활의 활동폭이 무척
넓었다. 더구나 인신충(寅申沖)으로 역마충(驛馬沖)을 수시로 일으
켰으므로 해외(海外)출입(出入)이 많았다.

▶ 사/주/분/석

| 時 | 日 | 月 | 年 | 건 명 |
|---|---|---|---|---|
| 비견 | | 편재 | 식신 | 六神 |
| 壬 | 壬 | 丙 | 甲 | 天干 |
| 寅 | 申 | 寅 | 寅 | 地支 |
| 식신 | 편인 | 식신 | 식신 | 六神 |
| 지살 | 역마 | 지살 | 역마 | 神殺 |
| 역마 | | 역마 | | |

184 / 신살론

【예시5】 인중(寅中)에서 병화(丙火)는 장생지(長生地)를 얻었고 임수(壬水)는 신중(申中)에서 장생지(長生地)를 얻었다. 두 세력이 대치하는 가운에 병임충(丙壬沖)으로 강휘상영(江暉相暎)을 구성하였다.

그러므로 수화기제(水火既濟)가 된 명조이다. 그런데 두 장생지가 역마지살로 인신충(寅申沖)하니 활동이 많은 직업을 얻었는데 37세에 임인년에 육군 대위(大尉)로 전역(轉役)하였다.

▶ 사/주/분/석

| 時 | 日 | 月 | 年 | 건 명 |
|---|---|---|---|---|
| 편관 |  | 비견 | 비견 | 六神 |
| 壬 | 丙 | 丙 | 丙 | 天干 |
| 辰 | 申 | 申 | 寅 | 地支 |
| 식신 | 편재 | 편재 | 편인 | 六神 |
|  | 역마 | 역마<br>지살 | 역마 | 神殺 |

【예시6】 인월(寅月) 갑목(甲木)은 왕목(旺木)이니 금(金)을 용(用)할 수 없다. 즉, 춘불용금(春不容金)에 해당하는데 목견금결(木堅金缺)이 나타났다. 다시 말하면 금(金)이 이지러지는 현상이 발생한다. 고로 병신합(丙辛合)으로 더욱 가중(加重)되었는데 인유(寅酉)는 또한 원진(元嗔)을 구성하였다. 이것은 자식(子息)과 인연(因緣)이 희박(稀薄)하다는 점은 분명하였다.

그러나 역마(驛馬)를 해소(解消)할 목적으로 북미(北美)로 해외 이민을 갔는데 신유(辛酉)방위에 해당한다. 목견금결(木堅金缺)이 된 사주가 금(金)이 득지(得地)하는 방위로 향하더니 시험관 시술로 어렵게 임신(妊娠)에 성공하여 딸을 얻었다.

▶ 사/주/분/석

| 時 | 日 | 月 | 年 | 건 명 |
|---|---|---|---|---|
| 상관 | | 편인 | 편관 | 六神 |
| **辛** | **戊** | **丙** | **甲** | 天干 |
| **酉** | **寅** | **寅** | **子** | 地支 |
| 상관 | 편관 | 편관 | 정재 | 六神 |
| 도화 | 역마 | 역마 | 재살 | 神殺 |
| | | 지살 | | |

【예시7】 상관패인(傷官佩印)이 된 문서(文書)가 역마겁살(驛馬劫殺)에 앉아 있는데 천덕월덕귀인(天德月德貴人)의 기운이 멀리서 인신충(寅申沖)하여 관(官)을 움직이게 하였다.

역마(驛馬)가 귀(貴)하게 변하였으니 고로 번잡하고 움직임이 많은 문서를 얻은 것이므로 언론사 기자가 되었는데, 본래 역마겁살이 충(沖)으로 상전(相戰)하면 교통사고를 유발하므로 주의가 필요하다.

▶ 사/주/분/석

| 時 | 日 | 月 | 年 | 건 명 |
|---|---|---|---|---|
| 정인 |  | 비견 | 상관 | 六神 |
| 丙 | 己 | 己 | 庚 | 天干 |
| 寅 | 丑 | 丑 | 申 | 地支 |
| 정관 | 비견 | 비견 | 상관 | 六神 |
| 역마<br>겁살 | 비인 | 비인 | 천덕<br>월덕 | 神殺 |

【예시8】월지의 정관(正官)이 역마고신(驛馬孤辰)이면 내 남자가 가정을 떠나 외롭다는 뜻이고 조객(弔客)이 있으면 망부(亡夫)로 인해 상가(喪家)집이 될 수도 있다. 그런데 정편관 이위(正偏官二位)가 비견(比肩)을 본 것이므로 분관(分官) 사주가 분명하다.

고로 일부종사(一夫從事)하기 어려운 명(命)이 되었으니 한 번 이혼(離婚)은 정해진 운명이다. 그러므로 이 명주는 경자년(庚子年)에 결혼했는데 자식없이 임인년(壬寅年)에 이혼(離婚)하였다.

▶ 사/주/분/석

| 時 | 日 | 月 | 年 | 곤 명 |
|---|---|---|---|---|
| 정재 | | 식신 | 비견 | 六 神 |
| **甲** | **辛** | **癸** | **辛** | 天 干 |
| **午** | **卯** | **巳** | **未** | 地 支 |
| 편관 | 편재 | 정관 | 편인 | 六 神 |
| 육해 | 천덕 | 역마 | 화개 | |
| 현침 | 귀인 | 고신 | 천덕 | **神 殺** |
| | | 조객 | | |

# 04 재살(災煞)

## 1) 재살(災殺) 찾는 법

| 재살 찾는 법 | | | |
|---|---|---|---|
| 년지, 일지 | 巳酉丑 | 亥卯未 | 申子辰 | 寅午戌 |
| 재살(災煞) | 卯 | 酉 | 午 | 子 |

년지(年支)와 일지(日支)를 기준으로 지지에 해당하는 글자가 존재하면 재살 (災煞)에 해당합니다. 예를 들어 년지(年支)에 유금(酉金)이 있다면 월일지(月 日支) 중에 묘(卯)가 있게 되면 재살(災煞)에 해당됩니다.

## 2) 재살(災殺)의 개념(概念)

재살(災殺)은 자오묘유(子午卯酉) 왕지(旺地)의 글자들을 충하는 글자를 말합 니다. 예를 들어 사유축(巳酉丑) 삼합의 가운데 글자 유금(酉金)은 장성살입 니다. 그런데 그 장성살과 충(沖)되는 글자 묘(卯)가 재살(災殺)이 됩니다. 즉 장성살을 건들므로 감옥에 가는 것입니다.

장성살은 어른, 윗사람, 권력자등을 말하는데 그런 사람들을 공격하게 되 면 반드시 재살(災殺)이 발동하여 수옥(囚獄)되는 것을 말합니다.

재살(災殺)이 발생하는 원리는 십이운성에 의해 설명이 됩니다.

즉 12운성으로 살펴보면 재살(災殺)은 곧 태지(胎紙)에 해당하는 자리입니 다. 태지(胎紙) 다음이 양지(養地)와 생지(生地)가 됩니다.

그런데 양지(養地)와 생지(生地)에서는 다 자란 아이가 재롱을 보이는 시기이 므로 윗사람의 관심의 대상이 되겠지만, 태지(胎紙)는 흉직한 몰골을 하여 완전한 모습이 아닙니다.

따라서 태지에 놓인 아이는 형체(形體)가 없는 것으로 태반(胎盤)에 갇힌 모 습입니다. 즉, 낙태(落胎)는 태지에 있는 시기에 많이 발생하고 10개월 후의 양지(養地)에 있으면 이미 성장을 한 상태이므로 낙태가 불가능합니다.

그래서 태지는 불안감이 많지만 양지는 천지난만하다고 하여 양지라고 부 른 것입니다. 그러므로 어머니 배속에서 태지(胎地)의 위치는 아직 몸이 결 정이 나지 않는 시기인데 곧 온전히 성숙한 양지(養地)와는 다르게 언제 낙 태될지 모른다는 불안감이 있는 것입니다.

그러므로 인생에 있어서도 태지의 자리는 타인으로부터 자신을 지키기 위 해 치열한 경쟁을 벌어야 하므로 불안으로 인한 근심걱정이 끊이지 않는다 고 합니다. 이로 인해 관재구설이나 납치 감금 등으로 감방에 갇히게 되기 도 하는 살이 됩니다.

그래서 재살은 일명 수옥살(囚獄殺)로서 감금, 납치, 구속, 관재, 법적소송, 구설 손재(損財), 불구(不具)등의 재앙이 따르는 살(殺)이 됩니다. 나의 신체가 구속 당하는 것을 의미합니다.


## 3) 재살(災殺)의 작용력(作用力)

사주내에 재살(災殺)이 있고 재살운(災殺運)이 오면 그 작용력이 강해집니다. 재살(災殺)대운에 와 있는 사람은 정신적인 노동일을 하게 되고 직장 상사 가 재살 띠에 해당하면 특히 나를 괴롭힐 수도 있다고 생각하게 됩니다. 재 살 방향에 사는 사람은 사상적으로 나와 대치하고 있어서 정신적으로 피곤 한 사람이므로 방향 및 자리를 유리하게 지정해서 상담하는 것도 좋은 방 편이 됩니다. 또한 재살(災煞)이 사주 중에 있거나 행운(行運)에서 들게 되면 금전거래나 보증 같은 행위를 하면 손재(損財)가 따르고 그로 인하여 송사(訟事)나 관재(官災)가 따르게 됩니다. 그러나 경찰, 검찰, 법관, 세관, 군인처럼 갇혀진 틀에서 생활을 하며 규율이 엄격한 직업을 가진 사람들에게는 이미 직업 자체가 갇힌 상(像)이므로 오히려 좋은 운으로 작용을 하여 흉한 작용을 면할 수 있게 됩니다.

그래서 만약 재살(災殺)이 길신(吉神)에 해당하면 군경 검찰 권력과 인연이 있고 형옥(刑獄)을 면하게 되지만 흉신(凶神)이면 범법 행위로 구속 감금될 수가 있습니다. 또 재살이 재성(財星)이고 흉신(凶神)이면 재(財)로 인한 송사가 빈번하거나 아니면 처(妻)로 인한 구설 시비가 끊이질 않는다고 합니다. 또한 원명(原命)에 재살이 있고 제거되지 않으면 행운과 유년에 또는 대운에서 충형(沖刑)되는 때에 피해를 크게 당하게 된다고 합니다.


## 4) 근묘화실(根苗花實)에 의한 재살의 영향력

- **년지(年支) 및 월지(月支)재살(災殺)**

  노상횡액, 교통사고, 강탈, 실물수, 수술, 고독성 등이 있습니다. 구속, 감금 등의 재앙이 따르며 직업적으로 경찰관, 형무관 등 형사법계에 종사하면 그 재난을 면할 수 있습니다.


- **일지(日支)재살(災殺)**

  잔병이 많고 부부불화 및 이별수, 관재구설, 자식과의 인연이 약하다고 합니다.


- **시지(時支)재살(災殺)**

  부하동료들과 시비, 구설, 마음이 상하는 일, 자식으로 인한 근심 등이 있습니다.

# 5) 십신(十神) 재살(災殺)의 형태

- 인성(印星)재살(災殺)

  결재, 대출, 서류 등에 들어가는 문서나 도장과 글이나 그림 상업용 미술품, 골동품 등의 위조나 변조, 표절 등에 조심해야 합니다.

- 비겁(比劫)재살(災殺)

  형제, 자매로 인한 다툼이나 분쟁, 시비 등을 조심하고 친구나 동료로 인한 범죄, 공범여부, 불량한 친구와 사귐을 조심해야 합니다.

- 식상(食傷)재살(災殺)

  식상은 언행에 족쇄가 씌워지는 것이므로 곧 명예훼손, 무고, 위증, 하극상, 혁명성, 허위사실 날조 등을 조심해야 합니다.

- 재성(財星)재살(災殺)

  여자로 인한 문제가 발생할 수 있는데 특히 성추행, 성폭행, 간통, 간음 등과 유사한 사기, 탈세, 횡령, 재물 문제 등을 조심하고 부인으로 인한 이혼 소송, 구설, 시비 등을 조심해야 합니다.

- 관성(官星)재살(災殺)

  관청에 재살이 낀 것이므로 특히 관청일을 하는 사람은 법률적인 송사, 불법 운전 및 단속카메라, 법칙금등에 유의해야 하고 공무원 범죄, 선거 사범 등의 일들에는 개입하면 안됩니다.

【예시1】 자수(子水)는 신장(腎臟), 방광(膀胱)을 의미하는 재살(災殺)인데 2개의 자수(子水)로 인해 태왕(太旺)하다.

그런데 임오운(壬午運)에 재살(災殺)인 오화(午火)가 등장하여 자오충(子午沖)을 한다. 원국에 재살(災殺)이 있는데 다시 형충(形沖)하면 재살(災殺)이 발동되어 매우 불길하다.

재살(災殺)은 수옥(囚獄) 감금(監禁)이니 자묘형(子卯形)이 되는 계묘년(癸卯年)에는 무계합거(戊癸合去)로 무토(戊土)제방(堤防)이 붕괴가 되어 자수(子水)를 막을 길이 없었는데 자궁수술로 인해 병원에 장기간 입원하였다. 묘(卯)는 자궁(子宮)이고 자수(子水)는 방광(膀胱)이므로 자묘형(子卯形)으로 이와 관련해 발병하였다.

▶ 사/주/분/석

| 時 | 日 | 月 | 年 | 세운 | 대운55 | 곤 명 |
|---|---|---|---|---|---|---|
| | | 식신 | 편재 | 정관 | 편관 | 六神 |
| 丙 | 戊 | 庚 | 癸 | 壬 | 天干 | |
| 戌 | 子 | 子 | 卯 | 午 | 地支 | |
| 식신 | 정관 | 정관 | 인수 | 겁재 | 六神 | |
| 백호 | 재살 | 재살 | | 재살 | 神殺 | |
| | 비인 | 비인 | | | | |

【예시2】 무자(戊子)는 도화(桃花)에 놓인 정재(正財)로 길신태로(吉神太路)에 처한 상황이지만 무관(無官)팔자에서는 지킬 수 있는 관청이 없다. 특히 편인공망이니 관공서의 유효기간이 이미 지난 것으로 이것은 도화(桃花)로 인해 내 재산이 흩어진다는 말과 같다.

그러므로 자묘형(子卯形)으로 비견(比肩) 겁재(劫財)에게 도둑질 당할 수밖에는 없다. 그 결과 을묘(乙卯)일주는 비견재살에 갇히는 팔자인데 비겁이 모여 길신태로(吉神太路)를 범하고 있기 때문이다.

따라서 병자년(丙子年)에 도화(桃花)가 등장하면서 원국의 자묘형(子卯形)을 재차(再次) 범하였으므로 비견(比肩) 재살(災殺)이 크게 동(動)하여, 당해에 살인(殺人)하고 무기징역형을 언도 받았다고 한다.

▶ 사/주/분/석

| 時 | 日 | 月 | 年 | 건 명 |
|---|---|---|---|---|
| 정재 | | 정재 | 비견 | 六神 |
| **戊** | **乙** | **戊** | **乙** | 天干 |
| **寅** | **卯** | **子** | **巳** | 地支 |
| 겁재 | 비견 | 편인 | 상관 | 六神 |
| 공망 | 공망 | 공망 | 역마 | 神殺 |
| | 재살 | 도화 | | |

【예시3】 자수(子水) 정재(正財)가 부친이고 오화(午火) 정인(正印)이(李) 모친(母親)인데 자오충(子午沖)을 한다. 그런데 자수(子水)는 월지 왕지에 놓인 까닭에 오화(午火)가 충기(沖氣)를 하게 되는데 충기(沖氣)하면 잠시 물러갔다가 다시 인수(印綬)의 기운을 얻는 것이다.

그러므로 자오충으로 인해 수시로 인수 모친을 얻는 것이 요지가 된다. 다만 자오(子午)가 재살(災殺)에 해당하였으므로 두 부모의 충은 결국 갇히는 것으로 나타났다.

따라서 부친은 3번을 결혼하였고 결혼생활은 순조롭지 못했으며, 3번째 모친은 수감된 결혼생활을 떠나듯이 도망갔다고 한다.

▶ 사/주/분/석

| 時 | 日 | 月 | 年 | 건 명 |
|---|---|---|---|---|
| 편관 | | 식신 | 편인 | 六神 |
| **甲** | **戊** | **庚** | **丙** | 天干 |
| **寅** | **申** | **子** | **午** | 地支 |
| 편관 | 식신 | 정재 | 정인 | 六神 |
| 역마 | 역마 | 재살 장성 | 재살 양인 | 神殺 |

【예시4】 갑자(甲子)일주는 자수(子水)가 정인(正印)으로 재살(災殺)에 해당하는데 자미원진(子未元嗔)에 걸려 있다.

그런데 정재(正財)와 정인(正印)의 원진은 곧 탐재괴인(貪財壞印)의 상(象)이니 겁재가 이를 구제해주지 못하면 빈천(貧賤)한 상(象)이 된다. 그러나 갑경충(甲庚沖)으로 인해 비견의 움직임에는 제약(制弱)이 따랐으며 특히 미토 재성은 비겁의 목고(木庫)이니 재성 견제가 쉽지 않았다.

그러므로 이 사람은 광부, 스님 등으로 빈천하게 떠돌며 살다가 자수대운에 구치소에 수감이 되었다. 이것은 무자(戊子)대운에 무계합(戊癸合)으로 정인(正印)을 제거하더니, 다시 자수(子水)대운에는 자미원진(子未元嗔)을 재살을 범하여 동(動)하게 만들었다.

그러므로 무인년(戊寅年)에서 경진년(庚辰年)까지 약 3년간을 구치소에 수감되었다.

## ▶ 사/주/분/석

| 時 | 日 | 月 | 年 | 대운44 | 건 명 |
|---|---|---|---|---|---|
| 비견 | | 정인 | 편관 | 편재 | 六神 |
| 甲 | 甲 | 癸 | 庚 | 戊 | 天干 |
| 戌 | 子 | 未 | 寅 | 子 | 地支 |
| 편재 | 정인 | 정재 | 비견 | 정인 | 六神 |
| 화개 | 재살 | 반안 | 역마 | 재살 | 神殺 |
| | | 천살 | | | |

【예시5】 묘(卯)는 일출지문호(日出之門戶)이고 유(酉)는 일입지문호(日入之門戶)라 하는데 묘유충(卯酉沖)이 되어 있으면 이를 철쇄개금(鐵鎖開金)이라 한다.

그런데 묘유(卯酉)가 재살(災殺)에 해당하니 이 사람은 쇠로 두른 금고에 갇힌 운명이다. 특히 용신(用神)이 되는 유금(酉金)이 편인(偏印)이므로 문서에 갇힌 사람이다. 따라서 이 남자 분은 인생에서 자물쇠가 채워진 사람이라 고민이나 고통 또는 구속으로 볼 수가 있는데 그러한 고민을 열쇠로 풀어주는 직업을 가야 원만(圓滿)하다. 철쇄(鐵鎖)란 쇠고랑을 말하니 바로 신음(呻吟)을 말하는 것이고 개금(開金)은 열쇠 즉 해결이니 철쇄개금(鐵鎖開金)이란 신음을 해방시켜 주는 열쇠로 보는 것이다.

이 남자 분은 경역학과를 졸업하고 현재 금융권에서 근무하고 있다. 이런 사람은 종교 철학에 관심을 가지면 좋다.

▶ 사/주/분/석

| 時 | 日 | 月 | 年 | 건 명 |
|---|---|---|---|---|
| 식신 |  | 편재 | 편인 | 六 神 |
| 乙 | 癸 | 丁 | 辛 | 天 干 |
| 卯 | 巳 | 酉 | 未 | 地 支 |
| 식신 | 정재 | 편인 | 편관 | 六 神 |
| 장성 | 역마 | 장성 | 월살 | 神 殺 |
| 재살 |  | 재살 | 비인 |  |

# 05 천살(天殺)

## 1) 천살(天殺) 찾는 법

| 천살(天殺) 찾는 법 | | | |
|---|---|---|---|
| 년지, 일지 | 寅午戌 | 巳酉丑 | 申子辰 | 亥卯未 |
| 천살(天殺) | 丑 | 辰 | 未 | 戌 |

## 2) 천살(天殺)의 개념(槪念)

천살(天殺)은 하늘이 내리는 재앙으로 수재(水災), 풍재(風災), 지진(地震)등의 천재지변(天災地變)과 같은 자연재해처럼 인간이 극복하기 어려운 신살입니다. 그러므로 천살을 받는 팔자는 자신의 무능이나 불신 등으로 탄식할 일이 생길 수 있습니다. 따라서 천살은 기도하는 방향이 됩니다. 왜냐하면 사람이 일단 노력해도 이길 수가 없다고 판단하면 이것은 종교, 철학이 되기 때문인데 천살운에는 이길 수 없는 하늘을 대적하는 격으로 하늘을 보고 통탄하는 일이 생긴다고 하여 천살이라 부르게 됩니다.

그래서 천살은 염라대왕, 임금, 사장에 비유하기도 합니다. 즉 천살을 가진 사람과는 내가 싸워서 이길 수가 없기 때문에 복종이 따르게 됩니다. 보통 천살은 12운성으로 보면 양지에 해당합니다. 양지라는 것은 성장한 아이와 같아서 근심 걱정이 없으니 먹고 놀기만 합니다.

그래서 천살을 가진 사람들은 임금님, 공주병 귀공자처럼 살고 싶어 한다고 합니다. 받기만 하고 도움을 줄 생각은 못하는 것이 양지에 있는 어린아이인 겁니다.

천살은 왕자병, 공주병 기질이 있기 때문에 브랜드나 고급 명품을 좋아하고 돈은 남이 내더라도 생색은 자기가 내기 좋아하며 자기가 나서서 일을 주도하는데 잘 안 풀리게 됩니다.

그러므로 천살 띠와는 동업을 피하는 것이 좋고 천살 띠는 자신이 받들어야 하는 사람이므로 만약, 내가 천살 띠의 자식을 두면 세상물정을 모르고 재산을 흩어지게 하는 불효자가 될 수 있으니 자식이 아무리 똑똑하더라도 사업을 물려주거나 유산을 많이 상속하면 좋지 않습니다.

천살이 백호살이나 칠살(七殺), 형살(刑殺)등의 흉살(凶殺)을 동반하면 천살의 흉액(凶厄)이 가중(加重)이 되어 일어날 수 있습니다.

다만, 거류서배하여 구제함이 있다면 오히려 흉이 작아진다는 점을 항상 기억해야 합니다.

## 3) 근묘화실에 다른 천살 해석

· **년지천살**(年支天殺)

조상으로부터의 영향을 받을 수 있는 위치이므로 조상의 덕이 부족하고 가난한 집안 배경이며 혹은 어릴 적에는 건강이 좋지 않다고 볼 수 있습니다. 전반적으로 부모, 형제, 혈연관계의 덕이 없습니다.

· **월지천살**(月支天殺)

부모나 형제와의 관계에서 부족함이 보이고 특히 형제분란으로 어려움을 겪을 수 있습니다.

· **일지천살**(日支天殺)

배우자가 주도권을 쥐고 나를 강압할 수 있으며 부부가 서로 부도덕적인 일로 구설수에 오를 수 있습니다.

· **시지천살**(時支天殺)

자식을 위하느라 자식에게 주도권을 빼앗기거나 혹은 부하지원의 배신을 경험할 수도 있습니다.

# 4) 근묘화실에 다른 천살 해석

- **비겁**(比劫)**천살**(天殺)

 형제자매나 동료로부터의 분란이 있을 수 있으며 혹은 천살은 권력을 동반하므로 이에 순종하면 비견의 도움을 의미하기도 합니다.

- **식상**(食傷)**천살**(天殺)

 후배나 부하직원, 또는 처가로부터의 위화감으로 곤욕을 당할 수 있으며 이들의 영향을 벗어나기 어렵습니다. 만약 여자의 경우는 자녀에 해당하므로 식상천살(天殺)은 자신이 받들어야 하는 자식을 두게 되므로 육친 관계가 불리하고 만약 동업을 한다고 하면 식상천살 띠와는 사업궁합도 어렵습니다.

- **인성**(印星)**천살**(天殺)

 모친 혹은 외가 쪽의 시달림이 있을 수 있거나 혹은 작은 도움을 얻을 수 있습니다. 만약 천살(天殺)이 효신(梟神)을 보았다고 한다면 부모를 속 썩이게 됩니다.

- **관성**(官星)**천살**(天殺)

 남편이나 조직 내에서의 위해 위협이 있고 혹은 순종하므로 도움을 받을 수도 있습니다. 만약 천살(天殺) 백호(白虎) 괴강(魁罡)이 정관(正官)이면 관재(官災)를 당할 우려가 많습니다.

- **편재**(偏財)**천살**(天殺)

 천살(天殺)이 편재(偏財)이면 부친이 피를 흘려 다칠 수 있습니다.
 또한 백호(白虎) 천살(天殺)이 형충(刑沖)을 보면 해당하는 부친은 그 흉의 (凶意)가 드러나게 됩니다.

【예시1】 정사(丁巳)와 정미(丁未)가 오(午)를 공협(拱夾)하므로 매우 신강한 팔자이다. 특히 신왕(身旺)을 설기하는 무진(戊辰)은 진상관(眞傷官)을 구성하면서 사주가 2개의 화토(火土)기운으로 이루어진 양기성상(兩氣成像)으로 흐르고 있었다.

그런데 천살(天殺)백호(白虎)가 상관(傷官)기질을 품게 되면 보통 악동(惡童)이 많고 라망(羅網)은 그물망을 뜻하므로 보통 사물을 강제적으로 억압, 통제 또는 구속, 고정시켜 놓는 작용을 한다.

그러므로 진사(辰巳)라망(羅網)에 천살(天殺)백호가 갇혀 있었다.

격국(格局)이 성격(成格)되면 내가 이들을 포박하는 운명이지만 패격(敗格)이면 내가 오히려 포박당하는 운명이 될 수 있다. 따라서 양기성상에서는 내가 공주병과 왕자병으로 제멋대로인 천살악동들을 진사라망으로 포박한 모습이니 이것은 진상관(眞傷官)으로 용신(用神)을 삼은 것이다. 사주의 주인공은 교도소에서 사람들을 단속(團束)하는 교정직(矯正職)에 근무를 하고 있다.

▶ 사/주/분/석

| 時 | 日 | 月 | 年 | 건 명 |
|---|---|---|---|---|
| 비견 | | 상관 | 식신 | 六神 |
| 丁 | 丁 | 戊 | 己 | 天干 |
| 未 | 巳 | 辰 | 巳 | 地支 |
| 식신 | 겁재 | 상관 | 겁재 | 六神 |
| 월살 | 지살 | 천살 백호 | 지살 | 神殺 |

【예시2】진토(辰土)는 칠살(七殺)인데 천살(天殺)백호(白虎)괴강(魁罡)으로 진진형(辰辰刑)이 되어 있다. 칠살(七殺)이 백호(白虎)괴강(魁罡)과 어울리면 악살(惡殺)이 천살(天殺)에 몰려 있기 때문에 백호(白虎)의 혈광사(血狂死)가 발생할 수 있다. 유유형과 진진형(辰辰刑)이므로 이미 백호천살은 동(動)해 있다고 보면 된다.

그러므로 임진년에 3개의 진토 칠살을 만나 삼봉칠살이 형을 크게 범하여 임진년에 심신 미약을 이유로 아내를 살해하였다고 한다.

▶ 사/주/분/석

| 時 | 日 | 月 | 年 | 건 명 |
|---|---|---|---|---|
| 식신 | | 겁재 | 정관 | 六神 |
| 甲 | 壬 | 癸 | 己 | 天干 |
| 辰 | 辰 | 酉 | 酉 | 地支 |
| 편관 | 편관 | 정인 | 정인 | 六神 |
| 천살 | 천살 | 장성 | 장성 | 神殺 |
| 백호 | 괴강 | 도화 | 도화 | |

【예시3】 2개의 정관(正官)이 진진(辰辰)형살하는데 천간에는 겁재(劫財)와
상관(傷官)이 모여 중관(重官)을 구성하였다. 이것은 정관이 관형(官
刑)에 걸린 것인데 월일지(月日支)가 진사(辰巳)라망으로 연결이 된
것이니 관형(官刑)으로 곧 어두워지는 것이다.

곧 그물에 갇히는 물상이 된다. 이것은 시지의 묘(卯) 재살(災殺)과
는 묘진해(卯辰害)로 상천살(相穿殺)을 형성했으므로 평생에 감옥에
한번은 들어간다는 물형이다.

그러므로 이 사람은 채권추심 중 채무자를 때려죽이고 주범으로 인
정되어 사형(死刑)을 당하게 되었다. [하중기]

▶ 사/주/분/석

| 時 | 日 | 月 | 年 | 건 명 |
|---|---|---|---|---|
| 식신 | | 상관 | 겁재 | 六神 |
| 乙 | 癸 | 甲 | 壬 | 天干 |
| 卯 | 巳 | 辰 | 辰 | 地支 |
| 식신 | 정재 | 정관 | 정관 | 六神 |
| 재살 | 겁살 | 천살 백호 | 천살 괴강 | 神殺 |

【예시4】 천살(天殺)은 지엄한 명령권자이고 반안(攀鞍)에 올라타 있으면 말을 탄 것이니 무진(戊辰)은 용의 수레바퀴를 탄 권력자를 상징한다. 그런데 천살(天殺)반안(攀鞍)이 정관격(正官格)이니 관청 소속의 사람이 된다. 또한 기사(己巳)는 재생살(財生殺)이고 갑목(甲木) 상관(傷官)에 의해 기토(己土)칠살이 갑기합(甲己合)으로 제압을 당한 것이다. 따라서 정관(正官)에 대항하는 칠살(七殺)을 수갑을 채워 제복(制伏)한 형상이다.

그러므로 합살류관(合殺留官)으로 격국이 성격(成格)이 되었다. 때문에 천살(天殺)은 폭력성을 제압하는 권력으로 등장한 것이다. 곧 천살(天殺)이 진사라망(辰巳羅網)과 진해원진(辰亥元嗔)의 중심에서 역마 사해충(巳亥沖)을 구성했으니 이 천살(天殺)은 범죄자를 잡는 권력기관으로 현재 여자경찰로 근무 중이다.

▶ 사/주/분/석

| 時 | 日 | 月 | 年 | 곤 명 |
|----|----|----|----|----|
| 상관 | | 정관 | 편관 | 六神 |
| **甲** | **癸** | **戊** | **己** | 天干 |
| **寅** | **亥** | **辰** | **巳** | 地支 |
| 상관 | 겁재 | 정관 | 정재 | 六神 |
| 겁살 | 역마 | 천살 | 역마 | 神殺 |
| | | 반안 | | |

# 06 화개살(華蓋殺)

## 1) 화개살(華蓋殺) 찾는 법

| 화개살 찾는 법 | | | | |
|---|---|---|---|---|
| **년지, 일지** | 寅午戌 | 巳酉丑 | 申子辰 | 亥卯未 |
| **화개(華蓋)** | 戌 | 丑 | 辰 | 未 |

## 2) 화개살의 개념(槪念)

화개살(華蓋殺)은 십이운성에서 묘지(墓地)에 해당하는 자리입니다.

그래서 화개(華蓋)는 화려할 화(華), 덮을 개(蓋)란 뜻으로 꽃이 무덤으로 들어간다고 하여 붙여진 이름입니다.

그러므로 화려한 것을 덮어 버리는 것이니 곧 속세의 부귀영화와는 거리가 멀고 종교의 깊은 성찰을 수행하며 산다는 의미가 있습니다.

그런데 화개살은 재능의 별이라고 하는데 예술성이 있으며 다재다능한 연예인의 재능도 있습니다. 화개는 원래 학문과 정신을 보관하는 창고이므로 화개는 예능, 문화, 창조를 바탕으로 하고 있기 때문입니다.

그래서 화개살이 식상과 연결이 되면 다재다능한 사람이 많았습니다. 그러나 만약 사주에 화개살이 사절(死絶)이 되거나 혹은 공망(空亡)이 되고, 또는 형충(形沖)이 되면 비록 재주는 있지만, 재능을 잘 살리지 못하고 속세와 인연이 없어 스님이나 종교인이 되는 경우가 많습니다. 그렇지 않더라도 종교를 독실하게 믿거나 역학이나 철학을 업(業)으로 하는 경우도 많습니다.

그래서 화개살의 특성에 맞는 직업으로는 교육, 종교, 철학, 역학, 예술, 예능, 재생 사업, 재활용 사업, 중개인(중매, 부동산 등)등이 좋습니다. 화개살(華蓋殺)은 화려한 것을 덮는다는 의미이기도 하지만 덮는다는 것은 새로운 시작을 의미하기도 합니다.

그래서 복구나 재생, 보전, 회복의 의미가 있고 포장이나 장식을 잘하므로 관리업무에서 실력이 발휘할 수 있습니다. 따라서 화개살(華蓋殺) 운을 만나면 재가동, 재생산, 재생의 활동이 발생합니다.

화개(華蓋)는 묘지물상을 나타내는 이유로 묵은 문제들을 정리, 정돈, 청산을 하게 됩니다. 그러므로 옛 것들을 뒤 돌아 볼 일이 생기고 이로 인해 일의 지연과 포기가 발생할 수 있게 됩니다. 그래서 복귀와 재기의 행위가 늘 반복적으로 일어 나게 됩니다.

그러므로 화개(華蓋)살이 남녀관계로 엮이게 되면 헤어져도 또 다시 만나야 합니다. 혹은 대인 협력관계에서 영업이익을 창출하기 위해서 상대방끼리 화개살로 묶어 버리게 된다면 정리 안 된 생각들을 해결하기 위해 서로가 끊임없이 노력하게 될 것입니다.

또한 화개살 띠와는 동업보다는 관리를 맡기는 것이 좋고 적극적인 연애를 안 하려 하므로 필요에 따라 상대방에서 적극적인 대시가 필요할 수도 있습니다. 화개살 띠의 자식은 몰락한 집안을 다시 일으켜 세우는 자식이 되며 차남이라도 장남의 역할을 하게 되는 경우가 많습니다.

화개(華蓋)살 방향으로 이사하면 또 이사 가야 하는 번거로움이 생기는 이유는 화개의 물상이 정리를 위한 반복을 의미하고 창고나 화장실을 화개(華蓋)살 방향으로 놓는 이유도 창고나 화장실이 정리, 정돈의 물상을 보이기 때문입니다. 나를 알리고 싶은 홍보물은 지살 방향에 걸어 놓고 늘 보는 예술품은 화개살 방향에 걸어놓으면 좋습니다.

## 3) 육신(六神)과 화개(華蓋)의 해석

· **식상(食傷)화개(華蓋)**

식상은 자기 표현력인데 화개 또한 재생 정리이므로 식상 화개는 예술, 창작, 문화 등에 표현력이 좋게 발현이 되며 활동과 정리, 억제가 잘되어 자기 표현력이 좋게 나타납니다.

· **인성(印星)화개(華蓋)**

모친이 종교와 인연이 깊으며 자신의 학문과도 관계가 깊고 학자 또는 문학가, 예술가로 발전할 수 있습니다

· **관성(官星)화개(華蓋)**

직업내에서는 창고 관리 정리 정돈 업무 혹은 회계업무가 적합합니다.

· **재성(財星)화개(華蓋)**

재물을 정리한다는 입장에서 은행가 금융업 대출업무가 적합합니다.

【예시1】 년주와 월주 2개의 촛대를 모시고 있으니 무속 인이다.

미토(未土)는 화개(華蓋) 성분인데 화개(華蓋)는 정리 정돈하는 습관이 있는 사람이다. 그런데 정미(丁未)는 화개(華蓋)기둥에 앉은 불빛이니 특히 종교와 연관성이 깊다. 특히 반안(攀鞍)과 함께 한 화개(華蓋)는 정리 정돈된 자료들이 말안장에서 놓여 움직이는 것이므로 곧 화려하게 빛을 본다는 뜻이다.

그러므로 화개 기둥의 촛불이 용신(用神)으로 발현이 되면 종교 철학적인 사람이 많다. 그러하니 이 여자 분은 년주와 월주 2개의 촛대를 모시고 있으니 무속 인이다.

▶ 사/주/분/석

| 時 | 日 | 月 | 年 | 곤 명 |
|---|---|---|---|---|
| 겁재 | 일간 | 정재 | 정재 | 六神 |
| **癸** | **壬** | **丁** | **丁** | 天干 |
| **卯** | **午** | **未** | **未** | 地支 |
| 상관 | 정재 | 정관 | 정관 | 六神 |
| 장성 도화 | 육해 | 화개 반안 | 반안 | 神殺 |

**【예시2】** 이 남자 분은 은 토건(土建)업에서 근무하는 중장비 기사이다.

술미형(戌未形)은 화개(華蓋)와 반안(攀鞍)의 토동(土動)이니 토(土)를 정리하여 반안(攀鞍)으로 만드는 작업이다. 그런데 2개의 비견 갑목(甲木)으로 교대(交代)하여 월간의 신금(辛金)을 움직이는 사람이다. 음간(陰干)은 역행하므로 미월(未月)의 신금(辛金)은 쇠지(衰地)이다. 사오월(巳午月)의 병, 사지(病死地)에서 살아남은 쇠이다.

그러므로 아직은 녹이 묻은 철의 성분이 그대로 남아 있다. 이 녹슨 철에 내가 말안장처럼 위에 올라타는 상(像)이니 곧 미토(未土) 반안살(攀鞍殺)에 앉은 신금(辛金)은 중장비 기계가 된다.

▶ 사/주/분/석

| 時 | 日 | 月 | 年 | 건 명 |
|---|---|---|---|---|
| 겁재 | 일간 | 정관 | 비견 | 六神 |
| **乙** | **甲** | **辛** | **甲** | 天干 |
| **亥** | **午** | **未** | **戌** | 地支 |
| 편인 | 상관 | 정재 | 편재 | 六神 |
| 겁살 | 장성 | 반안 | 화개 | 神殺 |

【예시3】 남자 분은 종교재단에 속하는 어린이복지시설의 총무이사다.

신(辛)은 원래 종교, 철학으로 신기(神氣)가 있다. 그래서 말하길 신유(辛酉)금은 서방세계(西方世界)라 하였는데 서쪽에 있는 극락세계를 뜻한다. 그런데 미토(未土)는 화개(華蓋)살이므로 정리 정돈하는 기운이 된다. 종교적인 물건이 정돈하는 기운을 만난 것이니 신미(辛未)는 단단한 돌을 덮어쓴 비석이 된다.

그런데 신금(辛金)은 정관(正官)이니 종교단체가 될 수 있다. 그래서 신미(辛未)는 종교 복지재단이 된다.

▶ 사/주/분/석

| 時 | 日 | 月 | 年 | 건 명 |
|---|---|---|---|---|
| 정관 | 일간 | 식신 | 정인 | 六神 |
| 辛 | 甲 | 丙 | 癸 | 天干 |
| 未 | 午 | 辰 | 卯 | 地支 |
| 정재 | 상관 | 편재 | 겁재 | 六神 |
| 화개 반안 | 육해 | 반안 공망 | 도화 | 神殺 |

# 07 원진살(元嗔殺)

## 1) 원진살 찾는 방법

| 원진살 찾는 법 | | | | | |
|---|---|---|---|---|---|
| 지지 | 子未 | 丑午 | 寅酉 | 卯申 | 辰亥 | 巳戌 |

## 2) 원진(怨嗔)의 개념(概念)

원진은 서로 원망하면 미워한다는 뜻으로 서로 미워하여 만나길 싫어하나 만날 수밖에 없다는 점 때문에 애증(愛憎)이 더욱 심화가 됩니다. 이것은 암장에 합(合)이 있어서 서로 떨어지지 못하면서 서로가 서로를 끊임없이 자극을 하여 마음의 평안을 이루지 못하게 하는 글자를 말합니다.

그러므로 원진의 속성은 불화(不和), 증오(憎惡), 고독(孤獨), 원망(怨望), 반목(反目), 이별(離別) 등이며 정신적 측면으로 보면 신경쇠약이고 정신질환을 불러 오게 됩니다. 부부간에는 의처증, 의부증을 가져오며 악연(惡緣)처럼 살아가게 됩니다.

## 3) 원진(元嗔)의 구성 원리(原理)

### · 자미(子未)원진

자중(子中)의 임수와 미(未)중의 정화(丁火)가 정임(丁壬)암합(暗合)하여 떨어지지를 못하는 사이인데 자중(子中)의 계수(癸水)와 미(未)중의 정화(丁火)가 정계(丁癸)암충하기 때문에 원진이 발생합니다.

### · 축오(丑午)원진

축(丑)중 신금(辛金)이 오중(午中) 병화(丙火)와 병신(丙辛)암합(暗合)하여 떨어지지를 못하는 사이인데 축(丑)중의 계수(癸水)와 오중(午中)의 정화(丁火)가 정계(丁癸)암충(暗沖)으로 서로를 미워합니다.

### · 인유(寅酉)원진

인중(寅中)의 병화(丙火)와 유중(酉中)의 신금(辛金)이 병신(丙辛)암합(暗合)하여 떨어지지를 못하는 사이인데 인중(寅中) 갑목(甲木)과 유중(酉中) 경금(庚金)이 갑경(甲庚)암충하여 미워합니다.

### · 묘신(卯申)암합

묘중(卯中)의 을목(乙木)과 신중(申中)의 경금(庚金)이(李) 묘신(卯申)암합(暗合)으로 떨어지지를 못하는 사이인데 묘중(卯中) 갑목(甲木)과 신중(申中)의 경금(庚金)이 갑경(甲庚)암충으로 서로를 미워합니다.

### · 진해(辰亥)원진

진중(辰中)의 계수(癸水)와 해중(亥中)의 무토(戊土)가 무계(戊癸)암합(暗合)으로 헤어지지를 못하는데 진중(辰中)의 무토(戊土)는 해중(亥中)의 임수(壬水)를 토극수(土克水)하여 미워합니다.

· **사술(巳戌)원진**

사중(巳中)의 병화(丙火)와 술(戌)중의 신금(辛金)이 병신(丙辛)암합(暗合)으로 헤어지지를 못하는데 사중(巳中)의 경금(庚金)은 술(戌)중의 정화(丁火)에 의해 화극금(火克金)을 당하므로 미워합니다.

자미(子未), 축오(丑午) 인유(寅酉) 묘신(卯申)의 원진은 암충(暗沖)으로 작용하고 진해(辰亥), 사술(巳戌)원진은 암극(暗剋)으로 작용합니다. 그런데 원망함에 있어서는 축오(丑午), 진해(辰亥), 묘신(卯申), 사술(巳戌)의 작용력이 더욱 심한데, 이 4조합은 원진(元嗔)이 되면서 귀문(鬼門)을 동시에 형성하기 때문입니다.


## 4) 근묘화실의 응용법

· **년지와 월지 원진**

조부모 부모와의 반목과 불화로 인해 이별이 있을 수 있다.

· **월지와 일지 원진**

부모 형제의 불화 배우자와 가정의 반목으로 이별이 있을 수 있다.

· **일지와 시지 원진**

배우자와 자녀의 불화 반목이 있다.

【예시1】 장애인 딸을 둔 여자의 사주다. 자녀가 1급 발달 장애인이다.

조부궁(祖父宮)과 부모궁(父母宮)이 모두 자녀궁(子女宮)과 자미원진(子未元嗔)을 형성하여 자녀에게 등을 돌리고 있다.

제비와 기러기는 남북(南北)으로 치우쳐 사는 환경이 서로 다르니 이 둘은 평생 만나기 어렵다. 이것을 연안대비(燕雁代飛)라 하였는데, 고로 자녀는 조부(祖父)와는 단절(斷絶)이 된 운명을 가지고 태어났다.

▶ 사/주/분/석

| 時 | 日 | 月 | 年 | 곤 명 |
|---|---|---|---|---|
| 상관 | | 식신 | 식신 | 六神 |
| 丙 | 乙 | 丁 | 丁 | 天干 |
| 未 | 子 | 子 | 子 | 地支 |
| 편재 | 편인 | 편인 | 편인 | 六神 |
| 자녀궁 | 부부궁 | 부모궁 | 조부궁 | 宮星 |

【예시2】 자식을 낳고 정해년(丁亥年)에 이혼한 여자의 사주다.

명조를 살펴보면 사화(巳火) 정관(正官)이 역마(驛馬)인데 경술괴강(庚戌魁罡)이 사술원진(巳戌元嗔)이 되어 있다. 그런데 사해충(巳亥沖)이므로 겁살역마(劫殺驛馬)가 되었는데 겁살역마(劫殺驛馬)는 강압적인 이동이 있을 수 있다.

그러므로 정관 사화(巳火)가 역마충(驛馬沖)으로 떠나갔다. 평소 사화(巳火)는 경술(庚戌) 괴강(魁罡)을 원진(元嗔)으로 인해 두려워했는데 술토(戌土)가 화(火)의 입고처에 해당하기 때문이다. 즉, 역마충(驛馬沖)이 재충(再沖)되는 정해년(丁亥年)에 이별하였다.

▶ 사/주/분/석

| 時 | 日 | 月 | 年 | 곤 명 |
|---|---|---|---|---|
| 편관 | | 비견 | 겁재 | 六神 |
| 丁 | 辛 | 辛 | 庚 | 天干 |
| 酉 | 亥 | 巳 | 戌 | 地支 |
| 비견 | 상관 | 정관 | 정인 | 六神 |
| | 겁살 | 역마 | 괴강 | 神殺 |

【예시3】 일찍 사별하고 장사를 하면서 평생을 어렵게 살아온 여자 사주다.

남편과는 일찍 사별(死別)하고 시장바닥에서 노상(路上)에서 난전(亂廛)을 하면서 평생을 어렵게 살아온 여인이다. 월일시(月日時)에 사술원진(巳戌元嗔)과 술미형(戌未形)이 되어 있다.

부부궁과 자식궁에 원진형살(元嗔刑殺)이 구성이 되고 일지궁에 공망(空亡)이 부부궁(夫婦宮)을 범(犯)했다. 월일시가 파국(破局)이 되면 한 가정(家庭)을 성가(成家)하여 지켜 내기가 어렵다고 하였다.

▶ 사/주/분/석

| 時 | 日 | 月 | 年 | 곤 명 |
|---|---|---|---|---|
| 정재 | | 정관 | 정재 | 六神 |
| 己 | 甲 | 辛 | 己 | 天干 |
| 巳 | 戌 | 未 | 巳 | 地支 |
| 식신 | 편재 | 정재 | 식신 | 六神 |
| 지살 | 공망 | | | 神殺 |

【예시4】교통사고로 비명횡사(非命橫死)한 여자 사주다.

교통사고로 사망한 사람인데 사술(巳戌)원진이 3개 중첩(重疊)이 된 구조이다. 그런데 임술(壬戌) 백호(白虎)가 2개이고 경술(庚戌)은 괴강(魁罡)이다. 고로 일주 백호(白虎)가 원진(元嗔)에 걸려 있는데 낙정관살(落井關殺)에 빠져 있으므로 일간(日干)의 혈광사(血狂死)가 발생할 수 있었다.

곧 명주(命主)는 교통사고로 비명횡사(非命橫死) 당하였다.

▶ 사/주/분/석

| 時 | 日 | 月 | 年 | 곤 명 |
|---|---|---|---|---|
| 편인 |  | 비견 | 겁재 | 六神 |
| **庚** | **壬** | **壬** | **癸** | 天干 |
| **戌** | **戌** | **戌** | **巳** | 地支 |
| 편관 | 편관 | 편관 | 편재 | 六神 |
| 낙정관살 | 낙정관살 | 백호 |  | 神殺 |

【예시5】 계사년(癸巳年)에 이혼 하고 커피숍을 운영하는 여자 사주다.

사화(巳火) 편관(偏官)이 역마(驛馬)인데 공망(空亡)을 맞았다. 또한 사술원진(巳戌元嗔)과 진술충(辰戌沖)이 걸려 있다. 부부궁에 원진(元嗔)과 충(沖)을 구성한 경우에는 부부의 불화(不和), 반목(反目)이 있을 수 있다.

그러므로 계사년(癸巳年)에 재차 사술(巳戌)원진을 유발(誘發)시킬 때에 이혼(離婚)하였다.

▶ 사/주/분/석

| 時 | 日 | 月 | 年 | 곤 명 |
|---|---|---|---|---|
| 비견 | | 정관 | 상관 | 六 神 |
| 庚 | 庚 | 丁 | 癸 | 天 干 |
| 辰 | 戌 | 巳 | 卯 | 地 支 |
| 편인 | 편인 | 편관 | 정재 | 六 神 |
| 괴강 | 홍염 | 역마<br>공망 | 도화<br>공망 | 神 殺 |

【예시6】경인(庚寅)년 무자(戊子)월에 자살한 남자의 사주다.

양인격(陽刃格)을 구성했는데 양인(羊刃)이 유유자형(酉酉自形)을 하고 겁재(劫財)가 출현 하였다. 그런데 일지 인목겁살(寅木劫殺)을 만난 것이니 곧 월일지(月日支)가 양인겁살(羊刃劫殺)로 원진을 구성하였다.

이런 경우는 경인(庚寅)일주에서 인목(寅木)이 개두(蓋頭)의 상(像)이므로 인유원진(寅酉元嗔)이 가중(加重)이 된다고 할 수 있다. 또한 시지(時支)의 자수상관(子(傷官)은 공망(空亡)이고 양인(羊刃)과 자유파살(子酉破殺)하였으므로 재능(才能)은 있어도 빛을 보기 어려웠다. 이것은 시지(時支)에 낙정관살(落井關殺)과 음양차착(陰陽差着), 상문(喪門) 재살(災殺)의 악살(惡殺)들이 모여 관살혼잡(官殺混雜)을 이끌고 있기 때문이다. 이 명주는 경인년(庚寅年)에 이르러 유중(酉中)의 경금(庚金)이 인중(寅中) 갑목(甲木)을 충거(沖去)하여 세상을 버렸는데 이것은 원진(元嗔)으로 말미암은 것이다.

▶ 사/주/분/석

| 時 | 日 | 月 | 年 | 건 명 |
|---|---|---|---|---|
| 편관 | | 정관 | 겁재 | 六神 |
| **丙** | **庚** | **丁** | **辛** | 天干 |
| **子** | **寅** | **酉** | **酉** | 地支 |
| 상관 | 편재 | 겁재 | 겁재 | 六神 |
| 공망 | 겁살 | 양인 | 양인 | |
| 낙정관살 | 급각 | 육해 | 육해 | |
| 음양차착 | 천덕 | | 현침 | **神殺** |
| 상문 | 월덕 | | | |
| 재살 | | | | |

【예시7】 20대에 절도(竊盜) 강간(强姦)으로 구속이 된 남자 사주다.

겁재(劫財)가 태왕(太旺)한 사주인데 사오(巳午)의 인수(印綬)가 겁재(劫財)를 키우고 있다. 년월(年月)에 진해원진(辰亥元嗔)은 재성원진(財星元嗔)이니 부친(父親)을 극(剋)하거나 여자 및 재물(財物)에 대한 소원(素願)이 각별(各別)하였다.

특히 경오(庚午)는 상관도화(傷官桃花)이니 일지궁의 역마(驛馬)를 만나 도화역마(桃花驛馬)를 구성하여 낙정관살(落井關殺)에 빠져 있으니 부친(父親)의 반대를 무릅쓰고 외부(外部)에서 여자 문제를 일으킬 팔자이다. 그러하니 남의 집에 들어가 절도행각을 벌이다가 절도 강간으로 붙잡혀 구속(拘束)되었다.

▶ 사/주/분/석

| 時 | 日 | 月 | 年 | 건 명 |
|---|---|---|---|---|
| 상관 | | 겁재 | 비견 | 六神 |
| **庚** | **己** | **戊** | **己** | 天干 |
| **午** | **巳** | **辰** | **亥** | 地支 |
| 편인 | 정인 | 겁재 | 정재 | 六神 |
| 육해 | 역마 | 홍염 | 역마 | |
| 도화 | 공망 | 백호 | 공망 | **神殺** |
| 현침 | 낙정관살 | 과숙 | 곡각 | |

# 08 공망살(空亡殺)

## 1) 공망살(空亡殺) 찾는 방법

공망살(空亡殺)은 년주(年柱)와 일주(日柱)를 기준으로 찾습니다.

예를 들어 공망조견표에서 일순(一旬)에 해당하는 간지(干支)는 갑진(甲辰), 을사(乙巳), 임인(壬寅), 정해(丁亥), 무술(戊戌), 기축(己丑), 임신(壬申), 경진(庚辰), 신사(辛巳), 계해(癸亥)입니다.

그러므로 년주(年柱) 혹은 일주(日柱)에 이러한 간지(干支)가 위치해 있다고 하면 그 팔자에서는 술해(戌亥)가 공망(空亡)이 됩니다.

또한 이순(二旬)에 해당되는 간지(干支)는 신유(申酉)가 공망이고 삼순(三旬)에 해당되는 간지(干支)는 오미(午未)가 공망입니다. 사순(四旬)은 진사(辰巳)가 공망이고 오순(五旬)은 인묘(寅卯)가 공망(空亡)이며 육순(六旬)은 자축(子丑)이 공망이 됩니다.

| 순(旬) | 60 갑자 | | | | | | | | | | 공망 |
|---|---|---|---|---|---|---|---|---|---|---|---|
| 一旬 | 甲子 | 乙丑 | 丙寅 | 丁卯 | 戊辰 | 己巳 | 庚午 | 辛未 | 壬申 | 癸酉 | 戌亥 |
| 二旬 | 甲戌 | 乙亥 | 丙子 | 丁丑 | 戊寅 | 己卯 | 庚辰 | 辛巳 | 壬午 | 癸未 | 申酉 |
| 三旬 | 甲申 | 乙酉 | 丙戌 | 丁亥 | 戊子 | 己丑 | 庚寅 | 辛卯 | 壬辰 | 癸巳 | 午未 |
| 四旬 | 甲午 | 乙未 | 丙申 | 丁酉 | 戊戌 | 己亥 | 庚子 | 辛丑 | 壬寅 | 癸卯 | 辰巳 |
| 五旬 | 甲辰 | 乙巳 | 丙午 | 丁未 | 戊申 | 己酉 | 庚戌 | 辛亥 | 壬子 | 癸丑 | 寅卯 |
| 六旬 | 甲寅 | 乙卯 | 丙辰 | 丁巳 | 戊午 | 己未 | 庚申 | 辛酉 | 壬戌 | 癸亥 | 子丑 |

## 2) 공망살(空亡殺)의 개념(槪念)

일반인들이 일정 관리나 행사 계획을 수립(樹立)할 경우에 자주 등장하는 용어가 있는데 상순(上旬), 중순(中旬), 하순(下旬)입니다. "나는 올해 중순(中旬)에 이동할 것 같다" 혹은 "나는 이번 달 하순(下旬)에 유학을 간다" 그런데 우리가 깊은 뜻 없이 사용하는 상순(上旬)이라는 용어는 한 달을 나눠서 말하는 것입니다. 곧 상순(上旬)은 1일부터 10일까지를 말하고 중순(中旬)은 11일부터 20일까지, 하순(下旬)은 21일부터 말일까지를 말합니다. 이것은 동양 문화권에서만 사용하는 오래된 달력의 구분법입니다.

서양에서는 7일을 한 구조로 사용하지만 과거의 동양에서는 그레고리력의 구조를 따라가지 않았습니다. 왜냐하면 동양권에서는 10일을 한 묶음으로 1순(旬)이라 정하여 동양 문화권에 맞춘 달력이 존재했으며 그래서 한 달을 상순(上旬), 중순(中旬), 하순(下旬)으로 10일씩 묶어 나누는 것입니다. 그렇게 사용해 오던 것이 동양의 역법체계입니다.

왜 그런 방식을 선택했는가를 설명해보자면, 60갑자를 따라 날짜를 배치했기 때문에 가능한 겁니다. 60갑자는 서양에는 없고 동양 문화권에만 존재하는 달력 계산법입니다.

즉 천간의 10일을 한 순(旬)으로 묶어 사용했던 것입니다. 천간에 맞춘 것이 12지지였는데 그렇게 계산하다 보니까, 천간은 10개이고 지지는 12개이므로 항상 2개가 비게 됩니다. 즉 짝이 안 맞았던 것입니다. 이것을 고인(古人)들은 공망(空亡)이 든 날짜라고 계산했습니다. 이 공망 든 날짜를 활용하여 많은 역법의 술수가들이 연구를 해왔는데 대표적인 것이 신살 공망론(空亡論)입니다.

## 3) 공망살(空亡殺)의 원리(原理)

공망(空亡)은 많은 종류가 있는데 삼명통회에서 설명하는 내용을 보면, 십간(十干)이 비어서 도달하지 못하는 것을 말한다고 하였습니다. 또 말하기를, 갑순(甲旬)의 진처(盡處)가 공망(空亡)이 되는 것으로 이 위치는 록(祿)이 없는 것을 말하여 공(空)이라고 하고 지(支)는 있는데 간(干)이 없는 것을 망(亡)이라고 한다고 하였습니다.

| 干 | 甲 | 乙 | 丙 | 丁 | 戊 | 己 | 庚 | 辛 | 壬 | 癸 | **공망** |
|---|---|---|---|---|---|---|---|---|---|---|---|
| 支 | 子 | 丑 | 寅 | 卯 | 辰 | 巳 | 午 | 未 | 申 | 酉 | **戌亥** |

가령 갑자(甲子)에서 유(酉)에 이르면 십간(十干)은 계(癸)에서 끝나는데 그럴 경우에 술해(戌亥)는 천간이 없게 되는 것인데 이것을 공망(空亡)이라 합니다. 그러므로 남은 순(旬)도 이와 마찬가지로 해석하면 됩니다. 그래서 실체는 있지만 비어있고(空) 없는 가운데(亡) 있게(有) 되는 것이 되어 흉(凶)하다고 논(論)하게 되는 것입니다.

즉 갑진(甲辰), 을사(乙巳), 임인(壬寅), 정해(丁亥), 무술(戊戌), 기축(己丑), 임신(壬申), 경진(庚辰), 신사(辛巳), 계해(癸亥)에서는 술해(戌亥) 글자를 만나게 되면 천간이 비었다고 하여 천중살(天中煞)이라고도 합니다. 또 설명하면 천중살(天中煞)을 오직 흉(凶)하다고 할 수는 없습니다. 가령 주중(柱中)에 악신(惡神), 악살(惡煞)이 있어 재앙이 모인 지지가 된다면 도리어 공망(空亡)이 됨으로 풀리게 됩니다.

가령 록마(祿馬), 재관(財官)은 복(福)이 모이는 기(氣)가 되니 공망(空亡)이 있으면 흩어져 두렵게 되어 공망을 만나는 것을 두렵다고 말하지만, 만약 흉살(凶殺)이 결집(結集)한 글자가 공망(空亡)이 되면 서로 상쇄(相殺)되므로 평탄하게 됩니다. 또한 공망(空亡)이 합(合)이 되는 것은 오히려 좋은 것으로 합(合)은 공(空)이 되지 않기 때문입니다.

만약 무충(無沖), 무합(無合), 무형(無刑)이 되면 진공망(眞空亡)이라 하고 흉살 (凶殺), 악살(惡殺)이 진공망(眞空亡)이 되면 오히려 복(福)이 있습니다. 혹 십악 대패(十惡大敗)를 일컬어 이 날짜에 출생한 사람은 빈천(貧賤)하다 하였는데 그러나 팔자에 공망(空亡)을 보아도 합당한 격(格)이 된 사람도 많습니다. 화 개(華蓋)가 많아 공망(空亡)을 보아도 보석과 같다고 하며 귀인(貴人)이 많아도 흉한데 공망(空亡)을 보아 해소하는 것도 좋게 되는 것입니다. 다만 길성인 록마(祿馬) 귀관(貴官)에 공망(空亡)을 본 것은 구류(九流)하는 팔자가 됩니다. 년지(年支)가 공망이 되면 년간(年干) 역시 공망된 것과 같은 작용을 합니다.

## 4) 공망(空亡)의 특성(特性)

### · 생왕(生旺)공망

성품이 관대(寬大)한 기운이 되고 실제보다 이름이 높고 몸은 크고 뚱뚱 하며 생각도 하지 않은 의외의 복(福)이 있습니다.

### · 사절(死絕)공망

일생(一生)동안 성패(成敗)가 표박(飄泊)하여 일정한 주거가 없고 소인(小人) 이 이위치를 얻게 되면 간사(奸詐)하게 속이고 연루되지 않는 곳이 없습 니다.

### · 공망왕기(空亡旺氣)

공망이 자왕(自旺)하면 공망왕기(空亡旺氣)라 하여 사용하게 되는데 곧 대 성(大聲) 대응(大應)의 그릇이 됩니다. 만약 공망이 2개로 양위(兩位)가 되면 비록 벼슬은 하게 되지만 크게 되지는 않습니다. 그러나 월일시(月日時) 삼위(三位)가 공망(空亡)이 된 자(者)는 해롭지 않아 대귀인(大貴人)이 되기도 합니다.

• 호환공망(互換空亡)

무릇 공망(空亡)은 태세(太歲)는 말하지 않는다고 합니다. 그러나 만약 태세(太歲)와 일(日)이 호환공망이 되면 좋지 않는데 재앙이 깊다고 합니다. 가령 갑자년(甲子年)에 임술일(壬戌日)이 되면 갑자(甲子)의 올바른 공망(空亡)은 임술(壬戌)이 되는데 임술(壬戌)은 갑인(甲寅) 순(旬)에 있기 때문입니다. 고로 갑인(甲寅) 순(旬)중에서 발생하는 공망은 자기가 되니 사주의 주인공은 일생 재물이 흩어져 줄어들게 되고 가택(家宅)이 크게 깨어지는 것으로 보는 것입니다.


• 절로공망(截路空亡)

절로공망(截路空亡)이 생겨나는 이치는 순중공망(旬中空亡)으로 인해 임계(壬癸) 천간이 더 이상 앞으로 진행을 못하고 있다는 뜻입니다.

곧 임계(壬癸)에 해당하는 지지에서 길이 끊기는 것입니다. 예를 들어 갑자순(甲子旬)에서는 천간(天干) 10개가 진행하고 지지(地支)는 12개가 짝을 하여 진행하는데 임계(壬癸)에 이르러 지지가 술해(戌亥)가 되면 천간은 천중살(天中殺)로 인해 천간이 비어 있습니다,

그러므로 임계(壬癸)는 더 이상 술해(戌亥) 지지를 따라 진행을 하지 못하게 됩니다. 이것을 "수(水)가 앞으로 나아갈 수가 없어서 절로(絶路)라 한다"고 말했던 것입니다. 곧 천중살(天中殺)이 된 순중공망(旬中空亡)에 의해 임계(壬癸)가 길이 끊겨 나아가지 못해서 만들어진 공망이 절로공망(截路空亡)입니다. 그러므로 절로공망(截路空亡)은 순중공망(旬中空亡)과 천중살(天中殺)의 방해로 인해 길이 차단이 되는 것이라 상당히 흉(凶)하게 본 것입니다.

절로공망은 오직 일(日)을 취하여 시(時)를 보는 것으로 년(年)은 해당이 안됩니다. 가령 갑기일(甲己日)에서 신유(申酉) 시상(時上)에 임계(壬癸)가 있는 임신(壬申)과 계유(癸酉)에서 길이 끊어집니다.

곧 그 다음 지지 술해(戌亥)는 천중살(天中殺)을 가진 순중공망(旬中空亡)이

기 때문에 임계수(壬癸水)가 더 이상 앞으로 나아가지를 못하는 것입니다. 이것은 술해(戌亥)가 순중공망(旬中空亡)이라 마무리를 못하고, 다음 갑술순(旬)으로 넘어가서 새로운 시작을 하니 곧 미제(未濟)가 되어 불미(不美)한 것을 뜻하는 것입니다. 그러므로 갑기(甲己)가 신유(申酉)를 보고 을경(乙庚)이 오미(午未)를 보고 병신(丙辛)이 진사(辰巳)를 보고 정임(丁壬)이 인묘(寅卯)를 보고 무계(戊癸)가 술해(戌亥)를 보는 이 같은 두 시상(時上)은 모두 임계(壬癸)를 만나는 조건이 되야 합니다.

그런데 문제는 연해자평과 삼명통회에서 설명하는 절로공망이 다르다는 점입니다. 연해자평에선는 무계(戊癸)일간에서는 자축(子丑)을 절로공망이라 하고, 삼명통회에서는 무계(戊癸)일간에서 술해(戌亥)를 절로공망이라 합니다. 주의해서 살펴야 합니다.

【예시】 천간 임계(壬癸)가 천중살(天中殺)에 막혀 더 이상 나아가지를 못하고 있다. 그러므로 길이 끊어졌다고 하여 절로공망(截路空亡)이다. 갑자순(甲子旬)에 천중살로 인해 임계(壬癸)가 마무리를 짓지 못하고 다음 갑술순(甲戌旬)으로 넘어가는 것이니 흉하다고 한 것이다.

| 순(旬) | 60 갑자 | | | | | | | | | | 순공망 |
|---|---|---|---|---|---|---|---|---|---|---|---|
| 一旬 | 甲子 | 乙丑 | 丙寅 | 丁卯 | 戊辰 | 己巳 | 庚午 | 辛未 | 壬申 | 癸酉 | 천중살<br>戌 亥 |
| 二旬 | 甲戌 | 乙亥 | 丙子 | 丁丑 | 戊寅 | 己卯 | 庚辰 | 辛巳 | 壬午 | 癸未 | 천중살<br>申 酉 |
| 三旬 | 甲申 | 乙酉 | 丙戌 | 丁亥 | 戊子 | 己丑 | 庚寅 | 辛卯 | 壬辰 | 癸巳 | 천중살<br>午 未 |
| 四旬 | 甲午 | 乙未 | 丙申 | 丁酉 | 戊戌 | 己亥 | 庚子 | 辛丑 | 壬寅 | 癸卯 | 천중살<br>辰 巳 |
| 五旬 | 甲辰 | 乙巳 | 丙午 | 丁未 | 戊申 | 己酉 | 庚戌 | 辛亥 | 壬子 | 癸丑 | 천중살<br>寅 卯 |
| 六旬 | 甲寅 | 乙卯 | 丙辰 | 丁巳 | 戊午 | 己未 | 庚申 | 辛酉 | 壬戌 | 癸亥 | 천중살<br>子 丑 |

## 연해자평 절로공망(截路空亡)

| 甲己 | 乙庚 | 丙辛 | 丁壬 | 戊癸 |
|---|---|---|---|---|
| 申酉 | 午未 | 辰巳 | 寅卯 | 子丑 |

## 삼명통회 절로공망(截路空亡)

| 甲己 | 乙庚 | 丙辛 | 丁壬 | 戊癸 |
|---|---|---|---|---|
| 申酉 | 午未 | 辰巳 | 寅卯 | 戌亥 |

이 공망(空亡)은 오직 수명에만 불길한 것이 아니라. 출입(出入), 구재(求財), 교역(交易), 상관(上官), 혼인(婚姻) 등 모든 일에 불길(不吉)하게 됩니다.

- 태어난 일간이 갑(甲) 혹은 기(己)가 되면 임신(壬申), 계유(癸酉)가 이에 해당하고
- 태어난 일간이 을(乙) 혹은 경(庚)이 되면 임오(壬午), 계미(癸未)가 이에 해당하고,
- 태어난 일간이 병(丙) 혹은 신(辛)이 되면 임진(壬辰), 계사(癸巳)가 이에 해당하고,
- 태어난 일간이 정(丁) 혹은 임(壬)이 되면 임인(壬寅), 계묘(癸卯)가 이에 해당하고,
- 태어난 일간이 무(戊) 혹은 계(癸)가 되면 임술(壬戌), 계해(癸亥)가 이에 해당합니다.

[연해자평에서는 임자(壬子), 계축(癸丑)이라고 설명함]

## 5) 공망(空亡)의 종류(種類)

· **건록공망(建祿空亡)**

공망(空亡)이 건록(建祿)과 같이 있으면 록공망(祿空亡)이 되므로 일생 동안에 파산(破散)이 많게 되고 이름이 헛되니 평생 공부를 하나 늙도록 이루지 못합니다.

만약 귀마(貴馬)가 와서 구원하게 되어도 설령 관(官)을 얻게 되었다고 하더라도 다시 멈추게 되니 어려움은 있게 됩니다.

· **장생공망(長生空亡)**

두 개의 천중(天中)이 장생(長生)과 합(合)하여 왕(旺)하면 공망왕기를 띄므로 흉(凶)하지 않습니다. 공망을 충극(沖剋)에 겸해서 형록(刑祿)이 더해지면 관직이 다시 융성하여 집니다.

· **역마공망(驛馬空亡)**

임인(壬寅)이 공망이 되었는데 임신(壬申)같은 종류가 충(沖)하면 오히려 역마(驛馬)가 움직이지 않게 되는데 이것이 가장 나쁜 것으로 판단하였습니다.

· **겁살망신(劫煞亡神)공망**

교활할 정도로 용맹(勇猛)하지만 인정(人情)이 없으므로 세상을 떠 돌게 됩니다.

· **함지육해(咸池六害)공망**

도화로 떠돌다가 죽을 때에 흉폭(凶暴)하게 죽는다고 합니다.

- 협귀(夾貴)화개(華蓋)삼기(三奇)학당(學堂)공망

  매우 총명하고 세속을 벗은 선비가 됩니다.


- 화개(華蓋)공망

  시상(時上)에 화개공망을 만나면 자식이 적고 일상(日上)에 있으면 서출(庶出)이 많고 혹 처첩(妻妾)과 이별을 하고 짝하고 합(合)하면 음탕하다고 합니다.


## 6) 육신공망(六神空亡)의 결합상(結合像)

- 인성공망(印星空亡)

  인성은 모친(母親), 문서(文書)에 해당하므로 인성이 공망되는 사람은 모친성과 인연이 박약(薄弱)하거나 모친과 불화(不和)하고 모친이 오래 살지 못할 수 있습니다. 또한 문서(文書)계약(契約)에 있어서 불리해집니다. 편인화개(偏印華蓋)가 공망(空亡)이 되면 승도(僧道), 학자(學者)로 성공할 수 있습니다. 월주 또는 년주에 인성이 있는데 백호(白虎)가 되거나 혹은 공망(空亡)이 되면 모친과 이별할 수 있습니다.

  그러나 공망이 합(合)이 되어 작용력을 상실하면 그런 작용이 나타나지 않습니다.


- 편재공망(偏財空亡)

  편재(偏財)는 부친성(父親星)에 해당됩니다. 고로 편재가 공망되면 부친과 인연이 적어서 부친과 일찍 이별(離別), 사별(死別)할 수 있습니다. 또한 편재(偏財)는 공공(公共)의 재물을 뜻하기 때문에 편재가 공망되면 복지기관, 종교단체 등의 자금관리를 맡아서하는 것이 좋고 만약 그렇지 못하면 본인은 재정적인 궁핍을 겪고 재물이 흩어지거나 축재(蓄財)가 어려울 수 있습니다. 투기, 도박성이 강해서 파산(破産)을 경험할 수 있고 자주 직업과 사업을 바꾸게 됩니다.

공망이란 인연이 없다는 뜻이므로 곧 편재가 년(年)주나 월(月)주에 있고 공망이면 부친이 일찍 죽을 수 있습니다. 그러나 귀인(貴人)과 동주(同柱)하거나 혹은 합(合)이 되면 공망이 풀어지므로 부친과는 오히려 돈독(敦篤)할 수 있습니다.

## • 정재공망(正財空亡)

정재(正財)는 처성(妻星)입니다. 남자의 사주에서 정재(正財)가 공망이 되면 부인과 화목(和睦)하지 못하고 별거(別居)하거나 이혼(離婚)할 수 있습니다. 정재(正財)가 월지 또는 일지에 있으면서 공망되면 일찍 상처(喪妻)합니다. 정재(正財)가 없고 편재가 있으면 편재가 처성(妻星)이 되는데 편재가 일지나 월지에 있고 공망이 되면 부인이 질병을 앓을 우려가 있습니다.

그러나 사주에 재성(財星)이 2개 이상으로 이위(二位)가 되고 그 중 한 개만 공망이 되면 이혼하고 재혼(再婚)할 수 있습니다. 또 재성공망은 사업이 힘들고 파산(破産)을 당할 수 있고 혹은 이직(移職)이 잦습니다. 그러나 귀인(貴人)과 동주하거나 합(合)이 되면 그렇지 않습니다.

## • 정관공망(正官空亡)

정관(正官)은 남편성(男便星)에 해당합니다. 여자 사주에 정관이 공망이면 남편과 인연이 적고 혹은 불화(不和)하고 별거(別居) 또는 이혼(離婚)할 수 있습니다. 여자 사주에 정관이 월지(月支) 혹은 일지(日支)에 있으면서 공망이 되면 남편과 이혼하거나 사별할 수 있습니다. 만약 칠살만 있으면 칠살이 남편을 대표합니다. 그때 칠살이 공망(空亡)되면 남편과 사별(死別)할 수 있습니다.

그러나 귀인(貴人)과 동주하거나 공망된 지지가 합이 되면 그렇지 않습니다. 여기서 귀인이란 천을귀인(天乙貴人)이나 천덕귀인(天德貴人)이나 천월

(天月), 문창귀인(文昌貴人)을 말합니다. 정관이 공망이 되면 비록 관직을 얻어도 오래 가지 못합니다. 남자의 경우는 칠살이 공망이 되면 아들을 극하게 됩니다.

- **식신공망(食神空亡)**

  남자 사주에서 식신(食神)이 공망이 되면 의식주(衣食住)가 불편하고 진로(進路)장애(障礙)가 많으며 편인도식(偏印倒食)이 되면 해(害)가 더욱 큽니다. 또한 식신(食神)이 공망(空亡)이면 수명(受命)이 길지 않고 요절(夭折)할 우려가 있습니다.

  여자의 경우는 식신(食神)이 공망(空亡)이 되면 자녀 산액(産額)이 있을 수 있고 혹은 자녀를 끝까지 양육(養育)하기 힘들 수 있습니다.

- **상관공망(傷官空亡)**

  남자 사주에 상관(傷官)이 공망(空亡)이 되면 딸과 불화(不和)하고 혹은 양자(養子)를 둘 수도 있습니다. 여자 사주에 상관이 공망이 되면 혼인(婚姻)에 파란(波瀾)이 있고 아들과 불화(不和)하거나 아들이 없을 수 있습니다. 그러나 귀인(貴人)과 동주하거나 합이 되면 그렇지 않습니다.

- **비견공망(比肩空亡)**

  동성(同姓)의 동기간이 적고 형제와 이별(離別)하며 귀인이나 합이 이를 해소하지 않는 한 형제가 일찍 죽는 경우도 있습니다.

  겁재(劫財)가 공망이면 자매가 적거나 이별하고, 해소(解消)되지 못하는 한 이성의 남매가 요절하기도 합니다.

## 7) 공망(空亡)의 오행 물상

금(金)이 공망(空亡)이 되면 울리게 되고
화(火)가 공망(空亡)이 되면 밝게 되고
수(水)가 공망(空亡)이 되면 맑게 되고
목(木)이 공망(空亡)이 되면 꺾어지고
토(土)가 공망(空亡)이 되면 붕괴된다 하였습니다.

## 8) 근묘화실(根苗花實) 접근법

• **년주공망(年柱空亡)**

국가(國家), 가문(家門), 조상(祖上)의 인연이 박(薄)합니다. 또한 할아버지 또는 할머니 중 한 분이 요절(夭折)한 것인데 년주가 상관(傷官)이면 더욱 확실합니다. 혹은 부모님이 조부의 고향을 떠나 타향살이 할 수 있습니다.

• **월주공망(月柱空亡)**

부모(父母) 형제(兄弟) 고향(故鄉)과의 인연이 약합니다. 부모 중의 한 분이 일찍 이별했으며 월주에 편재가 있으면 부친이고 인수가 있으면 모친이 요절할 수 있습니다. 형제와 어린 시절 떨어진다거나 일찍이 헤어지기도 하고 태어난 고향을 떠나게 됩니다.

• **일주공망(日柱空亡)**

배우자와 인연이 약합니다. 배우자 불화(不和)로 인해 이별(離別)하거나 혹은 사별(死別)할 수 있습니다. 배우자와 떨어진다거나 일찍이 헤어지기도 하고 나의 중년에 결실이 부족하고 이동 이사가 잦습니다. 일지가 공망이 되면 배우자가 있으나, 공망이니 없는 듯합니다.

• 시주공망(時柱空亡)

자녀(子女) 제자(弟子) 아랫사람과 인연이 약합니다. 자녀와 떨어진다거나 일찍이 헤어지기도 하고, 자녀 가운데 적어도 한 명은 본인보다 먼저 죽을 수 있습니다. 나의 말년 결실의 부족합니다.

## 9) 공망살(空亡殺)의 응용법(應用法)

공망이 되는 지지는 고유한 작용력을 상실하게 됩니다. 그러므로 길한 것이 공망되면 길하지 않게 되고, 흉한 것이 공망되면 오히려 길하게 됩니다. 지지가 공망이 되면 해당되는 천간도 공망으로 간주합니다.
또한 공망이된 지장간의 글자도 공망의 영향력에서 벗어나지 못합니다.

• 공망해소(空亡解消)

흉살(凶殺)이 공망(空亡)이면 흉함이 해소(解消)가 됩니다. 공망(空亡)과 흉살(凶殺)은 서로 상쇄(相殺)되는 바, 이로 인해 공망(空亡)도 깨지고 흉살(凶殺)도 없어지게 됩니다. 또한 합(合)이 되면 공망이 해소(解消)가 되고 귀인을 만나도 공망이 해소가 됩니다. 또한 충(沖)이 된 지지 중에 한 개라도 공망이 되면 충(沖)이 아니라고 봅니다.

• 호환공망(互換空亡)

년주(年柱)와 일주(日柱)가 서로 공망(空亡)되면 호환공망이라 하여 일생 고생이 많습니다. 서로 공망(空亡)된다는 것은 예컨대 갑자(甲子)년주와 임술(壬戌)일주가 대표적입니다. 년주의 갑자(甲子)는 술(戌)이 공망(空亡)인데 일주에서 임술(壬戌)을 보는 것이 해당이 됩니다.

| 一旬 | 甲子 | 乙丑 | 丙寅 | 丁卯 | 戊辰 | 己巳 | 庚午 | 辛未 | 壬申 | 癸酉 | 戌亥 |
|---|---|---|---|---|---|---|---|---|---|---|---|
| 六旬 | 甲寅 | 乙卯 | 丙辰 | 丁巳 | 戊午 | 己未 | 庚申 | 辛酉 | 壬戌 | 癸亥 | 子丑 |

## • 궁성공망(宮星空亡)

년주가 공망이면 조심성이 많습니다. 년주와 월주가 모두 공망이면 처자(妻子)와 이별하기 쉽습니다. 년주와 일주가 공망이면 파산(破産)의 우려가 있습니다. 시주(時柱)가 공망이면 자식의 도움을 기대하지 못합니다. 사주에서 삼주(三柱)가 공망이면(월, 일, 시 또는 년, 월, 시가 공망이면) 오히려 대귀(大貴)해집니다.

## • 공망궁합(空亡宮合)

상대방의 궁합은 일주를 위주로 봅니다. 따라서 상대방의 일지가 본인의 일주에서 보아 공망이 되면 두 사람은 관계를 맺어도 결실이 없고 결국 불화(不和)와 원망(怨望)으로 인해 이별할 수 있습니다. 따라서 부부와 동업자는 서로 일주가 공망이 되어서는 안 된다.

## • 순공망(旬空亡)

일주가 같은 순(旬)에 있는 사람끼리는 융합이 잘됩니다. 예를 들어 갑자(甲子)일주인데 병인(丙寅)일주를 만나게 되면 이 둘은 같은 순(旬)에 존재하므로 서로 융화(融和)가 잘된다고 합니다.

이것은 마치 용신이 똑같은 사람은 추구하는 길이 같아서 찰떡궁합이되는 것처럼 공망이 같은 사람끼리는 뜻이 같아서 부부 또는 동업자가되면 좋다는 뜻입니다.

그러므로 만약 시어머니와 며느리가 일지 궁합이 같은 순(旬)에 속하면 시모와 며느리 관계가 화평하다는 말이기도 합니다.

| 一旬 | 甲子 | 乙丑 | 丙寅 | 丁卯 | 戊辰 | 己巳 | 庚午 | 辛未 | 壬申 | 癸酉 | 戌亥 |
|---|---|---|---|---|---|---|---|---|---|---|---|

· **귀인공망**(貴人空亡)

 귀인이 공망되면 복을 감액(減額)하는데 또한 공망(空亡)도 해소가 됩니다. 공망과 귀인이 동주했는데 공망이 합이 되면 공망의 흉조가 완전히 해소된 것이므로 공망으로 보지 않는다.

· **유년공망**(流年空亡)

 유년(流年)이나 대운(大運)이 공망이면 길한 작용도 흉한 작용도 없습니다. 운에서 찾아오는 공망은 무시하는 것이 원칙이다. 즉, 길운이 와도 별로 길하지 않고, 흉운이 와도 별로 흉하지 않다고 봅니다.

【예시1】 무진(戊辰)일주 입장에서는 해수(亥水)가 편재(偏財)인데 공망(空亡)이니 뭔가 채우려고 하는 행동이 일어난다. 사업(事業), 투기(投機)를 벌려 빈 공간을 채우려고 하지만 공망이니 깨진 빈 항아리에 물을 담은 격이다. 고로 일을 벌려 진행하려면 잘 성사가 안 된다.
 한 번 잃어버리고 다시 찾으려 무모하게 다시 벌리지만 제대로 돈이 모아지질 않는다. 진해(辰亥)원진으로 구성이 된 편재(偏財)가 공망(空亡)이라 어렵다.

▶ **사/주/분/석**

| 時 | 日 | 月 | 年 | 건 명 |
|---|---|---|---|---|
| | 戊 | | | 天 干 |
| 辰 | 亥 | | | 地 支 |
| 비견 | 편재 | | | 六 神 |
| | 공망 | | | 神 殺 |

| 干支 | 甲子 | 乙丑 | 丙寅 | 丁卯 | 戊辰 | 己巳 | 庚午 | 辛未 | 壬申 | 癸酉 | 戊亥 |
|---|---|---|---|---|---|---|---|---|---|---|---|

【예시2】임진(壬辰)일주에서는 미토(未土) 정관(正官)이 공망(空亡)이 된다.
그런데 계미(癸未)는 겁재(劫財)를 가진 정관(正官)이 공망이다 보니
공무원시험에 여러 번 도전했으나 실패하였다. 빈 공간을 채우려는
마음에 재차 도전해 보지만 쉽지가 않았다.

그런데 천신만고 끝에 합격이 되었는데 일지 편관 진토(辰土)가 옆에
서 좋은 자리로 이직(移職)을 권고하니 관살혼잡(官殺混雜)이라 한
직장에 오래 붙어있지를 못하였다. 관성이 공망이 되면 노력해도 채
워지지 않으니 직업 운이 없고 이직(移職)이 잦다.

▶ 사/주/분/석

| | 時 | 日 | 月 | 年 | 건 명 |
|---|---|---|---|---|---|
| 六神 | | | 겁재 | | 六神 |
| 天干 | 壬 | 癸 | | | 天干 |
| 地支 | 辰 | 未 | | | 地支 |
| 六神 | 편관 | 정관 | | | 六神 |
| 神殺 | | 공망 | | | 神殺 |

| 干支 | 甲申 | 乙酉 | 丙戌 | 丁亥 | 戊子 | 己丑 | 庚寅 | 辛卯 | **壬辰** | 癸巳 | **午未** |
|---|---|---|---|---|---|---|---|---|---|---|---|

**【예시3】** 진토(辰土)가 정인(正印)으로 모친(母親)인데 공망(空亡)의 자리에 놓여 있다. 모친(母親)이 공망(空亡)이라는 점은 모친(母親)과의 인연(因緣)이 야박(野薄)해지거나 육친인연이 고르지 못한 것으로 부모 이별의 단서(但書)가 된다. 또한 편인정인(偏印正印)의 이위(二位)의 상(像)이므로 부족한 공망을 편인(偏印)으로 채우려고 하였다. 그러므로 부모가 조기(早期) 이혼(離婚)하였는데 부친이 재혼(再婚)하여 새엄마가 들어왔다.

▶ 사/주/분/석

| | 時 | 日 | 月 | 年 | 건 명 |
|---|---|---|---|---|---|
| 六神 | | | 상관 | | 六 神 |
| 天干 | 辛 | 壬 | | | 天 干 |
| 地支 | 丑 | 辰 | | | 地 支 |
| 六神 | 편인 | 정인 | | | 六 神 |
| 神殺 | | 공망 | | | 神 殺 |

| 干支 | 甲午 | 乙未 | 丙申 | 丁酉 | 戊戌 | 己亥 | 庚子 | **辛丑** | 壬寅 | 癸卯 | **辰巳** |
|---|---|---|---|---|---|---|---|---|---|---|---|

【예시4】 일간은 춘불용금(春不容金)이라 신금(辛金) 손상(損傷)이 분명한데, 재성 인묘(寅卯)가 록마공망(祿馬空亡)이 되었다.

그런데 록마공망(祿馬空亡)을 형충(形沖)하면 오히려 말이 움직이질 못한다고 하였다. 역마(驛馬)는 충(沖)해야 움직이는데 만약 공망(空亡)이 된 역마(驛馬)는 충해도 움직이질 못한다. 이것이 가장 나쁜 일인데 병마(病馬)가 된 것이므로 록마공망을 형충(形沖)하는 병신년(丙申年)에 화재(火災)로 질식사(窒息死)한 사람이다.

신금(辛金)은 폐(肺)에 속하니 춘불용금(春不容金)에서는 신금(辛金)은 이미 폐 손상으로 이지러져있는 것이다.

▶ 사/주/분/석

| 時 | 日 | 月 | 年 | 세운 | 곤 명 |
|---|---|---|---|---|---|
| 비견 | | 정관 | 정재 | 정관 | 六神 |
| 辛 | 辛 | 丙 | 甲 | 丙 | 天干 |
| 卯 | 卯 | 寅 | 辰 | 申 | 地支 |
| 편재 | 편재 | 정재 | 정인 | 겁재 | 六神 |
| 공망 | 공망 | 공망 | | 지살 | 神殺 |
| | | 역마 | | | |

【예시5】염상(炎上)의 불 길 속에서 계해(癸亥)가 분멸(焚滅)하려던 을목(乙木)을 구제(救濟)했다. 그러므로 을(乙)은 불타는 새가 되었고 계수(癸水)가 역마충으로 용신(用神)이 되어 해자축(亥子丑)방국을 형성하니 대양(大洋)을 넘나드는 일에 종사(從事)하였다.

여자의 직업은 스튜어디스이다. 그런데 원래 그녀의 전공은 바이올린 이였다고 하는데 꿈을 접었다고 한다, 왜냐하면 월령(月令)에 뿌리가 없는 을목(乙木)은 용신(用神)이 되지 못하기 때문이다.

그러므로 을목(乙木)은 불에 휘어진 가문비목(木)이였는데 축토(丑土)의 쇠줄을 연결하니 바이올린의 물상이 되었다. 특히 을축(乙丑)이 공망이니 축(丑)중의 신금(辛金)이 을신(乙辛) 충(沖)으로 진동하므로 현악기가 되었다.

## ▶ 사/주/분/석

| 時 | 日 | 月 | 年 | 곤 명 |
|----|----|----|----|-------|
| 겁재 |  | 편인 | 편관 | 六神 |
| 丙 | 丁 | 乙 | 癸 | 天干 |
| 午 | 巳 | 丑 | 亥 | 地支 |
| 비견 | 겁재 | 식신 | 정관 | 六神 |
| 도화 | 역마 | 공망 | 역마 | 神殺 |

【예시6】 무술(戊戌) 편인(偏印)이 화개살(華蓋殺)인데 관성(官星)인 정사(丁巳)는 월주 공망(空亡)이 되고 월일시(月日時)가 모두 사술원진(巳戌元嗔)으로 가정(家庭)과는 인연(因緣)이 없었다.

그런데 화개(華蓋)가 공망(空亡)을 만나면 출가지승(出家之僧)이라 하였다. 그러므로 이 사람은 이혼(離婚)하였고 무속인(巫俗人)으로 살아간다고 하였다.

▶ 사/주/분/석

| 時 | 日 | 月 | 年 | 곤 명 |
|---|---|---|---|---|
| 겁재 | | 정관 | 편인 | 六 神 |
| 辛 | 庚 | 丁 | 戊 | 天 干 |
| 巳 | 戌 | 巳 | 戌 | 地 支 |
| 편관 | 편인 | 편관 | 편인 | 六 神 |
| | 화개 | 공망 | 화개 | 神 殺 |
| | 괴강 | | | |

【예시7】무술(戊戌)일주는 화개살(華蓋殺)인데 공망(空亡)이 되었다.
그런데 무토(戊土)가 병화(丙火)에 의해 차일이현(借日以現)으로 출현(出現)했으니 편인(偏印)의 진신(眞神)을 얻은 것이라 종교인(宗教人), 학자(學者)로 성공할 수 있다. 또한 무재성(無財星)이니 이 사주의 주인공은 세상을 등진 청렴한 선비이다.
그러므로 화개(華蓋)가 공망(空亡)이 되면 출가지승(出家之僧)이라 했다. 신학교(神學校)를 졸업하고 목회를 준비하고 있다.

## ▶ 사/주/분/석

| 時 | 日 | 月 | 年 | 건 명 |
|---|---|---|---|---|
| 편인 | | 정관 | 식신 | 六 神 |
| 丙 | 戊 | 乙 | 庚 | 天 干 |
| 辰 | 戌 | 酉 | 午 | 地 支 |
| 비견 | 비견 | 상관 | 정인 | 六 神 |
| | 화개 공망 | | | 神 殺 |

【예시8】 양인비인(羊刃飛刃)을 두른 재살(災殺) 3개가 자오충(子午沖)으로 수옥살(囚獄殺)을 발동시켰는데 병임충(丙壬沖)으로 수화미제(水火未濟)가 되었다. 곧 진토(辰土)는 길이 끊어져 나아갈 길이 없어졌으니 병화(丙火)일간은 절로공망(截路空亡)에 빠져있다.
그러므로 명주(命主)는 강도 살인으로 구속이 되었다.

▶ 사/주/분/석

| 時 | 日 | 月 | 年 | 건 명 |
|---|---|---|---|---|
| 편관 | | 편재 | 비견 | 六神 |
| 壬 | 丙 | 庚 | 丙 | 天干 |
| 辰 | 午 | 子 | 子 | 地支 |
| 식신 | 겁재 | 정관 | 정관 | 六神 |
| 절로공망 | 재살 | 재살 | 재살 | |
| 과숙 | 양인 | 비인 | 비인 | |
| 상문 | 음양차착 | | | 神殺 |
| 음양 | | | | |
| 월덕 | | | | |

# 09 백호살(白虎殺)

## 1) 백호살(白虎殺) 찾는 방법

백호살(白虎殺)은 7종(種)이 있는데 모두 간지(干支)로 구성이 됩니다. 따라서 사주 팔주 내에 이 7종(種)의 간지(干支)가 존재하면 백호살(白虎殺)로 인식하는 것입니다. 또한 세운(歲運)에서 백호살(白虎殺)을 만나는 경우에도 백호살의 흉길(凶吉)을 동일하게 적용합니다.

**백호살 찾는 법**

| 천간 | 甲 | 乙 | 丙 | 丁 | 戊 | 壬 | 癸 |
|------|----|----|----|----|----|----|----|
| 지지 | 辰 | 未 | 戌 | 丑 | 辰 | 戌 | 丑 |

## 2) 백호살의 원리(原理)

백호살은 60간지를 구궁(九宮)에 순행(順行), 역행(逆行)시켜 중궁(中宮)에 닿는 간지를 말합니다.
곧, 중궁(中宮)에 닿는 간지인 백호살은 무진(戊辰), 정축(丁丑), 병술(丙戌), 을미(乙未), 갑진(甲辰), 계축(癸丑), 임술(壬戌)입니다.

| | | |
|---|---|---|
| 丁卯,丙子,乙酉,甲午<br>癸卯,壬子,辛酉 | 壬申,辛巳,庚寅,己亥<br>戊申,丁巳 | 乙丑,戊戌,癸未,壬辰<br>辛丑,庚戌,己未 |
| 丙寅,乙亥,甲申,癸巳壬<br>寅,辛亥,庚申 | 戊辰,丁丑,丙戌,乙未<br>甲辰,癸丑,壬戌 | 庚午,己卯,戊子,丁酉<br>丙午,乙卯 |
| 辛未,庚辰,己丑,戊戌<br>丁未,丙辰 | 甲子,癸酉,壬午,辛卯<br>庚子,己酉,戊午 | 己巳,戊寅,丁亥,丙申<br>乙巳,甲寅,癸亥 |

백호살(白虎煞)은 구궁도(九宮圖)에서 나온 이론입니다.

백호살(白虎煞)은 진술축미(辰戌丑未)의 토(土)기운이 중궁(中宮)을 침범하는 것을 말하는데 일명 오귀살(五鬼煞)이라 합니다. 예를 들어, 감궁(坎宮)의 갑자(甲子)로부터 출발하여 순행할 때 임신(壬申)에 이르면 9번째에 해당합니다. 그런데 그 중앙은 5번째로 황제자리인 중궁(中宮)에 해당되는 것인데, 진술축미(辰戌丑未)는 묘지(墓地)에 해당하므로 이 둘이 서로 토끼리 상충하다 보니 결국 토 중앙이 흔들린다는 의미가 됩니다.

죽음의 기운이 중궁(中宮)을 침범하여 황제를 위협한다 해서 나온 것입니다. 중앙을 황제라고 보는 것은 구궁도의 풍수방위에 의한 것입니다.

## 3) 백호살의 개념(槪念)

백호살은 호랑이에게 물려가 피를 본다라는 뜻을 가지고 있습니다. 과거에는 관청에 끌려가거나 혹은 호환(虎患)에 물려 당하는 초상(初喪)이 많았는데 요즘의 교통사고 사망자 수(數)와 비슷하다고 합니다.

그래서 백호(白虎)는 피를 보는 팔자라고 하여 혈광사(血狂死)라고도 합니다. 이 사고를 당하면 해당되는 육친은 피를 토하며 죽는 사건이 발생하였다고 하는데, 불의의 재난이나 병난(病難), 횡사(橫死), 변사(變死), 교통사고, 암수술, 등이 찾아올 수 있습니다. 백호는 신살(神殺) 중의 하나로 작용하는 힘이 아주 강한 살입니다.

그러므로 이 살은 일반직업이면 구설수(口舌數) 등에 노출이 되어 횡액(橫厄)에 쉽게 휩쓸릴 수가 있어서 액(厄)을 해소하는 직업을 가지는 것이 길한데, 군인(軍人), 검찰(檢察), 판사(判事), 경찰(警察), 교도관(矯導官), 소방관(消防官), 구조대(救助袋), 의사(醫師), 수의사, 종교(宗敎), 역술인 등이 좋고 회집운영, 정육점, 식육점, 이용사, 운동선수, 격투기 등이 적합합니다.

## 4) 백호살(白虎煞) 사건의 특징

**갑진(甲辰),을미(乙未)백호(白虎):** 끈이나 나무에 관계된 흉사(凶事)를 암시합니다. 죽으면 목메달아 죽거나 뭉둥이에 맞아 죽는다고 합니다.

**병술(丙戌),정축(丁丑)백호(白虎):** 불, 자동차, 양약에 관련된 흉사(凶事)를 암시하는데 사고가 나더라도 교통사고이거나 화재관련이 많고 죽어도 불에 타서 죽거나 부딪쳐 압사당해 죽습니다.

**임술(壬戌),계축(癸丑)백호(白虎):** 물이나 약물에 관련된 흉사(凶事)를 암시하는데 사고가 나더라도 익사, 음독, 자살이 많고 술주정뱅이 과량음주로 죽는 경우도 해당이 됩니다.

**무진(戊辰)백호(白虎):** 건축물, 산사태 등에 관련된 흉사(凶事)를 암시하는데 사고가 나더라도 토사의 붕괴에 의한 사고, 건물붕괴, 지하철붕괴오 압사하는 경향이 있습니다.


## 5) 백호(白虎)와 육신(六神)의 결합상(結合像)

이 살(殺)이 편재(偏財)에 해당되면 부친(父親)이나 아내가 흉사(凶死) 또는 객사(客死)를 당한다고 보며, 관성(官星)이 이 살(殺)에 해당되면 여명(女命)일 경우 그 남편(男便)이, 남명(男命)일 경우는 그 자식(子息)이 비명횡사(非命橫死)할 위험이 있다고 보면 됩니다. 특히 갑진(甲辰) 을미(乙未)일주에 태어난 사람은 그의 아버지가 객사(客死) 또는 흉사(凶死)할 위험이 가장 많습니다.

- **상관(傷官)백호(白虎)**
  조모(祖母)의 산망(散亡)이 따른다.
- **인수(印綬)백호(白虎)**
  모친(母親)의 산망(散亡)이 따른다.

- **정재(正財)백호(白虎)**

  고모(姑母), 숙부(叔父) 혈광사(血狂死)
- **편재(偏財)백호(白虎)**

  부친(父親), 시모(媤母)의 혈광사(血狂死)
- **비견(比肩)백호(白虎)**

  자매(姉妹), 형제(兄弟)의 혈광사(血狂死)
- **관살(官殺)백호(白虎)**

  여자는 남편의 혈광사가 있고 남자는 자식의 요절이 있다.


# 6) 근묘화실(根苗花實) 응용법

년월일시의 근묘화실(根苗花實)을 따져 백호(白虎)에 임한 글자를 보는 데 백호(白虎)가 앉은 그 글자의 십신(十神)으로 운명을 논하면 됩니다. 천간과 지지가 모두 해당하므로 12운성으로 묘지(墓地)의 글자를 살피기도 하며 형충파해(形沖破害)하여 일어나는 충극(沖剋)을 살펴 백호의 흉을 예단(豫斷)합니다.

**년주 백호살:** 조상복이 없고, 조상들이 피를 보는 사고수가 있다.

**월주 백호살:** 부모형제와 관계가 안 좋고 박복하다.

**일주 백호살:** 부친 혹은 배우자에게 병이나 사고가 생길 수있고, 싸울 일도 많고 우환이 많다.

**시주 백호살:** 자녀에게 액운이 생길 수있고, 아랫사람으로 인해 고생할 수 있으며 노년에 고단한 삶을 살 수 있다.

## 7) 백호(白虎)와 신살(神殺) 결합상(結合像)

### • 백호살와 양인 및 괴강살

이 살을 만나면 중풍, 창질, 암, 당뇨병, 치질 등이 걸릴 확률이 높으며, 육해살이 되면 허리 병이 들고 신경통과 위장무력이 있습니다.

### • 화계(華蓋)와 월살(月殺)

백호살(白虎殺)이 있으면 승려, 수도인(僧侶 修道人), 유흥업에 종사하거나 무당(巫堂)이 되기도 합니다.

### • 도화(桃花)반안(攀鞍)백호(白虎)

연예인으로 인기 상승하나 격(格)이 나쁘면 유흥(遊興)무대(舞臺)에 종사(從事)할 수 있습니다.

### • 겁살(劫殺)백호(白虎)

손재수가 따르고 축재(蓄財)가 힘들 수 있습니다.

### • 역마(驛馬)백호(白虎)

이동 중 흉사(凶事)하거나 직업으로는 물류업종에 종사합니다.

### • 재살(災殺)백호(白虎)

악살(惡殺)이 결집하면 수감, 투옥을 당할 수 있고, 수술(手術) 등으로 병원에 입원의 원인이 됩니다.

### • 비인(飛刃)백호(白虎)

이미용계, 의료계, 조각가 도예가 등에 종사합니다.

【예시1】 병술년(丙戌年)에 부친이 혈광사(血狂死)한 사건인데 갑진(甲辰)일
주는 편재(偏財) 백호(白虎)에 해당한다. 그런데 병술년(丙戌年)에
재차 편재(偏財) 백호(白虎)를 만난 것인데 백호가 진술충(辰戌沖)하
여 들어오므로 백호가 크게 동(動)했다. 이 해는 편재(偏財) 백호(白
虎)에 걸려 있는 시기이므로 재물손상(財物損傷)과 부친(父親)혈광
사(血狂死)가 염려가 되었다.

그런데 병술(丙戌)년 경인(庚寅)월에는 여친(女親)을 자기 방에 재웠
는데, 그 다음날에 돈과 패물을 가지고 도망갔다. 또한 그 해 무술(戊
戌)월 부친이 전라도에 다녀오다가 길에 쓰러져 돌아가셨는데 한마
디로 객사(客死)하셨다. 편재백호(偏財白虎)에 걸린 시기는 흉운(凶
運)이니 부친의 이동을 자제해야 한다.

▶ 사/주/분/석

| 時 | 日 | 月 | 年 | 세운35 | 곤 명 |
|---|---|---|---|---|---|
| 편관 | | 겁재 | 편인 | 식신 | 六 神 |
| **庚** | **甲** | **乙** | **壬** | **丙** | 天 干 |
| **午** | **辰** | **巳** | **子** | **戌** | 地 支 |
| 상관 | 편재 | 식신 | 정인 | 편재 | 六 神 |
| | 백호 | | | 백호 | 神 殺 |

【예시2】병술(丙戌), 임술(壬戌), 갑진(甲辰)의 3백호로 구성이 된 사주인데 병술(丙戌)은 부친궁에 자리한 편재(偏財) 백호(白虎)에 해당한다. 부모궁에 부친성이 백호이면 부친(父親)의 혈광사(血狂死)를 근심해야 한다. 그러므로 부친의 흉사가 있었고, 부부의 인연도 박(薄)하였다.

| 時 | 日 | 月 | 年 | 곤 명 |
|---|---|---|---|---|
| 식신 | | 편재 | 편인 | 六神 |
| 甲 | 壬 | 丙 | 庚 | 天干 |
| 辰 | 戌 | 戌 | 申 | 地支 |
| 편관 | 편관 | 편관 | 편인 | 六神 |
| 백호 | 백호 | 백호 | 역마 | 神殺 |

【예시2】임술(壬戌)은 상관(傷官)백호(白虎)요 계축(癸丑)은 편인(偏印)백호(白虎)이니 조모(祖母)산망(散亡)과 모친(母親)산망(散亡)이 염려가 되었다. 축술형(丑戌形)하므로 년지,월지의 백호(白虎)가 동(動)하기 때문이다. 그러므로 이 분의 모친(母親)은 일찍이 산망(散亡)하였다.

| 時 | 日 | 月 | 年 | 건 명 |
|---|---|---|---|---|
| 겁재 | | 식신 | 상관 | 六神 |
| 庚 | 辛 | 癸 | 壬 | 天干 |
| 寅 | 巳 | 丑 | 戌 | 地支 |
| 정재 | 정관 | 편인 | 정인 | 六神 |
| | | 백호 | 백호 | 神殺 |

【예시4】 계축(癸丑)은 백호(白虎)이고 일간의 묘지(墓地)에 해당한다.

그런데 2개의 진토(辰土)가 축진파(丑辰破)로 협공(挾攻)하니 백호(白虎)가 동(動)하고 있다. 계축(癸丑)백호(白虎)는 물에 의한 혈광사(血狂死)이니 익사(溺死), 음독(飮毒), 약물(藥物)치사(致死)이다.

그러므로 이 명조는 사주실록에 소개된 임자년(壬子年)에 익사(溺死)로 요절(夭折)한 명조이다.

▶ 사/주/분/석

| 時 | 日 | 月 | 年 | 곤 명 |
|---|---|---|---|---|
| 편인 | | 상관 | 식신 | 六神 |
| **戊** | **庚** | **癸** | **壬** | 天干 |
| **寅** | **辰** | **丑** | **辰** | 地支 |
| 편재 | 편인 | 정인 | 편인 | 六神 |
| 역마 | 괴강 | 백호<br>묘지 | | 神殺 |

【예시5】 이 명조는 아버지, 남편, 형제가 모두 급사(急死)한 사주이다.

무술(戊戌)일주가 미월(未月)에 출생하여 토기(土氣)가 만국(滿局)하니 가색격(稼穡格)이 될 듯하나 을목(乙木)과 임수(壬水)가 천간(天干)에 투출(投出)하여 파격(破格)이 되었다. 그런데 을미(乙未)는 정관백호이며 임술(壬戌)은 편재 백호인데 축술형(丑戌形)이 되어 있다. 따라서 을미(乙未)는 고(庫)에 묻혔고 임술(壬戌)은 군겁(群劫)이 되었다.

그러므로 부친은 혈압으로 급사(急死)하였으며 남편 역시 병진년(丙辰年)에 갑자기 실신(失神)하여 불귀(不歸)의 객(客)이 되었고 형제성(兄弟星)인 비견(比肩) 토(土)가 삼형(三刑)으로 중중(重重)하였고 삼주(三住) 역시 비견(比肩)백호이므로 큰 오빠도 임술년(壬戌年)에 심장마비로 급사하였다.

▶ 사/주/분/석

| 時 | 日 | 月 | 年 | 곤 명 |
|---|---|---|---|---|
| 편재 |  | 정관 | 편인 | 六神 |
| **壬** | **戊** | **乙** | **丙** | 天干 |
| **戌** | **戌** | **未** | **戌** | 地支 |
| 비견 | 비견 | 겁재 | 비견 | 六神 |
| 백호 |  | 백호 | 백호 | **神殺** |

252 / 신살론

【예시6】정축(丁丑)은 편재(偏財) 백호(白虎)이고 정계충(丁癸沖)인데 정축 (丁丑)이 동주묘(同住墓)라 부친(父親)의 혈광사(血狂死)가 염려가 된다. 갑술(甲戌)대운에 축술형(丑戌形)하니 백호(白虎)가 동(動)하 였는데, 그 결과 임오년(壬午年)에 축오(丑午)귀문이 백호(白虎)를 재차 불렀다. 그래서 임오년 28세에 부친이 작고한 명조이다.

▶ 사/주/분/석

| 時 | 日 | 月 | 年 | 세운28 | 대운24 | 곤 명 |
|---|---|---|---|---|---|---|
| 편인 | | 편재 | 상관 | 겁재 | 상관 | 六神 |
| 辛 | 癸 | 丁 | 甲 | 壬 | 甲 | 天干 |
| 酉 | 亥 | 丑 | 寅 | 午 | 戌 | 地支 |
| 편인 | 겁재 | 편관 | 상관 | | | 六神 |
| | | 백호 | | | | 神殺 |

【예시7】 을미년(乙未年)에 친정아버지가 돌아가시고, 그 다음에는 시어머니가 쓰러져 현재까지 병(病)수발을 한다고 하였다.

년지(年支)의 편재(偏財)가 공망(空亡)인데 오묘파(午卯破)가 되어 있다. 일시지(日時支)의 사해충(巳亥沖)은 역마지살(驛馬地殺)의 충(沖)이니 늦은 나이에 닫쳐오는 원행(遠行)이다. 그런데 원행(遠行)해야 할 사람이 이동을 못하게 되면 이건 질환(疾患)이 된다. 왜냐하면 역마(驛馬)는 병지(病地)에서 출행(出行)하기 때문이다. 또는 남편 혹은 자식의 원행(遠行)으로 나타날 수도 있다.

그래서 을미년(乙未年)에는 편재(偏財)백호(白虎)가 등장하였는데 자수(子水)대운이라 자오충(子午沖)하고 오묘파(午卯破)로 편재(偏財)에 해당하는 부친(父親)과 시모(媤母)가 이 동(動)하여 당해에 두 분의 불상사(不祥事)를 겪게 되었다.

▶ 사/주/분/석

| 時 | 日 | 月 | 年 | 세운53 | 대운50 | 곤 명 |
|---|---|---|---|---|---|---|
| 식신 | | 정인 | 식신 | 편재 | 정재 | 六神 |
| 癸 | 辛 | 戊 | 癸 | 乙 | 甲 | 天干 |
| 巳 | 亥 | 午 | 卯 | 未 | 子 | 地支 |
| 정관 | 상관 | 편관 | 편재 | 편인 | 식신 | 六神 |
| 역마 | 지살 | | 공망 | 백호 | | 神殺 |
| 공망 | | | | | | |

254 / 신살론

【예시8】 인목(寅木)이 4개로 구성이 된 편인(偏印)은 효신(梟神)을 구성한다. 그런즉, 임술년(壬戌年)에 식신(食神)이 출현했으니 편인도식(偏印倒食)을 형성하였다. 임술년은 편관(偏官)백호살로 자식의 흉(凶)이 컸다. 57세 임술(壬戌)년에 2명의 아들이 연이어 사망하였다.

▶ 사/주/분/석

| 時 | 日 | 月 | 年 | 세운57 | 건 명 |
|---|---|---|---|---|---|
| 편재 | 일간 | 편재 | 비견 | 편관 | 六神 |
| **庚** | **丙** | **庚** | **丙** | **壬** | 天干 |
| **寅** | **寅** | **寅** | **寅** | **戌** | 地支 |
| 편인 | 편인 | 편인 | 편인 | 식신 | 六神 |
| 지살 | 지살 | 지살 | 지살 | | 神殺 |

【예시9】 병술(丙戌)은 백호살(白虎殺)인데 동주고(同住庫)이므로 편재(偏財) 백호(白虎)를 구성하였다.

또한 편관(偏官)은 술해천문(戌亥天問)이고 정관(正官)은 자축합(子丑合)이니 정편관(正編官) 혼잡(混雜)으로 관성(官星) 이위(二位)에도 해당하니 혼잡된 관성들은 배 다른 자식들이 분명하다.

그러므로 병화(丙火) 재성(財星) 애인(愛人)은 수(水)에 의해 충(沖)을 받는 백호(白虎)로 인해 음독(飮毒)자살하였다.

▶ 사/주/분/석

| 時 | 日 | 月 | 年 | 건 명 |
|---|---|---|---|---|
| 정인 | | 편재 | 상관 | 六神 |
| **辛** | **壬** | **丙** | **乙** | 天干 |
| **丑** | **子** | **戌** | **亥** | 地支 |
| 정관 | 겁재 | 편관 | 비견 | 六神 |
| | | 백호 | | 神殺 |

# 10 양인살(羊刃殺)

## 1) 양인살(羊刃殺) 찾는법

양인(羊刃)을 보는 법은 양인살(羊刃殺)은 음양간(陰陽干)을 구분하지 않으며 천간(天干)를 대비하여 지지(地支)에 해당되는 글자를 얻으면 양인살(羊刃殺) 이 됩니다.

| 양인살(羊刃殺) 찾는 법 | | | | | | | | | |
|---|---|---|---|---|---|---|---|---|---|
| **천간** | 甲 | 乙 | 丙 | 丁 | 戊 | 己 | 庚 | 辛 | 壬 | 癸 |
| **양인** | 卯 | 辰 | 午 | 未 | 午 | 未 | 酉 | 戌 | 子 | 丑 |

## 2) 양인살(羊刃殺)의 개념(槪念)

양인(羊刃)은 양(羊)의 뿔을 말하는데 날카롭고 강해서 도검(刀劍)에 비유가 됩니다. 양의 습성(習性)은 상대방의 뒷모습을 보면 돌발(突發)하여 뿔을 들이대므로 흉폭(凶暴)하다고 하여 붙여진 이름이 양인(羊刃)입니다. 양인(羊刃) 을 가진 팔자는 비유하여 도검(刀劍)을 쓰는 사람이 많이 나왔는데, 도검(刀劍)에 상(傷)하거나 압사(壓死), 충돌(衝突)하는 재난이 있을 수 있습니다.

그러므로 양인살을 가진 팔자는 사람을 살상(殺傷)시키는 목적을 가진 총이나 칼 같은 도구들을 활용하는 직업으로 군인(軍人), 경찰(警察), 도축(屠畜), 정육점(精肉店) 등에 종사(從事)합니다.

또는 그런 도구들을 생산하는 금속가공업, 기계 특수 분야에 근무할 수 있습니다.

혹은 살상(殺傷)용 도구들을 활용하여 인명(人命)을 구하는 의사(醫師), 간호사 (看護師), 소방구급대원(消防救急隊員) 등에 종사(從事)하거나 검찰(檢察), 법조계(法曹界), 금융업(金融業) 등에 많이 나타납니다.

고로 양인을 합법적으로 잘 활용하면 군인, 경찰이 되는 것이고 만약 실패하면 불법, 조폭, 폭력, 탈법으로 진행을 하게 됩니다. 기타 양인을 가진 사람은 운동선수, 트레이너, 건설업, 중장비업 요식업, 쉐프 등에 진출하면 성공합니다. 이러한 양인(羊刃)이 생기는 원리는 사람의 관계에 있어서는 무릇 사람이 벼슬을 소유하면 반드시 칼을 하사하여 보위(保衛)한다는 뜻이 있는 것이 양인(羊刃)입니다.

그래서 록(祿)이 지나가면 인(刃)이 나타나는 것이 세상의 순리인데, 12운성에 의하면 록(祿) 다음에 양인이 되는 것입니다. 그런데 문제는 공(功)이 이루어지면 물러가야 함이 신하(臣下)의 마땅한 도리(道里)인데 만약 물러가지 않으면 지나침이 있게 됩니다. 당연히 극(極)한 장소는 기(氣)가 강렬하여 사납고 흉폭하여 불화(不和)하게 되는 것입니다. 이러한 사건들은 역사적으로도 많았는데 권력의 종점에서 권력을 휘둘렀던 세력가들이 역모를 꾀하다가 사멸했던 것이 양인(羊刃)의 도검(刀劍)입니다. 사궁 중에서 양인(羊刃)이 2,3개 있으면 벙어리나 귀머거리가 될 수 있고 양인(羊刃)과 삼형(三刑)이 같이 있으면서 자신을 상(傷)하게 할 경우에는 귀양을 가지 않으면 죽게 될 수 있습니다.

또한 양인비인(羊刃飛刃)이 나를 극하면 안 되며 양인과 비인이 왕하고 강하여도 안 됩니다. 양인(羊刃)과 비인(飛刃)이 있는 기둥이 약하여 나에게 굴복을 하여야만 복(福)이 되며, 반대로 다른 기둥이 강하고 내가 약(弱)하면 화가 됩니다.

## 3) 양인살(羊刃殺)의 종류(種類)

### • 인두재(刃頭財)

갑인(甲人)이 기묘(己卯)를 보면 양인인 묘목(卯木) 위에 기토(己土) 재성(財星)을 두고 있습니다. 이런 구조를 인두재(刃頭財)라 하여 재물이 마른다고 합니다. 도축업, 칼, 톱 등을 쓰는 직업이고 좋습니다.

| 己 | 甲 |
|---|---|
| 卯 | |
| 양인 | 神殺 |

### • 인두귀(刃頭鬼)

갑인(甲寅)이 신묘(辛卯)를 보면 묘(卯) 양인(羊刃) 위에 정관(正官)이 놓이므로 양인에 관귀(官鬼)가 되는 것이니 발복(發福)하지 못하게 됩니다.

| 辛 | 甲 |
|---|---|
| 卯 | |
| 양인 | 神殺 |

### • 연주인(連珠刃)

양인(羊刃)의 구성이 구슬처럼 이어져 있다는 것을 말하는데, 예를 들어, 무오(戊午)와 기미(己未)가 만나게 되면 기(己)는 미(未)가 양인(羊刃)이 되고 무(戊)는 오(午)가 양인(羊刃)이 되고 연달아 있다는 것으로 모두 흉한 상(象)이 됩니다.

| 연주인(連珠刃) | | | | |
|---|---|---|---|---|
| 己 戊<br>未 午 | 辛 庚<br>酉 戌 | 乙 甲<br>卯 辰 | 丁 丙<br>未 午 | 壬 癸<br>子 丑 |

## 4) 근묘화실(根苗花實)의 위치에 따른 양인살

### • 년주(年柱) 양인살

년지에 양인(羊刃)이 놓이면 조업(祖業)을 파(破)하여 승계받지 못하는데 은혜를 원수로써 갚는 경향이 있습니다. 조상이나 부모 대에 불명예가 있었거나, 베풀 줄 모르는 사람이 있습니다.

### • 월주(月柱) 양인살

양인이 월주에 놓이면 부모, 형제간에 화합(和合)이 어렵고, 성격이 괴팍한 경우가 많습니다. 월지에 있으면 편굴한 성질이 있습니다.

### • 일주(日柱) 양인살

일지에 양인이 있으면 부부간의 화합이 어렵고, 자신이 아프거나, 배우자의 질병이 잦을 수 있습니다.

### • 시주(時柱) 양인살

시에 양인이 있으면 처가 난산하거나 혹은 자식이 아플 수가 있고 말년에 건강운이 좋지 않으며, 사건, 사고 수가 생길 수 있습니다. 시지에 있으면 처자(妻子)를 해치고 만년에 재화를 만나기 쉽습니다. 그러나 사주중에 편관이 있으면 이 흉조가 억제됩니다.

# 4) 육신양인(六神羊刃) 결합상

**• 겁재양인(劫財羊刃)**

양인(羊刃)이 겁재(劫財)와 동주(同住)하면 재물을 극해(極害)하는 것이니 조
상의 가업을 승계 받지 못하므로 고향을 등지게 됩니다. 겁재양인(劫財
羊刃)은 겉으로는 겸손하고 유순한 것 같지만 내심은 잔인하고 동정심이
없기 때문에 가정이 적막한 사람이 많습니다. 고로 남자 사주에 양인이
많으면 처를 극하게 되니 처궁이 자주 변하게 됩니다.

**• 정재양인(正財羊刃)**

양인(羊刃)이 정재(正財)와 동주하면 재물이 마른다고 하였는데 곧 재물이
소멸될 징조입니다. 그러므로 정재와 양인이 동주(同住)해 있으면 재물로
인하여 사회적 오욕(汚辱)을 입는 수가 있습니다. 그리고 사회적으로 지
탄(指彈)을 받는 일을 당할 수 있습니다.

**• 상관양인(傷官羊刃)**

만약 시주(時柱)에 상관양인(傷官羊刃)이 동주에 있으면 만년에 큰 재난(災
難)을 만나는 경향이 있으며 월주이면 패가망신(敗家亡身)하는 자가 적지
않습니다. 일지궁에 상관(傷官)과 양인(羊刃)이 같이 있는 여자는 자칫 잘
못하면 악사(惡事)하는 경향이 있습니다. 그 결과로 부부(夫婦)는 불화(不
和)하고 만약 시주에 상관양인(傷官羊刃)이 있는 여자는 그 자식에 해(害)
가 있습니다.

**• 인수양인(印綬羊刃)**

인수(印綬)와 양인(羊刃)이 동주(同住)에 있으면 비록 명예는 높더라도 모친
(母親)의 선망(先亡)이 있을 수 있고 토(土)인수이면 장질환을 앓는다고 합
니다.

- **칠살양인(七殺羊刃)**

  칠살이 강한 사주에는 양인이 있으면 좋은데 다만 칠살만 있고 양인(羊刃)이 없으면 현달(顯達)할 수 없고 양인(羊刃)만 있고 칠살(七殺)이 없으면 위엄(威嚴)이 없습니다.

- **사절양인(死絶羊刃)**

  양인이 사절이 되어 있으면 성급, 황폭하고, 목욕과 같이 있으면 악병 때문에 고생하는 수가 많습니다.

- **도화양인(桃花羊刃)**

  도화와 양인이 중중(重重)한데 악살(惡殺)과 동주(同住)하면 황음(荒淫)하여 그 수치스러운 것을 모를 정도라 합니다.

- **양인중중(羊刃重重)**

  사주 중에 양인(羊刃)이 3,4개가 있으면 농아맹자가 될 수 있습니다.

【예시1】양인(羊刃)이 3개 이상이면 농아맹자(聾啞盲者)가 되는 수가 있다. 이 명조는 병화가 투출하고 양인이 오오형으로 국(局)을 이룰 정도가 강성하였다. 고로 오오형(午午刑)은 불에 달군 현침(懸針)이 되었는데 병재(病財)가 되어 갑목(甲木)의 시신경(視神經)을 분멸(焚滅)케 하여 찔렀다.

불이 태강(太强)한 즉, 화(火)의 질환은 안맹(眼盲)이고 병든 갑목(甲木)은 묘목(卯木)을 동(動)하게 하여 공망(空亡)에 놓였는데 낙정관살(落井關殺)에 빠진 까닭에 그는 절름발이며 맹인이었다고 한다. 비록 식신(食神)이 도화(桃花)이니 재능(才能)이 출중(出衆)하여 수재(秀才)로 문장이 빼어났는데, 다만 공망(空亡)으로 빛을 보지 못하였으니 평생 빈궁하였다. [연해자평]

▶ 사/주/분/석

| 時 | 日 | 月 | 年 | 명조 |
|---|---|---|---|---|
| 식신 | | 상관 | 정재 | 六神 |
| **乙** | **癸** | **甲** | **丙** | 天干 |
| **卯** | **亥** | **午** | **午** | 地支 |
| 식신 | 겁재 | 편재 | 편재 | 六神 |
| 도화 | 겁살 | 양인 | 양인 | |
| 공망 | 천덕 | 육해 | 육해 | 神殺 |
| 낙정관살 | | 현침 | 현침 | |
| 학당 | | | 월덕 | |
| 문창 | | | | |

【예시2】 갑오(甲午)대운 경자년(庚子年) 무자월(戊子月) 무자일(戊子日)에
사망한 명조이다.

갑경충(甲庚沖)으로 편인도식(偏印倒食)하는 운에 양인(羊刃)의 충
(沖)을 거듭 만난 것이다. 의록(衣祿)이 단절되면 양인(羊刃)의 충극
(沖剋)은 더욱 심한 것이다. 본래 도식운(倒食運)에 처해지면 곤궁
하여 밥그릇 놓는다는 이야기가 있는데 잘못하면 죽을 수도 있다.

그러므로 정유년(丁酉年)과 무술년(戊戌年), 기해년(己亥年)에 흉
조(凶兆)가 잇따라 일어나더니 경자년(庚子年)에 사망하였다.

▶ 사/주/분/석

| 時 | 日 | 月 | 年 | 일운 | 월운 | 세운 | 대운 | 건 명 |
|---|---|---|---|---|---|---|---|---|
| | 편관 | 편인 | 편관 | 편관 | 편인 | 식신 | 六神 |
| 壬 | 戊 | 庚 | 戊 | 戊 | 庚 | 甲 | 天干 |
| 午 | 子 | 子 | 子 | 子 | 子 | 午 | 地支 |
| 정재 | 겁재 | 겁재 | 겁재 | 겁재 | 겁재 | 정재 | 六神 |
| 재살 | 양인 | 양인 | 양인 | 양인 | 양인 | 재살 | 神殺 |

【예시3】경(庚)의 양인(羊刃)이 3개지만 여타의 화개(華蓋), 함지(咸池), 현침(懸針) 등의 흉살(凶殺)이 없었다. 비록 유금(酉金)이 칠살이지만 을경합(乙庚合)으로 화살위권(化殺爲權)이 되었다. 고로 격(格)이 기명종살(棄命從殺)로 돌아섰는데 순수하고 왕기(旺氣)를 띠었으므로 대귀(大貴)하여 승상(丞相)이 되었다.

이른바. 소인(小人)의 양인(羊刃)은 재앙(災殃)이나 대인(大人)의 양인(羊刃)은 화살위권(化殺爲權)이 된 셈이다. [삼명통회]

▶ 사/주/분/석

| 時 | 日 | 月 | 年 | 명조 |
|---|---|---|---|---|
| 비견 | | 비견 | 정관 | 六神 |
| 乙 | 乙 | 乙 | 庚 | 天干 |
| 酉 | 酉 | 酉 | 戌 | 地支 |
| 편관 | 편관 | 편관 | 정재 | 六神 |
| 양인 | 양인 | 양인 | 월덕 | 神殺 |

【예시4】시지(時支)에 오화(午火) 양인(羊刃)을 있는데 자오충(子午沖)으로
양인충(羊刃沖)을 하고 있다. 병자(丙子)는 음양착살(陰陽錯殺)이고
상문살(喪門殺)이다.

일시지(日時支)에 흉살(凶殺)이 결집(結集)이 되어 있는데 자오충(子
午沖)을 하고 있는 점은 불길(不吉)한 상(像)이다. 특히 갑오(甲午)는
진신(進神)이다. 진신(進神)이 있으면 악살(惡殺)의 기(氣)가 응집되
어 흉(凶)하다. 고로 빈천(貧賤)하게 살다가 요절(夭折)하였다.

[삼명통회]

▶ 사/주/분/석

| 時 | 日 | 月 | 年 | 명조 |
|---|---|---|---|---|
| 편인 | | 편관 | 비견 | 六神 |
| **甲** | **丙** | **壬** | **丙** | 天干 |
| **午** | **子** | **辰** | **寅** | 地支 |
| 겁재 | 정관 | 식신 | 편인 | 六神 |
| 양인<br>진신 | 음양착살<br>상문 | 천덕<br>월덕 | 고신<br>조객 | 神殺 |

【예시5】 이 명주는 중국 심양에서 일어난 38사건의 주범이다.

양인(羊刃) 위에 정재(正財)가 앉아 있는 구조를 인두재(刃頭財)라 하였다. 돈이 마르기 때문에 항상 돈 욕심으로 지탄(指彈)을 받는다고 하였다. 특히 일간과 을경합(乙庚合)인데 인유원진(寅酉元嗔)을 한다는 점은 돈을 탐(貪)하다가 원망(怨望)이 발생한다는 점이다. 2개의 양인(羊刃)이 유유형살(酉酉刑殺)인데 곡각살(曲脚殺)를 범(犯)했다.

뭔가 금속으로 뼈를 부러트려 피를 보는 직업이 적합하였는데 그는 경찰신분으로 공범(共犯)과 함께 21명을 살해(殺害)하였다. [맹파명리]

▶ 사/주/분/석

| 時 | 日 | 月 | 年 | 명조 |
|---|---|---|---|---|
| 편관 | | 정재 | 정재 | 六神 |
| 丙 | 庚 | 乙 | 乙 | 天干 |
| 戌 | 寅 | 酉 | 酉 | 地支 |
| 편인 | 편재 | 겁재 | 겁재 | 六神 |
| 홍염 백호 | 겁살 | 양인 곡각 | 양인 곡각 | 神殺 |

【예시6】 홍길동전의 저자인 허균(許筠)의 명식이다.

조상궁(祖上宮)의 기사(己巳)는 재생관(財生官)으로 천을귀인(天乙貴人)과 태극귀인(太極貴人), 천덕귀인(天德貴人)의 음덕(蔭德)이 있었으니 일찍이 명문가(名門家)에서 태어나 성장했다. 양인(羊刃)이 강한 팔자이지만 상관(傷官)이 수기(秀氣)하니 재능은 뛰어났는데 일주(日柱)가 관귀학관(官貴學官)과 문곡귀인(文曲貴人)을 놓아 특히 문장(文章)이 출중(出衆)하였다. 그런데 자수(子水)가 양인(羊刃)으로 시간의 계수(癸水) 겁재(劫財)가 투출했는데 자묘형(子卯形)이 되어있어, 말년에 불길한 흉상(凶像)이 될 수 있다. 일주는 십악대패(十惡大敗)이고 시지(時支) 상관(傷官)이 절로공망(絶路空亡)이라 재능은 있었으나 살아서 크게 뜻을 펼치지는 못했다. 시지(時支)의 재살(災殺)과 절로공망(截路空亡)을 함께 보는 것은 말년의 행각이 불미한 일로 허균(許筠)은 1618년 무오년(戊午年) 50세에 처형(處刑)당했는데 무오년(戊午年)의 자오충(子午沖)은 양인충발(羊刃衝發)로 혈광사(血狂死)하니 거열형(車裂刑)에 처해졌다.

▶ 사/주/분/석

| 時 | 日 | 月 | 年 | 건 명 |
|---|---|---|---|---|
| 겁재 | | 편재 | 정관 | 六神 |
| 癸 | 壬 | 丙 | 己 | 天干 |
| 卯 | 申 | 子 | 巳 | 地支 |
| 상관 | 편인 | 겁재 | 편재 | 六神 |
| 재살 | 관귀 | 육해 | 지살 | |
| 절로공망 | 학관 | 양인 | 천을 | 神殺 |
| | 문곡귀인 | | 태극 | |
| | 십악대패 | | 천덕 | |

【예시7】 양인(羊刃)이 형충(形沖)을 만나면 두렵다.

임자(壬子)일주는 양인살(羊刃殺)인데 월주의 상관(傷官)과 자묘형
(子卯形)을 만난 것이다. 이것은 상관(傷官)과 양인(羊刃)이 형(刑)을
만난 것이므로 큰 재난(災難)을 당할 수가 있다. 또한 년주(年柱)의
계축(癸丑)은 양인(羊刃)과 동주(同住)한 백호(白虎)이다. 무술년(戊
戌年)은 칠살운으로 축술형(丑戌形)을 만나 계축(癸丑)의 백호(白虎)
를 범(犯)하였다.

이것은 모두 악살(惡殺)이 계축(癸丑) 양인(羊刃)에 집결한 것이므로
대흉(大凶)이다. 무술년(戊戌年)에 교통사고로 사망(死亡)하였다.

▶ 사/주/분/석

| 時 | 日 | 月 | 年 | 세운46 | 건 명 |
|---|---|---|---|---|---|
| 상관 | | 상관 | 겁재 | 편관 | 六 神 |
| 乙 | 壬 | 乙 | 癸 | 戊 | 天干 |
| 巳 | 子 | 卯 | 丑 | 戌 | 地支 |
| 편재 | 겁재 | 상관 | 정관 | 편관 | 六 神 |
| | 양인 | | 양인 | | 神 殺 |
| | | | 백호 | | |

【예시8】 사주첩경에서 소개가 된 자녀(子女)가 벙어리인 사주팔자이다.

그런데 무술년(戊戌年)에 교통사고로 사망한 팔자와 년 월 일(年 月 日)의 삼주(三柱)가 동일하다.

그러나 이 명조는 시지(時支)의 유금(酉金)이 상관(傷官)을 묘유충(卯酉沖)하고 일지의 양인(羊刃)과는 자유파(子酉破)하고 있다. 시주궁(時柱宮)에 형충(形沖)이 집중이 되어 기토(己土)정관을 극하였는데 고로 자녀의 피해가 더 심각하였다. [사주첩경]

▶ 사/주/분/석

| 時 | 日 | 月 | 年 | 건 명 |
|---|---|---|---|---|
| 정관 | | 상관 | 겁재 | 六 神 |
| 己 | 壬 | 乙 | 癸 | 天 干 |
| 酉 | 子 | 卯 | 丑 | 地 支 |
| 정인 | 겁재 | 상관 | 정관 | 六 神 |
| | 양인 | | 양인 | |
| | | | 백호 | 神 殺 |

【예시9】 양인(羊刃)은 형충(形沖)을 만나면 흉(凶)하다고 하였다.

이 팔자에서는 자수(子水)가 양인(羊刃)으로 년지(年支)와 일지(日支)에 2개의 자수(子水) 양인(羊刃)이 놓여 있었다.

그런데 자묘형(子卯形)과 자오충(子午沖)이 되어 있으므로 임자(壬子) 2개가 시주궁(時柱宮)의 병오(丙午)재성을 병임충(丙壬沖)과 자오충(子午沖)으로 밀어내고 있다.

곧 재성(財星) 파괴(破壞)가 큰 것이므로 이 사람은 병오(丙午)운에 와서 바로 거지가 되었다고 한다.

▶ 사/주/분/석

| 時 | 日 | 月 | 年 | 대운25 | 건 명 |
|---|---|---|---|---|---|
| 편재 | | 겁재 | 비견 | 편재 | 六神 |
| 丙 | 壬 | 癸 | 壬 | 丙 | 天干 |
| 午 | 子 | 卯 | 子 | 午 | 地支 |
| 정재 | 겁재 | 상관 | 겁재 | 정재 | 六神 |
| 재살 | 양인 | 육해 | 양인 | | 神殺 |
| | 장성 | 공망 | 장성 | | |

# 11 탕화살(湯火殺)

## 1) 탕화살(湯火殺)을 찾는 방법

탕화살(湯火殺)은 일지(日支)를 기준으로 하는데 인일(寅日), 축일(丑日), 오일(午日)이 충(沖)이나 형(刑)을 당하면 탕화살(湯火殺)이 발동합니다. 기타 흉살(凶殺)이 결집(結集)하여도 발생하는데 공망(空亡)이 되면 살성(殺性)이 줄어들게 됩니다.

| 탕화살(湯火殺) 찾는 법 | | | |
|---|---|---|---|
| 일지(日支) | 인(寅) | 축(丑) | 오(午) |

## 2) 탕화살(湯火殺)의 개념(槪念)

탕화살(湯火殺)의 탕(湯)은 끓는 물을 말하고 화(火)는 불을 의미합니다. 곧 탕화살(湯火殺)은 뜨거운 물이나 불에 데어서 큰 상처를 입거나 큰 흉터를 지닌다는 의미로 쓰이며, 탕화살이 구성이 되면 비관살(悲觀殺)이라 하여 염세적인 마음에 스스로를 자학(自虐)하는 신살(神殺)입니다. 이를 넓게 해석하면 화상(火傷) 이외에도 총상(銃傷), 음독(飮毒), 폭발(爆發), 교통사고(交通事故), 화재(火災) 등을 당할 수 있으며 그 성정(性情)은 비관(悲觀), 절망(絶望), 히스테리 등의 정신적인 문제가 발생할 수도 있을 것이다.

## 3) 탕화살(湯火殺)의 종류

### 인(寅) 탕화살

인신충(寅申沖)이 역마(驛馬)로 구성이 될 때에 발생하며 주로 교통사고로 나타납니다.

### 오(午) 탕화살

오오형살(午午刑殺)로 이루어지면 주로 폭발로 인한 화재(火災)나 화상(火傷)을 당하기도 합니다.

### 축(丑) 탕화살

주로 축오귀문(丑午鬼門)과 결합이 되면 의심, 집착 등의 정신적인 이상행동으로 음독(飮毒) 혹은 음주(飮酒) 중독(中毒) 현상이 나타날 수 있습니다.


## 4) 육신(六神)과 탕화(湯火)의 결합상(結合像)

### • 비겁(比劫) 탕화살

비겁(比劫)은 재성(財星)을 겁탈하는 작용을 하는 기능이 있으므로 비겁(比劫)탕화(湯火)가 있으면 본인의 재물이나 사업과 관련된 손실, 도난, 사기 등을 경험할 가능성이 높아집니다. 특히 남녀(男女) 공히 형제자매의 횡액(橫厄)이 있을 수 있으며 남자는 아내와의 갈등, 이혼, 형제간 다툼, 사업 실패 등이 발생할 수 있습니다. 여성의 경우는 남편과의 사별, 시댁과의 갈등, 자녀와의 문제 등이 발생할 수 있습니다.

### • 식상(食傷) 탕화살

식신(食神)은 의식주(衣食住)와 관련한 육신이므로 음식이나 술과 관련된 중독, 과식, 편식 등의 문제가 발생합니다. 또한, 상관(傷官)은 언행에 해당하므로 말실수나 다툼으로 인해 구설수 등에 휘말릴 수 있습니다. 남녀 공히, 건강 악화, 질병, 음주 문제, 식중독을 살펴봐야 하고, 여자에게는 식상(食傷)이 탕화(湯火)와 연결이 되면 자녀의 재액(災厄)이 염려가 되는데 임신 및 출산, 난임, 유산, 조산 등이 발생할 수 있습니다.

· **재성(財星) 탕화살**

탕화(湯火)가 정재(正財), 편재(偏財)의 경우는 돈을 관리하는 데 어려움을 겪고, 남발하거나 도박을 하는 등 경제적으로 무분별한 행동이 나타날 수 있습니다. 남녀 공히, 부친(父親)의 횡액(橫厄)이 두렵고 재정난, 부동산 손실, 도박 중독, 투자 실패가 나타날 수 있습니다. 특히 남자에게는 재성이 처성(妻星)이므로 처(妻)와 관련된 사건이 발생하는데 처(妻)가 남편 몰래 투자한 사업이 실패로 끝나 비관(悲觀)하거나 음독(飮毒)이 있을 수 있고 또는 사기 피해를 당하는 경우도 있습니다.

· **관성(官星) 탕화살**

남녀 공히, 이직(移職) 변동(變動)이 잦아서 직업을 유지하는데 어려움을 겪을 수 있습니다. 그래서 직장 내의 갈등(葛藤), 해고(解雇), 좌천(左遷), 법적(法的) 분쟁(紛爭)상사와의 갈등이나 동료와의 승진 투쟁에 휘말릴 수 있습니다. 남자는 자식의 횡액(橫厄)과 관직(官職)에 대한 불안정이 오고 여자에게는 남편의 횡액(橫厄)이 따를 수 있습니다.

· **인성(印星) 탕화살**

부모와의 갈등, 특히 모친(母親)의 횡액(橫厄)이 두렵고 가족 불화, 외로움, 우울증을 경험하고 또한, 직업인은 승진시험이나 연구에 어려움을 겪을 수 있습니다. 또한 취업생이라면 학업이나 자격시험 등의 낙방이 있을 수 있습니다. 특히 탕화가 효신(梟神)이 될 경우에는 부정적, 의심증, 우울증, 종교, 염세적, 과민 반응 등을 보일 수 있습니다.

## 5) 탕화살(湯火殺)의 작용

탕화살은 단독(單獨)으로 발생하기 보다는 다른 흉신(凶神)과의 조합으로 영향을 받을 가능성이 높습니다.

그래서 탕화살은 형충파해(形沖破害)와 겹치거나 겁살(劫殺), 백호살(白虎殺), 원진살(元嗔殺), 육해살(六害殺)등 악살(惡殺)이 중첩이 되는 해에는 주의해야 합니다. 만약 사주에 탕화살(湯火殺)이 있으면, 해당되는 육신(六神)은 화상, 끓는 물, 기름에 의한 피해, 음독(飮毒), 농약중독등과 관련됩니다. 특히 음식 조리 중 화상, 가스 중독, 화장품이나 약품 중독 등에 노출이 될 수 있습니다. 또한 총격 사고, 폭발 사고, 교통사고 등 다양한 사고와 부상을 경험하고 알코올 중독, 성형 중독에 의한 면역력 저하, 피부 질환, 알레르기 등 피부 관련 문제를 나타낼 수 있습니다. 특히 화상(火傷)으로 인한 흉터가 남거나, 피부염, 여드름, 자외선 화상 등의 피부 문제를 겪을 가능성이 높습니다.

따라서 사주에 탕화살이 있는 사람은 불과 관련한 직업을 가질 경우가 많고, 불과 관련하여 부상을 자주 당하게 되는데, 수술자국과 같이 신체에 흉터가 생기는 경우가 많으며, 탕화가 수(水)와 결합이 되면 음독(飮毒)자살을 시도하고 불(火)로 연계가 되면 화재(火災)로 화상을 당하게 됩니다. 또한 화재(火災)로 인한 대형사고가 발생하게 되면 사주에 탕화살(湯火殺)이 낀 사람이 가장 심하게 다친다고도 합니다.

탕화살이 위협적이라 판단이 된 사람은 화재보험에 가입하는 것도 좋은 방법입니다. 탕화살이 운에서 와서 작용하면 일지.배우자궁에서 발생하는 살이라 그 해는 부부싸움이 더 격렬해지게 됩니다.

탕화살을 가진 사람은 약사, 한의사, 간호사, 소방관, 독극물 취급 업종, 화공약품 취급 업종(주유소, 화장품 회사, 인화물질, 미용사), 가스 취급 업종(가스충전소), 총기제조업, 화약제조업 등의 직업에 적성이 있을 수 있습니다.

# 6) 개운법(開運法)

미국의 "커리"라는 정신과 의사가 정신 질환자 3000명의 주택을 조사한 결과 이 라인(line)에 접한 지역에 건물을 지은 사람은 정신질환 발생이 두드러졌다고 학계에 보고되었는데 이것을 "커리라인"이라 합니다.

풍수지리 학계에서도 이에 상응한 선(線)을 오래전부터 이귀선(異鬼線)이라 하여 축(丑)과 미(未)를 잇는 선(線)을 건곤(乾坤)을 잇는다고 하여 서로 다른 기(氣)의 상태로 보았고, 주택의 중심에서 축방(丑方)이나 미방(未方)에 폐가(廢家)나 흉측한 사격(寺格)이 오래된 곳은 귀신(鬼神)도 함께 살아 정신질환을 유도한다고 보았던 것입니다.예를 들어 주택 계발로 인해 반파(半破)된 건물을 반대편에서 바라다보는 건물에서의 영업 행위는 성공하지 못하고 종국에는 철수되는 일이 많았는데 이러한 이귀선(異鬼線)을 침범하여 안방, 주방, 자녀방, 거실로 설계가 되면 거주하는 사람에게 횡액(橫厄)이 따른다는 점입니다.

특히 탕화살(湯火殺), 귀문관살(鬼門關殺)을 가진 사람이 이러한 이귀선(異鬼線)이 침범이 된 주택으로 이사할 경우에는 그 해에는 여지없이 탕화살을 맞게 되는 흉액(凶厄)을 당하게 됩니다.

그래서 이사 갈 때에는 삼살방(三煞方)과 오귀방(五鬼方) 방위로는 이동하지 않았던 것인데 하물며 탕화살 가진 팔자로 이귀선을 범한 주택으로 이사를 간다는 것은 흉을 예고하고도 남는 것입니다.

이귀선(異鬼線)은 어떤 주택이나 건물의 중심에서도 살펴보면 존재하기 마련입니다. 따라서 건물 입주시에는 좌향(坐向)을 잘 살펴서 흉상의 건물이 존재하는가를 눈여겨 살펴야 합니다. 또한 해당 건물이 축(丑)과 미방(未方)에 해당되는지에 따라서 입주를 결정해야 합니다. 곧 내부의 대문과 안방 혹은 자녀방 등이 이귀선과 접촉이 되지 않는 주택을 선정해야 할 것입니다.

그러므로 사주에서 탕화살(湯火殺) 혹은 귀문살(鬼門殺)이 있는 사람이 주택에서 흉상의 건물방위에 거주하게 되면 이명현상, 편두통, 정신질환에 시달릴 수 있으므로 자기의 집 방위와 이귀선 여부를 확실하게 점검해 보는 것이 좋은 것입니다.

【예시1】 사주첩경에 실린 명조인데 고부(姑婦)간의 갈등으로 밤낮으로 싸우다가 당일로 모친과 처(妻)가 모두 음독(飮毒) 자살한 팔자이다.

이 명조는 인일(寅日)생으로 탕화살이 있는데 시지(時支)에도 탕화(湯火)가 있으며 인사형(寅巳形)으로 탕화(湯火)가 가중(加重)이 되어 있다. 인(寅)중 병화(丙火)가 시모(媤母)가 되고 역시 처(妻)에도 해당이 된다. 안방의 자리를 놓고 처(妻)와 모친(母親)이 다투었는데 인사형하니 탕화(湯火)가 발동(發動)하였다.

인사형동(寅巳形動)으로 병화(丙火)가 충출(沖出)하면 년간(年干)의 신금(辛金)이 병신합거(丙辛合去)로 잡아간다.

## ▶ 사/주/분/석

| 時 | 日 | 月 | 年 | 건 명 |
|---|---|---|---|---|
| 비견 | | 겁재 | 정인 | 六神 |
| 壬 | 壬 | 癸 | 辛 | 天干 |
| 寅 | 寅 | 巳 | 未 | 地支 |
| 식신 | 식신 | 편재 | 정관 | 六神 |
| 지살<br>공망 | 탕화 | 역마<br>공망 | | 神殺 |

【예시2】 고부(姑婦)간에 싸우다가 처(妻)가 음독(飮毒) 자살한 명조이다.

오(午)일생은 탕화살(湯火殺)인데 자오충(子午沖)으로 양인탕화(羊刃湯火)가 더욱 심해지니 재성(財星) 처(妻)를 극해(極害)하였다.

그런데 자수(子水)는 정재(正財)가 되고 해수(亥水)는 편재(偏財)가 되니 정편재(正偏財) 이위(二位)의 상(像)으로 본처(本妻)와는 해로(偕老)가 어려웠다. 그 이유는 처(妻)와 모친(母親)이 자오충(子午沖)하므로 고부(姑婦)간의 갈등이 높았는데 정인(正印) 모친(母親)이 양인(陽刃)으로 개두(蓋頭)가 된 무자(戊子)의 재성(財星) 자수(子水)를 극충(剋沖)하기 때문이다.

▶ 사/주/분/석

| 時 | 日 | 月 | 年 | 건 명 |
|---|---|---|---|---|
| 정재 | | 비견 | 정관 | 六神 |
| 癸 | 戊 | 戊 | 乙 | 天干 |
| 亥 | 午 | 子 | 亥 | 地支 |
| 편재 | 정인 | 정재 | 편재 | 六神 |
| 겁살 | 탕화 | 도화 | 겁살 | 神殺 |
| 지살 | 양인 | 재살 | | |

【예시3】 무토(戊土)일주는 일지에 인목(寅木) 탕화살(湯火殺)이 놓여 있다. 그런데 인목(寅木)이 3개인데 갑목(甲木)이 투간하였고 임수(壬水)는 2개 투간(投干)하여 있다 곧 재생살(財生殺)의 사주가 되었는데 칠살탕화(七殺湯火)를 구성하였다. 이러한 칠살을 제압하려면 마땅히 신금(申金)으로 식신제살(食神制殺)해주어야 한다.

그런데 인신충(寅申沖)이므로 3개의 인목(寅木)이 한 개의 신금(申金)을 인신충(寅申沖)하니 왕신충발(旺神衝發)로 쇠신(衰神)이 뽑히게 되었다. 곧 신금(申金)이 오히려 제거가 된 것이다.

그러므로 흉신(凶神) 인목(寅木)이 충기(冲氣)하여 탕화(湯火)를 일으키므로 일간을 심하게 극했는데 이로 인해 자살(自殺)을 하였다.

▶ 사/주/분/석

| 時 | 日 | 月 | 年 | 건 명 |
|---|---|---|---|---|
| 편관 |  | 편재 | 편재 | 六神 |
| **甲** | **戊** | **壬** | **壬** | 天干 |
| **寅** | **寅** | **寅** | **申** | 地支 |
| 편관 | 편관 | 편관 | 식신 | 六神 |
| 역마 | 역마 | 역마 | 역마 | 神殺 |
|  | 탕화 |  |  |  |

【예시4】 일지 오(午)는 탕화살(湯火殺)이다.

또한 오(午)는 양인(陽刃)과 육해살인데 오오(午午)는 자형살이므로 양인탕화(陽刃湯火)를 조성하고 있다. 그런데 술(戌)대운에 인오술(寅午戌) 삼합국이 결성되므로 공망(空亡)이 된 갑목(甲木)이 분멸(焚滅)하였다.

그러므로 경인년(庚寅年)에 남편이 작업장에서 가스폭발로 비명횡사(非命橫死)하였다.

▶ 사/주/분/석

| 時 | 日 | 月 | 年 | 대운35 | 곤 명 |
|---|---|---|---|---|---|
| 편관 | | 편인 | 정인 | 식신 | 六 神 |
| **甲** | **戊** | **丙** | **丁** | **庚** | 天 干 |
| **寅** | **午** | **午** | **未** | **戌** | 地 支 |
| 편관 | 정인 | 정인 | 겁재 | 비견 | 六 神 |
| 공망 | 육해 | 육해 | | | 神 殺 |
| 지살 | 양인 | 양인 | | | |

【예시5】정축(丁丑)은 백호살(白虎殺)인데 축토(丑土)가 탕화살(湯火殺)로 축술형(丑戌刑)에 걸려 있다. 그러므로 백호탕화(白虎湯火)이다.

그런데 축토(丑土)는 경금(庚金) 재성(財星)의 입고처이니 백호(白虎)가 동(動)하여 일찍 부친이 횡액(橫厄)으로 사망하였다.

본인도 백호(白虎)의 형살로 수술을 받았다. 뿐만 아니라 자신을 비관하던 중에 자살 시도를 하였으나 죽지 않고 살았는데, 정화(丁火) 일간이 사월(巳月)출생이라 득령(得令)했기 때문이다.

▶ 사/주/분/석

| 時 | 日 | 月 | 年 | 곤 명 |
|---|---|---|---|---|
| 정재 | | 편인 | 정관 | 六神 |
| **庚** | **丁** | **乙** | **壬** | 天干 |
| **戌** | **丑** | **巳** | **申** | 地支 |
| 상관 | 식신 | 겁재 | 정재 | 六神 |
| 공망 | 백호 | 겁살 | | |
| 괴강 | 탕화 | 지살 | | 神殺 |

# 12 귀문관살(鬼門關殺)

## 1) 귀문관살(鬼門關殺) 찾는 방법

귀문관살(鬼門關殺)은 6종류가 있으며 지지로만 보는데 자유(子酉), 축오(丑午), 인미(寅未), 묘신(卯申), 진해(辰亥), 사술(巳戌) 입니다.

### 귀문관살 찾는 법

| 지지 | 자(子) | 축(丑) | 인(寅) | 묘(卯) | 진(辰) | 사(巳) |
|------|--------|--------|--------|--------|--------|--------|
|      | 유(酉) | 오(午) | 미(未) | 신(申) | 해(亥) | 술(戌) |

## 2) 귀문관살(鬼門關殺)의 개념(槪念)

귀문관살(鬼門關殺)은 귀신이 문으로 들어와 빗장을 '잠그다' 의미의 신살(神殺)에 해당이 됩니다. 예지 몽을 자주 꾸다보면 직감력으로 상황을 꿰뚫어 보는 능력이 생깁니다. 남들이 보지 못하는 부분을 볼 수 있는 능력을 가진 사람이 많습니다. 마치 몸에 귀신이 들어오거나 신내림, 혹은 신기(神奇)처럼 보이지만, 직관적인 통찰력과 관련된 기운입니다.

그래서 귀문관살은 정신세계와 밀접한 관계를 가지고 있습니다.

귀문관살의 장점은 예술, 과학, 철학, 종교 등의 분야에서 뛰어난 성과를 낼 수 있다는 것입니다. 그러나 사주에 귀문관살이 2개 이상이면 지나치게 예민해서 정신적인 문제에 취약하며, 콤플렉스, 우울증, 공황장애 등이 발생하기 쉽습니다.

격국(格局)이 우수(優秀)하면 통찰력, 직관력, 집중력, 추측 능력, 촉, 망상, 창의성, 감수성, 천재성, 표현력, 예술성 등이 발현되고 격국(格局)이 불순(不純)하면 우울, 예민, 과민, 두통, 정신, 신경 질환, 편집증, 스트레스 과다, 완벽주의, 의심증, 공황장애, 원망, 증오, 편집증, 신기, 무병, 종교 콤플렉스, 스트레스, 히스테리, 변태, 이상성욕, 성도착증 등이 나타날 수 있습니다.

그러므로 이런 귀문관살이 있는 사람은 사주, 명리, 철학, 타로, 점성학, 종교, 우주 등의 영적인 분야에 관심이 많습니다. 때에 따라선, 무당이나 신내림을 받는 경우도 있습니다. 명상이나 요가, 마음수련, 정적인 취미를 통해서 내면의 힘을 길러야 합니다.
귀문은 일지를 중심으로 월지와 시지에 있을 경우 강한 작용을 하고, 대운이나 세운에서 충이나, 형, 귀문이 겹치는 경우 증상이 과해질 수 있습니다.

귀문관살이 있을 때에는 몸이 이유 없이 아프게 되는 현상이 나타나기도 하고 평소의 내가 아닌 사람처럼 행동할 수도 있습니다. 엉뚱한 행동, 이상행동을 하게 된다고 합니다. 고로 이러한 신살을 가진 팔자는 문학가, 예술가, 상담가, 사회복지사, 교육업, 의료업 연구인 같은 활인업이 좋습니다.


## 3) 귀문(鬼門)의 종류(種類)

**• 자유귀문(子酉鬼門)**

자유파살(子酉破殺)과 귀문(鬼門)이 동시에 작용하기 때문에 파살(破殺)의 영향력이 강하게 나타납니다. 특히 유금(酉金)이 도화(桃花)이므로 호색, 주색, 연정으로 인한 불화 신경쇠약이 많습니다.
그래서 자기 잘난 맛에 살거나 혹은 아이와도 같이 떼를 쓰고 변덕이 많아서 철없는 말과 행동을 하는 경우로 공주병 기질로 오해받기도 하여 빈축(嚬蹙)을 사게 되는 경우가 많습니다. 그래서 신 내림을 받아도 철없는 동자신, 공주병 선녀신 등이 찾아온다고 합니다.

• **축오귀문**(丑午鬼門)
하나에 꽂히면 파고 드는데 감정조절이 힘들고, 충동적 폭력성향이 있을 수 있습니다. 그로인해 남을 원망하는 성향이 있습니다. 폭력적이고 과격해지며 탕화살에도 해당이 되기 때문에 주로 음독이나 자살의 경향도 보이기도 합니다.
그래서 객사귀신, 급사귀신, 흉사, 병사한 귀신들이 붙을 수 있습니다.

• **인미귀문**(寅未鬼門)
세상 다 살아본 애늙은이처럼 말하고, 행동합니다. 철학적이지만 때로는 답답한 성향이 있습니다. 넋을 놓고 멍하니 앉아있기도 하고 도사 어른인척 하며 눈동자가 풀려 있습니다. 촉이 좋고 신통력이 좋으나 교통사고로 억울하게 죽은 귀신, 홀로 고독사하여 늙어 죽은 귀신들이 붙는 경우가 많습니다.

• **묘신귀문**(卯申鬼門)
약삭빠르고 잔꾀가 많으며 남을 무시하는 성향이 있습니다. 잘난 척을 하며 성격은 급하고 도화가 있어서 허세가 일어나 과시하는 것을 좋아합니다. 항상 자신은 옳다고 주장하면서 남들은 이상하다고 고집을 하는데 장군신, 도화로 죽은 귀신들이 붙는 경향이 있습니다.

• **진해귀문**(辰亥鬼門)
성격적으로 가장 예민하고 섬세하며 까다롭고 앙칼진 특징으로 결벽증과 강박증세가 있습니다. 배타적인 성격으로 집착하는 행동이 있고 대인기피증이 있습니다.

두뇌가 명석하며 분위기 파악을 잘하지만 비관적이면 부정적인 성향이 있는데 처녀귀신, 낙태 산액(産厄)귀신이 붙는다고 합니다.

- **사술귀문(巳戌鬼門)**

고집이 세고 자기주장이 강하여 사주 구성이 좋지 않으면 거짓말, 사기 등과 관련이 있습니다. 능청스럽고 음흉하고 자기주장만 내세우는데 이중적인 태도로 의심이 많아서 의처증, 의부증 증세를 보이기도 합니다. 신경쇠약으로 정신적 질병에 걸리기도 하는데 도사귀신, 자식 없는 귀신이 붙는다고 합니다.

## 4) 귀문과 육신 결합상

- **재성(財星)귀문(鬼門)**

재성이 귀문이면 피해를 당한 처성(妻星)이 병귀(病鬼)가 되어 귀살(鬼殺)로 나타날 수 있습니다. 재물과 여자에 대한 혐오(嫌惡), 집착(執着), 의심(疑心)이 발생하기도 합니다.

- **관성(官星)귀문(鬼門)**

관성(官星)이 귀문(鬼門)이면 남편에 대한 원망, 미움으로 나타납니다. 관변단체에 속한 사람은 직장상사로부터 시달릴 수 있습니다.

- **상관(傷官)귀문(鬼門)**

조모, 자녀등에 대한 애착과 미움이 일어날 수 있습니다.
자기 기술력을 계발하여 업을 삼는 사람은 성공하기도 합니다.

【예시1】 인미(寅未)귀문을 결성하면 보기에도 답답하다고 하였다.

어느 날 잠들다 눈을 떠서 보니 처가 칼을 들고 남편을 죽일까 말까 망설이고 있었다고 한다. 그로 인해 이혼을 생각했는데 계묘년(癸卯年)에 고독사(孤獨死)했다. 인미귀문(寅未鬼門)운에는 교통사고로 억울하게 죽은 귀신, 홀로 고독사하여 늙어 죽은 귀신들이 붙는 경우가 많다고 하였는데 그 역시 택시운전 중에 교통사고를 당하여 고통을 받다가 고독사 하였다. 맞는 말 같기도 하다.

아내는 남편이 어느 정도 답답하면 이런 위협적인 행동을 하였을까.

### ▶ 사/주/분/석

| 時 | 日 | 月 | 年 | 세운56 | 대운47 | 건 명 |
|---|---|---|---|---|---|---|
| 정관 | | 식신 | 편재 | 인수 | 정관 | 六神 |
| 辛 | 甲 | 丙 | 戊 | 癸 | 辛 | 天干 |
| 未 | 寅 | 辰 | 申 | 卯 | 酉 | 地支 |
| 정재 | 비견 | 편재 | 편관 | 겁재 | 정관 | 六神 |
| 귀문 관살 | 역마 공망 | | 역마 | | | 神殺 |

【예시2】관살혼잡인데 일지궁 편관(偏官)이 묘신(卯申)귀문(鬼門)살이다.

묘신귀문(卯申鬼門)운에는 남을 무시하거나 혹은 잘난 척을 하며 항상 자신은 옳다고 주장하면서 남들은 이상하다고 고집을 부린다고 하였다. 그래서일까, 이 여자 분은 지금 한창 어려운 고비를 지나고 있는데, 여자 분이 남편에 대하여 불만이 많다고 하며 이혼(離婚)도 불사(不辭)한다고 하였다.

▶ 사/주/분/석

| 時 | 日 | 月 | 年 | 곤 명 |
|---|---|---|---|---|
| 상관 | | 편관 | 정관 | 六神 |
| **丁** | **甲** | **庚** | **辛** | 天干 |
| **卯** | **申** | **子** | **丑** | 地支 |
| 겁재 | 편관 | 정인 | 정재 | 六神 |
| 귀문관살 | | | | 神殺 |

【예시3】 축오귀문(丑午鬼門)은 하나에 꽂히면 파고드는 성형이 있어서 감정
조절이 힘들어 지나치면 정신 질환에 시달릴 수가 있다.
그런데 이 사주는 지지가 전부 축오(丑午) 귀문(鬼門)으로 구성이 되
어 있다. IQ가 150 정도인데 우울증을 앓았고 정신 병력도 있다.

▶ 사/주/분/석

| 時 | 日 | 月 | 年 | 건 명 |
|---|---|---|---|---|
| 정인 | | 정관 | 편인 | 六 神 |
| 辛 | 壬 | 己 | 庚 | 天 干 |
| 丑 | 午 | 丑 | 午 | 地 支 |
| 정관 | 정재 | 정관 | 정재 | 六 神 |
| 귀문관살 | | 귀문관살 | | 神 殺 |

【예시4】삼명통회에 소개가 된 학사(學士)이다.

년지(年支)와 월지(月支)의 축오귀문(丑午鬼門)이 형성이 되어 있다. 그런데 오화(午火)가 공망(空亡)이니 공망(空亡)과 귀문(鬼門)이 상쇄(相殺)가 되었다. 그러하니 공망(空亡)도 없어지고 귀문살(鬼門殺)도 제거가 되었다.

그러므로 정관이 살아나 관인상생으로 오히려 정신세계의 발달을 가져왔다.

▶ 사/주/분/석

| 時 | 日 | 月 | 年 | 건 명 |
|---|---|---|---|---|
| 편관 | | 겁재 | 편관 | 六 神 |
| **丙** | **庚** | **辛** | **丙** | 天 干 |
| **戌** | **寅** | **丑** | **午** | 地 支 |
| 편인 | 편재 | 정인 | 정관 | 六 神 |
| 금여 | 관귀 | | 공망 | |
| | 학관 | | | 神 殺 |

【예시5】식신생재(食神生財)격인데 일시지(日時支)의 축오귀문(丑午鬼門)
을 가지고 있다.

그런데 축토(丑土)가 공망(空亡)이니 공망(空亡)과 귀문(鬼門)이 상
쇄(相殺)가 되었다. 그러므로 공망(空亡)에서 탈공(脫空)이 된 정관
(正官)이 재생관(財生官)으로 발전이 눈부셨다.

현재 주부인데 남편은 LA에서 라면 식당을 2개 운영하고 있는데 자
산이 70억대라고 한다.

▶ 사/주/분/석

| 時 | 日 | 月 | 年 | 건 명 |
|---|---|---|---|---|
| 정인 | | 편재 | 식신 | 六神 |
| **辛** | **壬** | **丙** | **甲** | 天干 |
| **丑** | **午** | **寅** | **寅** | 地支 |
| 정관 | 정재 | 식신 | 식신 | 六神 |
| 공망 | 장성 | 지살 | 지살 | **神殺** |

【예시6】 일지궁 인목(寅木)을 중심으로 월지(月支)와 시지(時支)에 인미귀문 (寅未鬼門)을 구성하고 있다. 그리고 일지 편인(偏印)이 효신(梟神) 이 되어 있다. 효신살(梟神殺)이 귀문(鬼門)과 연결이 되어 있으면 정신세계는 남다르다. 특히 효신(梟神)이 상관귀문(傷官鬼門)이면 외도(外道)에 밝아서 특수기술, 천문, 역학에 관심이 많았는데 사람 을 사귀는 과정에서도 효신이 그 영향을 미쳤다.

여자 분은 AI 석사로 전공자였는데 갑진년(甲辰年)에 사귀던 기존 남자를 배신하고 다른 남자와 만나고 있다. 그런데 자신도 왜 그런 행동을 하는지 이해를 못하겠다는 반응이다.

▶ 사/주/분/석

| 時 | 日 | 月 | 年 | 세운26 | 대운18 | 곤 명 |
|---|---|---|---|---|---|---|
| 인수 | | 정재 | 상관 | 편인 | 정관 | 六 神 |
| 乙 | 丙 | 辛 | 己 | 甲 | 癸 | 天 干 |
| 未 | 寅 | 未 | 卯 | 辰 | 酉 | 地 支 |
| 상관 | 편인 | 상관 | 인수 | 식신 | 정재 | 六 神 |
| | 효신 | | 도화 | | 재살 | 神 殺 |

【예시7】 부친은 천석(千石)꾼 갑부였는데 이 명조의 주인은 첩(妾)의 몸에서 출생하였고 모친은 그녀가 출생(出生)한 다음 해에 사망하였다.

재성(財星)이 왕기(旺氣)를 가진 재성도화(財星桃花)인데 축오귀문(丑午鬼門)에 걸려 있는 것으로 보아 재력가 부친(父親)이 연정(戀情)을 두고 두 집 살림을 한 것이 분명하였다.

고로 이 사람은 첩(妾)의 자식 이였는데, 공망(空亡)이 된 편인(偏印)이 화인위겁(化印爲劫)으로 변하니 탈인(脫印)의 상(像)으로 모친이 조기(早期) 사망하였다.

재생살(財生殺)이니 부친의 덕이 없음은 물론이고 남편복도 없었다. 팔자에 무자식(無子息)이니 자식 딸린 외항선원과 결혼을 하였으나 사고로 죽고 홀로 남의 자식을 양육(養育)하며 어렵게 키워냈다.

▶ 사/주/분/석

| 時 | 日 | 月 | 年 | 곤 명 |
|---|---|---|---|---|
| 편관 | | 편재 | 정재 | 六神 |
| **戊** | **壬** | **丙** | **丁** | 天干 |
| **申** | **辰** | **午** | **丑** | 地支 |
| 편인 | 편관 | 정재 | 정관 | 六神 |
| 공망 지살 | | 도화 공망 | | **神殺** |

# 13 십악대패(十惡大敗)

## 1) 십악대패(十惡大敗)을 찾는 방법

육갑(六甲)순 중에서 10일은 록(祿)이 공망에 들게 됩니다.

이것을 십악대패일(十惡大敗日)이라 말하는데 십악대패(十惡大敗)일은 오직 일주(日柱)에만 해당이 됩니다.

곧 갑진(甲辰), 을사(乙巳), 병신(丙申), 정해(丁亥), 무술(戊戌), 기축(己丑), 경진(庚辰), 신사(辛巳), 임신(壬申), 계해(癸亥)를 말합니다.

| 일간 | 甲 | 乙 | 丙 | 丁 | 戊 | 己 | 庚 | 辛 | 壬 | 癸 |
|---|---|---|---|---|---|---|---|---|---|---|
| 십악대패일 | 辰 | 巳 | 申 | 亥 | 戌 | 丑 | 辰 | 巳 | 申 | 亥 |
| 십간록공망 | 寅 | 卯 | 巳 | 午 | 午 | 午 | 申 | 酉 | 亥 | 子 |
| 십악대패살 | 庚戌 | 辛亥 | 壬寅 | 癸巳 | 甲辰 | 乙未 | 甲戌 | 乙亥 | 丙寅 | 丁巳 |

## 2) 십악대패(十惡大敗)의 개념

60갑자의 동일 순중(旬中)에서 간지(干支) 자체로 일간의 건록(建祿)이 공망이 되는 일주(日柱)가 있습니다. 그래서 록(祿)이 공망이 되는 일진(日辰)을 십악대패일이라 말합니다.

이것은 그만큼 일주의 록(祿)이 중요함을 말하는 것인데 곧 갑진(甲辰), 을사(乙巳), 병신(丙申), 정해(丁亥), 무술(戊戌), 기축(己丑), 경진(庚辰), 신사(辛巳), 임신(壬申), 계해(癸亥)를 말합니다.

예를 들어 갑진(甲辰), 을사(乙巳)등은 5순(旬)에 속하는데 갑(甲)의 십간록은 인(寅)이고, 을(乙)의 십간록은 묘(卯)가 됩니다. 그러므로 갑진(甲辰)과 을사(乙巳)는 인묘(寅卯)가 순중공망이 되니 곧 갑진(甲辰), 을사(乙巳)는 공망에 빠진 날이라 하여 십악대패일(十惡大敗日)에 속하게 됩니다.

또한 병신(丙申)의 순중공망은 사(巳)가 되는데 천간 병(丙)의 십간록(十干祿)이 되는 사(巳)가 공망이 되므로 곧 병신(丙申)이 십악대패(十惡大敗)에 속하는 것입니다. 정해(丁亥), 무술(戊戌), 기축(己丑)은 순중공망(旬中空亡)이 오(午)가 되는데 십간록(十干祿)인 오(午)가 공망이니 3종류는 십악대패(十惡大敗)일이 되는 것입니다.

또한 경진(庚辰)의 공망(空亡)은 신(申)인데 십간록(十干祿)인 신(申)이 공망(空亡)이고 신사(辛巳)의 공망(空亡)은 유(酉)인데 십간록(十干祿) 유(酉)가 공망(空亡)이고 임신(壬申)의 공망(空亡)은 해(亥)인데 십간록(十干祿)인 해(亥)가 공망(空亡)이며 계해(癸亥)의 공망(空亡)은 자(子)인데 십간록인 자(子)가 공망(空亡)이 되므로 이 10개의 일주(日柱)는 십악대패일에 해당이 되는 것입니다.

사주에 오직 일주(日柱)만 해당하고 다른 주(柱)에 있는 것은 논(論)하지 않습니다. 또 사주(四柱)에 길신(吉神)이 도우면 흉액이 감소가 되어 반길한 것으로 논하게 됩니다.

십악대패일은 장사(葬事) 지내는 일 이외는 모두 흉하다.

일진(日辰)인데 자공(自空), 체공(体空) 또는 일간의 건록이 공망이 되는 날로서 무록일(無祿日)이라 하여 이 일진(日辰)을 얻음을 꺼리게 됩니다. 특히 이 일진(日辰)에는 흉사(凶事)가 크고 적게 패배하며 손재(損財)가 따르므로 사업 확장에 불리하고 일의 시작은 있는데 끝을 맺지 못하거나, 하나를 얻고 3개를 손재하는 일이 발생하며 그로 인해 심신(心身)이 피로(疲勞)해지고 사고(事故)및 무질서(無秩序) 등이 발생할 수 있습니다. 중요한 의사결정과 행사, 출산(出産), 이사(移徙), 혼인(婚姻) 등의 택일(擇日)에는 절대 피해야 할 일진(日辰)입니다.

십악대패일생은 만혼(晚婚)이 좋으면 만약 조혼(早婚)하면 해로(偕老)가 어려울 수 있습니다. 만약 일주가 십악대패인데 년주에 십악대패살(十惡大敗煞)이 사주에 있으면 물려 가업이 없고 혹은 있더라도 낭비가 심하여 재물이 흩어지고 재산이 풍족하게 있어도 다 탕진해버리게 됩니다.

상충살이 작용하기 때문에 부딪힘이 많아서 고집이 강하고 인간관계를 맺기가 어려워 사업을 하더라도 실패를 합니다. 그래서 결혼을 하더라도 부부갈등이 있으며 이혼 혹은 사별하게 된다고 합니다. 마음먹은 대로 성사되는 것이 별로 없고 재산, 사업, 결혼, 인간관계에 있어서 불리합니다.


# 3) 십악대패살(十惡大敗殺) 보는 법

십악대패일은 암묵적으로 록(祿)을 공망시켰으니 되는 일이 없다고 하였는데 만약 년주(年柱) 혹은 유년태세(流年太歲)에서 다음 아래와 같은 간지(干支)를 만나 상충살(相沖殺)을 구성하게 되면 십악대패일이 발동한다고 하여 십악대패살이 작동하게 됩니다.

즉 십악대패일과 십악대패살은 다른 이름입니다. 십악대패(十惡大敗)일주(日柱)가 일간(日干)과 년간(年干)이 충극(沖剋)을 하는데 또 일지(日支)와 년지(年支)도 충(沖)을 하게 되면 간지가 서로 상충살(相沖殺)이 되는 것입니다. 이미 일주는 일간의 공망을 본 십악대패일(十惡大敗日)이므로 년주(年柱)와 일주(日柱)가 서로 상충(相沖)하면 더욱 공망에 빠지므로 대흉(大凶)하다고 하여 십악대패살(十惡大敗殺)입니다. 그러므로 년주 분만 아니라 유년태세(流年太歲)에서 만나도 동일하게 작용됩니다.

| 십악대패일 | 甲辰 | 乙巳 | 丙申 | 丁亥 | 戊戌 | 己丑 | 庚辰 | 辛巳 | 壬申 | 癸亥 |
|---|---|---|---|---|---|---|---|---|---|---|
| 십악대패살 | 庚戌 | 辛亥 | 壬寅 | 癸巳 | 甲辰 | 乙未 | 甲戌 | 乙亥 | 丙寅 | 丁巳 |

예를 들어 십악대패(十惡大敗)일주로 구성이 된 갑진(甲辰)일주가 년주에 경술(庚戌)을 보게 되면 십악대패(十惡大敗)일주가 십악대패살(十惡大敗殺)을 범(犯)하게 되었다고 말을 하는 것입니다. 또한 십악대패(十惡大敗)의 을사(乙巳)일주가 신해(辛亥)년주를 보게 되면 을신충(乙辛沖)이고 사해충(巳亥沖)이므로 간지(干支)가 서로 상충살(相沖殺)이 되므로 십악대패(살十惡大敗殺)을 범(犯)했다고 말을 합니다.

그러므로 사주가 년간과 일간이 칠살로 충극(沖剋)을 당하고 지지는 년지(年支)와 일지(日支)가 상충(相沖)한다면 십악대패살을 당한 것이라 말을 합니다. 또한 이러한 10개의 일진(日辰)에 상응하는 유년태세(流年太歲)를 만나면 일컬어 십악대패살(十惡大敗殺)을 만났다고 합니다. 그러나 십악대패일(十惡大敗日)이 길(吉)한 유년을 만나거나 사주 중에 길한 기운을 만나면 아무런 문제가 없습니다. 십악대패일(十惡大敗日)과 십악대패살(十惡大敗殺)이 끼어 있어도 사주원국에 천덕귀인과 월덕귀인이 있을 경우에는 흉살의 성분이 약화되어 감소할 수 있습니다.

다른 일주도 이와 같이 보면 됩니다.

【예시1】 갑진(甲辰)일주는 십악대패(十惡大敗)일주에 해당한다.

그런데 년주(年柱) 경술(庚戌)을 본 것이므로 서로 상충살(相沖殺)로 구성하였다. 즉 년간(年干)의 경금(庚金)은 일간(日干) 갑목(甲木)을 갑경충(甲庚沖)하고 년지(年支) 술토(戌土)는 일지(日支) 진토(辰土)를 진술충(辰戌沖)하였으니 십악대패살(十惡大敗殺)을 범(犯)한 것이다.

▶ 사/주/분/석

| 時 | 日 | 月 | 年 | 건 명 |
|---|---|---|---|---|
| | | | 편관 | 六神 |
| 甲 | | | 庚 | 天干 |
| 辰 | | | 戌 | 地支 |
| 편재 | | | 편재 | 六神 |
| 십악대패 | | | 십악대패살 | 神殺 |

【예시2】 연예인이고, 일주가 갑진(甲辰) 십악대패(十惡大敗)에 해당한다.

그런데 십간록 인목(寅木)이 존재하므로 록(祿)공망(空亡)이 되었다. 비록 월지 록(祿)은 귀하였지만 일간 록의 공망은 발전이 늦음을 말할 수 있다. 그러므로 2008년 첫 작품으로 데뷔를 하였는데 그 동안 무명으로 지내다가 2011년 잠시 주목을 받아 이름을 알렸다.

그러나 첫 주연은 2013년에 늦게 발탁(拔擢)이 되었다. 갑술(甲戌) 대운에 인오술(寅午戌)삼합으로 공망(空亡)이 해소가 되었기 때문이다.

▶ 사/주/분/석

| 時 | 日 | 月 | 年 | 대운31 | 곤 명 |
|---|---|---|---|---|---|
|  |  | 편재 | 편관 | 비견 | 六 神 |
| 甲 | 戊 | 庚 | 甲 | 天 干 |
| 辰 | 寅 | 午 | 戌 | 地 支 |
| 편재 | 비견 | 상관 | 편재 | 六 神 |
| 금여 | 역마 | 태극 |  | 神 殺 |
| 십악대패 | 공망 | 홍염 |  |  |

298 / 신살론

【예시3】걸 그룹 애프터스쿨 출신이며 배우 나나다.

정해(丁亥)가 십악대패(十惡大敗)일주이지만, 천을귀인(天乙貴人)으로 흉(凶)이 해소가 되었다. 특히 유(酉)와 해(亥)는 정화(丁火)의 천을귀인(天乙貴人)을 본 것이므로 두 비견(比肩)은 그룹 멤버를 상징한다.

그러므로 년지(年支)의 홍염(紅艶) 식신(食神)이 암록협록(暗祿夾祿)으로 식신생재(食神生財)하였는데 섹시한 이미지로 재능(才能)을 발휘하면서 부(富)를 이루며 인기를 얻고 있다.

▶ 사/주/분/석

| 時 | 日 | 月 | 年 | 곤 명 |
|---|---|---|---|---|
| | | 비견 | 편재 | 六 神 |
| 丁 | 丁 | 丁 | 辛 | 天 干 |
| 亥 | 酉 | 未 | | 地 支 |
| | 정관 | 편재 | 식신 | 六 神 |
| | 천을복성 십악대패 | 천을 복성 문창학당 | 암록 협록 양인 공망 홍염 | 神 殺 |

【예시4】경진(庚辰)일주는 십악대패(十惡大敗)일이고 년주 갑술(甲戌)을 만나면 십악대패살(十惡大敗殺)을 만난 것이다. 십악대패살은 상충살(相沖殺)이 작용하기 때문에 부딪힘이 많아서 고집이 강하고 인간관계를 맺기가 어려워 사업을 하더라도 실패가 따른다. 그러므로 십악대패일에 걸린 사주는 사업 확장에 불리하고 일의 시작은 있어도 끝을 맺지 못한다. 하나를 얻고 3개를 내어주니 손실이고 무질서하다. 그래서 결혼을 해도 갈등이 있으며 이혼 수가 있으므로 만혼(晚婚)이 좋다. 이 여자 분은 미용 전문대를 수료하고, 미용업계에 종사하다가, 3개월 후에 사람들에게 시달려 그만두었고, 회사 경리업무를 하다가 정유(丁酉)년 또 그만두고, 바리스타 근무를 하다가 무술(戊戌)년에 그만두려고 한다.

이런 강한 기질은 전문직에 종사하는 것이 좋다. 이직(移職), 변동이 발생하기 때문에 쉽게 들어 갈 수 있는 기술을 지니지 못하면 어려움에 처할 수 있다. 그래서 미용(美容)은 천직이다.

▶ 사/주/분/석

| 時 | 日 | 月 | 年 | 곤 명 |
|---|---|---|---|---|
| 정관 | | 편관 | 편재 | 六神 |
| 丁 | 庚 | 丙 | 甲 | 天干 |
| 亥 | 辰 | 寅 | 戌 | 地支 |
| 식신 | 편인 | 편재 | 편인 | 六神 |
| 겁살 | 월살 | 역마 | 금여 | |
| 망신 | 십악대패 | 지살 | 홍염 | |
| 문창성 | | 관귀 | 십악대패살 | 神殺 |
| 고신 | | 월덕 | | |
| 천덕 | | | | |

# 14 낙정관살(落井關殺)

## 1) 낙정관살(落井關殺) 찾는 법

낙정관살은 일간을 기준으로 보면 됩니다. 예를 들어 갑(甲) 또는 기(己)일간 경우 지지에 사화(巳火)가 존재하는 궁이 낙정관살입니다.

| 낙정관살(落井關殺) 찾는 법 | | | | |
|---|---|---|---|---|
| 일간 | 甲, 己 | 乙, 庚 | 丙, 辛 | 丁, 壬 | 戊, 癸 |
| 지지 | 巳 | 子 | 申 | 戌 | 卯 |

## 2) 낙정관살(落井關殺) 개념(槪念)

낙정관살(落井關殺)은 우물에 떨어져 갇히는 살인데 과거에는 시골마다 우물이 많아서 실제로 사람이나 동물이 빠지는 사고가 자주 발생하였다고 합니다. 그런데 현대에 와서는 우물이 없고 맨홀 혹은 공사장의 빈구덩이에 빠진다는 정도로 이해하면 됩니다.

낙정관살(落井關殺)에 해당되면 특히 물과 관련된 사고수를 조심해야하고 안전시설이 없이 방치된 강, 호수 등에서 혼자 수영하거나 혹은 낚시 같은 행위는 피해야 합니다. 더 나아가 암벽등반, 공사현장, 옥상, 절벽, 홍수, 태풍 자연재해로 휩쓸려 갈 수도 있으며 수로(水路) 맨홀 등에 빠질 수 있습니다. 이러한 신살은 우물에 한정하지 않고 응용하는 범위가 늘어났는데 실제로 일상생활에서 사기, 함정에 빠지거나 억울한 누명을 쓰고 갇히는 경우도 낙정관살로 이해하려고 하고 있습니다.

그래서 낙정관살이 자신의 팔자에 영향을 미친다고 보는 경우에는 그 살을 두려워하여 피해가지 말고 오히려 적극적으로 그 살을 활용한 직업을 선택하는 방법이 있습니다.

그래서 낙정관살이 있는 사람은 해운업, 수산업, 수영관리자, 어부, 선원, 양식장 등의 직업에서 많이 발견이 되고 있습니다.

【예시1】 술토(戌土) 2개는 낙정관살(落井關殺)인데 임술(壬戌)백호(白虎)가 되어 있다. 일간의 낙정관살(落井關殺)이 시지(時支)에도 있는 점으로 보아 낙정관살(落井關殺)의 힘은 만만치 않게 나타날 것이다.

낙정관살은 우물, 호수 등에 빠지는 살이므로 선원, 양식장 부두 선착장 작업자에게서 많이 나타난다.

그래서 이 사람의 젊어서 직업은 원양어선의 선원이고 나중에는 양식장을 운영하였으나 무인년(戊寅年)에 자살하였다고 한다.

▶ 사/주/분/석

| 時 | 日 | 月 | 年 | 건 명 |
|---|---|---|---|---|
| 편인 | | 상관 | 비견 | 六神 |
| **庚** | **壬** | **乙** | **壬** | 天干 |
| **戌** | **戌** | **巳** | **午** | 地支 |
| 편관 | 편관 | 편재 | 정재 | 六神 |
| 낙정 | 낙정 | 천을 | | **神殺** |
| 괴강 | 백호 | | | |

【예시2】 계미(癸未)일주는 보도이로(寶刀已老)의 상(像)이 묘지(墓地)에 놓였다. 특히 계수(癸水) 일간은 자수(子水)가 도화(桃花)인데 자미(子未)원진과 자유(子酉)파살이니 함지(咸池)를 범(犯)했다. 도화(桃花)를 범(犯)하면 유금(酉金)은 재살(災殺)이니 감옥에 갇히는 것이다. 여자에게 도화(桃花)의 형충(形沖)은 주로 남자 문제가 많다.

계묘(癸卯) 대운에는 묘목(卯木)이 낙정관살(落井關殺)이면서 재살(災殺)에도 해당한다. 원명(原命)에 재살(災殺)이 있는데 제거되지 않으면 유년(流年) 또는 대운(大運)에서 충형(沖刑)되는 때에 피해를 당하게 된다.

이 명조의 대부분이 흉한 악살(惡殺)로 구성이 되어 있다.격각살, 단교관살, 고신, 과숙, 상문, 조객, 월살, 육해, 재살이 모두 도화를 중심으로 원진(元嗔)과 파살(破殺)이 되어 있다. 이러한 흉살들이 도화를 범하므로 이 여자는 도화로 인해 죽을 수도 있다. 계묘(癸卯) 대운에서 묘유충(卯酉沖)이 되면 묘(卯)가 벌어진다. 묘는 낙정관살(落井關殺)이며 재살(災殺)이니 그 사이로 빠져 갇히는 모습인 것이다.

여자는 갑신년(甲申年) 24세에 강에 투신자살했다고 한다.

## ▶ 사/주/분/석

| 時 | 日 | 月 | 年 | 대운22 | 곤 명 |
|---|---|---|---|---|---|
| 정인 | | 정인 | 편인 | 비견 | 六 神 |
| 庚 | 癸 | 庚 | 辛 | 癸 | 天 干 |
| 申 | 未 | 子 | 酉 | 卯 | 地 支 |
| 정인 | 편관 | 비견 | 편인 | 식신 | 六 神 |
| 공망 | 월살 | 공망 | 공망 | 낙정 | |
| 겁살 | 비인 | 도화 | 재살 | 재살 | 神 殺 |
| 고신 | 과숙 | 육해 | 조객 | | |
| 단교 | | | 현침 | | |

【예시3】술토(戌土)는 낙정관살(落井關殺)인데 낙정관살은 호수, 도랑이나 맨홀에 빠진다는 악살이다.

그런데 임술(壬戌)이 백호(白虎)가 되어 낙정관살(落井關殺)에 빠져 있는 것이니 이것은 호랑이가 구덩이에 빠져 잡히는 모습이다. 따라서 사술(巳戌)원진(元嗔)을 범(犯)한 것이니 이것을 해석해보면 도로를 지나가다 맨홀에 부딪혀 낙상(落傷)하여 피를 보는 경우이다. 결과적으로 사화가 술토(戌土)에 입고되어 묻힌다는 것이다.

그러므로 술토(戌土) 3개는 사화의 분묘가 되는 것이다. 그래서 사화(巳火)가 재차 원진(元嗔)을 범하는 신사년(辛巳年)에 교통사고로 사망했다고 한다.

▶ 사/주/분/석

| 時 | 日 | 月 | 年 | 세운49 | 건 명 |
|---|---|---|---|---|---|
| 편인 | | 비견 | 겁재 | 정인 | 六 神 |
| **庚** | **壬** | **壬** | **癸** | **辛** | 天 干 |
| **戌** | **戌** | **戌** | **巳** | **巳** | 地 支 |
| 편관 | 편관 | 편관 | 편재 | 편재 | 六 神 |
| 화개 | 낙정 | 화개 | 망신 | | 神 殺 |
| 낙정 | 백호 | 백호 | | | |

# 15 곡각살(曲脚殺)

## 1) 곡각살 찾는법

곡각살은 사주 중에서 해당되는 글자가 있게 되면 모두 곡각살로 판단하면 됩니다. 예를 들어 사화(巳火), 축토(丑土), 기토(己土), 을목(乙木)은 어느 장소에 있더라도 모두 곡각살 입니다.

| 곡각살 찾는 법 | | |
|---|---|---|
| 천간 | 乙 | 己 |
| 지지 | 巳 | 丑 |

## 2) 곡각살(曲脚殺)의 개념(槪念)

사주 내에서 을(乙), 기(己), 사(巳), 축(丑)을 곡각의 글자라고 합니다. 글자 자체가 구부러지거나 꺾여 있어서 곡각(曲脚)이라고 합니다. 곡각살(曲脚殺)은 뼈가 부러지고 굽고 수족을 다치거나 장애가 발생하게 만듭니다. 특히 뼈의 골절에 주의해야 하는데 골절, 관절염, 허리디스크 등의 근골계 질환에 노출되기 쉬운 경향이 있습니다.

곡각살이 삼형(三刑)과 연계 되면 몸에 꺽이는 부위인 관절, 뼈마디 등 수족 등에 문제가 발생합니다. 그래서 말하길 곡각살이 사주 중에 있으면 수족(手足)에 상해(傷害)가 있는 것으로 본다고 하였습니다.

고전에서는 곡각살을 범(犯)한자는 반드시 입술이 이지러지거나, 귀에 구멍

이 있거나, 지체(肢體)가 완전하지 못하다고 합니다.

만약 합당(合當)한 덕(德)이 없거나, 오행이 무기(無氣)하면 재물이 충분하지 않고, 타 집안에 의지하여 살아간다고 하였습니다.

특히 기사(己巳), 을사(乙巳), 정사(丁巳)를 일주에서 만나면 처(妻)를 극한다고 하였습니다. 또한 곡각살이 많이 있으면 양자(養子)가 되거나 양자(養子)를 들인다고 하였습니다.


## 3) 곡각살을 보는 방법

곡각살(曲脚殺)은 형충파해(形沖破害)와 신살(神殺)을 함께 보아 그 흉의(凶意)를 파악 해야 합니다. 특히 곡각살(曲脚殺)이 형충(形沖)되거나 다른 악살(惡殺)이 결집하거나 혹은 토중목절(土重木節)과 같은 전도현상이 되면 살(殺)의 흉의(凶意)가 가중(加重)이 되기 때문에 주의해야 합니다.

특히 을사(乙巳)일주가 되면 곡각살이 중(重)하여 처(妻)를 극한다고 보는데 월지(月支)에 을사(乙巳)이면 가정, 부모에게 흉사(凶事)가 있을 수 있습니다.

【예시1】 을목(乙木)은 편관(偏官)으로 남편에 해당하는데 곡각살(曲脚殺)에 해당하는 을축(乙丑)과 기축(己丑)에 둘러싸여 있다.

을목(乙木)이 토중목절(土重木節)에 의해 곡각살(曲脚殺)에 갇힌 형상이다. 이러한 을목(乙木)의 상황에서는 손목 질환이 발생하거나 혹은 그로 인해 육친의 변동이 발생할 수가 있다.

계해년(癸亥年)에 남편이 자살하였다고 한다.

▶ 사/주/분/석

| 時 | 日 | 月 | 年 | 건 명 |
|---|---|---|---|---|
| 편관 | | 편인 | 정재 | 六神 |
| 乙 | 己 | 丁 | 壬 | 天干 |
| 丑 | 丑 | 未 | 午 | 地支 |
| 비견 | 비견 | 비견 | 편인 | 六神 |
| 곡각 | 곡각 | | 도화 | 神殺 |
| 비인 | 비인 | | | |

【예시2】 년간의 신금(辛金)은 치아, 뼈, 폐를 관장하는 글자이다.

그런데 을미(乙未)월주가 묘목(卯木)을 만나 묘미합국(卯未合局)하였으므로 목(木)이 태왕(太旺)하게 되었다. 그로 인하여 신금(辛金)이 역극을 당하였으니 곧 목견금결(木堅金缺)이 되었다. 그런데 을(乙)과 기(己)는 곡각살(曲脚殺)이고 을신충(乙辛沖)을 당하였으니 곡각살(曲脚殺)은 이미 사주내에서 발동(發動)이 되었다.

그래서 목견금결(木堅金缺)을 당한 신금(辛金)의 곡각살 충거(沖去)는 금(金)을 괴사하는 흉의(凶意)가 더욱 커진다. 이 여자 분은 인공 고관절 치환 수술을 앞둔 환자이다.

▶ 사/주/분/석

| 時 | 日 | 月 | 年 | 곤 명 |
|---|---|---|---|---|
| 상관 | | 편관 | 식신 | 六神 |
| 庚 | 己 | 乙 | 辛 | 天干 |
| 午 | 未 | 未 | 卯 | 地支 |
| 편인 | 비견 | 비견 | 편관 | 六神 |
| 현침 | 곡각 | 곡각 | 현침 | 神殺 |
| | 급각 | 백호 | | |

【예시3】 정사(丁巳)일주가 사오미(巳午未)방국을 구성하여 염상격(炎上格)이
되면 화왕(火旺)하므로 을목(乙木)은 분멸(焚滅)당할 수 있다.

분멸(焚滅)이란 을목(乙木)이 불에 타 소각(燒却)이 된다는 뜻이므로
오행이 편고(偏枯)한데 곡각살(曲脚殺)과 역마(驛馬)가 중중(重重)하
면 분멸지상(焚滅之象)을 보이는 을(乙)은 이동이 많은 닭, 오리, 철
새 등이 될 수 있다. 왜냐하면 역마(驛馬)가 되어 이동하던 을(乙)의
본 모습은 불에 탄 오리의 상(象)을 보이기 때문이다.

그러므로 곡각살이란 어느 뼈든 일단 부러뜨려야 재앙의 액땜이 되
는 까닭에 오리, 닭을 분쇄(分碎)하는 삶이 나타나게 되었다.

이 사주의 주인공은 오리탕 식당을 운영을 하는 여사장이다.

▶ 사/주/분/석

| 時 | 日 | 月 | 年 | 곤 명 |
|---|---|---|---|---|
| 편인 | | 겁재 | 비견 | 六神 |
| 乙 | 丁 | 丙 | 丁 | 天干 |
| 巳 | 巳 | 午 | 未 | 地支 |
| 겁재 | 겁재 | 비견 | 식신 | 六神 |
| 곡각 | 곡각 | | | 神殺 |
| 역마 | 역마 | | | |

【예시4】 재생살(財生殺)이 된 신금(辛金)이 곡각살(曲脚殺)에 둘러싸여 있다. 그런데 신금(辛金)이 을신충(乙辛沖)이 되면 신금(辛金)은 토다금매(土多金埋)가 될 수 있다. 따라서 매금(埋金)에서는 신금(辛金) 관련 질환과 육친변동이 예상이 된다. 특히 신금(辛金)은 편관(偏官)이므로 남편문제와 동시에 뼈, 관절 질환이 나타날 수 있다.

이 사주의 주인공은 어느 날 퇴행성 손목 관절염과 손목 터널 증후군이 찾아와서 왼손을 잘 쓰질 못한다고 호소하였다. 또한 남편과는 떨어져 산지 너무 오래라고 한다.

▶ 사/주/분/석

| | 時 | 日 | 月 | 年 | 곤 명 |
|---|---|---|---|---|---|
| 六神 | 편관 | | 편재 | 비견 | 六 神 |
| 天干 | 辛 | 乙 | 己 | 乙 | 天 干 |
| 地支 | 巳 | 丑 | 丑 | 卯 | 地 支 |
| 六神 | 상관 | 편재 | 편재 | 비견 | 六 神 |
| 神殺 | 곡각 | 과숙 | 곡각 | 곡각 | 神 殺 |
| | 고신 | 곡각 | 과숙 | 조객 | |

**【예시5】** 축(丑)중의 신금(辛金)은 미중(未中)의 을목(乙木)과 을신암충(乙辛暗沖)이 되어 있다. 비록 축(丑)중에서 경금(庚金)이 년간에 투출(投出)했지만 그 뿌리는 을신충(乙辛沖)으로 손상을 당하고 있었다.

경금(庚金)은 주로 대장(大腸)을 논하고 신금(辛金)은 폐질환을 언급하지만 축(丑)중에 숨은 신금(辛金)의 손상(損傷)이 분명이 나타난 것이므로 이 사람은 신금(辛金)의 폐질환으로 고생을 하였다.

또한 경금(庚金)은 자수(子水) 사지(死地)에 앉아 있으므로 경금(庚金)은 토왕생금(土旺生金)으로 왕(旺)하다고 판단하는 것이 아니라 토다매금(土多埋金)으로 위태롭다고 판단하는 것이다.

그런데 토다매금(土多埋金)의 글자가 곡각살(曲脚殺)에 둘러 쌓여 매금(埋金)을 위협하였으므로 매금(埋金)의 흉의(凶意)를 더욱 가중(加重)시키게 되었다. 이 남자 분은 폐암으로 사망하였다.

## ▶ 사/주/분/석

| 時 | 日 | 月 | 年 | 건 명 |
|---|---|---|---|---|
| 겁재 | | 비견 | 상관 | 六神 |
| **戊** | **己** | **己** | **庚** | 天干 |
| **辰** | **未** | **丑** | **子** | 地支 |
| 겁재 | 비견 | 비견 | 편재 | 六神 |
| 공망 | 천살 | 공망 | 도화 | 神殺 |
| 백호 | 곡각 | 곡각 | | |

# 16 천을귀인(天乙貴人)

## 1) 천을귀인(天乙貴人)을 찾는 방법

| 천을귀인(天乙貴人)을 찾는 법 | | | | | |
|---|---|---|---|---|---|
| **일간** | 甲. 戊. 庚 | 乙. 己 | 丙, 丁 | 辛 | 壬, 癸 |
| **천을귀인** | 丑. 未 | 子, 申 | 亥, 酉 | 寅, 午 | 巳, 卯 |

일간(日干)을 기준하여 사주(四柱)의 지지(地支)중 어느 지지에 있어도 귀인(貴人)이 됩니다. 예를 들어, 일간이 갑무경(甲戊庚)에 해당하는 사람은 지지의 축(丑)과 미(未)가 천을귀인(天乙貴人)에 해당합니다.

을기(乙己)는 신(申)과 자(子)가 천을귀인(天乙貴人)이고 병정(丙丁)은 해(亥)와 유(酉)가 천을귀인(天乙貴人)이며, 신(辛)은 인(寅)과 오(午)가 천을귀인(天乙貴人)이고, 임계(壬癸)는 사(巳)와 묘(卯)가 천을귀인(天乙貴人)에 해당합니다.

## 2) 천을귀인(天乙貴人)의 개념

천을(天乙)은 곧 천상(天上)의 신(神)으로 자미원에 존재하고, 태을(太乙)과 함께 배열되어 천황대제(天皇大帝)를 섬기어 삼진(三辰)에서 유영하며 옥형을 집형(執刑)하여 천인(天人)의 일들을 비교하여 헤아리며, 이름이 천을(天乙)로 그 (神)은 가장 존귀한 바, 일어나 있는 곳에는 흉살도 일절 은연(隱然)이 피하게 된다고 합니다.

그래서 사주에 천을귀인(天乙貴人)이 있으면 지혜총명(智慧聰明), 흉변위길(凶變爲吉), 조달출세(早達出世)를 한다고 했습니다. 특히 천을귀인이 희용신(喜用神)이 되거나 공망(空亡) 혹은 형충파해(刑沖破害)를 당하지 않으면 하늘의 천복(天福)을 받는 혜택을 누리게 됩니다.

동양학에서 우주 천체의 많은 별들 중에서 천을(天乙)을 존귀한 별 중의 하나로 꼽았는데 별이 운행하면서 천을(天乙)에 다다라 태어난 팔자가 이에 해당합니다. 즉 갑무경(甲戊庚)의 일간이 운행(運行) 중에 축궁(丑宮)혹은 미궁(未宮)에 거주하는 시기에 태어난 사람들을 말하는 것입니다. 즉 이 때 태어난 갑무경(甲戊庚)은 천을귀인의 기운을 가장 많이 받는다고 본 것입니다.

천을귀인(天乙貴人)은 만신(萬神)을 주재하는 별로서 일체의 흉살을 제거하고, 귀인의 음덕과 천부적인 총명으로 평생을 안락하게 잘 살 수 있는 길성(吉星)입니다.

그러므로 일간이 생왕(生旺)하고 사(死), 절(絶), 충(沖), 파(破), 공망(空亡)이 없고 귀인이 있는 주(柱)가 서로 일주와 간지합(干支合)이 되면서 희용신(喜用神)의 배합이 적당하면 상격(上格)으로 극품(極品)의 귀를 누린다고 하였습니다. 특히 귀합(貴合)이나 일간의 희신(喜神), 용신(用神)이 되면서 관성(官星)이 있으면 관직이 높게 되고, 록(祿)이 있으면 부유(富有)하다고 합니다.

천을귀인에 해당하는 유년(流年)이나 대운(大運)이 오면 귀인의 도움으로 승진(昇進), 발재(發財), 명리(名利)를 모두 얻을 수 있습니다.

# 3) 천을귀인(天乙貴人)의 종류(種類)

## (1) 귀합(貴合)

무릇 귀인(貴人)은 일주와 합이 되면 더욱 길하고 흉살은 일주와 합이 되면 더욱 흉한 것입니다. 그러므로 귀합(貴合)이 있으면 벼슬은 두텁고 영화(榮華)는 뚜렷하다고 합니다. 귀합(貴合)은 일간의 천을귀인에 해당 되는 지지 위에 놓인 천간합(天干合)을 말합니다.

예를 들어, 갑(甲)이 기축(己丑), 기미(己未)를 만나면 갑(甲)의 천을귀인(天乙貴人)은 축(丑)과 미(未)가 됩니다. 그런데 축(丑)과 미(未)에 놓인 천간 기토(己土)가 일간과 갑기합(甲己合)을 하는 것을 말하고, 무(戊)가 계축(癸丑), 계미(癸未)를 만나면 축(丑)과 미(未)는 천을귀인인데 그 자리에 앉은 천간의 계수(癸水)가 일간과 무계합(戊癸合)을 하는 것을 말합니다.

또한 경(庚)이 을축(乙丑), 을미(乙未)를 만나면 축(丑)과 미(未)는 천을귀인(天乙貴人)에 해당하는데 그 자리에 앉은 천간의 을목(乙木)은 일간과 을경합을 하는 것을 말하며 을(乙)이 경자(庚子), 경신(庚申)을 만나면 자(子)와 신(申)은 천을귀인(天乙貴人)에 해당하는데 그 자리에 앉은 경금(庚金)이 일간과 을경합(乙庚合)을 하는 것을 말합니다.

또한 기(己)가 갑자(甲子), 갑신(甲申)을 만나면 자(子)와 신(申)은 천을귀인(天乙貴人)인데 그 자리에 앉은 천간의 갑목(甲木)이 일간과 갑기합(甲己合)을 하는 것을 귀합(貴合)이라 말하며, 병(丙)이 신유(辛酉), 신해(辛亥)를 만나면 유(酉)와 해(亥)는 천을귀인(天乙貴人)이 되는데 그 자리에 앉은 신금(辛金)이 일간과 병신합(丙辛合)을 하는 것을 말합니다.

【예시】귀인(貴人)의 합(合)은 귀(貴)하다고 말을 하였는데 예를 들어 갑(甲)
　　　일간은 축토(丑土)와 미토(未土)가 천을귀인(天乙貴人)에 해당한다.
　　　그런데 귀인(貴人)의 궁성(宮星)인 천간(天干)이 일간과 갑기합(甲己
　　　合)을 하는 까닭에 귀합(貴合)이 되어 길(吉)하게 되었다.

▶ 사/주/분/석

| 時 | 日 | 月 | 年 | 건 명 |
|---|---|---|---|---|
| | | 정재 | | 六 神 |
| 甲 | 己 | | | 天 干 |
| | 丑 | | | 地 支 |
| | 정재 | | | 六 神 |
| | 천을귀인 | | | 神 殺 |

## (2) 육합귀인(六合貴人)

일간이 천을귀인이 되는 지지와 일주가 육합하는 경우를 말합니다.

이것은 명합(明合)이라 하여 육합(六合)하는 것을 말합니다.

예를 들어 무토(戊土)일간은 축(丑)과 미(未)가 천을귀인(天乙貴人)인데 자(子)가 있으면 자축합(子丑合)으로 명합(明合)하는 것을 말합니다. 또한 일간(日干)의 천을귀인(天乙貴人)이 되는 글자는 없지만 육합(六合)으로 천을귀인(天乙貴人)이 되는 글자를 당겨오는 것을 말합니다. 이것은 일종의 암록(暗綠)을 말하는 것입니다.

가령 갑무경(甲戊庚)의 천을귀인은 축(丑)과 미(未)가 해당이 되는데 만약 축(丑)과 미(未)는 없지만 그 자리에 자(子) 혹은 오(午)가 앉아 있게 되면 자(子)는 축(丑)을 육합하여 오고, 오(午)는 미(未)를 육합하여 당겨 오게 됩니다. 그러므로 육합으로 인해 천을귀인이 생성이 되는 것을 뜻합니다.

또한 을기(乙己)는 자(子)와 신(申)이 천을귀인(天乙貴人)이지만, 만약 축(丑) 혹은 사(巳)만 있게 되면 축(丑)은 천을귀인이 되는 글자가 되는 자(子)를 육합하여 당겨오고 사(巳)는 천을귀인의 신(申) 글자를 육합(六合)으로 당겨오는 원리입니다.

병정(丙丁)은 인진(寅辰)에 있으며 임계(壬癸)는 신술(申戌)에 있고, 신(辛)은 미해(未亥)에 있는데 모두 육합(六合)이 되는 것을 말함입니다. 모두 대복(大福)을 주관하니 양합(兩合)을 만나면 더욱 높고 귀해진다고 합니다.

【예시1】 갑(甲)의 천을귀인(天乙貴人)은 축(丑)과 미(未)이다.

팔자에는 해당되는 천을귀인이 없지만 자(子)가 존재하게 되면 육합으로 축(丑)을 불러오는 것인데 이를 육합귀인이라 한다.

| 時 | 日 | 月 | 年 | 건 명 |
|---|---|---|---|---|
|  |  | 정재 |  | 六 神 |
|  | 甲 |  |  | 天 干 |
| 丑 | 子 |  |  | 地 支 |
|  |  |  |  | 六 神 |
| 천을귀인 육합귀인 |  |  |  | 神 殺 |

【예시2】 무(戊)일간의 천을귀인은 축과 미(未)가 된다.

그런데 지지의 자축(子丑)합으로 귀인(貴人)이 일주와 합하고 있다. 귀인의 합은 일주와 합을 해야 귀(貴)한 것인데 만약 다른 기둥과 합하면 오히려 무정(無情)하여 흉하게 된다.

| 時 | 日 | 月 | 年 | 건 명 |
|---|---|---|---|---|
|  |  | 정관 |  | 六 神 |
| 戊 | 乙 |  |  | 天 干 |
| 子 | 丑 |  |  | 地 支 |
| 정재 | 겁재 |  |  | 六 神 |
|  | 천을귀인 |  |  | 神 殺 |

【예시3】 양인격(陽刃格)에서 재관(財官)의 귀기(貴氣)를 보게 되면 발복(發福)이 있다. 곧 기토정재(己土正財)는 오록(午祿)을 보아 왕성하고 신금(辛金) 정관(正官)의 천을귀인은 오화(午火)인데 갑(甲)일간의 천을귀인(天乙貴人) 미토(未土)와 육합귀인(六合貴人)으로 호환귀인(互換貴人)이 되어 있다.

재관(財官)의 중심에 오(午) 천을귀인이 있고 특히 정관(正官)이 육합귀인(六合貴人)으로 재생관(財生官)하니 관의 숭고함이 보인다. 귀합이 되면 관의 위가 숭고하다 하였으니 큰 발복(發福)이 있게 된다. 육합귀인(六合貴人)이 임하는 시기에 교장자리는 따 논 당상이다.

이 명주는 교육대학을 졸업하고 초등학교 교사로 재직하고 있다.

▶ 사/주/분/석

| 時 | 日 | 月 | 年 | 건 명 |
|---|---|---|---|---|
| 정관 | | 상관 | 정재 | 六神 |
| 辛 | 甲 | 丁 | 己 | 天干 |
| 未 | 午 | 卯 | 巳 | 地支 |
| 정재 | 상관 | 겁재 | 식신 | 六神 |
| 반안 | 도화 | 도화 | 공망 | |
| 천을 | 홍염 | 양인 | 문창 | 神殺 |
| | 천덕 | | 관귀 | |
| | 월덕 | | 학관 | |

## (3) 귀식(貴食)

귀식(貴食)이 있는데 식신(食神)이 천을귀인(天乙貴人)을 얻는 것이 되어 많은 재물을 얻는다고 합니다. 예를 들어, 갑(甲)이 병인(丙寅), 병진(丙辰)을 얻은 것인데 갑의 식신(食神)은 병(丙)인데 병(丙)의 천을귀인은 해(亥)와 유(酉)가 됩니다. 그런데 해수(亥水)가 있으면 인해합(寅亥合)으로 식신의 천을귀인과 십간록(十干祿)이 합을 하고, 병진(丙辰)에서는 유(酉)가 존재하면 진(辰)과 유(酉)가 합을 하는 것이니 천을귀인(天乙貴人)인 정관(正官)이 병진과 합하여 귀식이 되는 것입니다. 또한 을(乙)이 정유(丁酉), 정해(丁亥)를 만나면 정(丁)은 을(乙)의 식신(食神)인데, 유(酉)와 해(亥)는 정(丁)의 천을귀인(天乙貴人)이 되어 귀식이 됩니다. 또 경(庚)은 임(壬)이 식신(食神)이고, 신(辛)은 계(癸)가 식신(食神)이 되고, 임계(壬癸)의 천을귀인은 묘(卯)와 사(巳)가 됩니다. 그러므로 경(庚)이 임신(壬申), 임술(壬戌)을 얻어 사신합하고 묘술합하는 경우를 말하며 신(辛)이 계묘(癸卯), 계사(癸巳)를 얻어 묘술합하고 사 이와 같은 종류를 귀식(貴食)이라고 합니다.

【예시1】 갑(甲)의 록(祿)은 인(寅)이고 병(丙)은 식신(食神)인데 병인(丙寅)이 식신(食神)의 천을귀인(天乙貴人) 해수(亥水)를 만나 십간록(十干祿)과 합(合)한 것을 말한다. 일종의 합록(合祿)이라고도 말한다.

| 時 | 日 | 月 | 年 | 건명 |
|---|---|---|---|---|
|  |  | 식신 |  | 六神 |
| 甲 | 丙 |  |  | 天干 |
| 寅 | 亥 |  |  | 地支 |
|  |  | 비견 | 편인 | 六神 |
|  |  | 십간록 |  | 神殺 |

【예시2】 갑(甲)의 식신(食神)은 병(丙)인데 식신(食神)의 천을귀인(天乙貴人)
은 유(酉)가 된다. 유(酉)는 일간의 정관록(正官祿)이니 병진(丙辰)과
합을 하면 귀식(貴食)이 된다.

| 時 | 日 | 月 | 年 | 건 명 |
|---|---|---|---|---|
| | | 식신 | | 六 神 |
| 甲 | 丙 | | | 天 干 |
| 辰 | 酉 | | | 地 支 |
| | 편재 | 정관 | | 六 神 |
| | | 食貴人 | | 神 殺 |

【예시3】 경(庚)의 록(祿)은 신(申)이고 임(壬)은 식신(食神)이다. 그런데 식신
(食神)의 천을귀인(天乙貴人) 사(巳)가 있는데 사신합(巳申合)을 하
니 합록(合祿)이 되어 귀식(貴食)이 되었다.

| 時 | 日 | 月 | 年 | 건 명 |
|---|---|---|---|---|
| | 일간 | 식신 | | 六 神 |
| 庚 | 壬 | | | 天 干 |
| 申 | 巳 | | | 地 支 |
| | | | | 六 神 |
| 십간록 | 食貴人 | | | 神 殺 |

【예시4】 합록(合祿)하지 않고 식신이 간지(干支) 자체로 귀식(貴食)이 되는 경우이다. 즉 정유(丁酉)는 유(酉) 천을귀인에 앉아 있는 식신(食神)이므로 귀식(貴食)이 된 것이다.

| 時 | 日 | 月 | 年 | 건 명 |
|---|---|---|---|---|
| | | 식신 | | 六 神 |
| 乙 | 丁 | | | 天 干 |
| | 酉 | | | 地 支 |
| | 편관 | | | 六 神 |
| | 食貴人 | | | 神 殺 |

【예시5】 합록(合祿)하지 않고 식신 간지 자체로 귀식(貴食)이 된 경우인데 신(辛)의 식신(食神)은 계(癸)인데 묘(卯)는 식신(食神)의 천을귀인(天乙貴人)에 앉아 있으니 귀식(貴食)이 되었다.

| 時 | 日 | 月 | 年 | 건 명 |
|---|---|---|---|---|
| | | 식신 | | 六 神 |
| 辛 | 癸 | | | 天 干 |
| | 卯 | | | 地 支 |
| | 편재 | | | 六 神 |
| | 食貴人 | | | 神 殺 |

## (4) 식신귀인(食神貴人)

천을귀인이 식신(食神)과 동주(同住)하면 식복이 있습니다. 이 경우는 귀식(貴食)이 아니고 일간의 천을귀인(天乙貴人)과 식신(食神)이 동주(同住)한 것을 말합니다.

【예시】 정(丁)의 천을귀인(天乙貴人)은 해유(亥酉)이며 기토(己土)식신과 동주(同住)하니 식록(食祿)이 풍부했다.

▶ 사/주/분/석

| 時 | 日 | 月 | 年 | 건 명 |
|---|---|---|---|---|
| | | 식신 | | 六 神 |
| 丁 | | 己 | | 天 干 |
| | | 酉 | | 地 支 |
| | | 편재 | | 六 神 |
| | | 천을귀인 | | 神 殺 |

## (5) 장생귀인(長生貴人)

천을귀인이 일간의 장생(長生), 제왕(帝旺)이면 용모가 헌칠하고 총명하고 덕망이 있으며 평생 병이 없다고 합니다.

천을귀인이 생왕을 만나면 생김새가 뛰어나고, 매우 총명합니다. 의리(理義)를 제대로 알며 잡된 술수를 좋아하지 않습니다. 사람이 순수하고 큰 인물이 되는데 몸에 도덕을 제대로 익히고, 많은 사람들의 사랑을 받게 됩니다. 그로 인해 출세하게 되는 것인데 이를 생왕귀인이라 합니다.

【예시】 정화일간은 해(亥)와 유(酉)가 천을귀인(天乙貴人)이 되는데 월지 유금(酉金)이 일간의 장생지(長生地)이면서 천을귀인(天乙貴人)이 되었다. 그러므로 장생귀인(長生貴人)을 얻은 일주는 건강하고 부귀(富貴)했다.

| 時 | 日 | 月 | 年 | 건 명 |
|---|---|---|---|---|
|  |  | 식신 |  | 六神 |
| 丁 | 己 |  |  | 天干 |
|  |  | 酉 |  | 地支 |
|  |  | 편재 |  | 六神 |
|  |  | 천을귀인 |  | 神殺 |

## (6) 겁살귀인(劫殺貴人)

천을귀인이 겁살(劫殺)과 동주하면 용모가 후중(厚重)하고 위엄이 있으며 지략이 뛰어나 계책이 넉넉하다고 합니다. 더불어 관부(官符)가 나란히 있으면 문장이 능하고 품위가 있으면 물흐르듯 도도하게 웅변을 한다고 합니다.

## (7) 건록귀인(建祿貴人)

문장이 능하고 순수하며 참되어 자애를 갖춘 군자와 같아서 널리 인재를 사귀어 사람을 구제하는데 망썰이지 않습니다.

## (8) 사절귀인(死絶貴人), 형충공망귀인

천을귀인이 사(死), 절(絶)에 해당하거나 형충(刑沖), 공망(空亡)이 되면 복이 감소(減少)되고 평생 곤고(困苦)할 가능성도 있습니다.
귀인이 사절(死絶)되면 자기주장이 집요하고 허세가 있어서 높은 사람들과 놀기를 좋아합니다.

【예시】 신(辛)일간에게 오(午)는 편관(偏官)으로 천을귀인(天乙貴人)에 해당한다. 그런데 천을귀인(天乙貴人)의 충(沖)은 불리하여 자오충(子午沖)이 되면 복(福)이 감소 당한다. 비록 식신제살(食神制殺)의 형태가 되었지만 천을귀인이 된 칠살을 충(沖)하는 것은 안 좋은 것이다.
고로 직업은 있었으나 직장 내 분란(紛亂)이 많았다.

| 時 | 日 | 月 | 年 | 건 명 |
|---|---|---|---|---|
|  |  |  |  | 六 神 |
|  | 辛 |  |  | 天 干 |
|  | 午 | 子 |  | 地 支 |
|  | 편관 | 식신 |  | 六 神 |
|  | 천을귀인 |  |  | 神 殺 |

## (9) 문창천을귀인(文昌天乙貴人)

천을귀인이 문창성(文昌星)과 동주하면 지혜가 출중(出衆)하여 재능을 발휘하여 이름을 떨치게 됩니다.

【예시】 계(癸)일간은 사(巳)와 묘(卯)가 천을귀인(天乙貴人)에 해당하는데 묘(卯)는 문창성(文昌星)에도 속(屬)해 있다.

그런데 식신(食神)이 문창성(文昌星)을 찬 것으로 일지(日支)와 합하여 귀식(貴食)이 되었다. 고로 식록(食祿)이 풍부하였고 또한 문장(文章)이 출중(出衆)하였는데 천을귀인(天乙貴人)의 도움도 있었으므로 조정(朝廷)에 등과(登科)하였다.

| 時 | 日 | 月 | 年 | 건 명 |
|---|---|---|---|---|
| | | | | 六神 |
| 癸 | | | | 天干 |
| | 亥 | 卯 | | 地支 |
| | 겁재 | 식신 | | 六神 |
| | | 천을<br>문창 | | 神殺 |

## (10) 용신귀인(用神貴人)

일간으로 볼 때에 용신(用神)이 있는 기둥에 천을귀인이 놓이면 귀(貴)하다고 합니다.

【예시】 갑(甲)의 천을귀인은 축미(丑未)이며 갑인(甲寅)일주의 용신(用神)은 기토(己土)인데 용신이 있는 월주(月柱)에 미토(未土)귀인이 있다. 즉 용신(用神)이 천을귀인이 된 것으로 정재(正財)가 일간과 귀합(貴合)하였으므로 발재(發財)가 컸다.

| 時 | 日 | 月 | 年 | 건 명 |
|---|---|---|---|---|
| 겁재 | | 정재 | | 六神 |
| **乙** | **甲** | **己** | | 天干 |
| **亥** | **寅** | **未** | | 地支 |
| 편인 | 비견 | 정재 | | 六神 |
| | | 천을귀인 | | 神殺 |

## (11) 천을귀인(天乙貴人) 일주(日柱)

천을귀인(天乙貴人) 일주란, 일간 자신의 일지(日支)에 직접 천을귀인을 가지고 있는 경우인데, 천을귀인(天乙貴人) 일주는 60갑자 중 단 4개만 해당이 됩니다. 일지(日支)는 배우자 자리인데 재관(財官)을 구성한 것으로 배우자가 천을귀인(天乙貴人)의 역할을 하는 경우이므로 배우자의 덕(德)이 많을 수 있습니다. 특히 계묘(癸卯)는 식신으로 재능이 출중하거나 혹은 여자라면 자식에게 큰 발전이 있을 수 있습니다.

| 일주 | 丁 | 丁 | 癸 | 癸 |
|---|---|---|---|---|
| | 亥 | 酉 | 巳 | 卯 |

## (12) 궁합귀인(宮合貴人)

천을귀인(天乙貴人)은 상호간에도 적용(適用)하여 활용할 수 있습니다. 곧 상대방 일지(日支)에 자신의 천을귀인(天乙貴人)이 놓여 있으면 귀인궁합이라 하여 인연이 오래갑니다.

또한 사업을 함께 하려는 상대방의 일지가 서로 귀인(貴人)이 되는 궁합은 좋은 동업자가 될 수 있습니다.

【예시】 갑(甲)의 천을귀인은 축(丑)과 미(未)가 되고, 기(己)의 천을귀인은 자(子)와 신(申)이다. 그런데 남자 일주에서 여자를 보면 일지(日支) 축토(丑土)는 갑목(甲木)의 천을귀인(天乙貴人)에 해당하고, 여자일주에서 남자 일지를 보면 자(子)는 천을귀인(天乙貴人)에 해당하였다.

그러므로 귀인(貴人)의 궁성(宮星)이 갑기합(甲己合)으로 귀인합(貴人合)을 한 것이 좋았고 또한 상대방의 천을귀인을 일지의 부부궁에서 얻은 것이므로 부부궁합도 잘 맞았다.

| 時 | 日 | 月 | 年 | 궁합 | 時 | 日 | 月 | 年 |
|---|---|---|---|---|---|---|---|---|
|  | 男 |  |  | 六神 |  | 女 |  |  |
|  | 甲 |  |  | 天干 |  | 己 |  |  |
|  | 子 |  |  | 地支 |  | 丑 |  |  |

## (13) 천을귀인(天乙貴人) 예단(豫斷)법

천을귀인에 해당하는 유년(流年)이나 대운(大運)이 오면 귀인의 도움으로 승진(昇進), 발재(發財), 명리(名利)를 모두 얻는다고 하였습니다.

【예시】 정화(丁火)일간에게 천을귀인(天乙貴人)은 유(酉)와 해(亥)가 된다. 그런데 을해(乙亥)일진(日辰)에 을유시(乙酉時)에 잘 모르던 귀인(貴人)으로부터 전화를 받았는데, 자기의 회사에 빈 공석(空席)이 생겼다는데 입사(入社)할 생각이 있겠느냐는 뜻밖의 입사제의(入社提議)를 받았고 한다.

공교롭게도 천을귀인의 날짜에 천을귀인이 되는 시간에 전화를 받은 것이다. 이것을 응용하여, 면접 볼 예정일이 을해일(乙亥日)이라면 천을귀인(天乙貴人)에 해당하니 길(吉)한 일정이라고 말해줄 수 있고, 또 면접시간이 끝나고 을유시(乙酉時)에 오는 전화라면 합격(合格)을 통보해주는 전화이므로 무조건 받아야 한다.

| 時 | 日 | 月 | 年 | 時辰 | 日辰 | 건 명 |
|----|----|----|----|------|------|-------|
| | | | | | | 六 神 |
| 丁 | | | | 乙 | 乙 | 天 干 |
| | | | | 酉 | 亥 | 地 支 |
| | | | | | | 六 神 |
| | | | | 천을귀인 | 천을귀인 | 神 殺 |

## 4) 근묘화실(根苗花實)에 따른 귀인의 특징

• **년지(年支)귀인(貴人)**

국가, 조상, 부모가 천을귀인인 사람은 조상대의 은덕(恩德)이 있는 것인
데 이들의 도움을 받거나, 유산이나 상속을 받을 가능성이 높습니다.

• **월지(月支)귀인(貴人)**

부모, 형제가 천을귀인이 되면 이들이 도움을 주거나, 형제의 도움으로
취업 또는 승진에 좋은 결과가 있을 수 있습니다.

• **일지(日支)귀인(貴人)**

배우자의 천을귀인은 뛰어난 능력을 가진 배우자를 만나 물질적 지원을
받을 수 있습니다.

• **시지(時支)귀인(貴人)**

자식 자리에 천을귀인은 자식의 도움을 받거나, 말년에는 편하게 지낼
수가 있습니다.

【예시1】 정화(丁火)일간은 해수(亥水)가 천을귀인(天乙貴人)이며 정관(正官)
에 해당한다. 그런데 정해년(丁亥年)에 일지 묘(卯)와 해묘합(亥卯
合)으로 정관(正官)의 귀인(貴人)이 합(合)을 결성하며 입궁(入宮)하
고 있었다. 그러므로 정해년(丁亥年)에 좋은 남자를 만나게 되었다.

| 時 | 日 | 月 | 年 | 세운 | 곤명 |
|---|---|---|---|---|---|
| | | | | 비견 | 六神 |
| 丁 | | | | 丁 | 天干 |
| 卯 | | | | 亥 | 地支 |
| 편인 | | | | 정관 | 六神 |
| | | | | 천을귀인 | 神殺 |

【예시2】 같은 회사에서 만난 여자가 뜻밖에도 회사 회장님의 무남독녀였다. 결혼하고 아내 덕분에 회사의 중책을 맡고 벼락 출세를 했다.

실업가(實業家)는 일지(日支)에 유금 장생지(長生地)가 되는 천을 귀인(天乙貴人)으로 육친(六親)으로는 재성(財星)인 처(妻)가 됐다. 유금(酉金) 편재가 천을귀인이 된 사람은 재물 복이 아주 좋으며 귀합(貴合)이 되어 주머니에 돈 떨어질 일이 없다고 한다.

[자료 leesj]

▶ 사/주/분/석

| 時 | 日 | 月 | 年 | 건 명 |
|---|---|---|---|---|
| | | | | 六 神 |
| | 丁 | | | 天 干 |
| 巳 | 酉 | | | 地 支 |
| 겁재 | 편재 | | | 六 神 |
| | 천을귀인 | | | 神 殺 |

【예시3】 사화(巳火)가 편재(偏財)이고 묘(卯)가 상관(傷官)이다.

그런데 년지(年支)의 편재(偏財)는 부친(父親)이다. 부친이 천을귀인(天乙貴人)이 되어 있는데 일지(日支)와 사신합(巳申合)을 하고 있다. 그러므로 귀인이 합(合)을 하고 있는 부친(父親)의 재력적(財力的)인 도움을 많이 받았다.

또한 자식궁에 놓인 상관(傷官)은 자녀가 되었는데 천을귀인과 일지가 암합(暗合)하였다. 따라서 자녀가 잘 성장하였고, 노년에 모친에게 큰 의지가 되었다.

▶ 사/주/분/석

| 時 | 日 | 月 | 年 | 곤명 |
|---|---|---|---|---|
|  |  |  |  | 六神 |
|  | 壬 |  |  | 天干 |
| 卯 | 申 |  | 巳 | 地支 |
| 상관 | 편인 |  | 편재 | 六神 |
| 천을귀인 |  |  | 천을귀인 | 神殺 |

【예시4】 신(辛)의 천을귀인은 인(寅)과 오(午)이다.

그런데 월지(月支)가 비록 천을귀인(天乙貴人)이지만 경인(庚寅)은 개두(蓋頭)의 상(像)이고 일지 미토(未土)는 인목(寅木)과 인미귀문(鬼門), 원진(元嗔)을 구성하였으므로 재물은 있었으나 귀(貴)하지는 못했다.

귀인(貴人)은 흉살(凶殺)을 만나면 흉(凶)을 귀(貴)로 깨뜨려 스스로 복(福)을 감액(減額)시킨다.

▶ 사/주/분/석

| 時 | 日 | 月 | 年 | 건 명 |
|---|---|---|---|---|
| | | 겁재 | | 六神 |
| 辛 | 庚 | | | 天干 |
| 未 | 寅 | | | 地支 |
| 편인 | 정재 | | | 六神 |
| | 천을귀인 | | | 神殺 |

【예시5】 기토(己土)일간은 자(子)와 신(申)이 천을귀인(天乙貴人)인데 신금
(申金)천을(天乙)은 공망(空亡)으로 깨져 없어졌으나 자수(子水) 천
을(天乙)은 자축합(子丑合)을 하여 귀인(貴人)의 합을 이루고 있다.
그런데 갑목 정관(正官)을 갑경충(甲庚沖)하고 인신충(寅申沖)하여
관성(官星)이 불미(不美)하였다. 그렇지만 자수(子水) 귀인(貴人)의
합이 정관(正官)을 재생관(財生官)했으므로 국가기관에 종사(從事)
할 수 있었는데, 재무부(財務部) 과장을 역임(歷任)하였다.

▶ 사/주/분/석

| 時 | 日 | 月 | 年 | 건 명 |
|---|---|---|---|---|
| 정관 | | 상관 | 겁재 | 六神 |
| 甲 | 己 | 庚 | 戊 | 天干 |
| 子 | 丑 | 申 | 寅 | 地支 |
| 편재 | 비견 | 상관 | 정관 | 六神 |
| 천을 | | 천을공망 | | 神殺 |

【예시6】 원세개(위안스카이)의 사주이다. 정(丁)일간의 천을귀인(天乙貴人)
은 월지의 유(酉)이고 문창성(文昌星)에 속해 있으니 이른바, 문창
천을귀인(文昌天乙貴人)을 구성하였다.

그러므로 원세개는 특히 지혜(智慧)가 출중(出衆)하여 남달랐다고
하였는데, 유금(酉金) 편재(偏財)가 일지(日支)와 사유합(巳酉合)으
로 귀인(貴人)의 합을 이루어 재물(財物)이 마를 날이 없었다.

위안스카이는 이 자금(資金)으로 신식(新式) 군대인 북양군을 창설
(創設)하였다. 계수(癸水) 칠살(七殺)을 식신(食神)의 양인(羊刃)이
제복(制伏)하는데 성공하였고 3개의 지지에서 암록(暗祿)과 협록
(夾祿)으로 도와주니 곧 화살위권(化殺爲權)이 된 것이다.

▶ 사/주/분/석

| 時 | 日 | 月 | 年 | 건 명 |
|---|---|---|---|---|
| 비견 | | 편관 | 식신 | 六神 |
| 丁 | 丁 | 癸 | 己 | 天干 |
| 未 | 巳 | 酉 | 未 | 地支 |
| 식신 | 겁재 | 편재 | 식신 | 六神 |
| 암록 | 협록 | 천을 | 암록 | |
| 협록 | 단교 | 문창 | 협록 | 神殺 |
| 양인 | 관살 | 학당 | 양인 | |
| | | 복성 | | |

**원세개袁世凱(위안스카이)** _ 한국 한자음으로 읽으면 원세개가 되며, 국립국어원
에서 지정한 중국어 한글 표기법에 따른 것이 위안스카이다.

중화민국의 군벌인 북양군벌의 수장, 중화민국 북양정부의 초대 총통, 중화제
국의 처음이자 마지막 황제. 청나라를 멸망시키고 세워진 중화민국을 중화제
국으로 바꾸고 황제를 자칭한 중국 역사상 최악의 한간(漢奸)이라고도 불린다.

【예시7】 계수(癸水)일간의 천을귀인(天乙貴人)은 묘(卯)이고 문창귀인(文昌貴人)도 된다. 고로 식신(食神)이 문창천을귀인(文昌天乙貴人)을 구성하였으니 지혜와 재능(才能)이 출중(出衆)하였다고 하는데 이 명주는 학사(學士)의 벼슬을 지냈다.

▶ 사/주/분/석

| 時 | 日 | 月 | 年 | 건 명 |
|---|---|---|---|---|
| 식신 |  | 편인 | 정재 | 六神 |
| 乙 | 癸 | 辛 | 丙 | 天干 |
| 卯 | 亥 | 丑 | 子 | 地支 |
| 식신 | 겁재 | 편관 | 비견 | 六神 |
| 천을 | 음양차착 | 암록 | 도화 | |
| 문창 |  |  |  | 神殺 |
| 학당 |  |  |  | |
| 낙정 |  |  |  | |

【예시8】 년지(年支)의 정재(正財)가 금여(金輿), 관귀학관(官貴學官)을 두르고 상관생재(傷官生財)하면 학업보다는 예술, 문학, 발명 등에 일찍 두각을 나타낸다. 그런데 용신(用神)이 계해(癸亥)에 있고 역마정관(驛馬正官)을 구성했으니 해외에 나의 거처가 있었다. 그러므로 미국으로 유학을 갔는데 역마가 고신조객(孤辰弔客)이고 일지의 도화역마(桃花驛馬)를 구성하였으므로 해외생활이 쉽지는 않았다. 고신과숙(孤辰寡宿)이 역마이면 타향에서 외롭고 방탕한 생활을 한다고 하였다. 그러나 유(酉)와 해(亥)는 일간이 천을귀인(天乙貴人)을 만난 병인운(丙寅運)에 닷컴관련회사를 창업했으나 실패하고 미국으로 돌아갔다. 천을귀인(天乙貴人)이 흉살(凶殺)에 눌려 있어 잠시 창업에 성공하였으나, 오래가지 못하고 부도가 난 것이다. 천을귀인(天乙貴人)이라해도 흉살(凶殺)이 집결되면 귀인(貴人)의 빛을 보기 어려운 것이다. 그리고 정묘운(丁卯運)에 재성(財星) 이위(二位)의 상(像)을 구성하는데 또 천간의 비견(比肩)을 보게 되면 분재(分財)가 되는 것이니 고신도화역마(孤辰桃花驛馬)에서는 이혼은 분명하다.

▶ 사/주/분/석

| 時 | 日 | 月 | 年 | 건 명 |
|---|---|---|---|---|
| 비견 | | 편관 | 상관 | 六神 |
| 丁 | 丁 | 癸 | 戊 | 天干 |
| 未 | 酉 | 亥 | 申 | 地支 |
| 식신 | 편재 | 정관 | 정재 | 六神 |
| 암록 | 도화 | 역마 | 금여 | |
| 홍염 | 문창 | 망신 | 관귀 | |
| 단교 | 천을귀인 | 고신 | | 神殺 |
| 상문 | | 조객 | | |
| 음양차착 | | 천을귀인 | | |

【예시9】편인(偏印)이 모여 국(局)을 이루면 불편하다 효신(梟神)이 될 가능성이 높다. 그러므로 편재(偏財)로 기운을 털어주는 것이 효과적이다. 그러므로 재격패인(財格敗印)을 구성하였다. 재격패인(財格敗印)에서는 다스려진 편인(偏印)이니 기술자격증을 취득하는 길이 된다. 그런데 재관(財官)이 공망(空亡)이 되어 불리하다. 다행이 년지의 정관(正官)은 천을귀인(天乙貴人)으로 공망(空亡)을 해소하고 있다. 또한 월지의 공망(空亡)도 묘유충(卯酉沖)으로 벗어났다. 월지의 천을귀인, 문창성(文昌星)과 학당귀인(學堂貴人)의 발현(發顯)이 일어났다. 본래 편인(偏印)이 크게 동(動)한 팔자는 학자가 좋다.

다만 용신(用神)이 되는 유금(酉金) 편재(偏財)의 충(沖)으로 인해 크게 동(動)한 편인(偏印) 문서를 따라 갔다. 그래서 유금(酉金)의 영향을 많이 받았으므로 유금(酉金) 편재(偏財)는 공공성을 띈 자금력 운영에 관여하게 되었다. 고로 용신이 유금(酉金)이니 법원, 법률자문, 금융업 종사가 적합하였다. 이 명주는 경제학과를 졸업한 후에 감정평가사(鑑定評價士)를 취득하고 공기업에서 근무하고 있다.

## ▶ 사/주/분/석

| 時 | 日 | 月 | 年 | 대운22 | 곤 명 |
|---|---|---|---|---|---|
| 편재 | | 편인 | 편인 | 상관 | 六神 |
| 辛 | 丁 | 乙 | 乙 | 戊 | 天干 |
| 丑 | 卯 | 酉 | 亥 | 子 | 地支 |
| 식신 | 편인 | 편재 | 정관 | 편관 | 六神 |
| 과숙 상문 | 문곡귀인 | 공망 천을 문창성 학당귀인 | 공망 천을 지살 천희성 | | 神殺 |

# 17 재고귀인(財庫貴人)

## 1) 재고귀인(財庫貴人) 찾는 법

재고귀인(財庫貴人)은 지장간의 중기(中氣)에 암장(暗藏)이 된 정재(正財)를 일간이 암합(暗合)하는 구조를 말합니다. 그래서 이 조건을 충족하는 간지 구조를 이룬 재고(財庫)는 3개뿐인데 병(丙)일간은 축토(丑土)이고, 경(庚)일간을 미토(未土)이며 임(壬)일간은 술토(戌土)입니다. 이러한 3개의 간지를 확실한 재고귀인이라 말할 수 있습니다.

| 재고귀인(財庫貴人) 찾는 법 | | | | | | | | |
|---|---|---|---|---|---|---|---|---|
| 일간 | 병(丙) | | | 경(庚) | | | 임(壬) | |
| 지지 | 丑 | | | 未 | | | 戌 | |
| 中氣 | 癸 | 辛 | 己 | 丁 | 乙 | 己 | 辛 | 丁 | 戊 |

## 2) 재고귀인(財庫貴人) 개념

재고귀인(財庫貴人)을 찾는 방법은 현재 두 가지 방식이 소개가 되고 있습니다. 어느 학파에서는 재고귀인은 일주(日柱)에 한하며 갑진(甲辰), 병술(丙戌), 정축(丁丑), 무술(戊戌), 기축(己丑), 신미(辛未), 임술(壬戌) 일주라고 소개하고, 또 어느 학파에서는 일간 기준으로 해당이 되는 지지는 모두 재고귀인(財庫貴人)에 해당이 된다고 말하기도 합니다. 아직까지는 뚜렷한 방향이 정해진 것이 없고 견해(見解)가 분분(紛紛)하므로 각자 취사선택(取捨選擇)하는 것이 좋겠습니다.

다만 이 책에서는 일간을 기준으로 지지에서 재고귀인(財庫貴人)을 찾는 법으로 통칭하겠습니다. 내용을 설명하기 전에 일주(日柱)를 재고귀인(財庫貴人)으로 나열한 간지(干支)들을 잠시 분석해 보겠습니다.

일단 재고(財庫)라 하는 것은 지장간에 재성(財星)을 가지고 숨어 있다는 뜻입니다. 그러므로 재성이 없는 지지는 재고(財庫)가 될 수가 없는 것입니다. 그러므로 무술(戊戌)에서는 무토(戊土)일간은 계수(癸水)가 재성(財星)에 해당하는데 술(戌)중에는 계수(癸水)가 없으므로 무술(戊戌)을 재고(財庫)라 명칭할 수가 없는 것입니다.

또한 무기(戊己)토(土)일간은 자고(自庫) 자체가 존재하지 않습니다. 자고(自庫)는 금수목화(金水木火)의 4개 뿐이며 토(土)에는 자고(自庫)가 없는 것이니 무기(戊己)토에는 재고귀인(財庫貴人)이 존재할 수가 없는 것입니다. 그리고 재고(財庫)라 함은 드러나지 않는 숨은 재성(財星)을 말했던 것이므로 만약 갑진(甲辰)이 되면 진토(辰土)는 편재(偏財)가 분명한 것이니 이미 뚜렷하게 출현한 편재(偏財)로 인해 부자가 될 수는 있어도 이를 재고귀인(財庫貴人)이라 말할 수가 없습니다.

그리고 병술(丙戌)은 자체로 자고(自庫)가 되는데 동주고(同住庫)에 해당합니다. 그래서 병술(丙戌)을 실자입고(實字入庫)의 상이라 하여 위태롭게 본 것인데 재물을 탐(貪)하다가 갇히는 물상이므로 재고(財庫)라 할 수가 없는 것입니다. 또한 정축(丁丑)은 정화(丁火)가 축(丑)중의 신금(辛金)을 화극금(火克金)으로 손상(損傷)시키므로 재물(財物)피상(被傷)이 커서 만약 재성이 출현하게 되면 손재(損財)가 일어나므로 재고(財庫)라 하기 어렵고 기축(己丑)에서는 기토(己土)의 재성(財星)은 계수(癸水)가 되는데 역시 토극수(土克水)당하므로 손재(損財)가 일어나니 재고(財庫)라 할 수 없습니다. 역시 토에는 재고귀인이 존재하지 못하는 것입니다.

신미(辛未)는 신금(辛金)이 미(未)중의 을목(乙木)을 재성(財星)으로 취하려고 하나 을신충거(乙辛沖去) 하여 재성(財星)을 크게 피상(被傷)하니 역시 재고(財

庫)가 될 수가 없는 것입니다.

그러므로 이런 종류에서는 오직 임술(壬戌)만이 재고귀인(財庫貴人)에 합당(合當)하며 다른 간지(干支)들은 재고(財庫)라 부르기 어렵습니다. 오직 임술(壬戌)처럼 정임(丁壬)명암합하는 구조를 재고귀인(財庫貴人)이라 말했던 것이므로 지장간의 중기(中氣)에 숨어 있는 정재와 일간이 암합하는 간지를 재고귀인이라 말할 수가 있습니다.

이곳에서는 재고귀인(財庫貴人)은 일간을 기준으로 찾겠습니다.

또한 재고귀인(財庫貴人)에 성립하는 요건으로는 오행으로 양간(陽干)을 취하고 음간(陰干)은 취급하지 않습니다. 또한 일간(日干)과 재고(財庫)가 암합(暗合)으로 구성되어야 하는데 만약 암충암극(暗沖暗剋)하면 손재(損財)가 일어나므로 재고귀인(財庫貴人)으로 보기 어렵습니다. 재고(財庫)라 함은 암장이 된 재성이므로 드러나게 되면 재고(財庫)라 하지 못합니다. 드러난 이상 출고(出庫)가 되었기 때문이며 이런 구조에서는 충(沖)이 되면 실자입고(實字入庫)를 당하기 때문에 재고귀인(財庫貴人)이라 할 수 없습니다.

그러므로 갑진(甲辰)에서는 진토(辰土) 편재(偏財)가 분명히 드러난 것이므로 재고(財庫)라 말하기 힘들다는 점입니다. 이상에 해당 되는 간지들은 재고(財庫)라 말하지 않고 일간과 재성(財星)이 단지 유정(有情)하다라고 말을 하는 게 좋겠습니다. 따라서 제가 분석해 보기로는 갑진(甲辰)은 재고(財庫)에 해당이 안 되고 무진(戊辰)은 겁재 속에 숨은 재성이므로 겁탈이 존재해서 위태롭다고 보고 또한 무기토는 자고가 없기 때문에 재고귀인을 논할 수가 없습니다.

그러므로 재고귀인이라 함은 일간기준으로 지지에서 병(丙)이 축(丑)을 보고 임(壬)이 술(戌)을 보고 경(庚)이 미(未)를 보는 종류입니다. 이런 종류들은 모두 암합(暗合)으로 구성이 되어 있습니다. 즉 병화(丙火)는 신금(辛金)과 병신(丙辛)명암합(明暗合)하고 경금(庚金)은 을목(乙木)과 을경(乙庚)명암합(明暗合)하며 임수(壬水)는 정화(丁火)와 정임(丁壬)명암합(明暗合)을 합니다. 이것은 일간이 정재(正財)와 명암합(明暗合)하는 간지(干支) 구조를 말하는 것입니다.

그러므로 일간과 유정(有情)하고 간지암합(暗合)이라 재물이 흩어지지를 않는 것이 특징입니다. 또한 병술(丙戌)의 경우처럼 술(戌)중에서는 재성 신금(辛金)이 중기(中氣)가 아닌 여기(餘氣)에 재성(財星)이 존재하면 재고(財庫)라 하기 힘든 점도 있습니다.

즉 여기(餘氣)와 본기(本氣)에 존재하는 재성은 참된 재고(財庫)라 보기 어렵기 때문입니다. 그 이유는 여기(餘氣)의 존재하는 재성은 쉽게 흩어지는 까닭에 도난당하기 쉬운 까닭입니다. 결국 재물은 흙 (창고) 속에 저장할 수 있어야 유의미한 재물이 되고, 잘 빠져나가지 않고 잘 뺏기지도 않으며, 경쟁자와 주변 환경으로부터 지켜낼 수 있는 것을 말했던 것인 중기(中氣)에 존재해야 재고(財庫)라 할 수 있습니다.

# 3) 자고(自庫)와 재고(財庫)에 대해서 알아보기

일단 재고귀인을 알아보고자 하면 고지(庫地)에 대한 개념을 이해할 필요가 있습니다.

고(庫)에는 자고(自庫)와 재고(財庫)와 관고(官庫)가 존재합니다.

## ① 자고(自庫)란 무엇인가

| 자고(自庫) | | | | | |
|---|---|---|---|---|---|
| 천간 | 木 | 火 | 金 | 水 | 오행 |
| 지지 | **未** | **戌** | **丑** | **辰** | |
| 지장간 | 여기 | 丁 | 辛 | 癸 | 乙 | |
| | 중기 | **乙** | **丁** | **辛** | **癸** | **自庫** |
| | 본기 | 己 | 戊 | 己 | 戊 | |

천간 오행이 스스로 입고(入庫)가 되는 지지(地支)에 앉아 있는 간지(干支)를 자고(自庫)라 합니다. 여기에 해당하는 자고(自庫)는 4개 뿐이면 을미(乙未), 병술(丙戌). 신축(辛丑), 임진(壬辰)입니다.

금수목화(金水木火) 4개의 오행만 자고(自庫)에 해당이 되고 토(土)에는 자고(自庫)가 없습니다. 왜냐하면 진술축미(辰戌丑未)의 중기(中氣)에는 토(土)가 없으니 중기(中氣)에 머물 수 있는 창고 자체가 없습니다. 보통 자고(自庫)를 동주고(同住庫) 혹은 부성입고(夫星入庫)라 하며 자고(自庫)의 다른 이름으로 알려져 있습니다.

② 재고(財庫)란 무엇인가

<table>
<tr><td colspan="2" rowspan="2">재고(財庫)</td><td></td><td></td><td></td><td></td><td></td></tr>
<tr><td></td><td></td><td></td><td></td><td></td></tr>
</table>

| | | | | | | |
|---|---|---|---|---|---|---|
| 천간 | | 木 | 火 | 金 | 水 | 오행 |
| 지지 | | 丑 | 未 | 戌 | | |
| 지장간 | 여기 | 乙 | 癸 | 丁 | 辛 | |
| | 중기 | 癸 | 辛 | 乙 | 丁 | 정재/財庫 |
| | 본기 | 戊 | 己 | 己 | 戊 | |

재고(財庫)라 함은 천간이 지장간의 중기(中氣)에 머무르는 정재(正財)와 상합(相合)하는 간지(干支)를 말합니다.

그러므로 천간(天干)오합(五合)은 갑기합(甲己合) 병신합(丙辛合), 을경합(乙庚合), 무계합(戊癸合), 정임합(丁壬合)의 5개로 구성이 됩니다. 그러므로 화(火)일간의 재고(財庫)는 중기(中氣)에 머무르는 정재(正財) 신금(辛金)이 해당됩니다. 금(金)일간의 재고(財庫)는 중기(中氣)에 머무르는 정재(正財) 을목(乙木)이 해당이 됩니다. 수(水)일간의 재고(財庫)는 중기(中氣)에 머무르는 정재(正財) 정화(丁火)가 해당이 됩니다.

그런데 갑(甲)일간의 재고(財庫)는 중기(中氣)에는 기토(己土)가 정재가 되는데 기토(己土)를 중기에 암장한 글자는 오화(午火) 뿐입니다. 그러나 오화(午火)는 왕지(旺地)에 해당되고 잡기(雜氣)가 아니기 때문에 오(午)는 재고(財庫)가 될 수가 없습니다. 또한 갑진(甲辰)은 진토(辰土)가 편재(偏財)이고 이미 출현한 편재이므로 숨은 재고(財庫)라 말하기 어려우므로 갑진(甲辰)도 재고(財庫)가 될 수가 없습니다.

따라서 갑(甲)에서는 수토(水土)동근(同根)에 의해 재고(財庫)를 말했던 것이므로 재고라 부르기 어렵습니다. 무진(戊辰)에서도 토일간은 역시 재고(財庫)를 가질 수가 없습니다. 왜냐하면 자고(自庫) 혹은 재고(財庫)는 금수목화(金水木火)로 4개뿐이기 때문입니다. 재고에 해당되는 지장간의 중기는 모두 일간과 상합하는 정재가 되어야 합니다.

그러므로 갑기합(甲己合), 병신합(丙辛合), 을경합(乙庚合), 정임합(丁壬合), 무계합(戊癸合)중에서 일간(日干)과 정재(正財)가 상합(相合)하는 구조는 오직 병신합(丙辛合), 을경합(乙庚合), 정임합(丁壬合)이니 이 3개가 진실한 재고귀인(財庫貴人)이 될 수 있습니다.

【예시1】 임(壬)일간에게는 술토(戌土)가 재고귀인(財庫貴人)에 해당하는데 년지(年支) 오화정재(午火正財)가 오술합(午戌合)으로 재성(財星)이 이미 출현(出現)이 되어 있다. 재고(財庫)는 숨어 있어야 하고 형충(形沖)으로 얻으면 길하다고 하였는데 이미 출현(出現)한 재성은 재고(財庫)가 될 수가 없다.

곧 술미형(戌未形)이 된 것이므로 출현한 재성은 오히려 실자입고(實字入庫)의 염려가 큰 것이다. 고로 사업을 일으켰지만 얼마 못 가서 파산(破産)하고 처(妻)는 음독자살한 사주이다.

▶ 사/주/분/석

| 時 | 日 | 月 | 年 | 건 명 |
|---|---|---|---|---|
| 정재 | | 편인 | 비견 | 六神 |
| 丁 | 壬 | 庚 | 壬 | 天干 |
| 未 | 戌 | 戌 | 午 | 地支 |
| 정관 | 편관 | 편관 | 정재 | 六神 |
| 음양 | 재고 | 재고귀인 | 장성비인 | |
| 천복 | 낙정 | 협록 | 현침 | 神殺 |
| | 백호 | | | |
| | 협록 | | | |

【예시2】 무재(無財)사주로 오직 미(未)중의 을목(乙木)이 재성(財星)으로 부친성이 된다. 그런데 태어나자마자 부친이 이혼(離婚)한 명(命)이다. 어느 학파에서 말하기를 신금(辛金)일간에게 미토(未土)가 재고귀인(財庫貴人)에 해당한다고 하였다.

그런데 태어나자마자 이혼을 한 것이므로 부친과는 사이가 멀었다. 이유는 미(未)중의 을목(乙木)은 출현하게 되면 을신충(乙辛沖)을 당하므로 파손이 되기 때문인데 그로 인해 재물이 들어왔지만 곧 흩어졌다. 이 팔자에서는 재물의 산재(散在)가 곧 부친(父親)이혼(離婚)으로 나타난 것이다.

고로 모친은 이혼으로 인해 생활고(生活苦)를 겪게 되었는데 이를 재고귀인(財庫貴人)이라 하기 어렵다는 뜻이다.

▶ 사/주/분/석

| 時 | 日 | 月 | 年 | 곤 명 |
|---|---|---|---|---|
| | | | | 六 神 |
| | 辛 | | | 天 干 |
| | 酉 | 未 | | 地 支 |
| | 비견 | 편인 | | 六 神 |
| | | | | 神 殺 |

## 4) 근묘화실에 따른 재고귀인(財庫貴人)의 역할

· **년지재고귀인(財庫貴人)**: 조상궁에 재고(財庫)를 암장한 것이므로 초년기 또는 조상 때에 부유(富裕)했다고 보는데 가업(家業)을 일찍이 승계받을 수 있습니다.
· **월지재고귀인(財庫貴人)**: 청년기 또는 부모가 재물 창고를 지녔다는 뜻이지만 청년기 시절에 발재할 수 있습니다.
· **일지재고귀인(財庫貴人)**: 중년기 또는 본인의 배우자가 재물 창고를 지녔다는 뜻인데 처덕으로 부자가 될 수 있습니다.
· **시지재고귀인(財庫貴人)**: 말년기 또는 자식이 재물 창고를 지녔으니 자손덕이 있거나 혹은 아랫사람의 도움으로 부자가 될 수 있습니다.

【예시1】삼성그룹 고(故) 이건희 회장(會長)의 명조이다.
임술(壬戌)은 재고귀인(財庫貴人)으로 축술(丑戌)형동(形動)하였으므로 이미 재고(財庫)를 얻었다. 축술(丑戌)은 관살혼잡으로 불리하였지만 축(丑)이 공망(空亡)이 되었으므로 술토(戌土)편관이 살아났는데 술(戌)중의 정화(丁火)라는 재고귀인(財庫貴人)을 얻은 것이다.

▶ **사/주/분/석**

| 時 | 日 | 月 | 年 | 건 명 |
|---|---|---|---|---|
|  |  | 정인 | 정인 | 六神 |
| 壬 | 辛 | 辛 | 辛 | 天干 |
| 戌 | 丑 | 巳 |  | 地支 |
| 편관 | 정관 | 편재 |  | 六神 |
| 재고귀인 | 금여 | 태극 |  | 神殺 |
| 낙정 | 공망 | 천을 |  |  |
| 백호 | 천살화개 |  |  |  |

【예시2】 마이크로소프트 고(故) 빌게이츠의 명조이다.

　　　천간에 상관생재를 본 구조이므로 어려서부터 기술개발과 창업에 남달랐다. 정편관(正偏官) 혼잡(混雜)을 구성했으니 정직한 직업생활자의 운명은 아니었는데 일찍이 상관생재(傷官生財)를 보고 기술을 개발하여 사업가로 나간 것은 호재(好材)가 된 것이다.

　　　특히 월지(月支)와 일지(日支)에 숨은 재고귀인(財庫貴人)은 다국적(多國籍) 기업체를 상징하여 법인소득(法人所得)이 세계 최고로 갑부(甲富)라 할 만하였다.

## ▶ 사/주/분/석

| | 時 | 日 | 月 | 年 | 건 명 |
|---|---|---|---|---|---|
| 六神 | 정인 | | 편재 | 상관 | 六神 |
| 天干 | 辛 | 丙 | 乙 | | 天干 |
| 地支 | 亥 | 戌 | 戌 | 未 | 地支 |
| 六神 | 비견 | 편관 | 편관 | 정관 | 六神 |
| 神殺 | 협록 | 백호 | 백호 | 백호 | 神殺 |
| | 양인 | 재고 | 재고 | 과숙 | |
| | 지살 | 협록 | 천덕 | 복성귀인 | |
| | 겁살 | | 월덕 | | |

【예시3】술토(戌土) 재고귀인(財庫貴人)이 금국(金局)을 이룬 유술(酉戌)상
　　　　천살에 길이 막혀 나오기가 어렵다. 어려서부터 가정의 형편이 어려
　　　　웠는데 일찍이 가족의 부양을 위해 쌀가게에 취업을 해야 했다.
　　　　자수(子水)대운에 이르러 정축년[推定]에 재고귀인(財庫貴人)을 충
　　　　으로 얻으니 쌀가게를 인수하여 사장이 되었다. 또한 기축(己丑)대운
　　　　에는 축미충(丑未沖)으로 역시 재고귀인(財庫貴人)을 얻는데 성공하
　　　　여 큰 발전이 있었음을 짐작으로 알 수가 있겠다.
　　　　말년에는 미토(未土) 정화(丁火)가 비록 재고귀인(財庫貴人)은 아니
　　　　었지만 일간과 정임(丁壬)명암합(明暗合)으로 유정(有情)했으니 어
　　　　찌 말년에 재물이 없을 수 있겠는가.
　　　　현재 상가와 부동산을 소유한 재력가(財力家)이다.

▶ 사/주/분/석

| 時 | 日 | 月 | 年 | 대운33 | 건 명 | |
|---|---|---|---|---|---|---|
| 정재 | | 상관 | 편인 | 정관 | 六 | 神 |
| 丁 | 壬 | 乙 | 庚 | 己 | 天 | 干 |
| 未 | 子 | 酉 | 戌 | 丑 | 地 | 支 |
| 정관 | 겁재 | 정인 | 편관 | 정관 | 六 | 神 |
| 과숙 | 양인 | 도화 | 과숙 | | | |
| 복성 | 협록 | | 상문 | | 神 | 殺 |
| | | | 월덕 | | | |
| | | | 재고 | | | |

【예시4】 을사(乙巳)는 상관생재(傷官生財)이니 어려서부터 창의적인 발상으로 재물을 모으려고 하였다. 그러나 월간의 기토(己土) 정관(正官)을 만난 것은 위법성을 뜻하는 것이니 곧 상관견관(傷官見官)은 비정상적인 축재(蓄財)를 말한다.

사축(巳丑) 편재(偏財)가 정관(正官)을 재생관(財生官)하니 술(戌)대운에 위법한 방법이지만 4억 위안을 모았다. 술토(戌土)대운은 재고귀인(財庫貴人)인데 축술형(丑戌形)으로 재고귀인을 얻는다는 말은 곧 부귀(富貴)를 의미하기 때문이다.

그러나 그런 행동에는 책임이 따르는데 임진(壬辰)과 신축(辛丑)은 자고(自庫)이므로 신금(辛金)의 입고에는 문서(文書)사건이 발생하고 일간 입고에는 수감(收監), 감금(監禁) 등을 당한다.

곧 문서를 동반한 사건으로 수감(收監)이 되는 것이다. 따라서 계미년(癸未年)에 전 재산을 몰수당하고 10년을 살고 나왔다.

▶ 사/주/분/석

| 時 | 日 | 月 | 年 | 대운29 | 건 명 |
|---|---|---|---|---|---|
| 정인 | | 정관 | 상관 | 편재 | 六神 |
| 辛 | 壬 | 己 | 乙 | 丙 | 天干 |
| 丑 | 辰 | 丑 | 巳 | 戌 | 地支 |
| 정관 | 편관 | 정관 | 편재 | 편관 | 六神 |
| 화개 | 천살 | 화개 | 고신 | 재고귀인 | |
| 과숙 | 과숙 | 과숙 | 겁살 | | |
| 금여 | 급각 | 금여 | 천을 | | 神殺 |
| 급각 | 음양 | 곡각 | 태극 | | |
| 곡각 | | | | | |

【예시5】 축(丑)중의 신금(辛金) 재성(財星)이 부친(父親)인데 재고귀인(財庫 貴人)으로 숨어 있다. 그런데 축(丑) 공망(空亡)이니 재고귀인(財庫 貴人)의 출현(出現)이 힘들었다. 재고귀인을 얻으려면 공망을 충(沖) 해줘야 하므로 신미(辛未)대운에 이르러 축미충(丑未沖)으로 공망을 해소(解消)하니 신금(辛金) 출현(出現)에 성공할 수 있었다. 이유는 부자인 부친에게 많은 돈을 상속받았기 때문이다.

이 여자는 미국인으로 초등학교 교사인데 26세에 때 유부남 애인의 부인을 총으로 살해하고 27년간 징역을 살고 가석방으로 풀려났다.

▶ 사/주/분/석

| 時 | 日 | 月 | 年 | 대운59 | 곤 명 |
|---|---|---|---|---|---|
| 일간 | 정인 | 정관 | 정재 | 六神 |
| 丙 | 乙 | 癸 | 辛 | 天干 |
| 辰 | 丑 | 卯 | 未 | 地支 |
| 식신 | 상관 | 정인 | 상관 | 六神 |
| 협록 | 공망 | 태극귀인 | | 神殺 |
| 급각 | 과숙 | | | |
| | 재고귀인 | | | |

【예시6】정인(正印)을 용신(用神)으로 사용하는 사주에서는 편재(偏財)를 만나는 것은 흉(凶)한 일이다. 재극인(財剋印)으로 삶이 평탄하지를 못하기 때문이다. 20대에 조부모(祖父母)를 한 해에 모두 잃었고 22세에는 모친(母親)마저 질병으로 급사(急死)하였다.

병인년에 남편마저 교통사고로 사망하였는데 병인년(丙寅年)에 인신충(寅申沖)으로 역마충(驛馬沖)을 당한 연고이다. 어렵게 장사를 시작하여 훗날에 많은 돈을 벌어 부자가 되었는데 이것은 축(丑)중의 신금(辛金) 재고귀인(財庫貴人)을 본 까닭이다. 비록 시귀(時歸)에 놓인 재고(財庫)인 까닭에 늦게 발재(發財)할 운명이였으나 재극인(財剋印)의 숙명을 빗겨갈 수가 없었다.

그러므로 신미(辛未)대운에 축미충(丑未沖)으로 재고귀인(財庫貴人)을 깨웠는데 무인년(戊寅年)과 기묘년(己卯年)부터 발재(發財)하여 갑신년(甲申年)까지 많은 돈을 벌었다고 한다. [건상비결]

▶ 사/주/분/석

| 時 | 日 | 月 | 年 | 대운 | 곤 명 |
|---|---|---|---|---|---|
| 상관 | | 겁재 | 상관 | 정재 | 六 神 |
| 己 | 丙 | 丁 | 己 | 辛 | 天 干 |
| 丑 | 申 | 卯 | 亥 | 未 | 地 支 |
| 상관 | 편재 | 정인 | 편관 | 상관 | 六 神 |
| 재고귀인 | 겁살 | 장성 | 고신 | | |
| | 낙정 | 육해 | 곡각 | | 神 殺 |
| | 십악대패 | | 천을귀인 | | |
| | 관귀 | | | | |
| | 문창 | | | | |

【예시7】경진년(庚辰年) 54세에 라스베가스 카지노에서 106억원 당첨되어 횡재하였다. 횡재수는 어디에 나타났을까?

계축(癸丑)대운에서 축토(丑土)는 병화(丙火)일간의 재고귀인(財庫貴人)에 해당한다. 그런데 시지(時支)의 술토(戌土)가 준비하고 있었다. 곧 축술형(丑戌形)으로 형출(形出)이 된 축(丑)중의 신금(辛金) 재고귀인(財庫貴人)을 만난 것이다.

경진년(庚辰年)은 54세로 축토(丑土)대운 말기에 해당한다. 축토(丑土)가 근묘화실(根苗花實)에 진입하여 시지(時支) 술토(戌土)에 이르게 되어 형(刑)하는 시간은 축토(丑土) 말기가 되기 때문이다. 그래서 경진년(庚辰年)에 진술충(辰戌沖)으로 다시 형출(形出)을 유도하였다.

▶ 사/주/분/석

| 時 | 日 | 月 | 年 | 세운54 | 대운45 | 곤 명 |
|---|---|---|---|---|---|---|
| 식신 | | 식신 | 겁재 | 편재 | 정관 | 六 神 |
| **戊** | **丙** | **戊** | **丁** | **更** | **癸** | 天 干 |
| **戌** | **子** | **申** | **亥** | **辰** | **丑** | 地 支 |
| 식신 | 정관 | 편재 | 편관 | 식신 | 상관 | 六 神 |
| 천살 | 도화 | 공망 | 망신 | | 재고귀인 | |
| 월살 | 천덕 | 겁살 | 천을귀인 | | | |
| 복성귀인 | 복성귀인 | 지살 | | | | 神 殺 |
| | | 문창 | | | | |
| | | 협록관귀 | | | | |

# 18 관귀학관(官貴學官)

## 1) 관귀학관(官貴學官) 찾는 방법

갑을(甲乙)은 사(巳)가 관귀학관(官貴學官)에 해당합니다. 병정(丙丁)은 신(申)이고 무기(戊己)는 해(亥)이며 경신(庚辛)과 임계(壬癸)는 인(寅)이 관귀학관에 해당됩니다.

| 관귀학관(官貴學官) 찾는 법 | | | | | | | | | | |
|---|---|---|---|---|---|---|---|---|---|---|
| 일간 | 甲 | 乙 | 丙 | 丁 | 戊 | 己 | 庚 | 辛 | 壬 | 癸 |
| 관성 | 金 | | 水 | | 木 | | 火 | | 土 | |
| 관귀학관 | 巳 | | 申 | | 亥 | | 寅 | | 寅 | 丑 |

## 2) 관귀학관(官貴學官)의 개념(概念)

일명 관학(官學)이라고도 부르는데 이 귀성(貴星)은 일주(日主)를 기준으로 관성(官星)이 되는 오행의 장생궁(長生宮)을 관귀학관(官貴學官)이라 합니다. 일간의 입장에서는 나의 관성이 장생지를 얻는 것이니 암묵적으로 관(官)이 숭고(崇高)하게 빛나는 것은 당연한 것입니다.

그래서 관귀학관(官貴學官)을 가진 팔자는 남들보다 관운(官運)이 좋게 따르고, 먼저 승진하고 또 스카우트 대상이 되기도 합니다. 그런 까닭에 관귀학관(官貴學官)을 관직의 길성(吉星)이라고 말을 합니다,

예를 들어 갑을(甲乙)의 관성(官星)은 금(金)인데 경(庚)의 장생지는 사(巳)가

되므로 곧 사(巳)는 관귀학관(官貴學官)이 되는 것입니다.

곧 일간 입장에서는 관성을 가르쳐 일으키는 장생자가 학교가 된다고 하여 관귀학관이 됩니다.

병정(丙丁)의 관성(官星)은 수(水)가 되는데 임수(壬水)의 장생지는 신(申)이 되므로 신(申)은 관귀학관(官貴學官)이 됩니다.

무기(戊己)는 목(木)이 관성이 되는데 목(木)의 장생지는 해(亥)가 되니 해(亥)가 관귀학관이 됩니다.

경신(庚辛)임계(壬癸)의 관성은 각각 화토(火土)가 되는데 화토(火土)의 장생지는 인(寅)이 되므로 인목(寅木)이 관귀학관이 됩니다. 경신(庚辛)과 임계(壬癸)의 관귀학관이 공통적으로 인목(寅木)이 되는 이유는 화토동근(火土同根)을 취했기 때문입니다.

관귀학관은 명예, 벼슬, 공직, 학문학업, 시험, 승진, 당선과 관련된 행운을 상징하는데 관직에 나가게 되면 승진도 빠르고 벼슬이 높아진다는 귀성입니다. 특히, 문학, 예술, 사회과학 분야에 대한 흥미가 높아 관련 분야에서 뛰어난 실력을 발휘할 가능성이 높습니다. 학습에 대한 즐거움을 느끼고, 끊임없이 새로운 지식을 탐구하며 지적 호기심이 풍부합니다. 꼼꼼하고 섬세한 성격으로 면밀한 분석과 논리적 사고를 통해 문제 해결 능력 또한 뛰어납니다.

그러나 관귀학관은 형(刑), 충(沖), 파(破), 해(害), 공망(空亡)을 만나면 약해지므로 주의해야 합니다.

# 3) 근묘화실 위치별 작용

- **년주관학(年柱官學)**

  조상으로부터 명문가, 관직에 종사하는 가문이 있었고 가업을 승계 받아 어린 나이에 명문 대학에 진학하거나, 유명 학부를 졸업할 가능성이 높습니다. 사회에 나와서는 인정받는 직업에 종사하게 됩니다.

- **월주관학(月柱官學)**

  어린 시절부터 학업에 대한 흥미가 많고, 부모의 도움으로 꾸준히 노력하여 좋은 성적을 거둡니다. 또한, 주변 환경으로부터 좋은 교육을 받으며, 능숙한 언변과 논리적 사고력을 갖추게 됩니다.

- **일주관학(日柱官學)**

  배우자의 도움이 있거나 혹은 본인의 능력으로 명예와 성공을 거두게 됩니다. 전문 분야에서 뛰어난 역량을 발휘하여 직장 생활에서는 승진과 성공을 거두게 됩니다.

- **시주관학(時柱官學)**

  젊은 시절에 축적한 지식과 경험을 바탕으로 후학 양성이나 사회 공헌 활동에 힘쓰게 됩니다. 또는 자녀의 성공적인 활동이 있게 됩니다.

## 4) 관귀학관(官貴學館)과 십성(十星)의 조합

- **비견관학(比肩官學)**

  비견이 관귀학관과 결합하면 학업이나 경쟁적인 환경에서 뛰어난 성과를 얻을 수 있습니다. 또한, 자기 주도적인 학습 능력과 리더십을 발휘하여 주변 사람들에게 인정받습니다.

- **겁재관학(劫財官學)**

  겁재는 과감한 결단력과 추진력을 의미하므로 겁재관학이 되면 어려운 목표를 설정하고 달성하는 데 탁월한 능력을 발휘합니다. 또한, 위험을 감수하고 새로운 도전을 즐기는 모험적인 성향을 보입니다.

- **식신관학(食神官學)**

  식신관학은 창의성과 표현력을 의미합니다. 학문이나 예술 분야에서 뛰어난 재능을 발휘합니다. 풍부한 감성과 유머 감각으로 주변 사람들에게 즐거움을 선사합니다.

- **상관관학(傷官官學)**

  상관은 독창성과 비판적인 사고를 의미하는데 상관관학이 되면 기존의 틀을 깨고 새로운 아이디어를 제시하는 혁신적인 인물이 될 수 있습니다. 그러나 한편으로는 반항적인 태도나 규칙을 무시하는 경향으로 인해 사회적인 문제를 일으킬 수 있습니다.

- **편재관학(偏財官學)**

  편재는 사업 수완과 재물 운을 의미 편재관학이 되면 사업이나 투자에서 큰 성공을 거둘 수 있습니다. 넓은 인맥과 사교성을 바탕으로 다양한 분야에서 활약합니다.

그러나 역시 지나친 물욕이 생길 수도 잇기 때문에 도박투기성으로 진행할 수 있어서 낭비로 인해 재정적인 어려움이 있을 수 있습니다.

· **정재관학**(正財官學)

정재는 안정적인 경제력과 성실함을 의미하는데 정재관학이 되면 꾸준한 노력과 성실함으로 경제적인 안정을 이루고 사회적인 성공을 거둘 수 있습니다.

· **편관관학**(偏官官學)

편관은 강한 책임감과 리더십을 의미하므로 위기 관리 능력과 돌파력을 갖추고 있어 어려운 상황에서도 솔선수범하고 팀을 이끌어 목표를 달성하는 능력이 뛰어납니다.

· **정관관학**(正官官學)

정관은 명예욕과 사회적인 책임감을 의미하는데 법과 규칙을 준수하고 사회 정의를 실현하는 데 앞장서는 모습을 보입니다.

· **편인관학**(偏印官學)

편인은 독창적인 사고와 예술적인 감각을 의미하는데 편인관학이 되면 학문이나 예술 분야에서 뛰어난 재능을 발휘하므로 업적을 남길 수 있습니다. 합니다. 직관력과 통찰력이 뛰어나 문제의 본질을 파악하고 해결하는 능력이 뛰어납니다.

· **정인관학**(正印官學)

정인은 학문적인 깊이와 지혜를 의미합니다. 인내심과 끈기가 강하여 어려운 문제를 해결하는 데 탁월한 능력을 발휘합니다.

【예시1】세계적인 성악가 소프라노 조수미 사주다.

수탕기호(水宕騎虎)라 하여 수(水)가 지나치면 호랑이에 올라타라고
했다. 그러므로 수(水)의 세력을 얻은 식신(食神)은 3마리의 호랑이
등에 올라탔는데 관귀학관(官貴學官)이었다.

사방팔방(四方八方)을 돌아다니는 지살(地殺)의 형국(形局)이 되었
다. 관귀학관(官貴學官)의 예술적 재능을 년월지(年月支)의 월덕귀
인(月德貴人)이 도왔는데, 어려서부터 문학, 예술에 뛰어난 자질과
꾸준한 노력은 조상궁과 부모궁에 놓인 월덕귀인(月德貴人)의 빛이
발한 것이다. 그 중에서 모친 월덕(月德)의 정신적, 물질적인 도움이
가장 컸다.

귀인(貴人)은 많고 흉살(凶殺)은 적었으니 크게 성공하였다.

▶ 사/주/분/석

| 時 | 日 | 月 | 年 | 곤 명 |
|---|---|---|---|---|
| 편인 | | 식신 | 식신 | 六神 |
| 戊 | 庚 | 壬 | 壬 | 天干 |
| 寅 | 寅 | 子 | 寅 | 地支 |
| 편재 | 편재 | 상관 | 편재 | 六神 |
| 지살 | 지살 | 월덕 | 지살 | |
| 관귀 | 관귀 | 상문 | 관귀 | 神殺 |
| | 학관 | | 월덕귀인 | |

【예시2】 국민 MC 유재석씨 사주이다.

　　　월지(月支)에 재성(財星) 관귀학관(官貴學官)을 둔 경우인데, 신자합수(申子合水)하여 임수(壬水)를 생하고 있다. 다만 임수(壬水)가 국(局)을 이루어 중관(重官)의 염려가 있었는데, 다행히도 무토(戊土)의 방제(防除)가 있었다. 곧 관귀학관(官貴學官)이 임수(壬水) 정관(正官)의 장생지(長生地)가 된 것이니 관(官)의 발달이 눈부셨다.

　　　그러므로 사회적인 명예(名譽) 부(富)와 승진(昇進) 성공(成功)이 분명하였다.

## ▶ 사/주/분/석

| 時 | 日 | 月 | 年 | 건 명 |
|---|---|---|---|---|
| | | 상관 | 정관 | 六神 |
| 丁 | 戊 | 壬 | | 天干 |
| 丑 | 申 | 子 | | 地支 |
| 식신 | 정재 | 편관 | | 六神 |
| 백호 | 관귀 | 월덕귀인 | | |
| 천희 | 학관 | | | 神殺 |
| 음양차착 | 지살 | | | |
| | 금여 | | | |

【예시3】 편관(偏官) 사화(巳火)가 년월지(年月支)에 있는데 정관(正官)이 년(年)과 시(時)에 양출(兩出)했다. 중관중살(重官重殺)을 보이는데 을목(乙木)과 인목(寅木) 편재가 다시 재생살(財生殺)하니 파국(破局)이 되었다. 격(格)이 불순(不純)하면 길성(吉星)이 빛을 발(發)하기 어렵다. 그런 즉, 문곡귀인(文曲貴人), 학당귀인(學堂貴人)의 귀성(貴星)은 고신(孤辰)에 덮혀 있었는데 암록(暗祿)을 출현하는 통로(通路)을 막고 있었다.

그러므로 인사형(寅巳刑)이 된 편재(偏財)의 겁살관귀학관(劫殺官貴學官)은 오히려 그의 부인을 해롭게 하였고 시지(時支)의 해수(亥水)는 식신(食神)문창(文昌)으로 비록 재능은 있었으나 역마(驛馬)겁살(劫殺)로 집에 안주하기 힘든 운명이다. 그러므로 몇 년째 되는 일도 없이 빚만 늘었고 부부 간의 불화만 쌓여 간다고 하였다.

▶ 사/주/분/석

| 時 | 日 | 月 | 年 | 건 명 |
|---|---|---|---|---|
| 정관 | | 정재 | 정관 | 六神 |
| 丁 | 庚 | 乙 | 丁 | 天干 |
| 亥 | 寅 | 巳 | 巳 | 地支 |
| 식신 | 편재 | 편관 | 편관 | 六神 |
| 역마 | 관귀 | 고신 | 고신 | |
| 겁살 | 학관 | 망신 | 망신 | |
| 문창 | 월덕 | 문곡 | 문곡 | 神殺 |
| | 겁살 | 학당 | 암록 | |
| | | 암록 | | |
| | | 지살 | | |

# 19 암록성(暗祿星)

## 1) 암록(暗祿)을 찾는 방법

갑(甲)일간의 십간록(十干祿)은 인(寅)이고 암록성(暗祿星)은 해(亥)가 됩니다. 그런데 인해합(寅亥合)이 모두 존재하면 명합(明合)이므로 합록(合祿)이라 하고 해수(亥水)만 존재하면 인록(寅祿)을 암합(暗合)으로 당겨 온다고 하여 암록(暗祿)이라 말을 합니다.

### 암록성(暗祿星)을 찾는 법

| 십간 | 甲 | 乙 | 丙 | 丁 | 戊 | 己 | 庚 | 辛 | 壬 | 癸 |
|---|---|---|---|---|---|---|---|---|---|---|
| 록 | 寅 | 卯 | 巳 | 午 | 巳 | 午 | 申 | 酉 | 亥 | 子 |
| 암록 | 亥 | 戌 | 申 | 未 | 申 | 未 | 巳 | 辰 | 寅 | 丑 |

## 2) 암록(暗祿)의 종류

### (1) 합록(合祿)과 암록(暗祿)

일간의 정록(正祿)이 합하는 글자를 말하게 됩니다. 예를 들면, 갑(甲)의 록(祿)은 인(寅)에 있는데 만약 인록(寅祿)이 해(亥)를 만나면 인해합(寅亥合)으로 명합(明合)이라 하고 이것을 합록(合祿)이라 부릅니다. 만약 인(寅)은 없는데 해(亥)만 있다면 허공(虛空)에서 인(寅)을 당겨와서 암합(暗合)한다하여 암록(暗祿)이라 말합니다. 곧 명합(明合)하는 글자는 합록(合祿)이 되는 것이고 암합(暗合)하는 글자는 암록(暗祿)이 되는 것입니다. 합록(合祿)이 된 사람은 주변의 도움을 받아 성공한다고 합니다.

특히 암록성(暗祿星)이 있으면 평생(平生) 금전(金錢)의 궁함이 없고 역경에 처하여도 뜻하지 않은 숨은 도움으로 일어서는 길성(吉星)입니다. 그러나 합록 혹은 암록의 자리가 형(刑),충(沖),파(破)로 깨지고 기신(忌神)이나 구신일 때에는 효력을 발휘할 수 없습니다. 합록의 구성은 육합을 이루는 것이 필수인데 만약 암합의 작용을 하여 얻는 귀(貴)는 본래 오행으로 합을 이루는 명합(明合)과 비교해서 복이 더 두텁다고 해석을 합니다. 다만 희신의 경우에 암합으로 복을 구할 수 있지만 만약 기신의 합은 오히려 흉이 더 강해지는 문제가 있으므로 주의해야 합니다.

【예시1】 갑(甲)의 록(祿)은 인(寅)에 있는데 나의 십간록(十干祿)과 합하는 해 수(亥水)는 명합(明合)이니 합록(合祿)이 된다.

▶ 사/주/분/석

| 時 | 日 | 月 | 年 | 건 명 |
|---|---|---|---|---|
| | | | | 六 神 |
| | 甲 | | | 天 干 |
| | | 寅 | 亥 | 地 支 |
| | | 비견 | 편인 | 六 神 |
| | | 십간록 | | 神 殺 |

【예시2】 암록이 일간과 더불어 전자(專字)의 글자로 순일(純一)하여지면 글자의 기운이 강해진다. 그러면 인해(寅亥)합력으로 인록(寅祿)을 불러오게 된다. 특히 갑(甲)일간이 해(亥)시에 태어나면 길하다고 하는 것은 인(寅)록을 불러 오기 때문이다.

| | 時 | 日 | 月 | 年 | 건 명 |
|---|---|---|---|---|---|
| 허자 | | | | | 六 神 |
| | **寅** | **甲** | | | 天 干 |
| | **亥** | | | | 地 支 |
| | 비견 | 편인장생 | | | 六 神 |
| | 십간록 | 암록 | | | **神 殺** |

【예시3】 육임추간격이 좋은 것은 암록(暗祿)을 불러 오기 때문이다. 임(壬)일간은 인(寅)이 암록(暗祿)이 되는데 인목(寅木)이 전일(全一)해지면 글자가 강해지는 것이니 해수 록(祿)을 불러오게 된다.

| | 時 | 日 | 月 | 年 | 건 명 |
|---|---|---|---|---|---|
| 허자 | | | | | 六 神 |
| | **亥** | **壬** | | | 天 干 |
| | **寅** | **寅** | **寅** | **寅** | 地 支 |
| | 비견 | 식신 | 식신 | 식신 | 식신 | 六 神 |
| | 십간록 | 암록 | 암록 | 암록 | 암록 | **神 殺** |

## (2) 공록(拱祿), 협록(夾祿)

| 일간 | 甲 | 乙 | 丙 | 丁 | 戊 | 己 | 庚 | 申 | 壬 | 癸 |
|------|-----|-----|-----|-----|-----|-----|-----|-----|-----|-----|
| 록 | 寅 | 卯 | 巳 | 午 | 巳 | 午 | 申 | 酉 | 亥 | 子 |
| 협록 | 丑卯 | 寅辰 | 辰午 | 巳未 | 辰午 | 巳未 | 未酉 | 申戌 | 戌子 | 亥丑 |

정록(正祿)을 품에 껴안는 것을 말합니다.

예를 들어 **갑**일생인(甲日生人)의 정록(正祿)은 인(寅)인데 축(丑)과 묘(卯)가 인(寅)을 앞과 뒤에서 껴안는 것으로 축(丑)과 묘(卯)는 갑일(甲日)의 협록이 됩니다. 을일생인(乙日生人)의 정록(正祿)은 묘(卯)인데 인(寅)과 진(辰)이 앞과 뒤에서 껴안았다고 하면, 을일(乙日)의 협록(夾祿)은 인(寅)과 진(辰)이 됩니다. 병무일생인(丙戊日生人)의 정록(正祿)은 巳(사)인데, 巳(사)의 앞과 뒤는 진(辰)과 午(오)가 있으면 협록(夾祿)이 구성이 됩니다. **병무**일(丙戊日)의 협록(夾祿)은 사화인데 진(辰)과 午(오)를 있으면 얻을 수 있습니다. **정기**일생인(丁己日生人)의 정록(正祿)은 오(午)인데 오(午)의 앞과 뒤는 사(巳)와 미(未)가 있게 되면 협록(夾祿)이 구성이 됩니다.

**경**일생인(庚日生人)의 정록(正祿)은 신(申)인데 신(申)의 앞과 뒤는 미(未)와 酉(유)로 구성이 되면 경일(庚日)의 협록(夾祿)은 미(未)와 유(酉)가 됩니다. **신**일생인(辛日生人)의 정록(正祿)은 酉(유)인데 유(酉)의 앞과 뒤는 신(申)과 술(戌)이므로 이 둘이 있게 되면 협록(夾祿)이 구성이 됩니다. **임**일생인(壬日生人)의 정록(正祿)은 해(亥)인데 해(亥)의 앞과 뒤는 술(戌)과 자(子)이니 이들이 있으면 협록(夾祿)이 구성이 됩니다. **계**일생인(癸日生人)의 정록(正祿)은 자(子)로 자(子)의 앞과 뒤는 해(亥)와 축(丑)이니 이 둘이 있으면 협록(夾祿)이라 합니다.

【예시1】 무기토(戊己土)가 태왕(太旺)하면 전왕(全旺)해지므로 마땅히 천복지재(天復地載)로 다스려야 한다. 고로 충제(沖制)는 불가(不可)하고 합제(合制) 혹은 식신(食神)의 설기(洩氣)가 길(吉)하였다.

그래서 다비견(多比肩)을 소화(消化)해내는 식신(食神)은 교육(教育)의 특징으로 나타나게 되었다. 또한 신금(辛金)은 미국이니 영어(英語)강사로 일하여 을미년(乙未年)에만 약 4억을 벌었다고 한다.

이것은 갑오년(甲午年)에는 지지가 사오미(巳午未)방국을 이루어 갑기합화토(甲己合火土)로 화격(化格)을 구성하였고 을미년(乙未年)에는 3개의 신금(辛金)이 을신충거(乙辛沖去)하여 흉신 을목(乙木)을 제거하였다. 또한 미토(未土)3개가 토동(土動)하여 공협(拱夾)을 도와 기(己)의 정록(正祿)이 되는 오(午)를 당겨왔다.

그런 즉, 사오미(巳午未)방국을 결성하여 화토전왕(火土全旺)을 이루었는데 기이한 발전의 배경에는 종상(從像)의 결성(結成)이 있었다.

| 時 | 日 | 月 | 年 | 곤 명 |
|---|---|---|---|---|
| 식신 | | 겁재 | 식신 | 六神 |
| 辛 | 己 | 戊 | 辛 | 天干 |
| 未 | 巳 | 戌 | 未 | 地支 |
| 비견 | 정인 | 겁재 | 비견 | 六神 |
| 암록협록 | 역마협록 | 반안공망 | 태극귀인<br>암록협록 | 神殺 |

| 丙 | 乙 | 甲 | 癸 | 壬 | 辛 | 庚 | 己 | 大運 |
|---|---|---|---|---|---|---|---|---|
| 午 | 巳 | 辰 | 卯 | 寅 | 丑 | 子 | 亥 | |

【예시2】 갑(甲)의 록(祿)은 인(寅)에 있는데 인(寅)은 없지만 축(丑)과 묘(卯)
가 존재하면 그 중간에 안보이는 인(寅)을 당겨온다고 하여 공록(拱
祿)이라 말한다.

| 時 | 日 | 月 | 年 | 건 명 |
|---|---|---|---|---|
| | | | | 六 神 |
| | 甲 | | | 天 干 |
| | | 丑 | 卯 | 地 支 |
| | | 정재 | 겁재 | 六 神 |
| | | 공협인(拱祿寅) | | 神 殺 |

## (3) 근묘화실(根苗花實)에 따른 해석

· 년지암록(年支暗祿)
  조부모, 조상의 도움, 조력이 있습니다.

· 월지암록(月支暗祿)
  부모, 형제, 사회에서의 도움이 있습니다.

· 일지암록(日支暗祿)
  배우자의 도움이 있습니다.

· 시지암록(時支暗祿)
  노후 안정, 후배 혹은 자식의 도움이 있습니다.

## (4) 십성별(十星別) 암록(暗祿)의 영향

- 비겁암록(比劫暗祿)

  동료, 친구, 지인, 형제의 도움을 의미합니다.

- 인성암록(印星暗祿)

  어머니, 부모, 윗사람, 상사, 스승의 도움을 의미합니다.

- 식상암록(食傷暗祿)

  후배, 아랫사람, 제자, 자식의 도움을 의미합니다.

- 관성암록(官星暗祿):

  직장, 조직, 사회, 여자는 남자(남편)의 도움을 의미합니다.

- 재성암록(財星暗祿)

  아내의 헌신이 있으며 혹은 금전적 도움을 받고 경제적인 어려움을 극복하는 데 도움이 됩니다.

## (5) 암록(暗祿)으로 궁합을 보는 방법

남녀의 일주만 주로 대입하면 됩니다. 남자 갑일(甲日)생인데 여자 사주 일주의 지지가 해일(亥日)생이 되면 여자는 남자에게 암록이 되는 것이므로 사랑과 복된 인생의 향락을 받게 된다고 추론합니다.

만약 여자 일주 천간이 갑일(甲日)생인데 남자 사주의 일주 지지에서 해일(亥日)생이 되면 암록이 되는 것이므로 결혼하면서 여자의 사랑과 재산 복이 무궁하므로 처복(妻福)이 있다고 말할 수가 있습니다.

## (6) 유년(流年)으로 신수(身手)를 보는 방법

남녀 동일하게 사주의 일주 지지가 해일(亥日)생인데 갑년(甲年)을 만나면 횡재운이 있다고 보는 것입니다. 만일 술일(戌日)생이 을(乙)년을 만나게 되면 횡재하고 귀인의 도움을 받는고 판단합니다. 복권 당첨자들을 조사하여 보면 십중팔구 암록에 해당하기도 합니다. 주의할 점은 암록이라 해도 깨지게 되면 좋다가 나쁘게 되는 수도 있다는 것입니다. 무슨 말인가 하면 해일(亥日)생이 갑년(甲年)을 만나 암록이 되는가 생각했는데, 갑자(甲子)년이라면 자(子)는 해(亥)와 도화살이 구성이 됩니다. 도화살이 될 때 암록이 되지 않는다고 합니다. 술일(戌日)생은 을(乙)년이 암록이지만 술(戌)과 묘(卯)는 묘술합이 되므로 을묘(乙卯)년은 암록이 되지 않습니다. 합(合)으로 암록이 깨지는 경우입니다.

만약 진일(辰日)생은 신년(辛年)이 암록이지만 진(辰)과 유(酉)는 진유합이므로 신유(辛酉)년에는 암록이 되지 못하게 됩니다. 합(合)으로 인해 암록이 깨지는 경우입니다. 다른 십간도 동일하게 이해하면 됩니다.

신
살
론

# 4장

상학(象學) 실전법(實戰法)

사례 90제

# 01 수옥살이 동(動)하여 재성이 파괴되면 감금을 당할 수 있다

| 時 | 日 | 月 | 年 | 세운42 | 대운35 | 건 명 |
|---|---|---|---|---|---|---|
| 편인 | | 정재 | 상관 | 편재 | 겁재 | 六神 |
| 戊 | 庚 | 乙 | 癸 | 甲 | 辛 | 天干 |
| 寅 | 午 | 丑 | 卯 | 申 | 酉 | 地支 |
| 편재 | 정관 | 인수 | 정재 | 비견 | 겁재 | 六神 |
| | | | | 겁살 | 수옥 | 神殺 |

### ▶ 사/주/분/석

신유(辛酉)대운에 신유(辛酉)가 겁재(劫財)이므로 재성의 손재수가 일어날 수 있는 시기입니다. 그런데 년지의 묘목(卯木)을 기준으로 하면 유금(酉金)대운이 재살(災殺), 수옥(囚獄)살(殺)에 해당합니다.

그래서 묘유충(卯酉沖)을 하면 수옥살(囚獄殺)이 동(動)할 수 있습니다. 즉 이 사람은 유금(酉金) 5년간 수옥(囚獄), 감금(監禁) 등에 노출이 된 겁니다. 이런 상황에서 다시 갑신년에 갑경충(甲庚沖)이 일어나고 신금은 겁살에 해당됩니다.

즉 신유대운 중에 을신충(乙辛沖)과 묘유충(卯酉沖)이 발생하고 갑신년(甲申年)에 갑경충(甲庚沖)이 발생하면 이 사주에서는 재성의 피상(被傷)이 워낙 커서 파산(破産), 파재(破財), 파가(破家)등을 당할 수 있는데 유금(酉金)이 수옥(囚獄)살(殺)이므로 감금 등을 당할 수 있습니다.

## ▶ 육신(六神)합충의 분석

인오합(寅午合)은 무슨 모습일까요? 인목(寅木)이 편재(偏財)인데 인오합(寅午合)이니 화재위관(化財爲官)이라 보는 겁니다. 곧 편재라는 큰 현금이 모여 조직으로 변한 겁니다.

그래서 인오(寅午)는 증권회사로 보았습니다. 그러하니 인목(寅木) 편재(偏財)가 뒤에서 시지(時支)로 뒷받침하는 사람이라 뒤로 빼 돌린 재물이 있는데 인오합(寅午合)이니 그게 단체로 변한 겁니다. 그런 즉 증권사로 봅니다.

그래서 이 사람은 개인적으로 움직이는 사람은 아니고 어느 큰 단체에 소속이 된 사람이입니다. 편재(偏財)이므로 부동산, 거대 자산, 공공 투자입니다. 혹은 대부업, 임대사업자, 부동산 관련 등일 수 있습니다.

또한 무계합(戊癸合)이므로 이건 식상(食傷)과 문서(文書)의 합입니다.

증권, 임대 부동산, 문서일 수 있으니 이 사람은 담당 부서가 문서 쪽이 분명합니다.

그런데 인수(印綬) 무토(戊土)가 부동산, 건축, 임대 관련의 상(像)이므로 이 사람은 건축 혹은 부동산 임대 업자일 수도 있겠습니다.

## ▶ 근황

42세 신유(辛酉)대운 갑신년(甲申年) 경오월(庚午月)에 사기죄로 구속되었습니다.

# 02 도화(桃花)와 양인(陽刃)이 형충(形沖)하면 재액이 크다

| 時 | 日 | 月 | 年 | 세운39 | 대운33 | 건 명 |
|---|---|---|---|---|---|---|
| 정인 | 비견 | 정인 | | 편인 | 편관 | 六 神 |
| 癸 | 甲 | 甲 | 癸 | 壬 | 庚 | 天 干 |
| 酉 | 午 | 子 | 卯 | 午 | 申 | 地 支 |
| 정관 | 상관 | 정인 | 겁재 | 상관 | 편관 | 六 神 |
| 공망 | 홍염 현침 | 도화 현침 | 도화 현침 | 현침 | 현침 | 神 殺 |

## ▶ 사/주/분/석

### (1) 이 남자 분이 유흥주점에서 근무하는 까닭은 무엇인가요?

자수(子水)가 도화(桃花)인데 용신(用神)이 되면 자수(子水)는 도화(桃花)의 상(像)을 취하는 까닭에 취정(醉情)의 상(像)을 나타냅니다.

이것은 쥐가 원래 야밤(夜), 다산(多産), 유동성(流動性)의 상징이기 때문에 애정사(愛情事)이고 또한 음주(飮酒)문화로 타나나는 겁니다.

자묘(子卯)가 형동(形動)하므로 양인(陽刃)을 형충하는 것은 흉한 일이고 절로 공망이 된 유금(酉金) 정관(正官)이 오화(午火)에 의해 상관(傷官)견관(見官)이 되면 역시 바람직한 직장 생활이 어려운 것입니다.

자오충(子午沖)으로 오화(午火) 내부의 홍염살(紅艶殺)을 발동시키므로 자수(子水)도화(桃花)가 홍염살을 일으키는 것이라 주로 야밤중에 활동하는 쥐처럼 야근이 많은 직업이 많고 또한 자수도화(子水桃花)는 유금(酉金)의 생함을 받아 도화로 흐르는 물이 되었으므로 자유파(子酉破)는 유흥주점이 되는 것입니다.

## (2) 경신(庚申)대운에 운이 바닥을 치는 까닭은 무엇인가요?

자평진전의 인수격(印綬格)에서 말하길 "칠살(七殺)을 사용하는 명조에서는 만약 신중(身重)하거나 인중(印重)하게 되면 빈한(貧寒)고독(孤獨)하다"고 말합니다.

그런데 이 명조는 인수격인데 계수(癸水) 2개가 양(兩)투출(投出)하였고 갑목(甲木)비견(比肩)이 묘목(卯木) 양인(陽刃)에 뿌리를 두고 있습니다. 인중(印重)신중(身重)한 팔자라고 보는데 유금(酉金) 정관(正官)은 가능하겠지만, 만약 경신(庚申)대운처럼 칠살(七殺)운을 만나게 되면 이것이 바로 신중(身重)인중(印重)한 팔자가 어쩔 수 없이 인수용살(印綬用殺)을 쓰는 방식이 되는 것입니다. 고로 경신(庚申)칠살운에 빈한, 고독사가 일어날 수 있습니다.

## (3) 신(申)대운 임오년(壬午年)에 사망하는 이유는 무엇인가요?

이 사주는 묘목(卯木)이 양인(陽刃)인데 자묘형(子卯形)과 묘유충(卯酉沖)이 된 구조이므로 도화(桃花)가 양인(陽刃)을 형충하는 구조입니다.

양인(陽刃)을 형충(形沖)하면 재액(災厄)이 크다고 하였는데, 특히 자오묘(子午卯)는 수술물상을 하고 있습니다. 그런데 갑오(甲午)가 현침살이고 묘목(卯木)도 현침과 양인이니 이 사람은 의료계 근무가 적당하여 만약 의료계종사가 되면 현침이 액땜이 되는 연고로 무사하지만, 그렇지 못하면 자신이 수술을 받아야 하는 상황이 수시로 발생하게 됩니다. 그런데 이 사람은 주류업계로 직업을 선택했으므로 오히려 자수도화를 더욱 형동하게 되는데 수술물상을 자극한 것이죠.

그러므로 경신대운에 칠살운을 만나 빈한 고독상인데 파가(破家)하므로 운이 바닥을 치는 것이고 신금(申金)대운은 역시 현침살이고 임오년(壬午年)에 오화(午火) 역시 현침살이니 수술물상이 크게 들어온 겁니다. 그런 즉, 자묘형(子卯形)과 묘유충(卯酉沖)된 원국에서 임오년(壬午年)에 오화(午火) 2개가 자오충(子午沖)하고 오묘파(午卯破)하면 양인(陽刃)묘목(卯木)은 귀물(鬼物)이 되기에 충분한 겁니다.

양인(陽刃)이 귀물(鬼物)이 되면 대흉(大凶)한 까닭은 일간 갑목을 일신(日身)이 아니라 일귀(日鬼)로 만들기 때문이죠. 일간이 신(身)이 아니라 귀(鬼)가 되면 그 주인공은 이미 죽은 사람으로 보는 겁니다.

### ▶ 근황
주로 유흥주점업에 종사했다. 경신(庚申)대운중에 경진(庚辰)년 37세에 파산했다. 무위도식하다가 경신(庚申)대운 임오(壬午)년 39세 어느 날 새벽에 교통사고로 사망했다. 기혼자이며, 술 먹고 귀가하다, 횡단 도로를 건너다가 뺑소니차에 치었습니다.

# 03 도화의 자묘형은 수술 혹은 성병(性病)을 암시한다

| 時 | 日 | 月 | 年 | 세운33 | 대운30 | 건 명 |
|---|---|---|---|---|---|---|
| 편인 | | 상관 | 비견 | 정재 | 편인 | 六 神 |
| 辛 | 癸 | 甲 | 癸 | 丙 | 辛 | 天 干 |
| 酉 | 丑 | 子 | 卯 | 子 | 酉 | 地 支 |
| 편인 | 편관 | 비견 | 식신 | 비견 | 편인 | 六 神 |

## ▶ 사/주/분/석

계수(癸水)와 자수(子水)는 본래 쥐의 물상이므로 번식(繁殖), 다산(多産)을 상징하는 바, 자수(子水)가 도화(桃花)가 되면 음란(淫亂). 취정(醉情)에 약해지니 혹, 재살(災殺) 묘목(卯木)과 자묘형(子卯形)이 구성이 되면 애정사(愛情事)로 인해 수옥(囚獄) 감금(監禁)을 당할 수 있습니다. 또한 자묘형(子卯形)이 된 도화물상은 곧 수술 물상을 뜻하기 때문에 성병(性病)질환을 경험할 수 있습니다.

## ▶ 근황

신유(辛酉)대운 중에 병자(丙子)년 33세에 유명인과 간통하다가 1996년 병자년에 구속되었다. 모친이 거액의 위자료를 주어 풀려났다.

[모 역술인의 저서, 1997년.]

# 04 역마(驛馬)형동(形動)하는 세운에 이동수가 발생한다

| 時 | 日 | 月 | 年 | 세운27 | 대운25 | 건 명 |
|---|---|---|---|---|---|---|
| 정재 | 비견 | 정인 | | 편재 | 정재 | 六神 |
| 庚 | 丁 | 丁 | 甲 | 辛 | 庚 | 天干 |
| 戌 | 卯 | 丑 | 寅 | 巳 | 辰 | 地支 |
| 상관 | 편인 | 식신 | 정인 | 역마 | 상관 | 六神 |

## ▶ 사/주/분/석

이 사주 분석해보면 갑인은 정인입니다. 간여지동이므로 경(庚)대운에 갑경 충하면 충거(沖去)가 아니라 충동(沖動)이 발생합니다.

고로 문서가 동하게 됩니다. 경(庚)대운에 현금으로 문서 얻을 일이 생긴다. 이렇게 5년간 상황을 파악하는 겁니다. 그런데 무슨 문서인가?

신사년(辛巳年) 27에 사화(巳火)가 역마로 인사(寅巳)형동(形動)하니 해외문서 입니다. 신사년(辛巳年)에 역마(驛馬)형(形)이니 해외 이동할 수 있는데, 입학 문서를 얻는 것 같네요. 신사(辛巳)대운도 사화(巳火)가 역마이니, 오랜 기간 해외 유학/출장이라고 봅니다. 경진대운과 신사대운에 다가 올 사화대운의 역마가 들어오므로 오랜 기간 출행이라 판단됩니다.

그래서 학생이면 유학, 직장인이면 해외 출장이 됩니다.

## ▶ 근황

어릴 때부터 학업성적이 우수하여 경진(庚辰)대운/신사(辛巳)년 27세에 유학 을 떠났다.

# 05 역마충은 장거리이동 수이고 지살충은 근거리 이동이다

| 時 | 日 | 月 | 年 | 대운 | 곤 명 |
|---|---|---|---|---|---|
| 상관 | | 상관 | 정재 | 편인 | 六 神 |
| **戊** | **丁** | **戊** | **庚** | **乙** | 天 干 |
| **申** | **巳** | **寅** | **午** | **亥** | 地 支 |
| 정재 | 겁재 | 정인 | 비견 | 정관 | 六 神 |
| 역마 | | 지살 | 도화 | 역마 | 神 殺 |

## ▶ 사/주/분/석

문】을목대운기간에 일본을 자주 왕래한 까닭은 무엇인가요?

답】을목(乙木)대운에 을경합(乙庚合)이 되는데 인목(寅木)이 존재하면 을경합(乙庚合)은 합거(合去)가 아니라 합동(合動)이 됩니다.

고로 인목(寅木)을 동(動)하게 만드는데 인목(寅木)이 동(動)한 즉, 인신충(寅申沖)으로 역마(驛馬)충(沖)이 됩니다.

따라서 이 시기에는 원행(遠行) 있을 수 있습다. 역마충은 먼 거리 이동이 많고 지살충은 근거리이동이 많습니다. 그래서 역마충에는 해외이동수이고 지살충에는 이직(移職)이 나오는 겁니다.또한 역마가 합(合)이 되면 말이 마구간에 묶이는 모습인지라 이동이 작고 느리게 천천히 나타납니다.

그러나 충(忠)이 되면 이동은 급하고 빠르게 나타나므로 인신충은 역마충이라 장거리이동이므로 해외 이동이 가능하고, 해(亥)수대운에는 사해(巳亥)충이 되기 전에 인해(寅亥)합이 먼저 발생합니다. 지살과 역마가 합으로 묶이니 근거리 이동이 됩니다. 그래서 이직 변동수입니다.

# 06 효신(梟神)이 역마(驛馬)동주하면 남자와 인연 변동이 많다

| 時 | 日 | 月 | 年 | 곤 명 |
|---|---|---|---|---|
| 편재 | | 정관 | 비견 | 六 神 |
| **庚** | **丙** | **癸** | **丙** | 天 干 |
| **子** | **寅** | **巳** | **辰** | 地 支 |
| 정관 | 편인 | 비견 | 식신 | 六 神 |
| 공망 | 역마<br>효신 | | 神 殺 | |

▶ **사/주/분/석**

자수(子水)정관은 공망(空亡)이고 일지궁 편인(偏印)이 효신과 역마에 놓인 것인데 인사(寅巳)형동(形動)하므로 내 남자는 올빼미처럼 날아간 것 같습니다. (믿다가 버림당함)일지(日支)궁 효신(梟神) 역마(驛馬)이고 정관 공망(空亡)이면, 곧 남자와 인연의 변동이 많다는 것을 말합니다.

▶ **근황**

신축년(辛丑年)에 남자 생겼다가, 신축년에 헤어졌습니다.

# 07 편인상관과 귀문을 형성하면 별도(別途) 학문에 관심이 있다

| 時 | 日 | 月 | 年 | 세운26 | 대운18 | 곤 명 |
|---|---|---|---|---|---|---|
| 인수 | | 정재 | 상관 | 편인 | 정관 | 六神 |
| 乙 | 丙 | 辛 | 己 | 甲 | 癸 | 天干 |
| 未 | 寅 | 未 | 卯 | 辰 | 酉 | 地支 |
| 상관 | 편인 | 상관 | 인수 | 식신 | 정재 | 六神 |
| 효신 | | | 도화 | | 재살 | 神殺 |

## ▶ 사/주/분/석

기토(己土) 상관격(傷官格)인데 목(木) 인수가 중중(重重)합니다. 상관이라도 많은 인수에 의해 극을 받게 되면 파료상관이 될 수 있습니다. 그래서 목(木)을 견제하는 신금(辛金)이 상신(相神)이 됩니다.

고로 이 명조는 상관패인(傷官佩印)의 명조를 보이면서 또한 상관생재(傷官生財)의 격국을 구성했습니다. 상관패인(傷官佩印) 혹은 상관생재(傷官生財)를 가진 사람들은 보통 기술을 가지고 돈을 벌 수 있습니다. 그런데 인수가 중(重)하니 학문, 문서, 자격증을 활용한 기술이라는 점을 알 수가 있습니다. 특히 편인(偏印)이 인미귀문(寅未鬼門)이므로 특수한 자격증입니다.

보통 편인의 성향으로는 철학, 외도(外道), 역학에 관심이 많이 보이는데, 이런 분들은 기술을 보유하더라도 생물, 인류학, 우주공학 등의 최첨단 신기술일 가능성이 있습니다. 그런데 상신이 신금(辛金)이므로 학문이 이과 기술 계통이라면 반도체 등과 관련한 업종이 될 겁니다. 만약 인문이라면 법철학, 변리사 등에 적합합니다.

그러므로 인미귀문(寅未鬼門)는 편인의 학문이 상관의 기술로 귀문(鬼門)을 관통하는 물상이라, AI 전공으로 나타납니다.

## ▶ 근황
나이는 현재 26세이고 전공은 AI대학원 석사과정으로 연구 개발 교수쪽을 생각하고 있습니다. 갑진년(甲辰年)에 사귀던 기존남자를 배신하고 다른 남자와 만나고 있다.

## ▶ 용어해설
귀문관살(鬼門關殺)은 '귀신이 문으로 들어와 빗장을 잠근다. 라는 의미입니다. 그래서 귀문이 있는 사람은 예지몽을 자주 꾸며, 직감력으로 상황을 꿰뚫어보는 능력이 있습니다.
그래서 귀문관살의 장점은 통찰력, 직관력, 집중력, 추측 능력, 창의성, 감수성, 표현력, 예술성 등의 분야에서 뛰어난 성과가 기대가 되기도 합니다.

# 08 계수(癸水)가 용신(用神)이면 물류, 주류업 이므로 유금(酉金)이니 주점을 할 수 있다

| 時 | 日 | 月 | 年 | 세운32 | 대운30 | 건 명 |
|---|---|---|---|---|---|---|
| 편인 | | 겁재 | 편관 | 정인 | 정관 | 六 神 |
| 乙 | 丁 | 丙 | 癸 | 甲 | 壬 | 天 干 |
| 巳 | 巳 | 辰 | 酉 | 辰 | 子 | 地 支 |
| 겁재 | 겁재 | 상관 | 편재 | 상관 | 편관 | 六 神 |
| 지살 | 지살 | | | | | 神 殺 |

## ▶ 사/주/분/석

이 명조는 진(辰)중의 계수(癸水)가 투간하고 을목(乙木)이 투간하였는데 계수(癸水)가 중기(中氣)로 투출한 것이므로 계수(癸水)를 용신으로 잡습니다. 그래서 편관격(偏官格)을 구성합니다.

칠살(七殺)은 제살(制殺)을 주목적으로 삼아야 하는데 칠살은 양인과 단독으로 제화가 될 수 있습니다. 고로 겁재를 통해 계수(癸水)를 제화할 수 있었습니다. 고로 편관 계수(癸水)를 용신으로 잡으면 물을 직업으로 하고 유금(酉金)은 호롱병, 술병이 되므로 계유는 주점(酒店)의 상(像)이 직업군으로 나올 수 있습니다. 특히 임자대운의 수(水)의 영향으로 와인바 운영은 적절했습니다.

갑진년(甲辰年)의 기운이 일찍 들어오면, 갑목(甲木)은 진토(辰土)에서 올라 와 성장한 목(木)이 되므로 갑목(甲木)은 초여름에 수확하는 밀가루의 원료가 되는 잡곡의 씨앗으로 분류가 되고 유금(酉金)으로 갑목을 깨트려 잘게 부스면 갑목(甲木)은 잡곡으로 밀가루가 됩니다.

진토(辰土)는 원래 농기구 물상에서 가져온 한자인데 그 뜻은 잡식성으로 곡물류, 밀가루를 뜻합니다.

그래서 진토(辰土)를 응용한 즉, 만물상(萬物相), 잡화점(雜貨店), 편의점(便宜店), 종합상가(綜合商家) 됩니다. 그러므로 밀가루 잡곡이 유금(酉金)과 진유합(辰酉合)하는 것은 빵을 굽는 오븐의 물상이라 보고 진사라망(辰巳羅網)이라는 화로(火爐)에 갇혀 불에 구워지는 빵의 물상을 하고 있습니다. 그러므로 피자가게도 적당합니다.

임자(壬子)대운에는 수(水가) 왕(旺)하니 음료와 빵을 모두 파는 업종이 적합한 것입니다.

### ▶ 근황

2024년 1월에 개인 브랜드 가게를 열었습니다. 피자 가게를 하기 전에는 와인 바를 하였습니다. 본인이 말하기를 20대에 직장생활을 하였는데, 자기가 주도하는 일을 하고 싶어서 2020(庚子)년에 과감하게 자영업에 도전했다고 합니다.

# 09 해해형기(亥亥形氣)된 갑목(甲木)은 카페를 운영한다

| 時 | 日 | 月 | 年 | 세운54 | 대운50 | 곤 명 |
|---|---|---|---|---|---|---|
| 상관 | | 상관 | 정재 | 편인 | 정인 | 六 神 |
| 己 | 丙 | 己 | 辛 | 甲 | 乙 | 天 干 |
| 亥 | 寅 | 亥 | 亥 | 辰 | 巳 | 地 支 |
| 편관 | 편인 | 편관 | 편관 | 식신 | 비견 | 六 神 |
| 지살 | | | 지살 | | 역마 | 神 殺 |

## ▶ 사/주/분/석

이 명조는 해(亥)중의 무토(戊土)가 천간에 기토(己土)상관(傷官)으로 투간하여 있고 년간의 신금(辛金)은 정재(正財)이므로 상관생재(傷官生財)의 구조입니다. 상관생재(傷官生財)는 경영의 신(神)이므로 장사, 도매, 영업에 수완이 남달라 장사를 하면 성공할 수 있습니다.

그런데 해수(亥水)가 2개로 물과 관련이 된 직업을 삼으면 적합합니다. 따라서 해해형(亥亥形)이 되면 마땅히 해(亥)중 갑목(甲木)이 형기(形氣)하게 되어 있습니다. 고로 이 사주는 기토(己土)상관(傷官)이 암중(暗中)의 갑목(甲木)을 형기(形氣)로 얻는 팔자입니다.

상관의 기술력은 갑목을 갑기명암합(明暗合)으로 취하는데 있습니다. 그런데 갑목(甲木)의 원천은 물속에서 싹튼 씨앗이므로 목재, 천둥, 곡물, 카페 원두의 상을 가지고 있습니다. 그러므로 해해형(亥亥形)으로 올라온 원두 갑목(甲木)을 신금(辛金)으로 분쇄시키는 형상이므로 신해(辛亥)의 직업은 카페 운영입니다. 남편은 김밥 집을 운영하고 자신은 카페를 운영한다고 합니다.

# 10 인묘진(寅卯辰)방국을 진술(辰戌)충하면 대마가 움직인다

| 時 | 日 | 月 | 年 | 세운42 | 대운33 | 건 명 |
|---|---|---|---|---|---|---|
| 정재 | | 상관 | 비견 | 상관 | 인수 | 六 神 |
| 丙 | 癸 | 甲 | 癸 | 甲 | 庚 | 天 干 |
| 辰 | 卯 | 寅 | 未 | 子 | 戌 | 地 支 |
| 정관 | 식신 | 상관 | 편관 | 비견 | 정관 | 六 神 |

## ▶ 사/주/분/석

이 명조는 인묘진(寅卯辰)방국이 결성이 됩니다.

지전삼물(地全三物)이라함은 지지에서 삼합(三合)과 방국(方局)을 결성한 사주를 말합니다. 지전삼물(地全三物)을 구성한 팔자는 마땅히 천복지재(天復地載)가 되어야 하는데 천복지재(天復地載)가 되면 비상한 발전이 있을 수 있습니다.

천복지재라 함은 그 강한 세력에 순종한다는 뜻입니다.

고로 지지가 목국(木局)을 이루었다면 그 힘에 순응하는 세력이 희신(喜神)이 되는 것입니다. 인묘진(寅卯辰)방국이 결성되면 진토(辰土)는 정관(正官)이 아닌 겁니다.

그래서 이런 사주를 보고 상관견관이라 말하면 안 되는 것인데 갑목(甲木)은 길신(吉神)으로 작용하는 겁니다. 고로 수목(水木)이 길신이므로 갑자년(甲子年)에 좋은 희소식이 전해온 겁니다. 원래 계해년(癸亥年)이 역마(驛馬)입니다. 그래서 당해에 초청장 말이 오고 갔을 겁니다.

그러나 해수 역마가 인해합(寅亥合), 해묘합(亥卯合)이라 역마가 묶이니 발동(發動)은 못하고 갑자년(甲子年)에 이동하려고 계해년(癸亥年)에 준비를 했을 겁니다.역마(驛馬), 지살(地殺), 재신(財神), 진술충(辰戌沖) 등등은 변화, 움직임, 이동과 관련이 된 글자들입니다.

그래서 술토대운에 술토(戌土)가 시지 진토(辰土)를 진술충(辰戌沖)하면 역마가 일어난다고 합니다. 따라서 이 시기에 큰 대마(大馬)가 움직이게 되는 것입니다.

### ▶ 근황

여자관계가 좀 문란했다. 경술(庚戌)대운 초반에 대기업에 이사급으로 채용되었다. 경술(庚戌)대운 중 갑자(甲子)년 42세에 퇴직하게 되었고, 미국에서 초청장이 와 이민가게 되었다.

# 11 자미원진이 임계수를 만나면 역마가 동하여 해외로 나간다

| 時 | 日 | 月 | 年 | 세운34 | 대운30 | 곤 명 |
|---|---|---|---|---|---|---|
| 겁재 | | 편재 | 편인 | 상관 | 인수 | 六 神 |
| 壬 | 癸 | 丁 | 辛 | 甲 | 庚 | 天 干 |
| 子 | 未 | 酉 | 未 | 辰 | 子 | 地 支 |
| 비견 | 편관 | 편인 | 편관 | 정관 | 비견 | 六 神 |
| | 자미원진 | | | | | 神 殺 |

## ▶ 사/주/분/석

자미(子未)는 철새와 기러기 상(像)을 취한다고 합니다. 즉 겨울 북쪽의 철새가 날아오면 여름 제비는 남쪽으로 떠나야 합니다. 이 두 종류의 새는 환경이 달라 서로 만나기 어려운 상황을 일컬어 자미원진(子未元嗔)이라 말했던 것입니다.

그래서 팔자에 자미(子未)가 쌍원진을 이루게 되면 분리, 조정, 이별, 타향의 성정(性情)이 나타납니다. 그런데 천간에는 임계수(壬癸水) 일간으로 물이 모여 대양(大洋)으로 흘러가므로 곧 역마성(驛馬星)을 띄게 됩니다.

따라서 이 분은 고향을 떠나 타향(他鄕)에서 성가(成家)하였는데 신유(辛酉)가 금(金)용신이므로 광물, 금광석, 귀금석 등과 관련한 환경이 직업으로 나타날 수 있었습니다. 그러나 편인용신이므로 현장직은 아니고 문서를 다루는 업무라고 보면 됩니다. 명주(命主)는 호주에서 공학석사 과정을 밟고, 광물회사에 취직하여 시민권도 취득했습니다. 돈도 제법 벌어 한국에도 아파트 2채를 마련했습니다.

# **12** 도식(倒食)이 된 팔자는 인수의 탐심이 작용하니 자기 밥그릇을 엎어버린다.

| 時 | 日 | 月 | 年 | 건 명 |
|---|---|---|---|---|
| 편관 | | 정인 | 식신 | 六神 |
| **辛** | **乙** | **壬** | **丁** | 天干 |
| **巳** | **亥** | **寅** | **酉** | 地支 |
| 상관 | 편인 | 겁재 | 편관 | 六神 |

## ▶ 사/주/분/석

이 명조에서는 임수(壬水)가 정인(正印)이고 정화(丁火)가 식신(食神)입니다. 그런데 정임합거(丁壬去)이므로 식신이 제거가 된 상(像)이므로 도식(倒食)이 된 팔자입니다.

삼명통회의 논도식(論倒食)에서 말하기를 **"편인도식이 되면 효신이다"** 했는데, 정인(正印)도 합거가 되면 효신(梟神)처럼 작용된다는 것을 명확히 보여주는 명조인 것 같습니다.그러므로 효신작용에 있어서는 지지의 사해충거(巳亥沖去)도 큰 역할 한 겁니다. 곧 사화(巳火) 상관(傷官)은 정화(丁火) 식신(食神)의 뿌리가 되는데 사해충(巳亥沖)을 당하니 사화(巳火)가 피상(被傷)을 당하므로 정임(丁壬)합거(合去)도 확실해 지는 겁니다. 따라서 모친으로 인해 시달렸다는 말은 정인이 식신을 도식(倒食)한 구조가 되기 때문입니다.

명주는 사기를 당해서 3번이나 사업이 망하고, 어머니로 인해 정신적으로 힘들었으며, 사업을 벌였으나 감당하기 어려워 아내가 나서서 해결했다고 합니다.

# 13 편인도식(偏印倒食)운에는 본업을 망실(亡失)할 수 있다

| 時 | 日 | 月 | 年 | 세운43 | 대운39 | 곤 명 |
|---|---|---|---|---|---|---|
| 식신 | | 정인 | 편관 | 편인 | 상관 | 六神 |
| 丁 | 乙 | 壬 | 辛 | 癸 | 丙 | 天干 |
| 丑 | 卯 | 辰 | 酉 | 卯 | 申 | 地支 |
| 편재 | 비견 | 정재 | 편관 | 비견 | 정관 | 六神 |

## ▶ 사/주/분/석

계묘년에 이직하려는 마음이 일어난 이유는 무엇일까요.

이 사주는 진토(辰土) 재성(財星)이 진유합(辰酉合)이 되면서 화재위살(化財爲 殺)의 상(像)입니다. 그래서 재생살(財生殺)구조입니다.

그런데 칠살은 인수와 식신으로 구제받을 수 있는데, 임수가 살인상생(殺 印相生)하고 정화가 식신제살(食神制殺)하므로 구제(救濟)받은 것입니다. 다만 문제는 정임합(丁壬合)으로 놓여서 두 상신(相神)이 합으로 인해 힘을 크게 못 쓰니 역량이 떨어진다는 점입니다.

이런 경우에 병신(丙申)대운을 만난 것인데, 병신합(丙辛合)이 되면 5년간 관 록이 막혀서 힘들어 질 수 밖에 없는 것입니다. 만약 합거(合去)가 되었다면 백수(白手)이고 이직(移職)도 불가능한 것입니다만, 다만 신유(辛酉)가 간여지 동(干與之同)이므로 유금(酉金)은 살아남아 있는 것이므로 다행이도 자기의 본업을 지켜 주었던 겁니다.

그래서 병화대운 39세에서 43세까지는 벗티다가 신금(申金)대운[44세~48] 에는 신유(申酉)가 관살혼잡(官殺混雜)으로 이어지기 때문에 반드시 이직(移 職)할려는 운기(運氣)가 찾아온 겁니다. 이게 대운의 전체 정황입니다.

이미 임인년(壬寅年)부터 정임합거(丁壬合去)로 인해 식신(食神)이 제거가 되어 도식운(倒食運)이 크게 작용하였던 것이라 자기 밥그릇 엎으려는 속셈이 강하게 일어나다가, 계묘년(癸卯年)에 묘유충(卯酉沖)으로 관(官)을 충하고 정계충거(丁癸沖去)로 편인이 식신을 충거함이니 이를 도식(倒食)이라 하였으니, 올해부터는 자기 밥그릇 엎어버릴려고 작정하는 겁니다. 이건 계묘년(癸卯年)의 도식운에 의해 신금(申金)대운의 관살혼잡(官殺混雜)운명이 일찍 전개가 되는 겁니다.

## ▶ 근황

그동안 직장 상사가 잘해주었는데, 39세부터 윗사람으로 부터 스트레스가 심해, 올해(癸卯)는 이직하고 싶은 마음이 간절하다.

# 14 역마와 편인이 술해천문을 이루면 구도 (求道)를 할 수 있다

| 時 | 日 | 月 | 年 | 건 명 |
|---|---|---|---|---|
| 정관 | | 정인 | 겁재 | 六 神 |
| **丁** | **庚** | **己** | **辛** | 天 干 |
| **亥** | **戌** | **亥** | **酉** | 地 支 |
| 식신 | 편인 | 식신 | 겁재 | 六 神 |
| 역마 | | 역마 | | 神 殺 |

## ▶ 사/주/분/석

이 명조는 해월(亥月)의 경금(庚金) 일간이므로 금수식신희견관(金水食神喜見官)을 구성합니다. 원칙적으로 상관격(傷官格)에서는 정관(正官)을 보는 것을 크게 꺼려하지만, 오직 금수상관격에서는 겨울철의 동금(凍金)을 해동하는 목적이 커서 정관(正官)을 반기게 되는 것입니다.

그래서 관성(官星)이 조후 상신(相神)에 해당하므로 상신(相神)대운을 만나는 사오미(巳午未) 남방화운에 발전이 있습니다. 이 사람이 잡다한 지식들을 공부하려는 이유는 역마(驛馬)가 된 해수(亥水) 식신(食神)이 술토(戌土) 편인(偏印)과 술해천문(戌亥天問)으로 만났기 때문입니다.

해수(亥水)가 역마(驛馬)이면 술토(戌土) 편인은 학문 추구하는 경향이 있어서 유랑하게 되는 겁니다. 격국(格局)이 패격(敗格)이라면 구도(求道) 행각 승(行脚僧)이고, 격국(格局)이 준수하면 본업을 가지고 해외 근무할 수 있습니다. 식신격(食神格)은 서비스업종이 맞으므로 이 남자 분은 결혼 후 영국에서 한식집을 개업하려고 준비 중입니다.

# 15 도화(桃花)에 정관과 관합(官合)하면 인기가 많다

| 時 | 日 | 月 | 年 | 곤 명 |
|---|---|---|---|---|
| 정인 |  | 정인 | 정관 | 六神 |
| 戊 | 辛 | 戊 | 丙 | 天干 |
| 戌 | 酉 | 戌 | 申 | 地支 |
| 정인 | 비견 | 정인 | 겁재 | 六神 |
|  | 도화 |  |  | 神殺 |

## ▶ 사/주/분/석

무술(戊戌) 월주로 인수격(印綬格)입니다. 무술(戊戌)은 땅, 제방, 화로(火爐)을 상징합니다. 그러므로 인수를 사용하는 무토(戊土)의 근원이 이 사람의 직업 환경이 되는 것입니다. 그런데 이 사람은 무술(戊戌) 정인(正印)이 태과(太過)합니다. 그러면 정인(正印)을 설기(洩氣)하는 금(金)이 희신이 됩니다. 왕기(旺氣)를 취하는 희신(喜神) 유금(酉金)에 주목하여야 합니다. 일주인 신유(辛酉)는 종교, 발효식품 등의 종교적인 음식이 될 수 있고 주점이 되기도 합니다. 따라서 무토는 흙, 토지와 관련이 된 종교 및 음식이 될 수 있습니다.

그런데 신유(辛酉)가 도화(桃花)입니다. 이것은 정관(正官)이 도화(桃花)일간에게 관합(官合)하므로 남자들에게 인기가 많다는 뜻이며 또한 공망 및 화개(華蓋)도 없으므로 사찰의 물상에는 해당되지 않습니다. 따라서 속가(俗家)인으로 보는 겁니다. 유금은 음식 혹은 주점이면 술(戌)토는 불을 저장한 화고이므로 이 분은 백반 집을 운영하며 인기가 많다고 합니다.

# 16 진술충(辰戌沖)으로 자수(子水)가 입고가 되었다

| 時 | 日 | 月 | 年 | 세운7 | 대운7 | 곤 명 |
|---|---|---|---|---|---|---|
| 편인 | | 정관 | 겁재 | 정관 | 편재 | 六 神 |
| 丁 | 己 | 甲 | 戊 | 甲 | 癸 | 天 干 |
| 卯 | 卯 | 子 | 戌 | 辰 | 亥 | 地 支 |
| 편관 | 편관 | 편재 | 겁재 | 겁재 | 정재 | 六 神 |
| 도화 | 도화 | 도화 | | | | 神 殺 |

▶ 사/주/분/석

자수(子水) 편재(偏財)가 아버지가 되고 무술토(戊戌土) 겁재(劫財)에 의해 극을
당하고, 묘목(卯木) 편관(偏官)과 갑목(甲木) 정관(正官)에 의해 수생목(水生木)으
로 편재(偏財)의 설기(洩氣)가 심한 중에 자묘형(子卯形)으로 자수(子水)는 탈재
(奪財)의 상(象)을 보입니다.

이것은 곧 부친성의 손상을 의미하는데 계수(癸水)대운에 편재(偏財)가 투간
하여 무계합(戊癸合)이 되었습니다. 계수(癸水)가 제거가 되는 상황이므로 무
계합(戊癸合)이라는 것은 일간과 부친은 무정(無情)한 상태가 로 조상궁에서
부친을 데려가려고 준비하는 것입니다.

따라서 갑진년(甲辰年)에는 진토가 수고(水庫)에 해당하므로 진술충(辰戌沖)이
되면 자묘형(子卯形)이 된 자수(子水)가 진토(辰土)에 입고(入庫)되는 것입니다.
부친은 갑진(甲辰)년에 돌아가시고. 형편이 어려워 서울대 합격을 포기하고
타 대학에 지원하여 의상대학원 박사 학위를 취득하였다.

# 17 파료상관(破了傷官)운에 형동하여 백호 (白虎)가 일어나니 자녀가 사망하였다

| 時 | 日 | 月 | 年 | 세운57 | 대운49 | 건 명 |
|---|---|---|---|---|---|---|
| 편재 | | 편재 | 비견 | 편관 | 인수 | 六神 |
| 庚 | 丙 | 庚 | 丙 | 壬 | 乙 | 天干 |
| 寅 | 寅 | 寅 | 寅 | 戌 | 未 | 地支 |
| 편인 | 편인 | 편인 | 편인 | 식신 | 상관 | 六神 |
| 지살 | 지살 | 지살 | 지살 | 백호 | 백호 | 神殺 |

## ▶ 사/주/분/석

이 명조는 인목(寅木) 4개로 편인(偏印) 태왕(太旺)한 사주입니다.

이런 경우에는 식상(食傷)이 출현 안 되는 게 좋습니다. 만약 식신(食神)이 투출이면 도식(倒食)명조가 되고 상관(傷官)이 출현(出現)이면 파료상관(破了傷官)이 될 수 있습니다.

그래서 상관은 천간으로 들어 오면 경금(庚金)이 인목(寅木)을 견제하여 상관 토(土)를 보호하니 그 피해가 적으나 지지로 들어오면 곧바로 파료상관(破了傷官)에 걸리게 됩니다.

따라서 식신인 무토(戊土)가 등장할 때에는 경금(庚金)이 보호하여 무사하였고 진토(辰土)가 등장하면 대목지토(帶木之土)가 되어 목(木)의 성분을 따르므로 오히려 길할 수 있겠지만, 미토(未土)는 인미귀문(寅未鬼門)이라 미토(未土) 대운에 4개의 인목(寅木)에 의해 미토(未土)가 파료상관(破了傷官)에 걸리게 됩니다. 고로 미토(未土)대운 중의 57세 임술년(壬戌年) 백호(白虎)는 대흉(大凶)한 겁니다.

왜냐하면 인미귀문(寅未鬼門)으로 인한 미토는 귀물(鬼物)과 같아서 술미형동

(戌未形動)하면 백호의 흉(凶)을 불러일으킬 수 있습니다.

그래서 임술년에는 해당되는 자녀의 혈광사(血狂死)가 일어났던 것으로 보여 집니다. 고로 임술년(壬戌年)에 병임충(丙壬沖)이면 자녀의 백호(白虎) 혈광사(血狂死)로 파료상관이 끝맺음이 일어난 것으로 보입니다. 임술년(壬戌年)의 술토(戌土)는 병화(丙火)입고지이니 일간에게 고충을 안겨준다고 보면 됩니다. 그 고충(苦衷)의 원인은 역시 임수(壬水) 병임충(丙壬沖)으로 자녀의 혈광사(血狂死)가 주된 원인이 되겠습니다.

## ▶ 근황

어머니와 아버지와는 어려서 헤어져서 어린 시절 어렵게 자랐다고 합니다. 23세 무자(戊子)년에 결혼을 하였습니다. 부인은 늦게까지 시어머니에게 휘둘리었다고 합니다. 57세 임술(壬戌)년에 아들 둘을 먼저 떠나보냈습니다.

# 18 양인용재에서 통관하는 상관을 충거하면 파재(破財)할 수 있다

| 時 | 日 | 月 | 年 | 세운59 | 대운58 | 건 명 |
|---|---|---|---|---|---|---|
| 상관 | | 정재 | 겁재 | 정인 | 정인 | 六神 |
| 丁 | 甲 | 己 | 乙 | 癸 | 癸 | 天干 |
| 卯 | 申 | 卯 | 巳 | 卯 | 酉 | 地支 |
| 겁재 | 편관 | 겁재 | 식신 | 겁재 | 정관 | 六神 |

## ▶ 사/주/분/석

양인격은 칠살로 대적하는 것이 최선입니다. 그래서 일지궁의 신금(申金) 칠살(七殺)의 출현은 반가운 겁니다. 묘신암합(卯申暗合)하니까요. 칠살(七殺)과 양인(陽刃)이 합살(合殺)하는 구조인데 시지(時支)에 또 양인(陽刃)이 출현이 됩니다. 그리고 천간에 을목 겁재가 투출이면 합살의 공은 모두 허사(虛事)라고 하였는데, 고로 칠살의 수고는 허사가 되었습니다. 따라서 천간의 양인용재(陽刃用財)로 흘러가는게 맞습니다. 만약 양인합살(陽刃合殺)이라면 대귀(大貴)하니 아마도 세상에 이름을 널리 알렸을 겁니다.

그런데 양인용재(陽刃用財)이니 등급(等級)이 떨어지나 재물은 있다고 하였으니 사업가로 진행한 것으로 볼 수 있습니다. 사신형(巳申形)은 철물, 쇠, 제련, 철공소 등의 물상이 나옵니다.계유(癸酉)대운중의 계묘년(癸卯年)이면 묘목(卯木)이 3개로 양인(陽刃) 중중하고 천간은 계수2개로 정화(丁火)를 공격하니 정계충(丁癸沖)으로 정화(丁火) 통관신(通關神)을 충거합니다. 극재(剋財)당하는 것은 당연합니다. 이 해에는 파가(破家), 파산(破産), 파재(破財)할 수 있어, 계유(癸酉)대운, 계묘(癸卯)년에 투자금이 묶여 고전하고 있습니다.

# 19 사유(巳酉)합은 정(情)을 따라가니 서비스 업종으로 나타난다

| 時 | 日 | 月 | 年 | 대운47 | 건 명 |
|---|---|---|---|---|---|
| 비견 | | 편관 | 편인 | 상관 | 六神 |
| 己 | 己 | 乙 | 丁 | 庚 | 天干 |
| 巳 | 亥 | 巳 | 酉 | 子 | 地支 |
| 정인 | 정재 | 정인 | 식신 | 편재 | 六神 |
| 역마 | 역마 | 역마 | | | 神殺 |
| 지살 | | 지살 | | | |

▶ 사/주/분/석

이 사주에서 철물점의 형상(形象)은 사유합금(巳酉合金)에서 나타납니다. 월지(月支) 사화(巳火)에서 투간한 정화(丁火)가 있으므로 인수격(印綬格)을 구성합니다.

그러나 지지에서 비록 2개의 사화(巳火)가 존재하지만 하나는 사해(巳亥)충거(沖去)를 당한 입장에 처해 있고, 다른 한쪽은 사유합금(巳酉合金)으로 변질이 되니 년간의 정화(丁火)는 외톨이가 된 겁니다.

그러므로 유금(酉金)은 정화(丁火)가 장생(長生)이라하고 하지만 사유합(巳酉合)하는 금지(金支)에서는 힘을 못 쓰니 용신(用神)은 사유합(巳酉合)에 있고, 그 정(情) 또한 사유합(巳酉合)에 뜻을 두고 있는 것입니다. 고로 유금(酉金)의 식신격이라 보는데, 서비스 제조업 입니다. 역마(驛馬)지살(地殺)이 중중(重重)한 즉. 격국(格局)의 등급(等級)이 낮으므로 철물소, 제련소 등의 직업이 나올 수가 있습니다.

그러므로 이 명주는 철물점을 운영하고 있습니다.

# 20 도화가 반안에서 꽃을 피우니 방송인으로 성공할 수 있다

| 時 | 日 | 月 | 年 | 대운 | 곤 명 |
|---|---|---|---|---|---|
| 정재 | | 편인 | 겁재 | 정관 | 六 神 |
| **甲** | **辛** | **己** | **庚** | **丙** | 天 干 |
| **午** | **未** | **丑** | **辰** | **戌** | 地 支 |
| 편관 | 편인 | 편인 | 정인 | 정인 | 六 神 |
| 도화 | 반안 | | 반안 | | 神 殺 |

## ▶ 사/주/분/석

이 명조는 축월(丑月)의 신금(辛金)일간이므로 동금(凍金)이라 얼어붙은 금입니다. 그러하니 축(丑)중 계수(癸水)도 동결(凍結)된 물이죠.

그래서 해동(解凍)이 시급한 겁니다. 고로 오화(午火)가 중요한 조후(調候)상신이 되는데 갑오(甲午)는 갑기합으로 태과(太過)한 기토(己土)를 제(制)하는 공(功)이 있고 오화(午火)는 도화인데 조후로 토(土)를 해동(解凍)하는 기능이 있습니다. 그러하니 이 사람은 갑오(甲午)도화가 직업으로 나타나게 됩니다. 따라서 도화(桃花)가 편인(偏印)을 제(制)하므로 동결(凍結)이 된 축토(丑土)의 반안살이 살아나게 되는 것입니다. 그래서 도화(桃花)와 반안(攀鞍)이 직업으로 만나면 도화(桃花)꽃이 편인 반안살에서 화려하게 꽃을 피우는 것이니 연예인, 인기인으로 나타나는 것입니다.

편인(偏印)은 전문적인 지식을 갖추게 되며, 갑자기 떠오르는 생각, 영감, 직관력이 매우 발달되어 있습니다. 눈치가 빠르고, 관찰력이 뛰어납니다. 고로 편인은 연구, 개발, 아이디어, 창작, 예술, 작품, 기획 등이 좋습니다.

따라서 직업으로는 비평가, 언론인, 기자, 특수 전문직, 연예인, 예술가, 기술가 등이 적합합니다.

따라서 식신격인 사람은 연기 지망생이 많고 편인격인 사람은 편인의 과묵함 때문에 말이 필요 없는 모델지망생을 선택한 겁니다. 그러하니 기축(己丑)의 편인은 반안도화로 인해 모델학이고 축(丑)중의 계수(癸水)는 식상(食傷)이니, 숨어 있는 재능이므로 2차 연기 전공인 겁니다.

1차 전공은 출현한 용신(用神)이 되고
2차 전공은 지장간 인원용사(人元用事)가 되는 겁니다.

## ▶근황

모델학을 전공 중이며 연기 공부도 병행하고 있다.
부친은 건축회사를 경영하며 본인은 주식투자를 하고 있다.

# 21 역마가 인사신(寅巳申)삼형으로 동하는 월운에 이동하게 된다

| 時 | 日 | 月 | 年 | 세운39 | 대운37 | 곤 명 |
|---|---|---|---|---|---|---|
| 편관 | 비견 | 비견 | | 편인 | 편관 | 六神 |
| 壬 | 丙 | 丙 | 丙 | 甲 | 壬 | 天干 |
| 辰 | 午 | 申 | 寅 | 辰 | 辰 | 地支 |
| 식신 | 겁재 | 편재 | 편인 | 식신 | 식신 | 六神 |
| | | 역마 | 지살 | | | 神殺 |

## ▶ 사/주/분/석

이 사람은 갑진년(甲辰年) 5월달(己巳月)에 외국 주재원으로 발령이 났습니다. 그런데 하필 갑진년(甲辰年) 5월에 해외이동이 생겨납니까?

이 사람은 갑진년(甲辰年)에 갑목(甲木) 편인(偏印) 문서(文書)를 얻는 것이 분명합니다.

그런데 무슨 문서일까? 갑목(甲木)이 인목(寅木)지살(地殺)에 뿌리를 내리므로 지살(地殺)을 크게 흔들었습니다. 지살(地殺)이 동(動)하면 충(沖)이 된 신금(申金)도 함께 동(動)하는 것이 이치입니다.

그러므로 올해 이 분으 인신(寅申)역마(驛馬)의 충(沖)이 발생이 되었던 것입니다. 그래서 이 사람은 올해에 발령문서를 받게 되었습니다.

그런데 왜 기사월(己巳月) 5월에 주재원으로 발령을 받을까요?

그 이유는 인사신(寅巳申)삼형으로 역마(驛馬)와 지살(地殺)을 함께 움직이게 하는 월운(月運)에 이동하게 되는 까닭입니다.

# 22 식상태과자(太過者)는 정관을 극하니 결혼 운이 불리하다

| 時 | 日 | 月 | 年 | 세운20 | 대운18 | 곤 명 |
|---|---|---|---|---|---|---|
| 정재 | | 상관 | 정인 | 편인 | 정재 | 六神 |
| 己 | 甲 | 丁 | 癸 | 壬 | 己 | 天干 |
| 巳 | 午 | 巳 | 酉 | 辰 | 未 | 地支 |
| 식신 | 상관 | 식신 | 정관 | 편재 | 정재 | 六神 |
| 지살 | 도화<br>홍염 | 지살 | | | | 神殺 |

▶ 사/주/분/석

이 명조는 갑오(甲午)가 도화(桃花)에 해당합니다. 그런데 갑목(甲木)이 기토(己土)에 뿌리를 내려 유금(酉金)의 도화 꽃을 피우려고 시도하는데 사월(巳月)의 갑목(甲木)은 용암이 흐르므로 기토(己土)는 화다토초(火多土焦)의 상(像)이 됩니다. 또한 년지(年支)의 유금(酉金)은 화소주옥(火燒珠玉)의 상(像)이니 세상 물정을 모르는 어린 나이에 남자를 만나게 됩니다. 갑목(甲木)이 불모지 기토(己土)의 땅에서 태어난 것이므로 도화(桃花)가 꽃을 피우려다가 잘못하면 분멸(焚滅)의 화액(禍厄)이 있을 수 있습니다.

그러므로 남자와는 인연이 불길하여 결혼이 어려운 사주로, 이러한 흉상을 구제해주는 유일한 글자는 계수(癸水)입니다. 기토(己土)는 계수(癸水)를 비록 극할지라도 메마른 토지를 습토(濕土)로 은혜를 입히는 것이라 기토(己土)에게는 계수(癸水)는 귀인이 되는 것입니다.

그러므로 기토(己土)는 계수(癸水)를 반기는데 이것을 옥토위생(沃土爲生)의 상(像)이라 하여 기름진 땅에 이슬비가 내리는 형상이고 비 내리는 논밭이 됩니다. 곧 하는 일에는 수확하기 좋은 조건이 형성이 됩니다. 기미(己未)대운에는 기토(己土)가 통관신으로 작용하는 바, 유금(酉金)을 생하고 오중(午中) 기토(己土)에 뿌리를 내리려고 하므로 부부궁성(宮星)이 함께 동(動)하는 까닭에 배우자와의 인연(因緣)이 나타나게 되었습니다.

그래서 경인년(庚寅年) 18세와 신묘년(辛卯年) 19세에 경신(庚辛)의 금(金)이 등장하면서 남자를 만나게 되었고 임진년(壬辰年)에는 정임(丁壬)합으로 관인상생(官印相生)을 방해하던 정화(丁火)를 제거하니 비로소 갑목(甲木)이 유금(酉金)을 얻는데 장애가 없었으니 결혼에 성공하게 됩니다. 이것을 일간(日干)과 정관(正官)이 유정(有情)하다라고 말을 하는 것입니다.

### ▶ 근황

기(己)대운(18~23)에 남자를 만나 임진(壬辰)년 20세에 결혼하고 계사(癸巳)년에 득남하였다. 그러나 미(未)대운부터 부부문제가 생겨나더니 경(庚)대운 초기에 이혼(離婚)하게 되었다.

# 23 동주고(同住庫)해에 크게 위험할 수 있다

| 時 | 日 | 月 | 年 | 세운40 | 대운37 | 건 명 |
|---|---|---|---|---|---|---|
| 상관 | | 편재 | 식신 | 상관 | 비견 | 六 神 |
| 丙 | 乙 | 己 | 丁 | 丙 | 乙 | 天 干 |
| 戌 | 未 | 酉 | 未 | 戌 | 巳 | 地 支 |
| 정재 | 편재 | 편관 | 편재 | 정재 | 상관 | 六 神 |
| 백호 | 백호 | | | | | 神 殺 |

▶ 사/주/분/석

이 사주에서는 유금(酉金)이 편관인데 토생금(土生金)으로 둘러쌓인 것이므로 재왕생살(財旺生殺)구조입니다. 그러면 병정화(丙丁火)로 식상제살(食傷制殺)해야 합니다.

고로 병정화(丙丁火)운이 길한데 병오(丙午)대운에는 대길하나 을사(乙巳)대운의 병술년(丙戌年)에 대패한 이유는 무엇일까? 병술(丙戌)이 동주고(同住庫)에 해당하므로 술미(戌未)형살로 인해 병화(丙火)가 입고(入庫)당하기 때문입니다.

그래서 동주고(同住庫)를 용신하는 사람들은 동주고를 만난 해에 위험할 수 있습니다. 더구나 을사(乙巳)대운에는 사유합(巳酉合)으로 금기(金氣)가 강화되니 재왕생살(財旺生殺)에 칠살(七殺) 태왕(太旺)으로 흉(凶)이 가중(加重)이 된 까닭이고 그 와중에 병술년(丙戌年)을 만나 술미형(戌未形)이 되면 병화(丙火)가 입고(入庫)될 수 있습니다.

갑진(甲辰)대운에도 힘들었다고 하는데 진유합금(辰酉合金)하니 역시 칠살이 태왕(太旺)한 연고입니다. 재왕생살(財旺生殺)의 구조에서는 칠살을 제화(制化)하는 식상운에서는 발전이 따르지만 칠살을 강화하는 재성과 칠살운에서는 역경(逆境)이 찾아오는데 토금(土金)이 기신이기 때문입니다.

## ▶ 근황

병오(丙午)대운은 좋았다. 을사(乙巳)대운에는 아주 힘들었는데 을사(乙巳)대운중에 병술(丙戌)년 40세에 식당 체인사업을 했다가 망했다. 갑진(甲辰)대운 을미년(乙未年) 49세에도 여전히 힘들다고 한다.
집수리 및 인테리어 일을 하고 있는데, 벌이가 너무 없어 힘들다.

## ▶ 용어 해설

동주고(同柱庫)이론은 부성입고(夫星入庫)라고 잘 알려졌는데 육친통변에서 육친의 변괴및 사건발생에 상당한 적중률를 보이고 있습니다.
일단 원국에 해당되는 고지(庫地)가 존재하는데 대운에서 묘고지가 중복하여 찾아 오거나 혹은 세운에서 형충하면 고장지가 열리게 됩니다. 이런 상황이 되면 해당되는 글자가 입고한다는 이론입니다.
부성(夫星)입고는 신축(辛丑), 을미(乙未), 병술(丙戌), 임진(壬辰)의 4종류가 있습니다.

# 24 비겁(比刦)이 기신(忌神)이면 형제의 생사 (生死), 분리(分利) 이탈(離脫)이 발생한다

| 時 | 日 | 月 | 年 | 대운34 | 건 명 |
|---|---|---|---|---|---|
| 정재 | | 비견 | 겁재 | 편재 | 六神 |
| 丙 | 癸 | 癸 | 壬 | 丁 | 天干 |
| 辰 | 酉 | 丑 | 辰 | 巳 | 地支 |
| 정관 | 편인 | 편관 | 정관 | 정재 | 六神 |
| | 도화 | 백호 | 괴강 | | 神殺 |

## ▶ 사/주/분/석

이 명조에서 임진(壬辰)은 괴강(魁剛)이고 계축(癸丑)은 백호(白虎)입니다. 그런데 년월(年月)의 지지가 축진파살(丑辰波殺)로 관살혼잡(官殺混雜)에 걸린 것인데, 천간이 비겁 태강(太强)하므로 이것은 겁재 괴강(魁剛)과 비견 백호(白虎)로 인해 형제의 생사(生死), 분리(分利), 이탈(離脫)이 발생할 수 있다는 예측을 할 수 있습니다.

그런데 월지에 놓인 축(丑)중의 신금(辛金) 편인이 암장(暗藏)이 되었고 일지(日支)에는 계유(癸酉)로 편인(偏印) 유금(酉金)에 앉아 있는데, 이것은 편인(偏印) 이위(二位)의 상(像)을 구성하므로 암장(暗藏)이 된 분은 나의 모친으로 이별이 되었고 다른 한 분은 일지(日支)에 노출이 된 바, 계모(繼母)로 판단합니다.

유금(酉金)이 유축합(酉丑合)과 진유합(辰酉合)으로 번갈아 가면서 금기(金氣)를 부추기는 까닭에, 모친의 정(情)이 순수하지 못하니 형제애(兄弟愛)가 난변(亂變)할 수 있습니다. 이것은 관살혼잡이 된 가운데 비겁(比劫)태왕(太旺)이 기신(忌神)이 되어 있기 때문입니다.

한마디로 정의하자면, 부친과 견원지간(犬猿之間)이 된 이유는 부친(父親)이 처첩(妻妾)을 두고 일어난 형제의 분란(紛亂) 때문입니다. 2개의 계수(癸水)에 의해 흑운차일(黑雲此日)이 된 병화(丙火)는 태양이 먹구름에 가리는 상황인지라 정상적인 부친으로 역할을 다하지 못한다는 사실도 알 수가 있습니다. 이것은 극부(剋父)하는 팔자임을 말하는 것입니다.

## ▶ 근황

부자 집 아들로 태어나서 배다른 형제가 있으며 젊어서 집을 나왔는데 부친과는 견원지간이었다. 부친이 돌아가시고 난 이후, 형제자매상속(相續)유류분(遺留分)에 따라 이복(異腹)동생이 유산(遺産)을 챙겨주었다고 한다.

# 25 일간이 관합(官合)이면 벼슬, 관작, 유산, 상속, 증여가 있다

| 時 | 日 | 月 | 年 | 세운36 | 대운36 | 건 명 |
|---|---|---|---|---|---|---|
| 정관 |  | 종재 | 편재 | 겁재 | 겁재 | 六神 |
| 壬 | 丁 | 庚 | 辛 | 丙 | 丙 | 天干 |
| 寅 | 丑 | 寅 | 亥 | 戌 | 戌 | 地支 |
| 정인 | 식신 | 정인 | 정관 | 상관 | 상관 | 六神 |
|  |  |  | 역마 |  |  | 神殺 |

## ▶ 사/주/분/석

이 명조에서 임수(壬水) 정관(正官)은 일간과 정임합(丁壬合)이 되어 있습니다. 이것을 관합(官合)이라 합니다. 일단 관합(官合)이 형성이 되면 재합(財合)처럼 벼슬, 관작(官爵), 유산(遺産), 상속(相續), 증여(贈與)가 따를 수 있습니다.

남자에게 있어서 관성(官星)을 자녀(子女)로만 보는 게 아니고 명예, 벼슬, 박사, 승진 등의 영예로움으로 볼 수 있습니다. 고로 일본, 유럽 등에서는 작위(爵位)를 상속받았다고 합니다.

예를 들어 백작이 죽으면 그 아들이 백작(伯爵)의 작위(爵位)가 계승되는 것입니다. 작위(爵位)를 물려받는다는 말은 유산상속(遺産相續)이 일어난다는 사실입니다. 다만 관합(官合)이라서 작위(爵位)를 얻는다고 쉽게 단정하면 안되고, 관성이 일간과 합하는 것을 훼방하는 글자가 있는가를 세밀히 살펴봐야 합니다. 인목(寅木) 2개라 정임합(丁壬合)이 단단한 겁니다. 다만 개두(蓋頭)가 된 경신금(庚辛金) 때문에 합목(合木)이 안되고 관합(官合)이 됩니다.

이런 경우 관합(官合)이라 할 수 있는데 일단, 관합(官合)이 되면 벼슬, 관직

등의 명예, 학위취득과 같은 작위(爵位)를 물려 받을 수 있는 조건이 되기 때문에 유산상속이 일어날 수 있다는 말이 됩니다.

그래서 이 사람은 관합(官合)이 시간(時干)에 놓여 있는 구조이므로 늦은 나이에도 불구하고 박사에 도전할 수 있는 길이 열리게 됩니다.

## ▶ 핵심키워드

갑진년(2024년) 현재 미술 대학원생이다. 2026년 석사학위 계획입니다.

36세에 부친 사망으로 인해 건물 및 땅등 많은 유산을 받았다.

갑진(甲辰)년 병인(丙寅)월에 건물과 땅을 팔아 매매가 되었다.

# 26 정관 이위(二位)로 역마가 충(沖)하니 이혼은 정해진 일이다

| 時 | 日 | 月 | 年 | 곤 명 |
|---|---|---|---|---|
| 편재 | | 편재 | 정관 | 六神 |
| **辛** | **丁** | **辛** | **壬** | 天干 |
| **亥** | **巳** | **亥** | **寅** | 地支 |
| 정관 | 겁재 | 정관 | 정인 | 六神 |
| 역마 | | 역마 | | 神殺 |

▶ **사/주/분/석**

2개의 신해(辛亥)의 정관(正官)이 역마성(驛馬星)인데 사해충(巳亥沖)에 걸려 분리(分利), 이동(移動)의 성향(性向)이 뚜렷해 보입니다.

그러므로 정관(正官) 이위(二位)의 상(像)을 구성했습니다. 특히 천간의 편재(編財) 이위(二位)의 상(像)을 동시에 놓고 있는 구조입니다. 그러므로 이 사람은 두 남편(男便)과 두 시모(媤母)를 섬길 팔자가 되는 것입니다. 그래서 이 사람은 첫 결혼에 실패했습니다.

그런데 현재까지도 재혼(再婚)을 못하는 이유는 무슨 까닭일까요?

일지와 시지에 사해충(巳亥沖)을 놓고 있기 때문입니다. 곧 일지궁에 놓인 겁재가 정관을 부부궁 밖으로 밀어내고 있기 때문입니다.

정관이 역마충이 되면 밖으로 떠도는 남편이니 공망과 같습니다.

초등학교 조리사로 23세 무신(戊申)대운 중, 23세 갑진년(甲辰年)에 결혼 31세 임신년(壬申年)에 이혼하고, 56세가 되도록 혼자입니다.

# 27 자녀 분멸(焚滅)의 상(像)이니 무자식(無子息)이다

| 時 | 日 | 月 | 年 | 세운46 | 대운44 | 곤 명 |
|---|---|---|---|---|---|---|
| 편인 | | 상관 | 정재 | 비견 | 편인 | 六神 |
| 庚 | 壬 | 乙 | 丁 | 壬 | 庚 | 天干 |
| 戌 | 午 | 巳 | 巳 | 寅 | 戌 | 地支 |
| 편관 | 정재 | 편재 | 편재 | 식신 | 편관 | 六神 |

## ▶ 사/주/분/석

이 명조는 오술합(午戌合)이 되어 있고 사화(巳火)는 2개로 정화의 불기둥 속에 임수(壬水)일간이니 메마를 수 있는데 다행인 점은 경금의 존재로 경발수원(庚發水源)의 상(像)을 취해 구제(救濟)받을 수 있었습니다.

그러나 을목 상관은 그녀의 자녀성인데 화마(火魔)에 의해 분멸(焚滅)의 상(像)을 취하는 바, 을경합(乙庚合)이니 을목(乙木)이 제거되었다고 보았으므로 자식을 얻기 어려운 구조입니다. 정임합(丁壬合)의 구조는 일간의 득재(得財)의 상(像)을 가지므로 유산(遺産), 증여(贈與), 상속(相續)이 나타날 수 있습니다.

그런데 경금(庚金)대운에 임수(壬水)를 생조하니 일간이 힘을 얻고 임인년(壬寅年)에는 정임합(丁壬合)이 되므로 흉신(凶神) 정화(丁火)를 제거하는데 성공하였습니다.

그러므로 인목(寅木)은 식신(食神)이므로 의식주(衣食住)가 풍부해지는 한 해가 되었는데, 다만 인사형으로 식신(食神)이 편재(偏財)와 송사(訟事)가 걸린 점으로 보아 재물취득을 위한 유산상속(遺産相續)의 법적절차가 발생한다고 보는 것입니다.

임인년에는 인목(寅木)이 인오술(寅午戌)삼합이 되면 위험해질 수 있었는데 경금(庚金) 2개로 토생금(土生金)이 되어 치열한 화기(火氣)가 분산(分散)이 되었고 정화(丁火)를 정임합(丁壬合)으로 제거하는 공덕(功德)이 실로 지대(至大)했습니다. 고로 이 기간에 재물을 얻을 수가 있었습니다.

### ▶ 근황

미국에 유학을 가서 ○○주립대를 졸업하고 결혼 전 한국에서 영어강사도 했다. 지금은 남편을 따라 미국에 거주하며 유학생 대상으로 영어를 가르치고 있다. 자식은 없으며 미국에 거주한다. 임인년 46세에 부친으로부터 부동산을 증여받았다.

# 28 년지의 부친 입고처가 존재하면 부친이 일찍 사망할 수 있다

| 時 | 日 | 月 | 年 | 곤명 |
|---|---|---|---|---|
| 편재 | | 비견 | 편인 | 六神 |
| 辛 | 丁 | 丁 | 乙 | 天干 |
| 亥 | 丑 | 亥 | 丑 | 地支 |
| 정관 | 식신 | 정관 | 식신 | 六神 |
| 역마 공망 | 백호 | 역마 공망 | | 神殺 |

## ▶ 사/주/분/석

부친이 일찍 사망하였다고 합니다. 그 까닭은 무엇일까요. 신금(辛金) 편재가 부친성인데 년지(年支)의 축토(丑土)가 신금(辛金)의 입고(入庫)처로 자리잡고, 또 일지(日支)에도 축토(丑土)입고처가 있으니 2개의 입고처가 모인 겁니다. 그러므로 "실자(實字)는 입고(入庫)한다"고 하였으므로 신금(辛金)의 입고는 필연적인 것입니다.

그러므로 어려서 부친의 사망은 기축(己丑)대운 축토(丑土)가 3개로 결집하게되면 축(丑)이 크게 흔들리게 되는 까닭에 신금(辛金)의 입고(入庫)는 더욱 빨라지게 나타납니다. 또한 사주에서 정관(正官) 이위(二位)의 상(像)을 구성하기때문에 이부종사(二夫從事)할 팔자라고 보는데 월주(月住)에 놓인 정해(丁亥)는 비견(比肩)을 얻은 정관(正官)이니 이혼한 남편이 됩니다. 년지의 축토 자식은나하고는 먼 관계이니 비견에게서 낳은 자식이거나 이혼 후 남편을 따라간자식이 됩니다. 나의 자식은 정축(丁丑)일주이므로 식신이 나의 친자식이 됩니다. 명주(命主)는 이혼 후에 만난 유부남의 아들을 출산하였습니다.

# 29 상관패인이 상관생재를 겸하면 실용적인 학문을 선택한다

| 時 | 日 | 月 | 年 | 세운26 | 대운19 | 곤 명 |
|---|---|---|---|---|---|---|
| 정인 | | 정재 | 상관 | 편인 | 정관 | 六 神 |
| 乙 | 丙 | 辛 | 己 | 甲 | 癸 | 天 干 |
| 未 | 寅 | 未 | 卯 | 辰 | 酉 | 地 支 |
| 상관 | 편인 | 상관 | 정인 | 식신 | 정재 | 六 神 |
| 반안 | 홍염 | 반안 | 도화 | | | 神 殺 |

## ▶ 사/주/분/석

이 사주는 상관패인(傷官佩印)이 될 것인가, 아니면 파료상관(破了傷官)이 될 것인가 ?

미월(未月)의 기토(己土)가 투출하였으므로 상관격(傷官格)을 구성합니다. 그런데 묘미합(卯未合)하고 인목(寅木)과 을미(乙未)에서는 미토(未土)가 대목지토(帶木之土)로 변할 수 있습니다. 그러면 인수 목(木)이 태강한 것이므로 파료상관(破了傷官)에 처(處)해 질 수가 있습니다. 그런 한 즉, 월간 신금(辛金)을 사용했는데 목(木)의 기세를 견제해주는 도구가 되었으므로 상관생재(傷官生財) 혹은 상관패인(傷官佩印)을 구성할 수 있었습니다.

상관패인(傷官佩印)격이 상관생재(傷官生財)를 겸하면 실용적인 학문으로 접근하게 됩니다. 또한 유금(酉金)대운에 묘유충(卯酉沖)하므로 묘미합(卯未合)을 깨트려 상관을 살리므로 이 분은 대학원에 진학하여 AI 석사과정에 있습니다. 이것은 월간의 신금(辛金)을 전공(專攻)으로 선택했음을 확인할 수 있습니다. 신금(辛金)은 반도체, 보석류, 도자기류, 정밀기계 등이 됩니다.

# 30 부성입고(夫星入庫)에 정관백호살(正官白虎殺)을 만나면 남편이 혈광사 한다

| 時 | 日 | 月 | 年 | 세운 | 곤 명 |
|---|---|---|---|---|---|
| 상관 | | 편관 | 정관 | 정관 | 六神 |
| 戊 | 丁 | 癸 | 壬 | 壬 | 天干 |
| 申 | 卯 | 卯 | 辰 | 戌 | 地支 |
| 정재 | 편인 | 편인 | 상관 | 상관 | 六神 |
| | | | 괴강 | 백호 | 神殺 |

## ▶ 사/주/분/석

임진(壬辰)은 부성입고(夫星入庫)의 상(像)입니다. 부성입고(夫星入庫)라 함은 신축(辛丑), 을미(乙未), 병술(丙戌), 임진(壬辰)를 말하는데, 천간은 정관이고 지지는 정관의 묘고(墓庫)로 구성이 된 간지를 뜻하는 것입니다.

그러므로 부성입고(夫星入庫)를 가진 여명(女命)은 이부종사(二夫從事)한다고 하였습니다. 따라서 관살혼잡(官殺混雜)된 관성이 년간에 정관(正官)동주고(同住庫)를 놓게 되면 부성입고의 상으로 이러한 구조는 일찍이 남자를 만나고 일찍 이별할 수 있습니다.

그래서 임술년(壬戌年)은 정관(正官) 백호살( )로 세운에서 '남편이 혈광사한다'는 겁니다. 그러하니 임술년(壬戌年)에는 진술충(辰戌沖)으로 정관(正官) 백호(白虎)가 작동될 수 있는 겁니다.

을묘(乙卯)년 24세에 결혼(結婚)하여, 신묘년(辛卯年) 31세 임술(壬戌)년에 병환 중이던 남편이 사망하고, 한 달 후에 시동생이 사고로 갑자기 세상을 떠났다. 자녀는 아들딸 각각 하나씩을 두고 있다.

# 31 토중목절(土重木折)이면 갑목이 꺾이니 병(病)이 중하다

| 時 | 日 | 月 | 年 | 세운41 | 대운36 | 건 명 |
|---|---|---|---|---|---|---|
| 정재 | | 정재 | 편재 | 편재 | 정인 | 六神 |
| 己 | 甲 | 己 | 戊 | 戊 | 癸 | 天干 |
| 巳 | 申 | 未 | 午 | 戌 | 亥 | 地支 |
| 식신 | 편관 | 정재 | 상관 | 편재 | 편인 | 六神 |
| 병지 | 절지 | 묘지 | 사지 | | | 12운성 |

## ▶ 사/주/분/석

이 사주는 정편재(正編財) 혼재(混財)이며 토가 태왕(太旺)한 가운데 월지 미토(未土)는 갑목(甲木)의 입고처가 됩니다. 지지는 병사묘절(病死墓節)이니 절지에 앉은 갑목일간의 미토 입고처는 상당히 위협적인 겁니다. 곧 토중목절(土重木折)의 상(像)을 보이고 있습니다.

이러한 상황에서 계해(癸亥)대운을 만나면 재인(財印)이 상쟁(相爭)하는 구도가 됩니다. 그러던 중에 무술년(戊戌年)은 동주묘(同住墓)를 만나 토가 더욱 왕성해지면서 미토의 고가 열리게 되는 것인데 이것이 토중목절의 상이 되는 것입니다. 이 시기에는 갑목(甲木)은 병환 혹은 사망할 수도 있습니다.

이것은 토중목절의 상이 실현이 되는 것으로 목이 꺾이는 현상이 발생하므로 일간이 질환등으로 나타나게 되는 것입니다.

그러므로 토(土)는 위장, 비장, 췌장이며 토(土)가 병재(病財)가 되어 있는 것이니 토(土)와 관련한 질환이 발생하는 것입니다.

계해(癸亥)대운, 무술년(戊戌年)에 췌장염(膵臟炎)으로 고생하다 기해년(己亥年)에 회복되어 경자년에 완쾌가 되었다.

# 32 곡각살(曲脚殺)로 이루어진 다토(多土)가 계수를 만나면 군겁쟁재(群劫爭財)에 걸린다

| 時 | 日 | 月 | 年 | 세운25 | 대운21 | 곤 명 |
|---|---|---|---|---|---|---|
| 편인 | | 편인 | 비견 | 정관 | 상관 | 六神 |
| 丁 | 己 | 丁 | 己 | 甲 | 庚 | 天干 |
| 卯 | 丑 | 丑 | 卯 | 辰 | 辰 | 地支 |
| 편관 | 비견 | 비견 | 편관 | 겁재 | 겁재 | 六神 |
| 곡각 | 곡각 | 곡각 | | 백호 | | 神殺 |
| 과숙 | 백호 | 조객 | | | | |

## ▶ 사/주/분/석

### (1) 계묘년(癸卯年) 갑자월(甲子月)에 퇴사한 이유는 무엇인가요?

계묘년(癸卯年) 계해월(癸亥月)에는 정계충거(丁癸沖去)로 조후신인 정화(丁火)가 피상(被傷)을 당하고 있고 또한, 곡각살에 의한 다토(多土)가 계수(癸水)를 본 즉, 군겁쟁재(群劫爭財)로 퇴사를 결심하는 것입니다.

또한 계묘년(癸卯年) 갑자월(甲子月)에 퇴직한 이유는 정관망실(正官亡失)이 앞당겨져 나타나게 된 것입니다. 갑자월(甲子月)에는 갑목(甲木)의 기운이 선입(先入)하는 바, 갑진년(甲辰年)의 기운이 앞당겨져 발생하였는데 동지(冬至)가 되는 갑자월(甲子月)에 갑목의 합(合)으로 정관망실(正官亡失)이 조기 실현이 된 것입니다. 따라서 다토(多土)한 곡각살(曲脚殺)을 구성했으므로 만약 계수(癸水)를 보면 군겁쟁재(群劫爭財)에 걸리게 됩니다.

그러다가 갑진년(甲辰年)에 갑기합(甲己合)이니 정관(正官)이 제거가 되는 것이므로 군겁쟁재(群劫爭財)와 년간의 정관합거가 이어지는 구조에서는 해당되는 육친의 망실(亡失)이 따를 수 있는 겁니다.

## (2) 갑진년(甲辰年)에 부친이 흉액을 당하는 이유는 무엇일까요?

부친(父親) 뇌진탕으로 입원한 원인은 계묘년(癸卯年) 군겁쟁재의 피로 누적과 갑진년(甲辰年) 백호(白虎)에 의한다고 보면 됩니다. 그래서 년간 기토가 갑기합거(甲己合去)당하면 년간(年干)의 기운이 단절된 것이므로 조상의 도움을 못 받은 월주궁 백호는 육친의 액(厄)이 일어날 수 있습니다. 그러므로 갑진년(甲辰年) 백호(白虎)를 만나게 되면 축진파살(丑辰波殺)로 정축(丁丑) 백호(白虎)가 발동하니 부친의 혈광사(血狂死)가 발생하게 됩니다.

## (3) 왜 정묘월(丁卯月) 발생인가?

정묘월(丁卯月)이라 하나 무진월(戊辰月)에 가까운 달이거나 혹은 무진월(戊辰月)에 발생한 사건으로 보고 싶습니다. 무진월[양력4월]에는 진진(辰辰)이 형기(形氣)하기 때문에 계수(癸水)가 일어나는데[군겁쟁재의 상이 됨] 무토(戊土)가 저승사자인 셈이니 무계합거(戊癸合去)로 계수(癸水) 부친(父親)을 채가는 형상이라 계수(癸水)의 피상(被傷)을 당할 수 있습니다.

## (4) 남자친구와 이별하는 이유는 무엇인가요?

이 명조에서 년간(年干)의 비견(比肩) 기토(己土)는 경쟁자입니다. 곧 분관(分官)사주에 해당하므로 이 사주에서는 정관(正官)이 등장하면 이별수로 보는 겁니다, 왜냐하면 갑기합(甲己合)은 내가 관합(官合)하는 것이 아니라 비견(比肩)이 합거(合去)하는 것이므로 이 해에 육친적인 망실(亡失)이 따를 수 있습니다. 원래 정관은 남자와 직업을 대표하는 십신(十神)이므로 갑진년(甲辰年)에는 직업변동과 애인변심이 있을 수가 있습니다.

# 33 충출(沖出)한 육신이 비견과 합하는 구조를 저승사자라 한다

| 時 | 日 | 月 | 年 | 세운31 | 대운27 | 건 명 |
|---|---|---|---|---|---|---|
| 식신 | | 편관 | 편관 | 겁재 | 비견 | 六神 |
| 戊 | 丙 | 壬 | 壬 | 丁 | 丙 | 天干 |
| 戌 | 寅 | 子 | 辰 | 丑 | 辰 | 地支 |
| 식신 | 편인 | 정관 | 식신 | 상관 | 식신 | 六神 |
| | 역마 | | | | | 神殺 |

▶ 사/주/분/석

문】정축년(丁丑年)에 부인이 사망한 이유를 알고 싶습니다.

답】이 명조는 시지(時支)의 놓인 술토(戌土)에 암장이 된 신금(辛金)이 처성(妻星)으로 팔자에 처성(妻星)이 드러나지 않습니다. 그런데 년지(年支) 진토(辰土)가 존재해서 진술충(辰戌沖)으로 작용하게 된다면 취재(取財)할 수 있는 사주가 되었습니다.

말하길 "고(庫)중에 있는 육신(六神)은 형충(形沖)으로 꺼내야한다"는 이론에 따른 것입니다. 고로 진술충(辰戌沖)이 되어 있지만 진자합(辰子合)으로 진술충(辰戌沖)의 발생이 묶여 있다가 을묘(乙卯)대운에 자묘형(子卯形)으로 진자합(辰子合)이 허술해집니다.

이 시기는 진술충(辰戌沖)의 충력(沖力)이 움직이기 때문에 세운에서 재차 진술충(辰戌沖)을 만나면 술토(戌土)가 개방(開放)이 되는 것입니다.

고로 임술년(壬戌年)에 진술충으로 인해 술(戌)중의 신금(辛金)이 충출(沖出)하여 병신합(丙辛合)으로 득재(得財)하게 되어 결혼에 성공할 수 있었습니다.

그런데 병진(丙辰)대운에는 병화(丙火) 비견(比肩)이 투출해 있는 것이므로 비견(比肩) 병화(丙火)는 신금(辛金)재성(財星)의 저승사자로 작용하게 됩니다.

즉 진술충(辰戌沖)으로 술(戌)중 신금(辛金)이 충출(沖出)하게 되면 신금(辛金)재성(財星)이 일간을 저버리고 비견에게 먼저 찾아가게 되는 것입니다.

신금 재성이 충출(沖出)이 되었을 때에 일간 이외의 다른 비견과 천간합이 되면 합거(合去)라 하는데 재성이 제거가 되는 것입니다.

그러므로 정축년(丁丑年)에 축토(丑土)는 신금(辛金)의 입고처에 해당하므로 축술형(丑戌形)으로 진술충(辰戌沖)을 동(動)하게 하였으니 충출(沖出)된 재성 아내가 합거(合去)로 축토(丑土)에 입고(入庫)하여 사망하게 됩니다.

▶ 근황

프랑스 파리의 에펠탑을 건축한 구스타브 에펠(Gustave Eiffel)의 사주입니다. 을묘(乙卯)대운 31세 임술(壬戌)년에 결혼하였고 병진(丙辰)대운 46세 정축(丁丑)년에 부인이 사망하였다.

# 34 재성(財星)과 식신(食神)을 갑기합(甲己合)과 인사형(寅巳刑)하는 구조는 분쟁관련업무가 많다

| 時 | 日 | 月 | 年 | 곤 명 |
|---|---|---|---|---|
| 편인 | | 정재 | 비견 | 六神 |
| **壬** | **甲** | **己** | **甲** | 天干 |
| **申** | **戌** | **巳** | **寅** | 地支 |
| 편관 | 편재 | 식신 | 비견 | 六神 |
| 역마 절로 | | | 지살 | 神殺 |

## ▶ 사/주/분/석

갑술(甲戌)일주는 갑인(甲寅)의 록(祿)에 내 뿌리가 존재합니다.

그러므로 갑술(甲戌)일주는 갑인(甲寅)의 법인체에 의탁(依託)하여 공공의 재산[술토편재]을 관리하는 사람임을 알 수 있습니다. 그런데 갑인(甲寅)이 재성(財星) 및 관성(官星)이면 재단법인(財團法人)으로 보고 비견(比肩)이면 사단법인(社團法人)이 됩니다.

고로 임신(壬申)은 장생지에 앉은 편인의 문서를 관리한 것이니 사단법인에서 발행이 된 공문을 가지고 술토(戌土)라는 공공의 재산을 관리하는 사람입니다. 왜냐하면 인신충(寅申沖)으로 인해 문서가 동(動)한 것이니 편인은 법인체에서 발권(發券)한 문서(文書)라고 본 것입니다.

그런데 용신(用神)을 갑기합(甲己合)하고 인사형(寅巳刑)하는 구조물이므로 정재를 합거하고 식신을 형살하였으므로 소송(訴訟), 협상(協商), 노동쟁의(勞動爭議) 등의 발권(發券)이 일어날 수 있는 환경에서 근무하는 사람임을 짐작으로 알 수 있습니다.

그러나 만약 아무런 취업 활동을 하지 않는 사람이라고 한다면 이런 경우는 어떻게 이해하면 좋을까?

다른 방면으로 재성의 분쟁에 휘말리게 됩니다. 왜냐하면 갑기합(甲己合)이 인사형(寅巳刑)에 앉아 있다는 사실은 인사형(寅巳刑)이라는 소송을 당해 기토(己土) 재성(財星)을 빼앗긴 것으로 보기 때문입니다. 따라서 이런 구조가 취업활동을 하여 문서 분쟁 관련 업무에서 적극적으로 일하게 되면 물상대체가 되어 운명이 좋아졌다고 보면 좋겠습니다.

왜냐하면 분쟁 관련으로 인해 손재수를 보이는 팔자의 약점을 오히려 기회의 활동 무대로 삼아 적극적으로 활용한 것이 되기 때문입니다.

### ▶ 근황

2020년 경자년(庚子年)에 명의(名義)를 빌려간 사람이 2021년 신축년(辛丑年)에 파산(破産)하며 자살했고, 이때부터 고통은 시작되었다.

# 35 비견 분관의 사주는 이부종사, 첩실의 운명이 있을 수 있다

| 時 | 日 | 月 | 年 | 곤 명 |
|---|---|---|---|---|
| 정관 | | 정인 | 비견 | 六 神 |
| 丁 | 庚 | 己 | 庚 | 天 干 |
| 亥 | 戌 | 丑 | 戌 | 地 支 |
| 식신 | 편인 | 정인 | 편인 | 六 神 |
| | 홍염 | | 홍염 | 神 殺 |

## ▶ 사/주/분/석

2개의 경술(庚戌)이 축토(丑土)입고지를 놓고 다투는 상(像)이니 축토(丑土)는 이 사람들의 가정궁으로 정편(正編)을 놓고 대립하고 있는 중입니다. 또한 지지에 각자의 홍염살의 관고(官庫)를 놓고 있는 운명이니 비견(比肩) 이위 (二位)의 상(像)을 취합니다. 고로 분관(分官)사주에 해당합니다. 따라서 이부 종사(二夫從事)하거나 정첩실(正妾室)이 발생할 수 있는 팔자입니다.

그런데 나는 시(時)의 정(丁)화의 정관에 가깝고, 저 쪽은 년간이라 멀어서 남자는 나를 더 애첩으로 여기므로 본처보다 우월한 위치에서 행사할 수 있습니다. 또한 정해(丁亥)시주에서 정화(丁火)는 남편이고 해중(亥中)의 임수 (壬水)는 이 여자의 자식이므로 해중(亥中)의 임수(壬水) 자녀(子女)와 정화(丁 火)가 명암합(明暗合)으로 친밀합니다.

즉 남자는 애첩에게 얻은 자식이 있는데 이 자식으로 인해 본처보다 애첩 에게 정(情)을 두게 됩니다. 이 사주의 주인공은 둘째 부인인데 남자는 본처 와 이혼이 불가능하다고 말했다. [건상비결]

# 36 양인이 재성과 도화지합(桃花之合)을 구성하면 애정사이다

| 時 | 日 | 月 | 年 | 건 명 |
|---|---|---|---|---|
| 상관 | | 비견 | 편관 | 六神 |
| **丁** | **甲** | **甲** | **庚** | 天干 |
| **卯** | **子** | **申** | **戌** | 地支 |
| 겁재 | 정인 | 편관 | 편재 | 六神 |
| 도화 | 효신 | 역마 | 공망 | 神殺 |
| 양인 | | 지살 | 괴강 | |
| 무례지형 | | | | |

## ▶ 사/주/분/석

이 명조는 칠살격(七殺格)이고 편재(偏財) 술토(戌土)가 있으니 재생살(財生殺)이 된 명식입니다. 그런데 칠살(七殺)은 반드시 제복(制伏)이 되어야 한다고 하였는데 상관(傷官) 정화(丁火)로 제화(制化)를 시도하지만 정화(丁火)는 자수(子水)와 묘목(卯木)에 의해 습을상정(濕乙傷丁)이니 무력(無力)하여 쓰기 어렵고 그 대신에 자수(子水)로 화살생신(化殺生身)해야 합니다. 그러므로 신자합(申子合)으로 화살위인(化殺爲印)이 된 구조는 매우 좋은 현상입니다.

그러나 자묘형(子卯形)이 합(合)을 방해를 하는 것이니 겁재(劫財) 묘목(卯木)은 흉신(凶神)이 분명한 것입니다. 그러한 즉, 자묘형(子卯形)은 무례지형(無禮之形)으로 나의 부부궁을 무례하게 범(犯)하므로 부부파탄의 책임은 양인(陽刃)에게 있게 됩니다.

또한 재생살(財生殺)하는 편재(偏財) 술토(戌土)는 묘목(卯木)양인(陽刃)과 묘술합(卯戌合)으로 도화지합(桃花之合)을 구성하였으므로 이 편재(偏財)의 정(情)은 일간으로 향하지 못하고 양인에게 돌아가는 것입니다. 고로 공망(空亡)이 된 편재(偏財)술토(戌土)는 병재(病財)로 작용하게 됩니다. 그러므로 편재(偏財)에 해당하는 나의 처(妻)가 묘목(卯木) 겁재(劫財) 친구와 사통(私通)하였은 즉, 외정(外情)으로 인해 도화지합(桃花之合)을 범(犯)하게 된 것입니다.

따라서 도화지합(桃花之合)에서는 편재(偏財) 처성(妻星)이 병재(病財)로 작용하는 바, 부부의 정(情)이 없으며 재생살(財生殺)하는 까닭에 명주(命主)는 처(妻)로 인해 고통을 겪게 되었던 것입니다.

▶ **근황**

명주의 친구가 명주의 아내와 정(情)을 통(通)하고 도주(逃走)하였는데 명주는 그 친구를 찾아내어 살해했다. 현재 종신형을 받고 수감되었다 [명리진보]

# 37 거관류살(去官留殺)하니 정유년에 발복이 따르게 된다

| 時 | 日 | 月 | 年 | 세운31 | 대운26 | 건 명 |
|---|---|---|---|---|---|---|
| 비견 | | 정재 | 정인 | 정인 | 식신 | 六 神 |
| 戊 | 戊 | 癸 | 丁 | 丁 | 庚 | 天 干 |
| 午 | 寅 | 丑 | 卯 | 酉 | 戌 | 地 支 |
| 정인 | 편관 | 겁재 | 정관 | 상관 | 비견 | 六 神 |

## ▶ 사/주/분/석

적천수에서 말하길 **"기세(氣勢)가 살(殺)에 있고 살(殺)이 권세(權勢)가 있다면 관(官)의 정(情)은 살(殺)에 의지하게 되는데 살(殺)에 의지한 관(官)을 세운에서 돕는다면 혼잡(混雜)한 살(殺)이 되는 것이라서 안 되는 것이다"**라 하였습니다.

이 사람이 정유년(丁酉年)에 사업을 시작했는데 정유년(丁酉年)초(初)가 아니라 특별히 무신(戊申)월부터 발재(發財)가 일어나기 시작한 이유는 무엇인가요?이 사주는 재관(財官)을 본 것이지만 축월(丑月) 무토(戊土)는 조후를 봐야 하므로 습목(濕木)보다는 화목(火木)인 인목(寅木)이 길(吉)하며 무인(戊寅)은 장생지이므로 편관(編官)이 일간에게는 유정(有情)한 겁니다. 고로 정관(正官)은 버리고 권세(權勢)를 얻은 화살생신(化殺生身)을 취하는게 바람직합니다.

그러므로 이 사주와 같이 인(寅)과 묘(卯)가 있는 사주는 인오합(寅午合)으로 화살생신(化殺生身)의 권세(權勢)에 의지하는 바, 무인(戊寅)일주가 인목(寅木) 편관(偏官)에서 장생(長生)하기 때문입니다.

따라서 습목(濕木)인 묘목(卯木)정관(正官)을 세운에서 생조하여 들어오면 정관이 되살아나게 되는 것이니, 이것을 관살혼잡(官殺混雜)이라 하여 대흉(大凶)하게 보는 겁니다.

고로 정유(丁酉)년에 사업을 시작하여 발재(發財)한 이유는 묘유충거(卯酉沖去)으로 거관류살(去官留殺)이 되어 발복(發福)할 수 있었던 것입니다.다만 술토(戌土)대운에는 묘술합거(卯戌合去)가 된 상황이므로 정유(丁酉)년에는 묘유충(卯酉沖)의 조기 발생이 어렵습니다. 따라서 9월 기유(己酉)월에 이르러서 유(酉)가 동(動)하니 이 시기에 정유년(丁酉年)의 묘유충(卯酉沖)이 일어납니다. 고로 비록 무신(戊申)월의 발재(發財)라 하지만 근본적으로 기유(己酉)월에 그 원인이 있는 것입니다.

## ▶ 근황

2017년 정유년(丁酉年) 8월 무신(戊申)월부터 사업을 시작했는데 생각 이상으로 돈이 들어 왔다고 한다.

# 38 상관부진이면 세운의 형충과 정관을 재차 만나면 대흉하다

| 時 | 日 | 月 | 年 | 세운42 | 대운38 | 곤 명 |
|---|---|---|---|---|---|---|
| 정관 | | 식신 | 식신 | 편재 | 편인 | 六 神 |
| 丁 | 庚 | 壬 | 壬 | 甲 | 戊 | 天 干 |
| 亥 | 申 | 子 | 午 | 子 | 申 | 地 支 |
| 식신 | 비견 | 상관 | 정관 | 상관 | 비견 | 六 神 |
| | 역마 | | | | | 神 殺 |

## ▶ 사/주/분/석

이 명조는 자월(子月)의 임수(壬水)가 2개 모여 결집하여 투출한 구조인데 진 상관(眞傷官)을 구성합니다. 그러면 진상관(眞傷官)에서는 상관부진(傷官不盡) 을 염려해야 합니다. 자오충(子午沖)이면 상관(傷官)이 정관(正官)을 충극(沖剋) 하는 것이니 상관부진(傷官不盡)에 해당하는 겁니다.

더구나 시간(時干)의 정화(丁火)도 정임합(丁壬合)이므로 정관은 매우 취약하 다. 상관부진이란 사주에서 상관(傷官)이 관성을 보게 되는 구조를 말하는데 상관이 부진이 된 상태에서 세운에서 재차 관성을 다시 보게 되어 관성이 승왕(昇旺)하게 된다 또한 형충파해를 만나는 경우에는 반드시 도류형(徒流 刑)을 받아 사망하게 된다고 합니다. 그러므로 갑자년(甲子年)에 다시 자오충 (子午沖)으로 정관(正官)을 충극하니 정관의 피상(被傷)이 분명합니다.

따라서 경오월(庚午月)에 오화(午火) 정관(正官)을 다시 만나 정관이 승왕(昇旺) 하려 하는 시기이므로 상관부진의 흉조가 최고조인 갑자년(甲子年) 경오월 (庚午月) 신묘일(辛卯日)에 남편이 갑자기 사망했습니다.

# 39 신축년(辛丑年) 을미월(乙未月)에 재해(災害)가 발생하다

| 時 | 日 | 月 | 年 | 세운41 | 대운33 | 곤 명 |
|---|---|---|---|---|---|---|
| 정관 | | 편인 | 겁재 | 겁재 | 식신 | 六 神 |
| 丁 | 庚 | 戊 | 辛 | 辛 | 壬 | 天 干 |
| 亥 | 辰 | 戌 | 酉 | 丑 | 寅 | 地 支 |
| 식신 | 편인 | 편인 | 겁재 | 정인 | 편재 | 六 神 |
| 역마 | 괴강<br>효신 | | 공망<br>양인 | | | 神 殺 |

## ▶ 사/주/분/석

### (1) 신축년(辛丑年) 을미월(乙未月)에 재해(災害)가 발생하는 이유 ?

신축년(辛丑年)에 축술형(丑戌形)을 건들이면 일지궁(日支宮)에 위치한 진술충(辰戌沖)을 후반기에 발생시키는데 이때 충(沖)으로 인해 충출(沖出)이 된 을목(乙木)은 년간(年干)의 신금(辛金)을 만나 을신충거(乙辛沖去)로 피상을 당하게 됩니다. 그런데 충거가 일어나는 월운(月運)은 을미월(乙未月)로 유추하는 까닭은 을미(乙未)가 동주고(同住庫)로 을을(乙乙)이 동(動)하는 연고(緣故)입니다.

### (2) 무슨 재앙인가요?

을(乙)에 해당되는 인체형상에는 담(膽), 목덜미, 신경(神經), 손가락, 발가락, 굴신되는 관절계통 등입니다. 고로 이 시기의 재앙을 당해 인체에 해가 발생한다면 여기에 상응하는 괴사(壞死)가 발생하게 됩니다임인(壬寅)대운 말렵인 신축년(辛丑年) 을미월(乙未月) 신유일(辛酉日)에 산업재해 사고로 인해 손가락이 엄지만 남기고 모두 절단되었다.

# 40 계묘년(癸卯年) 갑자월에 식당개업을 갈망한다

| 時 | 日 | 月 | 年 | 세운30 | 대운21 | 건 명 |
|---|---|---|---|---|---|---|
| 편인 | | 편재 | 식신 | 식신 | 겁재 | 六神 |
| **庚** | **壬** | **丙** | **甲** | **甲** | **己** | 天干 |
| **戌** | **辰** | **子** | **戌** | **辰** | **卯** | 地支 |
| 편관 | 편관 | 겁재 | 편관 | 편관 | | 六神 |
| | | 양인 홍염 | | | 神殺 | |

▶ **사/주/분/석**

이 남자 분이 계묘년(癸卯年) 갑자월[12월]에 음식점을 하고 싶어 하게 된 명리학적 소견은 무엇입니까?

년간 갑목(甲木)의 식신(食神)이 갑진년(甲辰年) 식신(食神)의 해를 만나 식신(食神)의 별이 크게 동(動)하는 까닭입니다. 식신(食神)은 원래 의식주(衣食住)를 생산(生産) 양육(養育)하는 성질이라 음식(飮食), 식품(食品) 제조업(製造業)이 될 수 있습니다. 식신(食神)의 기질(氣質)로는 의식주(衣食住), 생산(生産), 활동(活動), 창조(創造), 궁리(窮理) 등이 대표적입니다.

그런데 식당의 개업은 비록 갑진년(甲辰年)에 오픈을 하겠지만 계묘년(癸卯年) 동지(冬至)인 갑자월(甲子月)부터 식당 개업에 대한 열망이 일어난 이유는 역시 동지인 갑자월(甲子月)에는 갑진년(甲辰年)의 기운이 선입(先入)하는바, 갑갑(甲甲)이 동(動)한 이유가 크게 반영(反映)이 되는 것입니다.

그러므로 갑진년(甲辰年)에는 갑갑(甲甲)이 만나 식신이 동(動)한 즉, 의식주

(衣食住)에 대한 새로운 궁리를 모색하겠는데 년지의 술토가 진술충(辰戌沖)으로 관(官)이 토동(土動)하여 일어나므로 이 사람의 궁리는 의식주를 만들어 줄 관(官)을 세우는데 목적이 있게 됩니다. 여기서 관(官)이라 함은 식당을 의미합니다. 따라서 신미월(辛未月)에는 미토(未土)는 목고(木庫)이므로 식신입고가 따르는데 궁리(窮理)를 다하여 끝맺는 일이 발생합니다.

고로 신미월에는 천간 병신합(丙辛合)은 편재(偏財)와 정인(正印)의 합이므로 세(貰)를 얻을 건물을 취하여 임대(賃貸)계약서(契約書)에 싸인하는 것입니다. 또한 임신월(壬申月)에는 인수(印綬) 신금(申金)이 장생이므로 모친의 도움이 크게 나타나니 임수(壬水) 비견(比肩)을 얻어 종업원을 고용하는 모습이 보이는 것입니다.

▶ **근황**

계묘년(癸卯年) 12월[甲子月]부터 어머니와 상의하여 갑진년(甲辰年) 7월[辛未月]에 가게 인테리어 후 8월[壬申月] 초순 쯤 어머니가 돈을 보태면 식당을 시작 하려고 합니다.

# 41 갑진년에 아파트 매매(賣買)건으로 방문하였다

| 時 | 日 | 月 | 年 | 세운46 | 대운45 | 곤 명 |
|---|---|---|---|---|---|---|
| 상관 | 비견 | 편인 | 정재 | 정관 | | 六神 |
| 壬 | 辛 | 辛 | 己 | 甲 | 丙 | 天干 |
| 辰 | 卯 | 未 | 未 | 辰 | 子 | 地支 |
| 정인 | 편재 | 편인 | 편인 | 정인 | 식신 | 六神 |

▶ 사/주/분/석

**갑진년(甲辰年)에 무슨 일이 발생하는가?**

갑목(甲木)은 정재(正財)이고 진토(辰土)는 정인(正印)이니 현금을 들고 온 문서사건인데 년간(年干)의 편인(偏印) 기토(己土)를 갑목(甲木) 정재(正財)가 갑기합(甲己合)하는 상(像)은 부동산매매의 물상입니다.

기토(己土)는 전원(田園)주택이고 무토(戊土)는 부동산이니 기토(己土)를 갑기합(甲己合)하는 것은 올해 아파트 매매를 하겠다는 목적이 보이는 것입니다. 따라서 이 사주는 사화(巳火)가 역마(驛馬)에 해당합니다.

그런데 갑진년(甲辰年) 기사월(己巳月)에 역마(驛馬)가 동(動)하니 아파트 매매를 위해 준비하다가 날짜를 알기 위해 경오월(庚午月)에 방문하였습니다.

**언제 이동하겠는가?**

내년 을사년(乙巳年)에 매매가 됩니다. 사화(巳火)가 역마(驛馬)가 되니 이사할 수 있습니다. 다만 역마가 형충이 없는 까닭에 급한 이동이 아닌 것으로 보아, 본인의 이동이 아닌 매매수로 보는 겁니다.

갑진년(甲辰年) 진궁(辰宮)은 10월 이후에 해당하니 진진형(辰辰形)이 이루어지는 시기이며 문서가 형동(形動)하니 임대문서계약하고 내년 을사년(乙巳年)에 사화(巳火)가 역마(驛馬)가 되어 들어오므로 매도할 수 있습니다.

그러나 사화(巳火)가 형충(形沖)이 없는 까닭에 급한 이동은 없고 사화(巳火)가 년지(年支)와 월지(月支)의 미미(未未)편인(偏印)을 나누어 생하면서 년지와 월지의 편인이 나누어 묘궁의 편재를 묘미합하는 바, 잔금문서가 두 번 나눠 치른다고 보면 됩니다. 고로 계약금이 분산(分散)이 되는 까닭에 잔금은 묘궁(卯宮)에 안착(安着)하는 시기인 7월에서 9월 사이 마무리가 될 것으로 보여 집니다.

이 사주의 주인공은 갑진년(甲辰年) 올해 강남 아파트를 팔려고 합니다. 내년 2월이 전세 계약자 만료일이라고 합니다.

# 42 편재와 정인의 합은 문서계약이니 이동 수를 말한다

| 時 | 日 | 月 | 年 | 세운66 | 대운58 | 건 명 |
|---|---|---|---|---|---|---|
| 비견 | | 정관 | 정인 | 편재 | 겁재 | 六神 |
| 庚 | 庚 | 丁 | 己 | 甲 | 辛 | 天干 |
| 辰 | 戌 | 卯 | 亥 | 辰 | 酉 | 地支 |
| 편인 | 편인 | 정재 | 식신 | 편인 | 겁재 | 六神 |
| 괴강 | 효신 | | | | | 神殺 |

## ▶ 사/주/분/석

30년 직장생활 후에 퇴사하여 관련 물류 사업체를 운영하며, 2024년 현재 월 천 순수익이 나오는데, 이사문제로 방문하였습니다.

갑진년(甲辰年)에 편인(偏印)이 편재(偏財)를 들고 등장합니다.
목돈을 가진 문서가 들어오는 겁니다. 그런데 년간(年干)의 기토(己土) 정인 (正印)을 갑기합(甲己合)하므로 편재(偏財)가 정인(正印)을 합상(合像)하니 매매 문서가 분명합니다.
그런데 갑진년(甲辰年)의 진토(辰土)가 년지의 해수(亥水)를 진해(辰亥)원진(元 嗔)으로 들어오는 것이니 안 좋은 변동입니다. 이사를 할까, 말까 망설이는 겁니다.
그러나 갑진년(甲辰年) 후반기의 술궁(戌宮)을 7월부터 9월에 해당하고, 진술 충(辰戌沖)하므로 이동은 그 때쯤 발생하게 됩니다.

# 43 도충격(倒沖格)에서 허자(虛字) 전실(塡實)이면 대패한다

| 時 | 日 | 月 | 年 | 세운19 | 대운16 | 곤 명 |
|---|---|---|---|---|---|---|
| 비견 | | 비견 | 비견 | 편인 | 편인 | 六 神 |
| 戊 | 戊 | 戊 | 戊 | 丙 | 丙 | 天 干 |
| 午 | 午 | 午 | 午 | 子 | 辰 | 地 支 |
| 정인 | 정인 | 정인 | 정인 | 정재 | 비견 | 六 神 |

## ▶ 사/주/분/석

19세 진(辰)대운 병자(丙子)년(1996년)에 강물에 자살한 사주다.

이 사주는 지지가 모두 오화(午火)로 구성이 되어 물 한 점 없는 사막지대를 형성하였습니다. 그런데 여름철의 가뭄으로 더위가 기승(氣勝)을 부리다가 더위가 허공(虛空)을 충격하여 어느 순간 벼락이 치면서 소낙비를 만들어 내는데, 이런 종류를 사주 명식에서는 도충격(倒沖格)이라 합니다. 곧 대궁(大宮)을 충(沖)하여 자수(子水)를 허자(虛字)로 끌어 들여 사용하는 명식에서는 허자(虛字)가 실자(實字)로 등장하면 전실(塡實)이라 하여 대흉(大凶)하다고 합니다.

그러하니 병자년(丙子年)에는 자수(子水) 전실(塡實)로 대패(大敗)하였습니다. 강물에 투신한 것은 허자(虛字) 전실(塡實)의 전형적인 상(像)으로 보는 겁니다. 곧 자수(子水)가 등장하니 자수(子水)가 흉(凶)으로 작용한 것입니다.

[동일명조 중 삼국지의 관운장 사주가 있습니다]

# 44 인사신(寅巳申)삼형이 준동하니 이동을 자제해야 한다

| 時 | 日 | 月 | 年 | 월운2 | 세운32 | 대운23 | 곤 명 | |
|---|---|---|---|---|---|---|---|---|
| 상관 | | 정관 | 비견 | 비견 | 겁재 | 편재 | 六 神 | |
| 癸 | 庚 | 丁 | 庚 | 庚 | 辛 | 甲 | 天 干 | |
| 未 | 子 | 亥 | 戌 | 寅 | 巳 | 申 | 地 支 | |
| 정인 | 상관 | 식신 | 편인 | 편재 | 편관 | 비견 | 六 神 | |
| 과숙 | | 고진 | 과숙 | | | | 神 殺 | |

## ▶ 사/주/분/석

갑신(甲申)대운중에 신사(辛巳)년 경인(庚寅)2월 32세에 남편이 교통사고로 사망한 여자 분의 사주입니다.

남편은 월간(月干)의 정화(丁火)입니다. 그런데 정관이 해수(亥水) 식신(食神)위에 앉아 있고 정편인(正偏印)으로 과도(過度)한 누설(漏洩)도 있는데, 또한 비견(比肩) 이위(二位)로 분관(分官)하는 상(像)을 취하였는바, 남편은 탈관(脫官)의 상(像)을 취하고 있습니다. 탈관(脫官)이라 함은 정관의 기운을 빼앗기는 현상을 말합니다.

그러므로 내 남편은 병약하거나 위험에 노출이 될 수 있습니다. 갑신(甲申)대운 끝무렵에 신사년(辛巳年)을 만났는데 편관(偏官)을 사신형(巳申形)하여 괴롭히더니 경인월(庚寅月)에 인사신(寅巳申)삼형이 준동(蠢動)하니 교통사고로 사망하게 됩니다. 인사신(寅巳申)은 모두 역마성(驛馬星)에 해당하는데 역마가 삼형으로 흉동(凶動)하는 기간이므로 흉운(凶運)에는 이동하지 않는 것이 좋습니다. [맹파 명리]

# 45 고(庫)에 숨은 부친은 뜻을 펼치기 어려우니 무능력하다

| 時 | 日 | 月 | 年 | 건 명 |
|---|---|---|---|---|
| 편인 | | 상관 | 상관 | 六神 |
| **庚** | **壬** | **乙** | **乙** | 天干 |
| **戌** | **子** | **酉** | **亥** | 地支 |
| 편관 | 겁재 | 정인 | 비견 | 六神 |

## ▶ 사/주/분/석

부친이 무능력하여, 모친이 식당 운영하는 아들의 사주 입니다.

이 명조는 술(戌)중의 정화(丁火) 재성이 부친성(父親星)이 됩니다.

그런데 임수(壬水)일간이 술(戌)중의 정화(丁火) 부친과는 정임(丁壬)명암합(明暗合)하니 부친과는 친밀하지만 일인(日刃)이 양인이라 자중(子中) 계수(癸水)가 술(戌)중 정화(丁火)를 정계충거(丁癸沖去)하니 부친을 극부(剋父)하는 팔자입니다.

따라서 고(庫)에 숨은 부친은 투간(投干)하여야 마땅한 일이지만 고(庫)에 숨어 나오지를 못하니 어둠을 밝히지를 못하는 것입니다.

그러므로 부친은 고(庫)에 숨어 뜻을 펼치기 어렵고 모친(母親)은 유금(酉金)인데 월지(月支)의 세력(勢力)을 얻었으니 모친(母親)이 가족의 가정궁을 이끌게 됩니다.

그래서 모친(母親) 유금(酉金)은 주점(酒店)의 상(像)에 해당하므로 모친 주도하에 음식점을 경영하도록 하면 좋겠습니다.

# 46 길(吉)중에 흉운(凶運)이라 장사는 잘 되었지만 빚이 많다

| 時 | 日 | 月 | 年 | 세운26 | 대운21 | 곤 명 |
|---|---|---|---|---|---|---|
| 정인 | | 겁재 | 정재 | 비견 | 편재 | 六 神 |
| 丁 | 戊 | 己 | 癸 | 戊 | 壬 | 天 干 |
| 巳 | 午 | 未 | 酉 | 戌 | 戌 | 地 支 |
| 편인 | 정인 | 겁재 | 상관 | 비견 | 비견 | 六 神 |
| 지살 | 도화 | 반안 | | 반안 | 반안 | 神 殺 |

## ▶ 사/주/분/석

이 사주는 지지가 사오미(巳午未)방국으로 지전삼물(地全三物)을 형성하였습니다. 지전삼물(地全三物)이 되면 천복지재(天復地載)로 흘러가야 길(吉)하다고 하였는데 곧 역행(逆行)하면 대흉(大凶)하고 순행(順行)하면 대길(大吉)하다고 하였습니다.

그러므로 화방(火方)을 돕는 길이 순조롭습니다. 고로 화생토(火生土)하는 토(土)가 길하니 술토(戌土)대운은 길운(吉運)이 됩니다. 고로 이 사람은 술토(戌土)대운[26~30] 기간 무술년(戊戌年)에 결혼에 성공하였고 장사도 시작하였습니다. 다만 세운(世運)이 해자축(亥子丑) 북방수로 흐르는 것이라 순국(順局)을 방해했던 것입니다. 그러하니 길(吉)중에 흉(凶)이 있어서 장사는 순조로웠으나 빚이 늘게 되었습니다.

화(火)가 방국(方局)이 되면 금수(金水)를 공격하므로 해롭다고 보지만 무기토(戊己土)로 인해 토생금(土生金)하고 금생수(金生水)하여 통관하므로 계유(癸酉) 간지(干支) 자체로 재성(財星) 계수(癸水)를 보호하였으므로 대패(大敗)하는 사주는 아니라고 보는 것입니다.

또한 계수(癸水)는 일간 무토(戊土)와 무계합(戊癸合)으로 득재(得財)하는 상(像)을 취하는 것인데 기토(己土) 겁재(劫財)가 방해하므로 겁재(劫財)를 제거하는 운에 득재(得財)에 성공하게 됩니다.

고로 계해년(癸亥年) 하반기가 발전의 원인은 계해월(癸亥月)에 다시 득재(得財)의 상(像)을 성공시킨 연고이고 갑진년(甲辰年)에 갑기합(甲己合)으로 기토(己土)겁재(劫財)를 제거하였으니 역시 득재(得財)의 상(像)을 취할 수 가 있었으니 남은 빚을 청산할 수가 있었습니다.

## ▶ 근황

21세 계사(癸巳)년에 남자를 만났다. 26세 무술(戊戌)년에 결혼하였고 그해 겨울부터 장사를 시작했는데, 기해(己亥)년 27세, 경자(庚子)년 28세, 신축(辛丑)년 29세에 장사는 잘되었다고 하는데 빚을 지게 되었다. 그러다가 계묘(癸卯)년 31세 하반기부터 장사가 잘 되었고, 갑진(甲辰)년 32세 때 빚을 갚고, 가게를 확장할까 생각중이다

## ▶ 핵심키워드

계수(癸水) 재성이 계해(癸亥)대운 계묘년(癸卯年)을 만났는데 군겁쟁재(群劫爭財)가 되지 않는 이유는 무엇인가요. 그것은 체(癸)가 체(癸)를 만나면 군겁쟁재라 부르지만 체(癸)가 용(癸)을 만나면 계수(癸水)는 왕기(旺氣)를 띄는 이치입니다.

# 47 목다화식(木多火熄)이니 자녀가 장애인 상(像)이다

| 時 | 日 | 月 | 年 | 세운33 | 대운31 | 곤 명 |
|---|---|---|---|---|---|---|
| 상관 | | 편인 | 편인 | 비견 | 편재 | 六神 |
| 丁 | 甲 | 壬 | 壬 | 甲 | 戊 | 天干 |
| 卯 | 寅 | 寅 | 申 | 辰 | 戌 | 地支 |
| 겁재 | 비견 | 비견 | 편관 | 편재 | 편재 | 六神 |

## ▶ 사/주/분/석

사주에 편인(偏印)이 식신(食神)을 보면 탄(呑)이라 하였는데 탄(呑)의 구성이 되면 산액(産額) 질고(疾苦)와 무자(無子)의 고통이 따른다고 하였습니다.

그래서 이 명조는 편인 2개가 상관을 정임합(丁壬合)으로 제거하려는 상(像)이 보이기 때문에 일종의 편인도식(偏印倒食)으로 보아 탄(呑)을 맞은 것으로 파악할 수 있습니다.

또한 천간 오합(五合)은 이격(離隔)이 되면 정임합(丁壬合) 화격(化格)에 실패하게 됩니다. 고로 화격(化格)에 실패하면 정임합은 임수(壬水)가 정화(丁火)를 피상(被傷)하는 모습이니,

곧 목다화식(木多火熄)에 걸리는 것이고 정화(丁火) 상관(傷官)이 갑진년(甲辰年)을 만나면서 인묘진(寅卯辰) 방국결성으로 목(木)태왕(太旺)하니 목다화식(木多火熄)이 진행되어 정화(丁火)가 꺼지게 됩니다.

그래서 이 명조는 자녀 사망 혹은 장애인의 상(像)을 취합니다.

갑진년(甲辰年) 경오월(庚午月)에 첫 자식을 유산하였습니다.

# 48 인수공망(空亡)이면 공교육의 정도인 공립학교로 발령받지 못하고 입시학원으로 진출한다

| 時 | 日 | 月 | 年 | 대운46 | 곤 명 |
|---|---|---|---|---|---|
| 정인 | | 정재 | 편재 | 정인 | 六神 |
| 壬 | 乙 | 戊 | 己 | 壬 | 天干 |
| 午 | 卯 | 辰 | 未 | 申 | 地支 |
| 식신 | 비견 | 정재 | 편재 | 정관 | 六神 |
| 절로공망 | | | | | 神殺 |

## ▶ 사/주/분/석

○○○대학교에서 현대무용을 전공하고, 입시생들 개인교습학원을 운영하다가 임신(壬申)대운에 운영이 어려워 중단한 분의 사주입니다.

임오(壬午)가 절로공망(截路空亡)이라는 것은 정인(正印) 식신(食神)의 길이 차단이 되어 막혀있다는 뜻입니다.
또한 인수 공망(空亡)이면 공교육의 정도(正道)인 사립, 공립학교로 발령 받지 못하고, 편법(便法)으로 학원운영을 선택하였습니다.
그러나 이마저도 공망(空亡)으로 인해 오래가지를 못했다고 합니다.
그러하니 재성을 써야하는 사주에서 정인(正印)을 보는 것도 문제가 되었습니다. 즉 재극인(財剋印)이 되므로 문서파괴로 인해 인생의 길이 차단이 된다는 점입니다.

# 49 복음홍광을 제거하는 흑운차일에 발전이 있게 된다

| 時 | 日 | 月 | 年 | 세운28 | 대운26 | 곤 명 |
|---|---|---|---|---|---|---|
| 정인 | | 식신 | 비견 | 정관 | 정인 | 六 神 |
| 乙 | 丙 | 戊 | 丙 | 癸 | 乙 | 天 干 |
| 未 | 申 | 戌 | 子 | 卯 | 未 | 地 支 |
| 상관 | 편재 | 식신 | 정관 | 정인 | 상관 | 六 神 |

## ▶ 사/주/분/석

말하길, '하늘에는 두 개의 태양이 존재하지 못하듯이 신하(臣下)된 사람이 두 군주(君主)를 섬길 수가 없다' 하였습니다. 그래서 특히 병병(丙丙)을 복음홍광(伏吟弘光)이라 하여 두 개의 태양 빛이 서로의 빛을 삼키므로 오히려 어두워진다고 하여 흉(凶)하게 보았습니다. 곧 복음홍광이 된 팔자는 자기가 가진 재능을 인정받기가 어렵다고 하였습니다.

그러한 즉, 계수(癸水)가 있어서 하나의 병화(丙火)를 제거해야 길해질 수 있습니다. 이때에는 오히려 흑운차일(黑雲次日)이 길해지는 용어로 사용이 됩니다. 그런데 병자(丙子)년주는 자수(子水)가 절각(折脚)이라 병화(丙火)를 제(制)하기는 하였지만 뚜렷하지가 않았는데 년지(年支) 자수(子水)에 통근한 계묘년(癸卯年)에 이르러 흑운차일(黑雲次日)에 성공하게 됩니다. 그래서 계묘(癸卯)년에는 정관이 문서 정인을 동반(同伴)하여 등장하는 세운(世運)이니 취업문서이고 발령장 혹은 합격증이 되기도 합니다. 또한 비견(比肩) 이위(二位)의 상(像)이였으나 계묘년(癸卯年)에 제거가 되므로 남자친구도 만날 수가 있게 되었습니다. 물리치료사로 근무하다가 계묘(癸卯)년에 회계사에 시험에 합격(合格)하였습니다. 계묘년에는 좋은 남자도 만났다고 합니다.

# 50 부건파처(夫建怕妻)에서는 부부 인연이 오래가지 못 한다

| 時 | 日 | 月 | 年 | 세운49 | 대운41 | 건 명 |
|---|---|---|---|---|---|---|
| 정재 | | 편관 | 비견 | 편인 | 겁재 | 六神 |
| 癸 | 戊 | 甲 | 戊 | 丙 | 己 | 天干 |
| 丑 | 子 | 子 | 戌 | 戌 | 巳 | 地支 |
| 겁재 | 정재 | 정재 | 비견 | 비견 | 정인 | 六神 |
| 백호 공망 | | | 괴강 | | | 神殺 |

## ▶ 사/주/분/석

이 명조는 월지와 일지궁에 자수(子水) 정재(正財)가 이위(二位)이고 갑목(甲木) 칠살(七殺)이 투간하여 재왕생살(財旺生殺)하는 구조가 분명합니다. 이러한 명식을 부건파처(夫建怕妻)라고 하였는데 자식과 아내가 힘을 합쳐 남편을 공격하니 일간이 두려워한다는 뜻입니다.

이것은 재생살(財生殺)을 말하는 것인데 고로 부부가 일편단심하기 어려운 팔자입니다. 곧 재성(財星)이위(二位)에서는 재성(財星)이 이심(二心)을 일으키기 쉬우므로 이별은 당연지사이니 왕신(旺神)을 충발하는 흉신운에 이별이 발생합니다. 경오(庚午)대운에서는 갑경충과 자오충으로 천충지격인데 자오충(子午沖)은 흉신(凶神)충발(衝發)을 일으켰는데 곧 부건파처(夫建怕妻)를 발생하게 하였는데 돈에 쪼들려 재성에게 이심(二心)이 일어나니 현재 처(妻)와 자식으로부터 인연이 끊어진 상태라고 합니다. 기사(己巳)대운에 교육 사업이 어렵기 시작하여 대운의 말, 병술(丙戌)년 49세에 망했다.

# 51 편인이 식신을 대동하니 의식주개선을 위한 문서 활동이다

| 時 | 日 | 月 | 年 | 세운47 | 대운44 | 곤 명 |
|---|---|---|---|---|---|---|
| 편인 | | 편관 | 식신 | 편인 | 겁재 | 六神 |
| 甲 | 丙 | 壬 | 戊 | 甲 | 丁 | 天干 |
| 午 | 辰 | 戌 | 午 | 辰 | 巳 | 地支 |
| 겁재 | 식신 | 식신 | 겁재 | 식신 | 비견 | 六神 |
| 양인 | | 백호 | 양인 | | | 神殺 |

## ▶ 사/주/분/석

갑진년(甲辰年)에는 편인(偏印)의 등장이니 문서에 사인할 일이 발생하게 됩니다. 이 명조는 무오(戊午)가 양인(羊刃)이라 식신(食神)이 태왕(太旺)한 팔자입니다. 그런데 갑진년(甲辰年)에는 편인(偏印)이 식신(食神)을 대동하고 들어왔으니 의식주(衣食住) 개선(改善)을 위한 문서(文書)활동이 기대가 됩니다.

그래서 진토(辰土)가 술궁(戌宮)을 거쳐 진술충(辰戌沖)이 일어나는 시기인 무진월(戊辰月) 4월에 이동의 뜻이 생겨나고, 진진형(辰辰形)이 일어나는 7월에 아파트 입주가 시작이 되는 것이며 실제 본인이 이동하려는 시기는 진술충(辰戌沖)이 재충(再沖)이 되는 월운(月運) 갑술월(甲戌月) 10월에 이동하게 됩니다.

## ▶ 근황

남편은 대기업 근무 중이며 갑진년(甲辰年)에 신축 아파트를 얻어 이사 가려고 한다. 갑진년 7월 말부터 아파트 입주가 시작이 된다고 하는데 본인은 10월 말[갑술 월]쯤에 입주예정이라고 한다.

# 52 정관이 관형에 걸리면 중관(重官)을 범한 것이니 일부종사(一夫從事)가 어렵다

| 時 | 日 | 月 | 年 | 세운35 | 대운28 | 곤 명 |
|---|---|---|---|---|---|---|
| 정인 | | 편재 | 비견 | 편재 | 겁재 | 六 神 |
| 己 | 庚 | 甲 | 庚 | 甲 | 辛 | 天 干 |
| 卯 | 午 | 申 | 午 | 辰 | 巳 | 地 支 |
| 정재 | 정관 | 비견 | 정관 | 편인 | 편관 | 六 神 |
| | | 역마 | | | | 神 殺 |

## ▶ 사/주/분/석

피아노과 전공자 행정직 공무원인데 적응이 힘들어 사직하려고 합니다.

이 명조는 오화(午火)가 정관(正官)인데 오오(午午)형살(刑殺)로 관형(官刑)에 걸린 구조입니다. 그래서 중관(重官)은 칠살(七殺)로 보라고 말을 하였으니 이 사주는 정관이 아니라 칠살로 보면 됩니다. 고로 재생살(財生殺) 구조이므로 조직생활이 힘든 겁니다.

특히 월지의 록(祿)이 역마이니 사무직은 어울리지 않으며 또한 비견(比肩) 분재(分財)가 된 정관(正官) 이위(二位)의 상(像)이 분명합니다. 그런데 정관(正官) 이위(二位)는 이부종사(二夫從事)할 사람이라 하였는데 그러한 즉, 한 여자가 한 남자에 얽매이지 못하는 것처럼 한 조직에 메이면 답답함을 느끼는게 주요 원인입니다.

특히 현재 신금(申金)이 역마살인데 사화(巳火)대운이면 사신형(巳申形)이므로 역마(驛馬)가 형동(形動)하는 시기이니 관살혼잡운에 역마살 발동이라서 더 심한 겁니다.

# 53 무관(無官)사주는 어떤 궁합(宮合)을 만나야 하나요

| 時 | 日 | 月 | 年 | 곤명 |
|---|---|---|---|---|
| 정재 | | 겁재 | 편재 | 六神 |
| **壬** | **己** | **戊** | **癸** | 天干 |
| **申** | **未** | **午** | **酉** | 地支 |
| 상관 | 비견 | 편인 | 식신 | 六神 |

## ▶ 사/주/분/석

이 명조는 일지궁에 놓인 미토(未土) 내부의 을목(乙木)이 편관이 남편에 해당합니다. 그런데 고중(庫中)에 놓인 남편이므로 마땅히 형충(形沖)으로 인연지(因緣地)를 삼아야 합니다.

그러하니 이 사람은 축미충(丑未沖) 혹은 축술형(丑戌形)을 해주는 띠가 궁합적으로 맞을 수가 있었는데 실제로는 소띠보다는 축술형(丑戌形)을 해주는 개띠를 만난 것입니다. 그런데 문제는 이 여자 팔자에서는 일지궁의 미토(未土)가 목고(木庫)에 해당하기 때문에 목(木)의 출현은 안 좋은 것입니다.

즉 갑술년생은 갑목(甲木)이 미토(未土)에 관고(官庫)가 되어 버리기 때문에 실자입고(實字入庫)를 당할 수도 있다는 점입니다.

다만 궁합에서는 일간과 일간이 천간합이라 유정(有情)하다고 볼 수 있습니다. 이것은 부부사이가 원만하다는 징표(徵標)가 됩니다.

## ▶ 근황

갑술년(甲戌年) 병인월(丙寅月) 기묘일(己卯日) 경오시(庚午時)의 남편을 만났는데 남편과 사이는 좋다고 한다.

# 54 재왕신강관성위재(財旺身强官星衛財)를 결성하니 발재(發財)하기 시작하였다

| 時 | 日 | 月 | 年 | 대운44 | 대운34 | 건 명 |
|---|---|---|---|---|---|---|
| 겁재 | | 정인 | 정재 | 식신 | 상관 | 六神 |
| 庚 | 辛 | 戊 | 甲 | 癸 | 壬 | 天干 |
| 寅 | 亥 | 辰 | 午 | 酉 | 申 | 地支 |
| 정재 | 상관 | 정인 | 편관 | 비견 | 겁재 | 六神 |
| 지살 | | | | | | 神殺 |

## ▶ 사/주/분/석

적천수에 말하길 부자가 되려면 **"재왕신강관성위재(財旺身强官星衛財)"**라 하였는데 이 말의 의미는 사주가 비록 재왕(財旺)신강(身强)하더라도 관성이 재성을 보호해야 부자사주가 된다고 알려주는 말입니다.

즉 신강하면 비겁이 재성을 겁탈하는 존재가 되는데 반드시 관성의 보호가 있어야 한다는 요지입니다. 그러므로 이 명조는 갑목이 진월(辰月) 태생이고 인해합(寅亥合)으로 인해 목기(木氣)태강하니 잘못하면 탐재괴인(貪財壞印)의 상(像)을 가질 수도 있습니다. 년지(年支) 오화(午火) 편관이 재성(財星) 겁탈(劫奪)을 막아주는 것인데, 그러므로 이 사주가 신유(申酉)대운에 임하여 "재왕신강관성위재(財旺身强官星衛財)"가 결성이 되는 겁니다. 재왕한 사주가 임신(壬申)과 계유(癸酉)대운에서 일간의 록(祿)을 얻는데 성공하니 득비리재(得比理財)를 취하므로 발재하기 시작하였습니다.

[동일 명조 (A, B)]_ A는 고졸 사업가 처는 병신(丙申)생 / B는 치과 의사 처는 을미(乙未)생 _ A와 B의공통점은 임신(壬申)과 계유(癸酉)대운에 크게 부를 이루게 된다.

# 55 사오(巳午)는 열에너지이니 폭발한 즉, 엔진이 된다

| 時 | 日 | 月 | 年 | 세운23 | 대운15 | 건 명 |
|---|---|---|---|---|---|---|
| 식신 |  | 정재 | 식신 | 편재 | 정관 | 六 神 |
| 壬 | 庚 | 乙 | 壬 | 甲 | 丁 | 天 干 |
| 午 | 寅 | 巳 | 午 | 辰 | 未 | 地 支 |
| 정관 | 편재 | 편관 | 정관 | 편인 | 정인 | 六 神 |
|  | 지살 |  |  |  |  | 神 殺 |

## ▶ 사/주/분/석

을사(乙巳)는 목욕지에서 핀 꽃이니 분재, 화분이 되고 을축(乙丑)은 인동초(忍冬草)이고 을묘(乙卯)는 유기농업(有機農業)이고 을해(乙亥)는 수경초(水耕草)이고 을미(乙未)는 고(庫)에 들어가서 재배하니 수박, 참외 등이고, 을유(乙酉)는 절단된 열매이니 과일이 됩니다.

그런데 꽃을 피운 을사(乙巳)에 경금(庚金)을 놓게 되면 조경 식물이니 관상용(觀賞用)으로 괴석(怪石)을 쌓는 일이니 조경학이 됩니다.

그래서 이 사람은 전공으로 월간의 을목(乙木)을 선택한 것입니다.

그러나 이 을목(乙木)은 용신(用神)이 아닙니다. 월지(月支)에 근본을 둔 세력이 용신(用神)이 되기 때문에 용신(用神)은 월지 사령(使令)한 글자로 사화(巳火)가 되는 것이죠. 곧 사(巳)중의 병화(丙火) 편관(偏官)이 용신(用神)이 됩니다. 따라서 직업은 용신(用神)을 따라 직업을 잡는 것이 수월하고, 이 사람이 을목(乙木)을 따라간 것은 처음부터 잘못된 길을 간 선택한 것입니다.

왜 그런 판단 실수를 하게 되었을까?

진학(進學)시기는 정미(丁未)대운으로 미토[20~24]기간이 대학시절인데 미토는 목고로 입고당하기 때문이며 사오미(巳午未)방국을 형성한 것이 두 번째 원인이 됩니다. 정임합(丁壬合)으로 임수(壬水)가 제거가 되니 뜨거운 사월(巳月)의 오화(午火)는 깊고 풍부한 수량(水量)으로 다스려지는 꽃 피던 시절이 아닌 것입니다. 을목(乙木)이 분멸(焚滅)할 정도로 뜨거워서 을목(乙木)이 시들고 힘을 잃으니 조경학의 본래 의미가 퇴색(退色)하게 되었습니다.

그러므로 이 사람은 칠살이 직업이 되니 살용식제(殺用食制)로 나가는게 바람직합니다. 살용식제(殺用食制)는 기술직이 많습니다. 고위험군이니 위험수당을 챙기는 작업자가 될 수 있는 겁니다.

특히 사오(巳午)는 열에너지를 말하니 열은 폭발하는 것이므로 곧 엔진이 되는 것이며 임오(壬午)는 불을 다스리는 물이니 부동액 혹은 수용액을 취급한다고 본 것입니다. 또한 인사형(寅巳形)은 지살(地殺)형동(形動)이라 이동수단인데 목(木)이 연소(燃燒)가 되어 움직이는 물상이니 탄소 배출을 하는 자동차가 가능합니다. 더구나 앞으로 대운이 서방금운으로 흐르는 것은 모두 인사신(寅巳申) 역마이므로 쇠를 장착한 이동수단이 되어 자동차학과, 정비학과, 엔진업체 등이 모두 가능합니다.

▶ 근황

조경학을 전공하고 입대하여 제대 후 복학하였지만, 적성이 맞지 않아 다른 전공을 선택하려고 한다. 아버지는 자동차정비소에 근무하였고, 군대에서는 자동차 운전병 이였다고 한다.

# 56 탄(呑)을 구성한 팔자(八字)는 곤궁(困窮)하니 불법(不法)적인 일에 관여한다

| 時 | 日 | 月 | 年 | 세운30 | 대운25 | 건 명 |
|---|---|---|---|---|---|---|
| 정관 | | 편인 | 식신 | 식신 | 겁재 | 六神 |
| 丁 | 庚 | 戊 | 壬 | 壬 | 辛 | 天干 |
| 丑 | 辰 | 申 | 戌 | 辰 | 亥 | 地支 |
| 정인 | 편인 | 비견 | 편인 | 편인 | 식신 | 六神 |
| 백호 | 괴강 | 역마 | 홍염 | | | 神殺 |
| | | 지살 | 백호 | | | |

## ▶ 사/주/분/석

이 사주(四柱)는 편인(偏印)이 중중(重重)한데 년간의 식신(食神)을 만난 것이므로 일종의 탄(呑)을 형성하였습니다. 탄(呑)이라 함은 편인도식(偏印倒食)을 말하였던 것인데 탄(呑)을 구성한 여자는 자녀의 문제가 심하고 남자는 곧 의식주가 곤궁(困窮)할 것이라 보는 겁니다.

시주(時主)에 놓인 편인(偏印)의 탄(呑)을 맞으면 자식궁에서 시원(始原)이 된 탄(呑)이므로 특히 자녀 문제가 심하고, 월간의 편인(偏印)으로 인한 탄(呑)의 구성은 부모궁이니 가정문제로 곤궁(困窮)합니다. 특히 시간(時干) 정임합(丁壬合)과 년지(年支)의 술(戌)중 정화(丁火)가 정임(丁壬)명암합(明暗合)이니 임수(壬水)는 탄(呑)의 시달림으로 인해 더욱 힘든 것이죠. 그러하니 탄(呑)을 구성한 팔자가 할 수 있는 일은 정당한 보수를 받는 일은 못 하는 겁니다. 불법적인 일에 손을 댈 수 밖에는 없는 겁니다. 특히 주변은 모두 편인(偏印)의 거친 문서이고 신금(申金)은 역마(驛馬)이므로 땡전이 이동해야 하는 길이니 금융업인데 특히 일수놀이, 불법대출에 관여를 하였던 것입니다.

그래서 이 사람은 임진(壬辰)년과 계사(癸巳)년에 일수놀이를 해서 수억을 벌었다고 합니다. 무슨 까닭인가요. 년간의 임수(壬水)는 월지 신금(申金)이 장생지로 지탱하는 것이니 곤궁(困窮)한 가운데 버티고 있었는데, 신해(辛亥)대운에는 신금(辛金)이 임수(壬水)를 생조하고 해수(亥水)는 임수(壬水)의 록(祿)을 얻었으니 식신(食神)이 되살아나는 이유입니다. 또한 임진년(壬辰年)에는 임수(壬水)가 가세하여 식신(食神)이 돕고 지지의 진술충(辰戌沖)으로 진중(辰中)의 계수(癸水)가 술(戌)중의 정화(丁火)를 정계충거(丁癸沖去)하니 정화(丁火)가 손상을 당하게 되어 정임합(丁壬合)을 깨뜨려 버린 것이 주효(奏效)했습니다.

그러므로 이 시기에 격국 용신(用神)이 힘을 얻었으니 장생의 힘을 회복한 것으로 격국 용신의 발전이 있게 된 것입니다. 계사년(癸巳年)은 무계합거(戊癸合去)이니 편인(偏印)을 제거하므로 임수(壬水) 식신(食神)이 되살아나는 원리이고, 또한 지지에서는 사신형동(巳申形動)하니 신금(申金) 장생(長生)이 충기(冲氣)하여 임수(壬水) 용신(用神)이 힘을 얻는 이치입니다.

그러나 갑오년(甲午年)의 손재(損財)는 갑목(甲木)이 비록 무토(戊土)를 극제(剋制)하여 초반에는 승기(勝機)를 잡는 듯 보였으나 갑경충거(甲庚沖去)이니 재성(財星)의 손상(損傷)은 분명한 점인데, 오술합(午戌合)으로 화기(火氣)가 충만하여 임수(壬水)를 메마르게 하니 용신[격국] 피상을 당하는 손재가 후반기까지 영향을 미친다고 보면 됩니다. 탄(呑)을 구성한 팔자에서 탄(呑)이 살아나면 파재(破財), 파가(破家)할 수 있는데 5천만 원 손재(損財)로 끝날 수 있었던 까닭은 역시 신해(辛亥)대운이 길했기 때문이니 길(吉)중에 흉(凶)을 만난 것입니다.

# 57 월령의 인원용사(人元用事)를 취해 직업을 구하니 고초인등(枯草引燈)이다

| 時 | 日 | 月 | 年 | 세운32 | 대운25 | 곤 명 |
|---|---|---|---|---|---|---|
| 정관 | | 상관 | 정관 | 편인 | 편관 | 六 神 |
| 癸 | 丙 | 己 | 癸 | 甲 | 壬 | 天 干 |
| 巳 | 午 | 未 | 酉 | 辰 | 戌 | 地 支 |
| 비견 | 겁재 | 상관 | 정재 | 식신 | 식신 | 六 神 |
| 곡각 | 천의성 | 곡각 | 육해 | | | 神 殺 |

## ▶ 사/주/분/석

병오(丙午) 일인(日刃)이 사오미(巳午未)방국을 결성하여 염상(炎上)으로 진행하려고 하는데 천간에 계수(癸水) 2개가 투출(投出)하여 소낙비가 내려주니 산불을 진압(鎭壓)하는 형국(形局)입니다.

산불 진압이 성공할 수 있었던 이유는 계수(癸水)가 2개 지역으로 나누어 비를 전 지역으로 골고루 뿌려주고 있기 때문입니다. 또한 통관신(通關神)이 되는 유금(酉金)의 역할이 중요하였는데 유금(酉金)이 임술(壬戌)대운에 경발수원(庚發水原)을 얻어 토생금(土生金), 금생수(金生水)로 소낙비를 지원하였기 때문입니다. 경발수원(庚發水原)이라 함은 경금(庚金)이 물의 수원지(水源池)가 되어 공급하므로 끄치지 않는다는 뜻이니 주변의 도움과 협조로 성공하는 명식이 된다는 뜻입니다.

그러하므로 종격(從格)으로 가지 못하고 억부(抑扶)로 진행하였는데 고로 임술(壬戌)대운에 술미형(戌未形)으로 염상(炎上)을 깨뜨렸으므로 발전이 있었습니다.

직업을 약사(藥師)로 선택했는데 그 이유는 무엇일까?

월령의 인원용사(人元用事)를 취해 직업으로 선택했음을 알 수 있습니다. 즉 미(未)중의 을목(乙木)을 용신으로 취한 것인데 임술(壬戌)대운에 술미형(戌未形)으로 형출(形出)하여 을목(乙木)을 취(取)하니 이를 고초인등(枯草引燈)이라 합니다. 을(乙)과 병(丙)은 고초인등이 되어 태양 빛에 바짝 말린 건초, 한약 재료가 됩니다. 이러한 상(像)으로 천의성(天醫星) 혹은 술해(戌亥)천문이 있으면 종교, 의사, 활인업 종사자가 될 수 있습니다.사오미(巳午未)방국 안에 숨겨진 을목(乙木)은 자칫 분멸(焚滅)할 수 있는 위험이 있으나 년지(年支)의 유금(酉金)을 만나 을경암합(乙庚暗合)으로 보존이 되었습니다.

그 결과 유금(酉金)을 통해 계수(癸水)를 추출하는데 성공합니다.

계유(癸酉)는 발효성 수액(樹液)으로 사용하는 약신(藥神)이 되었으니 병오(丙午) 양인(陽刃)의 천의성(天醫星)을 깨우므로 약사(藥師)로 진출할 수 있습니다. 불의 양기(陽氣)가 강하면 한의(韓醫)가 못되고 양의(洋醫)가 됩니다. 그러므로 이 여자 분은 직업은 약사이며, 집안은 부유하다고 합니다.

# 58 정관(正官)이 역마겁탈(驛馬劫奪)을 만나면 이동, 여행중에 임신(妊娠)을 하게 된다

| 時 | 日 | 月 | 年 | 세운 | 곤 명 |
|---|---|---|---|---|---|
| 정재 |  | 편관 | 식신 | 정재 | 六 神 |
| 甲 | 辛 | 丁 | 癸 | 甲 | 天 干 |
| 午 | 丑 | 巳 | 亥 | 申 | 地 支 |
| 편관 | 편인 | 정관 | 상관 | 겁재 | 六 神 |
| 도화 육해 | 월살 천덕 | 역마 공망 | 역마 |  | 神 殺 |

## ▶ 사/주/분/석

갑신년(甲申年)은 정관(正官)을 사신형동(巳申刑動)하므로 관성(官星)이 형기(形氣)하였은 즉, 정관역마(正官驛馬)가 움직였는데 이로 인해 출행(出行)중에 남자를 만나게 되었습니다.

그런데 일간(日干)의 록(祿)은 유금(酉金)이고 신금(申金)은 겁재(劫財)이니 제왕지(帝旺地)로 들어오는 겁재(劫財)를 정관사화(巳火)가 형동(形動)한 사건이므로 역마겁탈(驛馬劫奪)이 되었는데, 기미(己未)대운 22살 때 갑신년(甲申年)에 계축(癸丑)생 남편을 만나 임신이 되어 결혼하였습니다. 보통 정관(正官)이 역마겁탈(驛馬劫奪)을 만나면 이동, 여행중에 임신을 하게 됩니다.

갑신(甲申)은 정재(正財)를 앉고 들어오는 겁탈자(劫奪者)이니 정관(正官)이 형(刑)하여 얻은 댓가성의 재물(財物)이므로 나이 차이가 많이 났는데 10년 연상인 계축생(癸丑生)을 만났습니다. 그런데 축년생이 안 좋은 이유는 축오(丑午)귀문이 된 상태이고, 재차 귀문(鬼門)유발하는 소띠라 부부불화가 많을 수 있기 때문입니다. 결혼 이후 10년 동안 매일 싸우며 살고 있습니다.

# 59 식신생재(食神生財)운에 재물이 모인다

| 時 | 日 | 月 | 年 | 곤명 |
|---|---|---|---|---|
| 식신 | | 겁재 | 식신 | 六神 |
| **辛** | **己** | **戊** | **辛** | 天干 |
| **未** | **巳** | **戌** | **未** | 地支 |
| 비견 | 정인 | 겁재 | 비견 | 六神 |
| 암록 | 역마 | 반안 | 태극귀인 | |
| 협록 | 협록 | 공망 | 암록 | 神殺 |
| | | | 협록 | |

| 丙 | 乙 | 甲 | 癸 | 壬 | 辛 | 庚 | 己 | 大運 |
|---|---|---|---|---|---|---|---|---|
| 午 | 巳 | 辰 | 卯 | 寅 | 丑 | 子 | 亥 | |

## ▶ 사/주/분/석

2개의 미토(未土)가 암록(暗祿)을 구성하였고 무기토(戊己土)가 투출한 상태이
므로 겁재태왕(劫財太旺)이 염려가 됩니다.

그러나 겁재(劫財)가 공망(空亡)으로 누그러졌고 년간(年干)과 시간(時干)의 두
신금(辛金)을 통해 일간의 기운이 배출이 되고 있습니다.

그러므로 오행이 멈추지 않고 흐르게 되었는데 신금(辛金) 용신의 특징이
두드러져 나타나게 되었습니다. 곧 다비견(多比肩)을 소화하는 식신(食神)은
교육으로 나타났고 신금(辛金)은 미국이니 영어강사로 활동했는데 신축(辛
丑)대운 24세 때 을미년(乙未年)에 약 4억 정도의 수입이 있었다고 합니다.
좋은 것은 초년대운이 북방수(北方水)운으로 흐른다는 점입니다. 이것으로
인해 식신(食神)이 멈추지 않고 재성(財星)으로 흘러가게 된 것입니다.

그래서 신왕(身旺)하고 2개의 식신(食神)이 설기해주어, 식신(食神)생재(生財)
운에 재물을 모았습니다.

# 60 천전일기(天全一氣)는 천복지재(天復地載)로 가야 한다

| 時 | 日 | 月 | 年 | 곤 명 |
|---|---|---|---|---|
| 비견 | | 비견 | 비견 | 六 神 |
| **辛** | **辛** | **辛** | **辛** | 天 干 |
| **卯** | **酉** | **卯** | **丑** | 地 支 |
| 편재 | 비견 | 편재 | 편인 | 六 神 |
| 단교관살 | 음양차착 | 재살 | 공망 | 神 殺 |
| 음양차착 | 십간록 | | | |

▶ **사/주/분/석**

일원이 천전일기(天全一氣)로 구성이 되면 천복지재(天復地載)로 가야합니다. 그런데 묘(卯) 2개가 개두(蓋頭)의 상(像)으로 묘유충(卯酉沖)을 하고 있습니다. 이런 구조에서는 평생 자금 압박으로 고통을 받을 수가 있습니다. 그런데 묘(卯)편재(偏財)가 두 곳에서 저항하므로 빈곤(貧困)하다고 쉽게 단정 할 수는 없습니다.

왜냐하면 남편이 그동안 생활비를 벌어왔으니 평생 무직으로 살아올 수 있었을 것이고 또한 남편과 사별 후에 남편이 남긴 재산을 쓰며 살아가고 있다고 하므로 빈궁(貧窮)하다고 단정하기는 어려운 것입니다.

다만 십간록(十干祿)과 편재(偏財)가 충돌하는 것은 안 좋습니다. 들어오는 것보다는 나가는 지출이 많다는 말이니까요.

그러나 충(沖)에도 불구하고 월지(月支)와 시지(時支) 묘목(卯木) 편재(偏財)가 이어지면 재물은 강한 것이므로 재물은 압박받아 흩어져도 다시 채워진다는 이야기가 됩니다.

# 61 비견분재로 재성이위인데 도화 형이 되니 부부갈등이 심하다

| 時 | 日 | 月 | 年 | 세운44 | 대운36 | 건 명 |
|---|---|---|---|---|---|---|
| 정재 | | 정재 | 비견 | 정재 | 겁재 | 六神 |
| 戊 | 乙 | 戊 | 乙 | 戊 | 甲 | 天干 |
| 子 | 巳 | 子 | 卯 | 戌 | 申 | 地支 |
| 편인 | 상관 | 편인 | 비견 | 정재 | 정관 | 六神 |
| 공망 | 역마 | 도화 | 재살 | | | |
| 도화 | 금여 | 공망 | 상문 | | | |
| 문곡 | 관귀 | 문곡 | | | | 神殺 |
| 낙정 | 학관 | | | | | |
| | 고신 | | | | | |
| | 천덕 | | | | | |

## ▶ 사/주/분/석

자수(子水)가 용신(用神)이고 무토(戊土)가 상신(相神)입니다.

그런데 무자(戊子)는 편인(偏印) 위에 정재(正財)가 놓인 물건으로 무토(戊土)는 부동산이고 자수편인(子水偏印)은 등기문서가 되었습니다. 그러므로 무자(戊子)의 상(像)은 임대업 종사가 맞습니다.

그런데 자수(子水)에 앉은 정재(正財)는 도화(桃花)이고 비견(比肩)과 자묘형(子卯形)이 됩니다. 이것은 도화(桃花)가 비견(比肩)과 형충(形沖)되면 성질환(性疾患)을 경험해 본다. 즉, 정재(正財)처는 밖으로 돌며 외도를 할 수 있습니다. 더구나 월간(月干) 정재(正財)와 시간(時干) 정재(正財)가 투출하고 년지(年支) 비견(比肩)이 놓이면 재성(財星) 이위(二位)의 상이 분명해지므로 곧 분재(分財)사주가 됩니다. 남자에게 분재(分財)라 함은 일부일처가 어렵다. 부인은 밖으로만 다니고 "조울증"이 있고 남편을 업신여긴다고 합니다.

# 62 양인(羊刃)을 형(刑)하고 사지(死地)충(沖)이 되면 양인(羊刃)의 충패구(沖敗懼)라 한다

| 時 | 日 | 月 | 年 | 세운42 | 곤 명 |
|---|---|---|---|---|---|
| 정관 | | 상관 | 정재 | 편관 | 六神 |
| 辛 | 甲 | 丁 | 己 | 庚 | 天干 |
| 未 | 午 | 卯 | 未 | 子 | 地支 |
| 정재 | 상관 | 겁재 | 정재 | 정인 | 六神 |
| 화개 | 육해 | 도화 | 반안 | | |
| 반안 | 천덕 | 양인 | | | 神殺 |
| | 월덕 | | | | |

▶ 사/주/분/석

경자년(庚子年)에는 일주(日柱)를 갑경충(甲庚沖)하고 자오충(子午沖)을 합니다. 갑오(甲午)에서는 오화(午火) 사지(死地)를 충극(沖剋)하는 것이니 칠살(七殺)을 그대로 받게 되면 관귀(官鬼)가 될 수 있습니다. 더구나 묘(卯) 양인(羊刃)을 자묘형(子卯形)하고 들어오는 일지(日支)의 사지충(死地沖)은 두렵다고 하였는데, 잘못하면 양인(羊刃)의 충패구(沖敗懼)가 되어 파봉재(怕逢財)가 되면 화(禍)가 가볍지 않습니다.

다만, 정화(丁火)의 경금(庚金) 제복(制伏)이 있었으니 바깥의 재앙(災殃)이 아니고 내부(內部) 질환(疾患)으로 나타난 것입니다.

고로 경자년(庚子年)에 이르러 갑자기 불면증(不眠症)으로 인한 고충에 시달리기 시작하였다고 합니다.

# 63 양인 충패구(沖敗懼)에 진술충이면 육친을 잃을 수 있다

| 時 | 日 | 月 | 年 | 명조 |
|---|---|---|---|---|
| 편인 | | 식신 | 겁재 | 六神 |
| **丙** | **戊** | **庚** | **己** | 天干 |
| **辰** | **戌** | **午** | **巳** | 地支 |
| 비견 | 비견 | 정인 | 편인 | 六神 |
| 천살 | 단교 | 도화 | 망신 | |
| 홍염 | 관살 | 양인 | 천의 | |
| 월덕 | 괴강 | 현침 | 곡각 | 神殺 |
| 과숙 | | | | |

## ▶ 사/주/분/석

진중(辰中)의 을목(乙木)이 남편(男便)성(星)에 해당합니다. 그런데 충출(沖出)이 되어야 내 남편을 취하는 구조에서 월간의 경금(庚金)은 을목(乙木)의 저승사자에 해당합니다.

고로 만약에 충출(沖出)이 된 을목(乙木)은 을경합거(乙庚合去)로 제거가 되는 상(像)이니 곧 남편의 위태로움을 알게 해주는 구조입니다.

그러므로 양인(羊刃)과 비견겁(比肩劫)이 중중(重重)한 사주에서 경자년(庚子年) 양인충(羊刃沖)은 대흉(大凶)한 것입니다. 만약 양인이 충패구(沖敗懼)가 되면 재앙이 적지 않다고 하였습니다. 고로 남편에게 불리한 사주인 것입니다.

그래서 경자년(庚子年)에 자오충(子午沖)이 되면서 진술충(辰戌沖)이 작동하였는데 진중(辰中)의 을목(乙木)이 충출(沖出)하였습니다. 지장간에서 출현(出現)이 된 을목(乙木)은 을경합거(乙庚合去)로 경금(庚金) 저승사자가 바로 데리고 갔습니다. 그래서 경자년(庚子年)에 남편이 갑작스런 사고로 사망하였습니다.

# 64 일지를 원진하면 부부갈등이고, 정관을 충(沖)하면 부부이별이다

| 時 | 日 | 月 | 年 | 곤 명 |
|---|---|---|---|---|
| 정관 | | 상관 | 정인 | 六 神 |
| 丁 | 庚 | 癸 | 己 | 天 干 |
| 丑 | 寅 | 酉 | 酉 | 地 支 |
| 정인 | 편재 | 겁재 | 겁재 | 六 神 |
| 천을 | 관귀 | 장성 | 양인 | |
| 과숙 | 겁살 | 양인 | 육해 | |
| 백호 | 천덕 | | | 神 殺 |
| 음양 | 월덕 | | | |

## ▶ 사/주/분/석

양인살(羊刃殺)이 유유(酉酉)형살(刑殺)을 만난 것이니 양인(羊刃)의 시위(示威)가 두렵습니다. 본래 유유형(酉酉刑) 양인(羊刃)은 칼, 도검에 의한 찰상(擦傷)을 유발(誘發) 할 수도 있으니 흉악살이 결집이 되면 상대방을 위해(危害)하여 구속도 될 수 있습니다. 다행히도 재살(災殺)이 보이질 않고 일지 겁살(劫殺)은 여러 천덕, 월덕귀인에 둘러싸여 제화(制化)가 되어 있습니다. 다만 인유(寅酉)원진(元嗔)에서는 벗어날 수는 없습니다.

그러므로 정축(丁丑)은 동주묘(同住墓)이고 일지궁 인목(寅木)을 2개의 인유원진(寅酉元嗔)으로 극하는 중이니 천간의 정계충(丁癸沖)은 충거(沖去)가 된 상관(傷官)견관(見官)입니다.

정관(正官)을 충(沖)하여 별거요, 충거(沖去)되면 떠나간 사람입니다. 곧 인목궁(寅木宮)의 파손이 분명하기 때문에 정계충(丁癸沖)으로 정관은 나에게 무용지물이 된 것입니다. 그러므로 남편은 도망을 갔다고 합니다. 현재 단란주점을 운영하는데 어려움이 많다고 합니다.

# 65 겁살망신(劫殺亡身)이 자식이 되면 불효자가 많다

| 時 | 日 | 月 | 年 | 곤명 |
|---|---|---|---|---|
| 상관 | | 겁재 | 편인 | 六神 |
| **甲** | **癸** | **壬** | **辛** | 天干 |
| **寅** | **卯** | **辰** | **酉** | 地支 |
| 상관 | 식신 | 정관 | 편인 | 六神 |
| 겁살 | 재살 | 천덕 | 문곡 | |
| 망신 | 천을 | 월덕 | 재살 | |
| 금여 | 문창 | 공망 | | 神殺 |
| | 낙정 | | | |

## ▶ 사/주/분/석

이 명조는 금수목(金水木)으로 삼기성상(三氣成像)을 구성하여 부귀(富貴)를 누리는 사주임에는 분명합니다. 그러나 진토(辰土) 정관(正官)은 남편성인데 인묘진(寅卯辰) 방국(方局)으로 공망(空亡)에 걸려 있었고 방국(方局)을 이루어 투간한 갑인(甲寅) 상관(傷官)은 겁살망신(劫殺亡身)이니 이르기를, 겁살자식을 얻으면 효자(孝子)가 없다고 하였습니다.

그러므로 공망(空亡)이 된 남편과는 인연(因緣)이 깊지 않았고 겁살자식(劫殺子息)들은 부모의 재산을 갈취할 뿐이라고 합니다. 그런 즉, 부모가 자식들에게 아무리 잘해준다고 하여도 그 은덕(恩德)을 깨닫지 못하였는데 그 까닭은 겁살망신이 상관인 자식이 되어 있기 때문입니다.

그래서 이 명주(命主)는 부모덕은 있었으나 남편 덕과 자손 복이 없었습니다. 기해(己亥)대운 사망할 당시에 100억대의 재산이 있었다고 합니다.

# 66 나의 십간록을 충(沖)하고 만나는 일지합 궁은 결혼 운이다

| 時 | 日 | 月 | 年 | 세운26 | 대운22 | 곤 명 |
|---|---|---|---|---|---|---|
| 정인 | | 식신 | 정인 | 식신 | 겁재 | 六 神 |
| 丙 | 己 | 辛 | 丙 | 辛 | 戊 | 天 干 |
| 寅 | 巳 | 卯 | 午 | 未 | 子 | 地 支 |
| 정관 | 정인 | 편관 | 편인 | 비견 | 편재 | 六 神 |
| 공망 | 낙정 | 공망 | 도화록 | | | |
| 겁살 | 관살 | 도화 | | | | 神 殺 |
| 지살 | 망신 | 상문 | | | | |
| 천희 | | 문곡 | | | | |

## ▶ 사/주/분/석

이 명조는 월지(月支) 편관(偏官)과 시지(時支) 정관(正官)이 놓여 있는데 월지(月支) 편관(偏官)은 오묘파(午卯破)가 되고 천간은 병신합거(丙辛合去)이니, 식신(食神)이 제거가 된 상황이므로 곧 자식이 없는 것으로 이혼 후에 자식을 묘목(卯木) 편관(偏官)이 데리고 간 것으로 보면 됩니다. 고로 정편관(正偏官) 이위(二位)의 상(像)이 분명하므로 부부갈등 혹은 이별수가 있을 사주입니다. 그런데 결혼 시기를 살펴보면, 년지(年支) 오화(午火)는 일간(日干)록(祿)에 해당합니다. 그런데 자수(子水)대운에 이르러 자오충(子午沖)으로 나의 록(祿)을 충(沖)하고 부부궁과 자사암합(子巳暗合)이 되었습니다. 무슨 뜻인가 하면 부부궁(夫婦宮)의 합은 곧 결혼할 준비가 되었다는 이야기입니다.

신미년(辛未年)에는 원국에서 병신합거(合去)가 된 신금(辛金)을 풀어서 잠들었던 식신(食神) 자녀성을 깨워 임신(妊娠)의 길을 열어주었습니다. 또한 미토(未土)는 일지궁(日支宮)의 사화(巳火)와 사오미(巳午未)로 오화(午火)를 협(夾)

하였기에 년지(年支) 오화(午火)를 끌고 와서 방국(方局)을 일으키니 일지궁이 크게 동(動)하여 움직였습니다.

그러므로 이 명주는 26세 신미(辛未)년에 결혼을 하고 33세 무인년(戊寅年)에 이혼(離婚)하였습니다. 무인년(戊寅年)에서는 무토(戊土)는 겁재(劫財)이고 인목(寅木)은 새로운 남자가 등장하였는데 곧 관살혼잡(官殺混雜)이 발생하는 시기입니다.

그러므로 겁재에 위치한 정관은 유부남이므로 다른 여자의 남자가 되는 것입니다. 이 해에는 관살혼잡(官殺混雜)이 가중(加重)이 되었기 때문에 나의 정관을 겁재에게 빼앗기는 운명이라고 볼 수 있습니다. 이 명주는 이혼후 35세 경진(庚辰)년에 카페를 운영하였습니다.

## ▶ 용어 해설

편관(編官)은 오묘파살(午卯破殺)인데 정관(正官)은 인사형살(寅巳刑殺)이면 동일한 관살혼잡(官殺混雜)이라 해도 그 흉(凶)이 깊어집니다. 관살혼잡이 무정(無情)하면 이혼 후에 재혼(再婚)은 어려운 것이며 유정(有情)하면 재혼(再婚)을 고려할 수 있습니다.

# 67 관살혼잡에 년월지 공망이니 일찍 고향을 떠나 성가한다

| 時 | 日 | 月 | 年 | 곤 명 |
|---|---|---|---|---|
| 식신 | | 겁재 | 비견 | 六神 |
| **甲** | **壬** | **癸** | **壬** | 天干 |
| **辰** | **戌** | **丑** | **子** | 地支 |
| 편관 | 편관 | 정관 | 겁재 | 六神 |
| 화개 | 낙정 | 금여 | 공망 | |
| 백호 | 관살 | 공망 | 양인 | |
| | 백호 | 백호 | 홍염 | 神殺 |
| | | 과숙 | 재살 | |
| | | 음양 | 조객 | |

▶ 사/주/분/석

임계수(壬癸水)가 축월(丑月)에 태어나 년지 자수(子水)에 양인(羊刃)을 놓아 무척 강한데 년월일에는 정편관(正偏官) 혼잡(混雜)을 구성하고 년지(年支)와 월지의 공망(空亡)을 놓았습니다.

그러므로 조부(祖父)와 가친(家親)의 공로가 흩어졌는데 조상의 기운은 단절(斷絶)이 되었고 가족과는 조기 이별을 하게 되었습니다. 보통 년월지(年月支) 공망(空亡)이 구성이 되면 일찍이 고향을 떠나 타향에서 성가(成家)하게 됩니다.

그러므로 여자는 젊어서 일본에 건너가 그곳에서 나이 많은 사람의 첩실(妾室)이 되었다고 합니다. [변만리]

# 68 진상관(眞傷官)이 편관(偏官)백호(白虎)를 일으켰다

| 時 | 日 | 月 | 年 | 대운42 | 곤 명 |
|---|---|---|---|---|---|
| 비견 | | 정재 | 상관 | 편인 | 六神 |
| 癸 | 癸 | 丙 | 甲 | 辛 | 天干 |
| 丑 | 未 | 寅 | 寅 | 酉 | 地支 |
| 편관 | 편관 | 상관 | 상관 | 편인 | 六神 |
| 공망 | 비인 | 지살 | 망신 | | |
| 절로 | 천희 | 망신 | 금여 | | |
| 과숙 | | 금여 | | | |
| 홍염 | | 월덕 | | | 神殺 |
| 백호 | | | | | |
| 곡각 | | | | | |

## ▶ 사/주/분/석

병화(丙火) 정재(正財)는 흑운차일(黑雲次日)에 걸려 있는데 자수(子水)대운에 들어서 병화(丙火)가 절각(截脚)에 들어가면 태양은 빛을 잃게 됩니다. 그러므로 일찍이 자수(子水)대운에 부친(父親)은 파산(破産)하였다고 하는데, 계해(癸亥)대운에 들어서는 3개의 계수(癸水)로 인해 흑운차일(黑雲次日)의 피해가 더욱 심해졌습니다.

그래서 명주는 20대 이후부터 부친의 재정적인 혜택을 거의 못 받았다고 합니다. 또한 계축(癸丑)은 편관(編官)백호(白虎)인데 비견(比肩)이 앉아 있으면서 축미충(丑未沖)으로 백호(白虎)를 동(動)하게 하는 팔자입니다. 이것은 백호(白虎)가 동(動)하게 되면 비견이 나의 남편을 빼앗아 갈수 있다는 경고를 하는 셈입니다.

그러므로 비견(比肩) 이위(二位)의 상(象)이 분명한 것입니다. 특히 인월(寅月)의 갑인(甲寅)년주는 진상관(眞傷官)이 분명하였는데 만약 축미충(丑未沖)이 되면 상관부진(傷官不盡)이 될 수 있습니다.

따라서 상관부진(傷官不盡)이 되면 관성을 극하게 되는 것이라서 남편에게는 흉한 사건이 발생할 수 있는 것입니다. 특히 시지(時支)에는 공망(空亡) 2개가 중첩(重疊)이 되어 있었고 백호와 과숙(寡宿), 곡각이 결집(結集)하였으므로 비록 축미충(丑未沖)으로 공망(空亡)을 일부분 해소했다고 하나, 충(沖)으로 흉살(凶殺)를 일으켰으니 축미충(丑未沖)은 편관(偏官)백호(白虎)를 발생시켰습니다.

## ▶ 근황

어려서는 부유했으나 20대에 부친의 사업이 부도가 나서 경제적 혜택을 못 받았다. 디자인 계열을 전공하여 현재 가구회사에 근무하고 있다. 자식을 낳은 후에 배우자와 갈등이 깊어지고 심지어 시댁과의 관계도 악화되어 신유(辛酉) 대운에 이혼하다.

# 69 정편관 이위(二位)의 상(像)이니 재혼(再婚)이 분명하다

| 時 | 日 | 月 | 年 | 곤 명 |
|---|---|---|---|---|
| 정재 | | 식신 | 편관 | 六神 |
| **丙** | **癸** | **乙** | **己** | 天干 |
| **辰** | **卯** | **亥** | **酉** | 地支 |
| 정관/공망 | 식신/공망 | 겁재 | 편인 | 六神 |
| 천살 | 재살 | 역마 | 재살 | |
| 반안 | 문창 | 지살 | 문곡 | |
| 홍염 | 낙정 | 고신 | | 神殺 |
| | 관살 | 천덕 | | |

## ▶ 사/주/분/석

년간(年干) 편관(偏官)은 월간 식신(食神)이 식신제살(食神制殺)하여 편인(偏印)으로 살인상생(殺印相生)이 되는 공덕(功德)을 지닌 전남편이고, 시지(時支)의 진토(辰土) 정관(正官)은 공망(空亡)으로 일지 식신(食神)이 정관(正官)을 묘진해살(卯辰害殺)로 파관(破官)하고 월지 해수(亥水)와는 진해원진(辰亥元嗔)을 구성했는데 재혼(再婚)한 남편(男便)이 됩니다.

진해원진(辰亥元嗔)이 된 정관은 곧 후회와 원망이 분명한 것이므로 일찍이 말하기를 칠살(七殺)도 제복(制伏)이 되면 귀(貴)하고 정관(正官)이 묘진해(卯辰害)로 파관(破官)이 되면 오히려 천(賤)하다는 말은 이와 같은 뜻입니다.

그래서 이 사주는 전 남편은 좋았고 재혼한 남편은 거의 무위도식(無爲徒食)에 가깝다고 하면서 재혼(再婚)을 후회하고 있습니다.

# 70 시귀(時歸)의 재고(財庫)귀인이 출현한 즉, 어려운 삶 중에서 부자가 되었다

| 時 | 日 | 月 | 年 | 대운37 | 곤 명 |
|---|---|---|---|---|---|
| 상관 | | 겁재 | 상관 | 정재 | 六 神 |
| 己 | 丙 | 丁 | 己 | 辛 | 天 干 |
| 丑 | 申 | 卯 | 亥 | 未 | 地 支 |
| 상관 | 편재 | 정인 | 편관 | 상관 | 六 神 |
| 재고귀인 | 겁살 | 장성육해 | 고신 | | |
| | 낙정 | | 곡각 | | |
| | 십악 | | 천을 | | 神 殺 |
| | 대패 | | 귀인 | | |
| | 관귀 | | | | |
| | 문창 | | | | |

## ▶ 사/주/분/석

정인(正印)을 용신(用神)으로 사용하는 사주에서는 편재(偏財)를 만나는 것은 흉(凶)한 일입니다. 왜냐하면 재극인(財剋印)으로 삶이 평탄하지를 못하는 것입니다.

그러므로 20대에 조부모(祖父母)를 한 해에 모두 잃었고 22세에는 모친(母親)마저 질병으로 급사(急死)하였습니다. 얼마 가지 않아 남편마저 교통사고로 사망하였는데 병인년(丙寅年)에 인신충(寅申沖)으로 역마충(驛馬沖)을 당한 까닭입니다.

다만 훗날에 백만금을 벌어 부자가 되었는데 이것은 축(丑)중의 신금(辛金) 재고귀인(財庫貴人)을 본 까닭입니다. 비록 시귀(時歸)에 놓인 재고(財庫)인 까닭에 늦게 발재(發財)할 운명이였으나 재극인(財剋印)의 숙명을 빗겨갈 수가 없었던 모양입니다.

그러므로 신미(辛未)대운에 축미충(丑未沖)으로 잠자던 재고귀인(財庫貴人)을 깨웠는데 무인년(戊寅年)과 기묘년(己卯年)부터 발재(發財)하기 시작하여 갑신 년(甲申年)까지 백만(百萬)위안을 벌었다고 합니다.

## ▶ 근황

기사(己巳)대운 기미(己未)년 20세에 조부모가 연이어 사망했다.

기사(己巳)대운 신유(辛酉)년 22세에 모친이 병으로 사망했다.

기사(己巳)대운 임술(壬戌)년 23세 결혼했다.

경오(庚午)대운 병인(丙寅)년 27세에 남편이 교통사고로 사망했다.

신미(辛未)대운 정축(丁丑)년 38세에 오른쪽 다리를 다쳤다.

하반기에 장사를 시작했다.

신미(辛未)대운 무인년(戊寅年)과 기묘년(己卯年)에 발재(發財)하기 시작하여 갑 신년(甲申年)까지 6~7년간 백만금을 벌었다. [건상비결]

# 71 편재(偏財)가 공망이면 재물이 흩어지니 수습하기가 어렵다

| 時 | 日 | 月 | 年 | 대운35 | 건 명 |
|---|---|---|---|---|---|
| 비견 | | 겁재 | 정관 | 정관 | 六 神 |
| **甲** | **甲** | **乙** | **辛** | **辛** | 天 干 |
| **戌** | **子** | **未** | **卯** | **卯** | 地 支 |
| 편재 | 정인 | 정재 | 겁재 | 겁재 | 六 神 |
| 공망 | 도화 | 천살 | 양인 | | |
| 천살 | 천덕 | 백호 | | | |
| 과숙 | 월덕 | | | | |
| 상문 | | | | | 神 殺 |
| 천덕 | | | | | |
| 월덕 | | | | | |

## ▶ 사/주/분/석

천간에는 갑을(甲乙)의 비겁(比劫)이 놓였고, 년지는 묘(卯) 양인(羊刃)을 보았는데 비겁다자(比劫多者)는 일단 경쟁이 심한 조직에 근무하는 게 좋습니다. 그러므로 교육(敎育), 운동(運動), 군인(軍人) 등의 집단생활이 괜찮다고 보는 것입니다.

더구나 묘미(卯未)가 양인국을 구성했으므로 기세(氣勢)가 남다르므로 무관(武官) 혹은 운동선수(運動選手) 등으로 양인(羊刃)의 기운이 배출(排出)이 되면 좋은 것입니다.

그런데 년간(年干)의 정관(正官)은 묘(卯)에 앉아 있으니 절각(截脚)이요, 재성(財星)은 화재위겁(化財爲劫)으로 변질(變質)이 되어 재생관(財生官)이 힘들고, 다시 자수(子水) 인수(印綬)가 보호하기에는 변방(邊方)에 위치하여 고립무원(孤立無援)이 되어 있습니다.

그러므로 이 남자 분은 외지(外地) 근무를 하는 군인(軍人) 출신으로 20년간 복무하였습니다. 월지(月支)의 미토정재(未土正財)는 묘미합(卯未合)으로 세력을 잃었으니 군복무는 박봉(薄俸)의 생활이고 시지(時支) 편재(偏財)를 보고 전역하여 사업을 시작했을 것입니다.

그러나 편재(偏財)는 공망(空亡)이니 비록 천덕(天德), 월덕(月德)이 돕는다고 하나 과숙(寡宿)상문(喪門)에 갇혀 빛을 보기 어려웠으니 재물은 흩어지고 쉽사리 축재(蓄財)하기 어려웠습니다.

따라서 갑신년(甲申年) 54세에 이르러 파산하였다고 합니다.

### ▶ 근황

임신년(壬申年) 42세에 20년 동안의 군대 생활을 마치고, 하반기에 지방에서 장사를 시작했다. 갑신년(甲申年) 54세에 완전히 망했고 빚이 쌓였다. [중국 자료]

# 72 정관이 술해천문(戌亥天門)으로 역마충이면 일부종사가 힘들다

| 時 | 日 | 月 | 年 | 곤 명 |
|---|---|---|---|---|
| 상관 | | 상관 | 편관 | 六神 |
| **甲** | **癸** | **甲** | **己** | 天干 |
| **寅** | **巳** | **戌** | **亥** | 地支 |
| 상관 | 정재 | 정관 | 겁재 | 六神 |
| 戊丙甲 | 戊庚丙 | 辛丁戊 | 戊甲壬 | 支藏干 |
| 망신<br>겁살<br>고신<br>급각 | 역마<br>천을<br>홍염<br>곡각 | 반안<br>천살<br>과숙<br>현침 | 역마<br>곡각 | 神殺 |

## ▶ 사/주/분/석

월지(月支)는 정관(正官)이고 년간(年干)은 칠살(七殺)인데 갑기합(甲己合)으로 합살류관(合殺留官)은 분명합니다. 정관(正官)이 술해천문(戌亥天門)에 해당하고 년지(年支)와 일지(日支)가 사해역마충(巳亥驛馬沖)이라 음양(陰陽)의 진위(眞僞)가 불명확하였습니다. 왜냐하면 술(戌)중의 무토(戊土) 정관(正官)이 일간 계수(癸水)와 암합(暗合)하므로 부부유정하였지만 술해천문(戌亥天門)에 흔들렸고, 해(亥)중의 무토(戊土)정관(正官)과 사중(巳中)의 무토(戊土) 정관(正官) 그리고 인중(寅中)의 무토(戊土) 정관(正官)으로 암관(暗官)이 많아서 일부종사의 진위여부가 불확실하게 된 것입니다.

따라서 정관은 뚜렷하나 숨어 있는 정관이 많고 술해천문(戌亥天門)과 사해역마충(巳亥驛馬沖)으로 결혼생활을 오래 지속되기 어렵다. 이 사주는 5번 결혼한 여자로 2명의 남편이 죽었고, 3번의 이혼과 혼인을 반복하였습니다.

# 73 천을귀인이 된 고(庫)가 형파(刑破)가 되면 불가(不可)하니 입고(入庫)사건이 따르게 된다

| 時 | 日 | 月 | 年 | 세운40 | 대운38 | 건 명 |
|---|---|---|---|---|---|---|
| 정관 | | 겁재 | 편관 | 편관 | 정재 | 六 神 |
| 丁 | 庚 | 辛 | 丙 | 丙 | 乙 | 天 干 |
| 亥 | 寅 | 丑 | 戌 | 寅 | 巳 | 地 支 |
| 식신 | 편재 | 정인 | 편인 | 편재 | 편관 | 六 神 |
| 겁살 | 지살 | 천을 | 금여 | | | |
| 문창 | 관귀 | 천살 | 화개 | | | 神 殺 |
| 고신 | 천덕 | 과숙 | 홍염 | | | |
| | 월덕 | 곡각 | 백호 | | | |

## ▶ 사/주/분/석

이 명주는 병인년(丙寅年)에 잘 나가던 중 갑자기 사망했다고 합니다.

보통 관살혼잡(官殺混雜)의 우려(憂慮)가 있는 사주를 합살류관(合殺留官)하면 명국(命局)이 선명(鮮明)해지므로 성공하는 명식이 됩니다.

그러므로 이 명조는 병신합(丙辛合)으로 편관(偏官)을 제(制)하고 정관(正官)을 살렸으므로 합살류관(合殺留官)이 된 팔자입니다.

그러므로 "잘 나가는 인생이다"라고 언급한 대목을 이해할 수 있게 됩니다. 다만 축토(丑土)가 금고(金庫)인데 축술형(丑戌形)으로 축(丑)의 창고가 열린 상태라서 일간(日干) 입고(入庫)의 운명(運命)이 염려가 되는 것입니다.

일간 입고처를 가진 팔자는 감금(監禁), 수옥(囚獄), 입원(入院), 사망(死亡)등의 사건을 경험할 수 있습니다. 또한 말하기를 천을귀인(天乙貴人)은 합(合)이 길하고 충파(沖破)가 되면 불가(不可)하다고 말을 했는데 비록 축토(丑土)가 천을귀인(天乙貴人)이라 하나 축술형(丑戌形)으로 형파(刑破)가 되면 좋은 현상이 아닌 것이 분명한 것입니다.

그러므로 고(庫)를 충파(沖破)당했으므로 천을귀인(天乙貴人)은 파괴(破壞)가 되었고 파손된 고(庫)는 개문(開門)이 된 것으로 일간은 안정성을 보장 받지 못하는 것입니다.

그래서 병인년(丙寅年)에는 재생살(財生殺)의 운세였는데 병화 편관(偏官)의 등장으로 관살혼잡(官殺混雜)이 발생하였고 두 편재가 재생살(財生殺)을 도우니 절각(截脚)에 앉은 경금(庚金)일간은 칠살의 공격에 무방비인 것으로 곧 입고(入庫)가 되었습니다.

# 74 재고(財庫)는 숨었고 문서가 왕(旺)하니 부동산, 임대업이 맞다

| 時 | 日 | 月 | 年 | 대운33 | 건 명 |
|---|---|---|---|---|---|
| 정재 | | 상관 | 편인 | 정관 | 六 神 |
| 丁 | 壬 | 乙 | 庚 | 己 | 天 干 |
| 未 | 子 | 酉 | 戌 | 丑 | 地 支 |
| 정관 | 겁재 | 정인 | 편관 | 정관 | 六 神 |
| 과숙 | 양인 | 도화 | 과숙 | | |
| 복성 | 협록 | | 상문 | | 神 殺 |
| | | | 월덕 | | |
| | | | 재고 | | |

▶ 사/주/분/석

유월(酉月)의 을경합(乙庚合)은 금국(金局)을 이루어 태왕(太旺)하니 마땅히 임자(壬子)일주로 유통(流通)되어야 좋습니다.

그런데 임자(壬子)일주에서 집결한 수(水)가 식상(食傷)이 없는 까닭에 마땅히 나아갈 방향을 잃었는데, 급신이지(及身而止)가 되면 일간에서 물줄기가 멈추는 것이니 미(未)중의 을목(乙木)의 상관으로 급하게 흘러 들어갑니다. 그런 즉, 숨은 식상 을목이 왕기(旺氣)를 띄게 되면서 용신(用神)으로 나타나게 되었습니다. 곧 을목(乙木)이 월지의 유금(酉金)과 을경(乙庚)암합(暗合)하므로 볍씨라는 물상을 구성했습니다.

그래서 을목(乙木)이 용신 병화(丙火)를 만나면 고초인등(枯草引燈)으로 의료계(醫療界) 종사가 많지만 병화(丙火)가 부재(不在)하였고 천의성(天醫星)도 없으니 의료종사자는 어렵고, 을목(乙木)이 경금(庚金)을 만나 암합(暗合)하면 열매 혹은 쌀이 됩니다.

그런데 월간(月干) 을목(乙木)으로 투간하였습니다. 따라서 미(未)중의 을목은 덜익은 과실이니 볍씨가 되는 것인데 이 사람이 쌀가게 취업한 것은 투간한 을목(乙木) 쌀의 모습을 용신으로 취하게 된 까닭입니다. 고로 이 명주는 팔자 운명대로 진행을 한 것이 됩니다. 또한 술(戌)중의 정화(丁火)는 재고(財庫)로 숨어 있고 유금(酉金) 문서는 왕성(旺盛)했으므로 훗날에 임대업(賃貸業), 부동산(不動産)을 소유하여 재고귀인(財庫貴人)을 불러 온 것이므로 부자가 될 수 있었습니다.

### ▶ 근황
가족의 부양을 위해 일찍 쌀가게에 취직하여 일하면서 동생들을 공부시켰다. 무자(戊子) 대운 말에 자신이 일하던 쌀가게를 매입(買入)하였고 현재 상가와 부동산등을 소유하고 있다고 한다.

# 75 백호일주가 양인의 국을 자오충하면 흉신충발을 당한다

| 時 | 日 | 月 | 年 | 세운45 | 건 명 |
|---|---|---|---|---|---|
| 겁재 | | 편인 | 비견 | 편재 | 六神 |
| **丁** | **丙** | **甲** | **丙** | **庚** | 天干 |
| **酉** | **戌** | **午** | **午** | **寅** | 地支 |
| 정재 | 식신 | 겁재 | 겁재 | 편인 | 六神 |
| | 백호 | 양인 | 양인 | | |
| | 월덕 | 현침 | 현침 | | 神殺 |
| | 단교 | | | | |
| | 관살 | | | | |

## ▶ 사/주/분/석

무술(戊戌)대운 경인년(庚寅年)에 자살 실패 후에 경자(庚子)대운 임자년(壬子年)에 사망한 사람입니다. 병술(丙戌)일주는 백호가 되는데 단교관살에 처해 있으므로 혈광사가 두려운 팔자입니다.

그런데 병화(丙火)일간이 비견(比肩)과 겁재(劫財)가 출현이 되었고 지지는 오오형(午午刑)으로 화국(火局)을 이루고 있습니다. 불의 기세가 치열하였으므로 갑목(甲木)은 분멸(焚滅)의 위기가 틀림이 없습니다. 또한 유술(酉戌)은 상천살(相穿殺)로 금(金)을 녹이고 있었으므로 금전적으로 궁핍했을 것이 틀림이 없습니다. 그러므로 경인년(庚寅年)에 인오술(寅午戌)화국을 이루는 해에 기신(忌神)의 국을 만들어 자살을 시도했으나 실패하였습니다.

그러다 경자(庚子)대운 임자년(壬子年)에 사망했는데 자운(子運)을 만나 기쁠 듯하지만, 이미 치성(熾盛)한 화마(火魔)에 물을 뿌리는 격이므로 오히려 흉신충발(凶神衝發)을 일으켰습니다. 일찍이 말하기를 국을 이룬 왕성(旺盛)한 흉신(凶神)은 충제(沖制)는 불가하고 합제(合制)가 마땅하다고 하였습니다.

# 76 역마가 인사신(寅巳申)삼형(三刑)을 결성하는 기사월 기사일에 교통사고 당하였다

| 時 | 日 | 月 | 年 | 세운17 | 대운12 | 건 명 |
|---|---|---|---|---|---|---|
| 편인 | | 정인 | 상관 | 정인 | 겁재 | 六 神 |
| 乙 | 丁 | 甲 | 戊 | 甲 | 丙 | 天 干 |
| 巳 | 卯 | 寅 | 申 | 子 | 辰 | 地 支 |
| 겁재 | 편인 | 정인 | 정재 | 편관 | 상관 | 六 神 |
| 겁살 | 공망 | 공망 | 겁살 | | | |
| 역마 | 육해 | 역마 | 금여 | | | 神 殺 |
| 고신 | 문곡 | 망신 | 관귀 | | | |
| 조객 | 현침 | 현침 | 현침 | | | |

▶ 사/주/분/석

이 명조는 갑인(甲寅)이 있고 묘목(卯木)과 투간한 을목(乙木)이 있으니 정편인(正偏印)이 태과(太過)하여 득세(得勢)하였습니다. 그런데 무토(戊土)는 상관생재(傷官生財)하는 상업(商業)의 신(神)인데 태과(太過)한 기신 편인(偏印)이 상관(傷官)을 파료(破了)시켰습니다. 또한 신금(申金) 재성(財星)은 겁살(劫殺)에 놓여 있는데 인신충(寅申沖)이고 사신형(巳申刑)이므로 재성(財星) 손상(損傷)은 불가피합니다.

그러므로 이 사주는 상관생재(傷官生財)의 구조가 파괴된 것으로 무능(無能)으로 나타날 것입니다. 곧 파료상관(破了傷官)으로 상관(傷官)이 흉물(凶物)이 된 것이니 곧 장애지상(障礙之像)을 보이고 있습니다.

보통 말하길 귀물(鬼物)이 있는 사주에서 귀물(鬼物) 발동(發動)이 있으면 재앙(災殃)이 심하다고 하였습니다. 그러므로 진토(辰土)대운에 인묘진(寅卯辰)방국을 이뤄 기신(忌神)이 국을 이루었고, 역마(驛馬)가 된 갑인(甲寅)의 강목

(强木)이 다시 갑자년(甲子年)을 만나 목(木)을 준동(蠢動)하여 상관(傷官)귀물(鬼物)을 크게 자극했습니다. 확실하게 제거가 되지 못한 귀물(鬼物)을 잘못 건들려 준동(蠢動)하게 되면 대형사고가 발생하는 것은 당연한 이치입니다.

그러므로 기사월(己巳月), 정사일(丁巳日)에 사건이 발생하였는데 사화(巳火)의 등장으로 인해 인사신(寅巳申)삼형에 걸리게 되는 시기인 것입니다.

곧 귀물을 안고 있는 팔자에서 인사신(寅巳申) 삼형으로 귀물(鬼物)이 준동(蠢動)하였은 즉, 인목(寅木)의 역마(驛馬)를 불러 왔는데 이것은 교통사고를 암시하는 것입니다. 팔자가 온전한 상태에서는 역마가 호상(好相)이지만 귀물(鬼物)을 가진 팔자에서는 역마(驛馬)를 만나게 되면 객사(客死)의 우려가 분명한 것입니다.

그러므로 명주는 기사월(己巳月), 정사일(丁巳日)에 교통사고로 당하여 전신마비가 되었습니다.


### ▶ 근황

17세 갑자년(甲子年) 기사월(己巳月) 정사일(丁巳日)에 자전거를 타고 가다 버스와 충돌하여 겨우 목숨은 건졌으나, 전신이 마비되어 지금까지 식물인간으로 생명을 유지하고 있다. [계의신결]

# 77

## 2개의 상신(相神)이 싸우느라 칠살(七殺)의 제살 (財殺)을 게을리 하면 관재수(官災數)는 당연하다

| 時 | 日 | 月 | 年 | 세운44 | 대운39 | 건 명 |
|---|---|---|---|---|---|---|
| 정인 | | 편관 | 편재 | 정관 | 비견 | 六神 |
| 辛 | 壬 | 戊 | 丙 | 己 | 壬 | 天干 |
| 亥 | 子 | 戌 | 申 | 卯 | 寅 | 地支 |
| 비견 | 겁재 | 편관 | 편인 | 상관 | 식신 | 六神 |
| 망신 | 양인 | 과숙 | 지살 | | | |
| 고신 | 홍염 | 상문 | 문곡 | | | |
| | | | 관귀 | | | |
| | | | 태극 | | | |
| | | | 천덕 | | | 神殺 |
| | | | 월덕 | | | |

▶ 사/주/분/석

무술(戊戌)이 편관격(偏官格)인데 병화(丙火)가 칠살(七殺)을 생조하면 재생살 (財生殺)이 분명합니다. 그러므로 칠살의 제복이 중요한 구조인데 다만 제복 (制伏)하는 식상(食傷) 혹은 인수(印綬)의 상신(相神)이 서로 충돌하는 것을 두려워합니다.

그래서 인수를 화살(化殺)하는 상신으로 선택한 것인데 식상인 인목(寅木)대운을 만나 인신충(寅申沖)을 당하면 극히 위태롭다고 판단할 수 있습니다. 고로 기묘년(己卯年) 44세는 인목대운[44~48] 진입시기로 인신충(寅申沖)을 만나 2개의 상신이 서로 싸우느라 칠살의 제복을 잊어버리게 됩니다.

따라서 기묘년에는 다시 기토(己土) 정관(正官)을 만난 것이므로 곧 재생살 (財生殺)이 관살혼잡(官殺混雜)으로 진행한 것이니 관재수(官災數)가 생겨 구속 (拘束)된 역술인 입니다.

# 78 천을귀인(天乙貴人)이 계수의 왕기(旺氣)를 도와 재생관(財生官) 하고 있다

| 時 | 日 | 月 | 年 | 대운39 | 건 명 |
|---|---|---|---|---|---|
| 비견 | | 정관 | 정재 | 상관 | 六神 |
| 戊 | 戊 | 乙 | 癸 | 辛 | 天干 |
| 午 | 子 | 丑 | 巳 | 酉 | 地支 |
| 정인 | 정재 | 겁재 | 편인 | 상관 | 六神 |
| 공망 | 육해 | 천을귀인 | 겁살 | | |
| 양인 | | | | | 神殺 |
| 도화 | | | | | |
| 재살 | | | | | |

## ▶ 사/주/분/석

공망(空亡)은 충(沖)으로 해소(解消)가 가능하다고 말하였는데, 이 명조는 오화(午火)가 공망(空亡)으로 자오충(子午沖)이 된 구조이니 곧 충(沖)도 해소(解消)가 되고 공망(空亡)도 없어졌다고 보면 됩니다.

그러므로 무토(戊土)일간에게는 오화(午火)가 양인(羊刃)이였는데 양인(羊刃)은 본래 충(沖)을 두려워 하지만 공망으로 인해 양인의 흉(凶)이 진정(鎭靜)이 되었습니다. 그러므로 축(丑)의 천을귀인(天乙貴人)을 취(取)하는데 성공하였습니다. 곧 축(丑)중의 계수(癸水) 정재(正財)는 일간과 무계암합(戊癸暗合)을 하여 재록(財祿)의 기운을 취하였는데 이것을 년간(年干)의 계수(癸水)가 축(丑)중에서 계수의 왕기(旺氣)를 보았다고 말을 하는 것입니다.

그래서 이 명조는 재왕생관(財旺生官)의 명식이니 재생관(財生官)은 수장(首長)이 되는 명식의 한 구조이고 조직체에서는 승승장구하게 됩니다. 신유(辛酉)대운에는 상관운(傷官運)이므로 정관(正官)을 손상시킬 우려가 있었지만 년간의 계수(癸水) 정재(正財)가 통관신(通關神)으로 작용하여 상관생재(傷官生財)하고 재생관(財生官)하니 오히려 발전이 있었습니다. 그러므로 이런 구조는 재왕생관(財旺生官)이 된다고 말해야지 상관견관(傷官見官)이라 보면 안되는 것입니다. 비록 유금(酉金)대운에 사유축(巳酉丑)삼합이라 하지만 자수(子水)와 계수(癸水)에 의해 상관견관(傷官見官)이 오히려 상관생재(傷官生財)로 변한 것입니다.

그러므로 상관의 왕성한 기운이 통관신에 의해 천지(天地)로 배출(排出)이 될 수 있었습니다. 곧 이 때에는 결과적으로 정관을 왕(旺)하게 성장(成長)시키는 결과를 만들었기 때문에 재왕생관(財旺生官)이라 말하는 것이니 이 시기에 오히려 크게 발복(發福)하였는데, 시장(市長)이라는 한 지역의 수장(首長)이 될 수 있었습니다.

▶ **근황**
신유(辛酉)대운 을해(乙亥)년 42세에 부시장(副市長)이 된 후 신유(辛酉)대운 무인년(戊寅)45세에 마침내 시장(市長)으로 승진하게 되었다. [중국 요녕성]

# 79 화살위권(化殺爲權)이 되는 갑목(甲木) 운에 합격을 하였다

| 時 | 日 | 月 | 年 | 세운33 | 대운32 | 건 명 |
|---|---|---|---|---|---|---|
| 겁재 | | 비견 | 정재 | 정관 | 편관 | 六神 |
| 己 | 戊 | 戊 | 癸 | 乙 | 甲 | 天干 |
| 未 | 寅 | 午 | 丑 | 酉 | 寅 | 地支 |
| 겁재 | 편관 | 정인 | 겁재 | 상관 | 편관 | 六神 |
| 금여 | 공망 | 도화 | 천살 | | | |
| | 겁살 | 양인 | 태극 | | | 神殺 |
| | 문곡 | 장성 | 백호 | | | |
| | 고신 | | 과숙 | | | |

## ▶ 사/주/분/석

인목(寅木)이 오화(午火)를 만나 인오합(寅午合)이 되면 곧 화살(化殺)이 됩니다. 그런데 화살위권(化殺爲權)이 되면 권력에 도전하려는 마음이 생겨나는데 이 사주에서는 갑목(甲木)의 투출이 없습니다. 이런 경우는 오직 마음뿐이고 일을 성사하지 못하는 이유가 됩니다. 왜냐하면 갑목(甲木)이 투출해야 기토(己土) 겁재를 합살(合殺)할 수 있는데 곧 양인합살(陽刃合殺)의 권위가 설수가 있기 때문입니다.

그래서 말하길 다만 칠살(七殺)만 있고 양인(羊刃)이 없으면 현달(顯達)할수 없고 양인(羊刃)만 있고 칠살(七殺)이 없으면 위엄(威嚴)이 없다고 말을 합니다.

고로 을묘(乙卯) 정관(正官)은 합살(合殺)이 못되고 오히려 관살혼잡(官殺混雜)에 빠질 수가 있게 됩니다. 특히 묘(卯)정관은 오묘파(午卯破)이니 인목(寅木)편관(偏官)과 함께 관살혼잡(官殺混雜)이 심하게 일어난 것입니다.

이러한 시기에는 이직(移職), 퇴사(退仕)가 많으니 오히려 차기(此期)를 노려 보는데 수험생활이 올바른 겁니다. 보통 화생토(火生土)로 흐르던 다비견자 (多比肩者)에게 금(金)의 식상(食傷)이 없으면 진로(進路)가 막히는 장애가 발생 합니다.

그런데 을유년(乙酉年)에는 유축합(酉丑合)으로 급신이지(及身而止)를 해소하 였으므로 막혔던 일주가 뚫려 길이 열린 것입니다.

#### ▶ 근황

을묘(乙卯)대운 무인(戊寅)26세부터 갑신(甲申)32세까지 1998년부터 2004 년까지 사법시험 공부를 했으나 실패했다. 갑인(甲寅)대운 을유(乙酉) 33세 2005년 후반에 금융 공기업에 입사했다.

# 80 돈으로 무자(無子)의 운명을 바꾼 사람

| 時 | 日 | 月 | 年 | 건 명 |
|---|---|---|---|---|
| 상관 |  | 정관 | 비견 | 六神 |
| 壬 | 辛 | 丙 | 辛 | 天干 |
| 辰 | 卯 | 申 | 丑 | 地支 |
| 정인 | 편재 | 겁재 | 편인 | 六神 |
| 절로공망 |  |  |  | 神殺 |

## ▶ 사/주/분/석

신묘(辛卯)일주는 일간 좌하(座下) 일지(日支)에 재성(財星)을 둔 것입니다.

그래서 재성 개두(蓋頭)의 상(像)이 되는데 월지 겁재(劫財)와 암합(暗合)으로 피상(被傷)을 당하고 또 자녀궁과는 상천살(相穿殺)을 놓고 있으니 이것은 자식으로 인해 극처를 암시하게 됩니다. 고로 이 남자는 아들을 얻기 위해 아내에게 아들 가지기를 종용하였는데 6명의 딸을 두었으나 아들은 얻지 못했다고 합니다.

그런데 당시의 중국은 한 가족 정책으로 이를 어길 경우 사회부양비 명목으로 어마한 금액을 벌금으로 번 돈 대부분이 범칙금으로 내야만 했습니다.

이것은 다른 의미로 보게 되면, 병신합거(丙辛合去)가 되어 자식궁은 절로공망까지 된 상황이므로 이 사람은 자식 얻기가 어려운 팔자로, 이것은 거액의 돈을 주고 자식을 입양한 것과 같은 의미가 되었습니다.

결국 처(妻)는 을해년(乙亥年)에 사망하고, 남자는 그 해에 재혼(再婚)하여 아들을 얻었다고 합니다. [하중기]

# 81 유년의 합의 세기는 원국보다 강하여 선취합이 가능하다

| 時 | 日 | 月 | 年 | 세운 | 곤 명 |
|---|---|---|---|---|---|
| 정재 | | 정재 | 식신 | 정재 | 六 神 |
| 癸 | 戊 | 癸 | 庚 | 癸 | 天 干 |
| 亥 | 辰 | 未 | 辰 | 卯 | 地 支 |
| 편재 | 비견 | 겁재 | 비견 | 정관 | 六 神 |
| 공망 | 화개 | 천살 | 화개 | | |
| 망신 | 홍염 | 금여 | 홍염 | | 神 殺 |
| 관귀 | 백호 | | 태극 | | |

## ▶ 사/주/분/석

무토(戊土)일간이 월(月)과 시(時)에 동일한 정재(正財)를 보면 쟁합(爭合)이라 하여 합이 성립이 안 된다고 보고 있습니다. 이것을 보통 합이불합(合二不合)이라 말합니다.


그런데 만약 세운에서 들어오는 정재(正財) 계수(癸水)는 어떠한가?

이 명주는 계묘년(癸卯年)에 취업에 성공하였으니 쟁합(爭合)이 아니라 득재(得財)가 된 것이 분명합니다. 왜 쟁합(爭合)이 아니고 득재(得財)가 되었을까.

세운에서 들어오는 합력(合力)의 세기는 원국의 합을 능가한다는 것입니다.

고로 선취합(先取合)을 할 수가 있다는 뜻입니다.

그래서 재생관(財生官)이 된 계묘년(癸卯年)의 묘목(卯木)이 월지 미토(未土)와 합국했으니 관성(官星)의 기운이 강하게 분출하였고 천간의 일간은 득재(得財)의 상(像)을 보였으니 그 해에 취업에 성공하였습니다.

월지 미토(未土)에 숨은 을목(乙木) 관성(官星)은 금여성(金輿星)에 해당되며 돈

수레를 상징하는데 진(辰)중의 을목(乙木) 2개와 해중(亥中) 갑목(甲木)으로 암장이 되어 있습니다.

그런데 이 을목들은 모두 년간 경금(庚金)과 을경(乙庚)명암합(明暗合)을 하고 해중(亥中)의 갑목(甲木)과는 갑경(甲庚)암충(暗沖)이 됩니다. 이것은 모두 식신(食神)을 활용하는 조직을 의미합니다. 고로 금여성(金輿星)으로 돈수레에 탄 을목과 을경(乙庚)암합(暗合)이 된 경금(庚金) 식신(食神)은 금융업(金融業), 회계업(會計業), 세무업(世務業)등이 됩니다. 일종의 금융서비스업이고 의식주를 창출하는 기술자가 됩니다. 그런데 일간이 계수(癸水) 정재(正財)와 쟁합(爭合)이 된 상(像)이므로 계수(癸水)는 숫자를 다스리는 물상의 직업이 나올 수 있습니다. 원래 계수(癸水)는 거리를 측정하던 2개의 화살대를 말하는 것인데 이러한 계수(癸水)의 뜻이 파생하여 숫자측정이 된 것입니다.

그래서 경금 식신 옆에 붙은 계수(癸水)는 세무(稅務), 회계(會計)가 되는 것입니다. 그런데 지장간의 숨은 을목 정관이 많다는 점은 회계사의 업무가 그렇듯이 법인회계로 들어가 여러 회사들의 회계를 감사 하는 일한다고 보면 됩니다.

## ▶ 근황

경진(庚辰)대운에 대학에서 세무·회계를 전공하여 2023 계묘(癸卯) 세운에 병원 회계팀에 입사하여 현재까지 근무하고 있으며, 조마간 공기업으로 이직을 검토하고 있다.

# 82 쟁관(爭官)의 모습은 이심(二心)으로 대변할 수 있다

| 時 | 日 | 月 | 年 | 대운 | 건 명 |
|---|---|---|---|---|---|
| 정관 | | 정관 | 식신 | 비견 | 六 神 |
| **戊** | **癸** | **戊** | **乙** | **癸** | 天 干 |
| **午** | **卯** | **寅** | **未** | **酉** | 地 支 |
| 편재 | 식신 | 상관 | 편관 | 편인 | 六 神 |
| 육해 | 장성 | 망신 | 화개 | 神 殺 | |
| 현침 | 문창 | 금여 | 비인 | | 神 殺 |
| | 낙정 | | 백호 | | |
| | 천을 | | 곡각 | | |

▶ 사/주/분/석

쟁합(爭合)은 합(合)의 모습은 하고 있지만 합한 형국(形局)은 아니라고 하였는데, 두 가지 이심(二心)을 가진 사람으로 볼 수 있습니다.

여자의 경우라면, 두 남자를 놓고 고민하는 형국이라, 정관(正官) 이위(二位)로 보기도 하여 일부종가 어렵다고 판단하는 것입니다. 만약 남자의 경우 2 자식의 운명이 갈라진 것이므로 운에서 쟁합(爭合)을 깨는 시점에 새로운 여자를 확정짓는 운명으로 보기도 합니다. 그러므로 계유(癸酉)대운에 무계합(戊癸合)으로 쟁합(爭合)을 깨고 묘유충(卯酉沖)으로 부부궁을 충동한 시점에 이혼하고 재혼을 합니다. 즉 월간의 무토(戊土) 정관(正官)을 계수(癸水)에게 보내주고 나는 시간의 무토(戊土) 정관(正官)을 고정 짓는 순간인 것입니다. 이 쟁관(爭官)의 역할은 본능적으로 이심(二心)을 다루는 중앙정보국에서 근무 했으며, 계유대운 초혼에 실패하고 아들하나 두었다. 두 번째로 조선족 여성과 결혼하였으나 자식은 없고, 부친의 유산을 모두 팔아 현금화 했으며 동생들은 안 나눠주고 혼자 독식 했다고 한다.

# 83 자화간합(自化干合)에 의지하는 지지(地支)를 충(沖)하는 것은 마땅하지 않다

| 時 | 日 | 月 | 年 | 세운42 | 대운39 | 곤 명 |
|---|---|---|---|---|---|---|
| 편인 | | 정관 | 편인 | 겁재 | 겁재 | 六 神 |
| 乙 | 丁 | 壬 | 乙 | 丙 | 丙 | 天 干 |
| 巳 | 亥 | 午 | 卯 | 申 | 戌 | 地 支 |
| 겁재 | 정관 | 비견 | 편인 | 정재 | 상관 | 六 神 |
| 역마 | 지살<br>천을 | 육해 | | 장성 | 겁살 | 神 殺 |

## ▶ 사/주/분/석

정해(丁亥)일주는 자화간합(自化干合)입니다.

정화(丁火)일간은 해(亥)중의 임수(壬水) 정관(正官)과 정임(丁壬)명암합(明暗合)이 되어 있습니다. 이것은 부부(夫婦)유정(有情)으로 보기도 하였는데 다만 사해충(巳亥沖)이 된 것으로 불미(不美)하였습니다.

말하기를 만약 **'재관(財官)이 땅 아래 있는데 재관(財官)이 왕(旺)하다면 곧 안정된 것이 좋고 충(沖)하면 마땅하지 않다'** 하였다.

그러므로 자화간합(自化干合)이 된 지지를 사해충(巳亥沖) 하는 구조이므로 향후 부부관계가 아름답지 않게 전개가 된다는 것을 인지(認知)해야 합니다. 그러므로 이 명주는 병신년(丙申年)에 합의 이혼(離婚)하였고, 기해년(己亥年)에 재혼(再婚)에 성공하였습니다.

# 84 재성(財星)의 자묘형(子卯形)은 송사, 질환 등 손재수가 있다

| 時 | 日 | 月 | 年 | 세운 | 건 명 |
|---|---|---|---|---|---|
| 상관 | | 정인 | 비견 | 비견 | 六 神 |
| **癸** | **庚** | **己** | **庚** | **庚** | 天 干 |
| **未** | **子** | **卯** | **申** | **子** | 地 支 |
| 정인 | 상관 | 정재 | 비견 | 상관 | 六 神 |
| 절로공망 | 공망 낙정 | | | 지살 | 神 殺 |

## ▶ 사/주/분/석

월지 묘목(卯木)은 재성(財星)으로 처성(妻星)에 해당합니다.

그런데 자묘형(子卯形)을 한다는 것은 내 처(妻)에게 형살(刑殺)이 붙어 있다는 의미이기도 합니다. 그런데 재성(財星)에 형살이 붙은 구조는 재산상의 손재 (損財)가 따르는 것을 말합니다. 그러므로 형살(刑殺)은 소송(訴訟) 관련만이 아니고 질병에도 나타날 수가 있습니다.

곧 자묘형(子卯形)은 생식기(生殖器) 질환인데 남자라면 비뇨기과(泌尿器科), 방광(膀胱)질환이고 내 처(妻)가 질병을 얻는다면 자궁(子宮)질환에 많이 나타납니다. 왜냐하면 묘월(卯月)의 경금(庚金)은 차갑기 때문에 병정(丙丁)화가 화가(禾稼) 필요한 것인데 화(火)가 없으니 내 처(妻)는 냉방(冷房)질환에 걸릴 수가 있다는 뜻이기도 합니다.

그러므로 자묘형(子卯形)을 동(動)하게 만드는 경자(庚子)년 경진(庚辰)월에 내 처가 자궁암 진단을 받고 수술하였다고 합니다.

# 85 편재형살(偏財刑殺)은 불법 도박 잘못된 투기를 말한다

| 時 | 日 | 月 | 年 | 건 명 |
|---|---|---|---|---|
| 정인 | | 정재 | 겁재 | 六神 |
| **庚** | **癸** | **丙** | **壬** | 天干 |
| **申** | **卯** | **午** | **午** | 地支 |
| 정인 | 식신 | 편재 | 편재 | 六神 |
| 공망 | 도화 | 장성 | 육해 | |
| 역마 | 문창 | | | 神殺 |
| 겁살 | 처을 | | | |

## ▶ 사/주/분/석

일반적인 형살(刑殺)이란 지나침, 부풀어 오름, 쏠리는 현상 등을 야기시킨다고 합니다. 그래서 형살(刑殺)을 가진 팔자는 미션(mission)수행이 따르는 것인데 균형을 유지하지 못한 삶은 곧 분쟁, 송사 등이 따르게 되는 것은 당연한 것입니다. 즉 지나친 행동으로 규칙을 위반하면 벌과금(罰科金)이 매겨지는 것입니다.

그래서 형벌(刑罰) 형(刑)이라 합니다. 그러므로 오오(午午) 편재형살(偏財刑殺)은 이미 과도한 공공재물이 나에게 쏠려 있다는 의미 이므로 균형을 잡지 못하게 되면 송사(訟事)에 처해질 수 있게 됩니다.

따라서 편재(偏財)형살(刑殺)이 되면 과거 부친(父親)의 과도한 재력(財力)의 낭비(浪費)가 있을 수 있겠고 혹은 처(妻)의 무리한 투자 실패로 인해 부부이별(夫婦離別)수도 생겨날 수도 있겠지만, 편재는 본래 재물에 속한 영역이므로 재물관리 실패로 나타나기 쉽습니다.

따라서 이 사람은 뇌물수수 혐의로 회사에서 해고당했다고 합니다.

# 86 무토회광(戊土晦光)이 흑운차일(黑雲次日)이 되는 복음(伏吟)운에 질환으로 사망할 수 있다

| 時 | 日 | 月 | 年 | 세운 | 대운 | 곤 명 |
|---|---|---|---|---|---|---|
| 식신 | | 상관 | 정인 | 정관 | 정인 | 六 神 |
| 戊 | 丙 | 己 | 乙 | 癸 | 乙 | 天 干 |
| 戌 | 子 | 丑 | 未 | 卯 | 未 | 地 支 |
| 식신 | 정관 | 상관 | 상관 | 정인 | 상관 | 六 神 |
| | 도화 | | 백호 | | 복음 | 神 殺 |

## ▶ 사/주/분/석

자수(子水)에 앉아 있는 병화(丙火)일간은 무기토(戊己土)로 덮혀있으니 무토 회광(戊土晦光)이 두렵습니다. 그러므로 을목(乙木)으로 소토(燒土)하였는데 정 인(正印)으로 무기(戊己)토를 제압하는 공(功)이 있는 팔자입니다.

그러나 토다목절(土多木絶)의 위기는 상주(常住)했으므로 평소 간장(肝腸) 질환 이 있었다고 봅니다.또한 진상관(眞傷官)에서는 자수(子水) 정관(正官)이 손상 당할 수 있는데 남편이 건물주로 살아오는 등 상당히 잘 살았다고 말하는 것으로 보면, 이 팔자에서는 자축합(子丑合)이 구성이 되어 정관을 보호하고 있다는 뜻이기도 합니다.다만 을미(乙未)대운 복음(伏吟)운으로 들어가면서 을목의 손상이 일어나기 시작합니다.

원래 복음(伏吟)이라 함은 **"엎드려 고통을 호소한다"**는 뜻이므로 간장(肝腸) 은 더욱 엎드려 끙끙 앓게 되는 시기가 을미대운이 됩니다.

이 상황에 계묘년(癸卯年)에 묘미합(卯未合)은 구제인가 혹은 파가(破家)인가? 복음(伏吟) 운에 만나는 목국(木局)은 암 말기환자에게 구원이라기 보다는 장례같은 것으로 봅니다. 특히 계수로 인해 흑운차일(黑雲次日)로 병화가 빛을 잃는 게 원인입니다. 계묘년(癸卯年) 계해월(癸亥月)에 사망한 것도 역시 2개의 계수(癸水)로 인해 병화(丙火)가 빛을 잃었다는 반증이 될 수 있습니다. 고통이 심화되는 가운데 결성이 되는 목국(木局)은 질환 치료라기보다는 통증 완화를 위한 마약 투여처럼 보이는 것입니다.

### ▶ 근황

몇 년 전에 남편은 당뇨 합병으로 사망하였고 본인은 계묘년 해(亥)월에 간암으로 사망하였다. 남편이 건물 2채를 갖고 있는 건물주로 임대수입 많았다고 한다.

# 87 축진(丑辰)3파살로 3백호가 동(動)하니 곡각살이 작동한다

| 時 | 日 | 月 | 年 | 대운13 | 곤 명 |
|---|---|---|---|---|---|
| 정인 | | 비견 | 식신 | 식신 | 六 神 |
| 甲 | 丁 | 丁 | 己 | 己 | 天 干 |
| 辰 | 丑 | 丑 | 丑 | 卯 | 地 支 |
| 상관 | 식신 | 식신 | 식신 | 편인 | 六 神 |
| 백호 | 화개 | 화개 | 화개 | | |
| 급각 | 비인 | 비인 | 비인 | | 神 殺 |
| | 백호 | 백호 | 곡각 | | |
| | 곡각 | 곡각 | | | |
| 衰 | 墓 | 墓 | 墓 | | 12운성 |

## ▶ 사/주/분/석

월지 묘목(卯木)은 재성(財星)으로 처성(妻星)에 해당합니다.

그런데 자묘형(子卯形)을 한다는 것은 내 처(妻)에게 형살(刑殺)이 붙어 있다는 의미이기도 합니다. 그런데 재성(財星)에 형살이 붙은 구조는 재산상의 손재(損財)가 따르는 것을 말합니다.

그러므로 형살(刑殺)은 소송(訴訟) 관련만이 아니고 질병에도 나타날 수가 있습니다. 곧 자묘형(子卯形)은 생식기(生殖器) 질환인데 남자라면 비뇨기과(泌尿器科), 방광(膀胱)질환이고 내 처(妻)가 질병을 얻는다면 자궁(子宮)질환에 많이 나타납니다. 왜냐하면 묘월(卯月)의 경금(庚金)은 차갑기 때문에 병정(丙丁)화가(禾稼) 필요한 것인데 화(火)가 없으니 내 처(妻)는 냉방(冷房)질환에 걸릴 수가 있다는 뜻이기도 합니다.

그러므로 자묘형(子卯形)을 동(動)하게 만드는 경자(庚子)년 경진(庚辰)월에 내 처가 자궁암 진단을 받고 수술하였다고 합니다.

494 / 신살론

# 88 재왕생살(財旺生殺) 사주에서 사화에 의지 하는 상신(相神)의 충극(沖剋)에 대패한다

| 時 | 日 | 月 | 年 | 세운16 | 대운15 | 건 명 |
|---|---|---|---|---|---|---|
| 편관 | | 편관 | 편관 | 식신 | 편재 | 六 神 |
| 辛 | 乙 | 辛 | 辛 | 丁 | 己 | 天 干 |
| 巳 | 未 | 丑 | 未 | 亥 | 亥 | 地 支 |
| 상관 | 편재 | 편재 | 편재 | 정인 | 정인 | 六 神 |
| 공망 | 화개 | 월살 | 화개 | | | 神 殺 |
| 역마 | 백호 | 곡각 | 현침 | | | |
| 곡각 | 곡각 | | | | | |
| 현침 | | | | | | |

## ▶ 사/주/분/석

3편재(偏財)와 3칠살(七殺)이므로 재왕생살(財旺生殺)하는 사주입니다. 그런데 월령의 편재가 칠살을 생하는 것은 재관(財官)이 무기(無氣)한 것이므로 파격 (破格)이 됩니다. 을미(乙未)와 신축(辛丑)은 동주묘(同住墓)이고 축미충(丑未沖) 이 된 구조이니 관살(官殺)의 입고(入庫)처와 일간의 입고처를 가진 팔자이죠. 그런데 신금(辛金)은 칠살이므로 오직 사화(巳火) 상관(傷官)에 의해 제복(制伏) 함을 반기므로 일간은 사화(巳火)에 의지합니다. 그런데 기해(己亥)대운 정해 년(丁亥年)에 사해충(巳亥沖)을 당하면 상신(相神) 제거(除去)로 을목(乙木)은 입 고(入庫) 당합니다. 일간입고는 갇힌다는 뜻입니다. 입원(入院)해서 갇히지 않 으면 재소자(在所者)로도 갇힐 수 있습니다.

이 명주는 기해(己亥)대운 정해(丁亥)년 16세 신묘(辛卯)년~20세 정해년에 정 신분열증을 앓았다고 합니다.[무학]

# 89 제살태과(制殺太過)가 되는 시점에 부도를 당할 수 있다

| 時 | 日 | 月 | 年 | 세운49 | 대운44 | 건 명 |
|---|---|---|---|---|---|---|
| 식신 | | 편관 | 상관 | 겁재 | 겁재 | 六 神 |
| 甲 | 壬 | 戊 | 乙 | 癸 | 癸 | 天 干 |
| 辰 | 辰 | 寅 | 卯 | 卯 | 酉 | 地 支 |
| 편관 | 편관 | 식신 | 상관 | 상관 | 정인 | 六 神 |
| 백호 | | 역마<br>망신 | | | | 神 殺 |

## ▶ 사/주/분/석

인묘진(寅卯辰)방국을 유금(酉金)이 묘유충(卯酉沖)을 하면 왕신충발(旺神衝發)이 일어납니다. 왕신충발(旺神衝發)에서는 왕신(旺神)이 흉신(凶神)이면 흉신(凶神) 충기(沖氣)가 일어나는데 흉신(凶神)이 충기(沖氣)하면 무토(戊土)를 극하는 것 이니 편관(偏官) 파괴가 나타납니다. 곧 제살태과(制殺太過)의 흉이 발생했습니다.

계묘년(癸卯年)은 49세로 유금대운(49~53) 시작점과 정확히 일치합니다. 특히 다시 계묘년(癸卯年)이므로 무토(戊土)가 완전히 제거가 되는 겁니다. 제살태과(制殺太過)로 들어가면 관록(官祿)이 삭탈관직(削奪官職)이 되는 까닭에 직업인은 사직(辭職)이 나타나고 사업가는 부도가 나타납니다. 그러므로 이 사람은 인테리어 사업을 운영 중이였으나 계묘년(癸卯年)에 투자목적으로 구입해 놓은 가게가 재정악화로 내놓은 상태라고 합니다.

# 90 종혁격(從革格)의 구성은 삼합을 이루는 것이 전제 조건이다

| 時 | 日 | 月 | 年 | 세운48 | 대운39 | 곤 명 |
|---|---|---|---|---|---|---|
| 겁재 | | 바견 | 겁재 | 편관 | 편관 | 六 神 |
| 庚 | 辛 | 辛 | 庚 | 丁 | 丁 | 天 干 |
| 寅 | 酉 | 巳 | 子 | 亥 | 丑 | 地 支 |
| 정재 | 비견 | 정관 | 식신 | 상관 | 편인 | 六 神 |
| 역마 | 겁살 | 도화 | | 공망 지살 | 공망 | 神 殺 |

## ▶ 사/주/분/석

이 명조는 사화(巳火)가 월지이므로 정관격(正官格)을 구성했습니다. 그런데 천간에는 천전일기(天全一氣)로 구성이 되어 있는 것이므로 마땅히 그 기운에 순리에 따르는 것이 옳바른 길입니다. 그런데 월지 사화(巳火)는 그 길을 거스리는 모양이므로 마땅히 파격(破格)으로 봐야 할 것입니다. 그런데 이 명주는 실제로는 누구보다도 귀격(貴格)의 삶을 보여주고 있다는 점입니다.

그러므로 이 사주를 정격(正格)으로 보지 말고 천전일기(天全一氣)에 순응하는 도리(道理)가 있는가를 판단해야 할 것입니다.

만약 정관 사화의 존재를 육친적으로 살펴보게 된다면, 정관(正官) 사화(巳火)는 자사(子巳)암극(暗剋)이 되고 사유합(巳酉合)으로 변질을 요구 받으면서 인사형(寅巳刑)이 됩니다.또한 비겁(比劫)태강(太强)하니 탈관(脫官)이 되면서 정관(正官)의 파손이 극에 이르렀는데 남편 복이 있을 수가 없다는 점입니다. 그러므로 기신(忌神) 겁재(劫財)를 생조하는 토(土)가 어찌 희신(喜神)이 되겠습니까.

토(土)가 희신이 되려면 마땅히 일인지하만인지상(一人之下萬人之上)의 종혁격(從革格)을 구성해야 할 것입니다.

더구나 정격에서는 인목(寅木) 재성은 경인(庚寅)이니 개두(蓋頭)의 상(像)이고 인유(寅酉)원진(元嗔)으로 휩싸여 있으니 군겁쟁재(群劫爭財) 당할게 뻔합니다. 그러므로 인목(寅木)의 재성(財星)파괴(破壞)가 분명한데 넉넉한 집안의 배경이 나올 수가 있겠습니까?

따라서 이 명주는 정축(丁丑)대운 끝날 무렵 2007 정해년(丁亥年) 48세까지 사업을 하면서 돈을 긁어모았다고 합니다. 축(丑)대운에는 사유축(巳酉丑) 삼합으로 확실한 종혁(從革)의 상을 나타내고 있기 때문이죠. 이것은 천전일기(天全一氣)를 따르는 도리(道理)가 축(丑)대운에 실현(實現)이 되었기 때문에 가능한 것입니다. 만약 사화(巳火)가 변하지 않았다고 하면 정관(正官)은 탈관(脫官)으로 인해 부부이별이고 재물손재수가 크게 나타났을 것입니다.

▶ **근황**

친정아버지의 교육열이 대단해서 대학원까지 무난히 공부를 마쳤다.

졸업하기 전에 이미 우리나라 제일가는 공기업에 공채로 시험에 붙어서 합격자가 신문에 날 정도였다. 현재 상류층이라 해도 과언이 아니다.

살면서 그리 굴곡이 많지 않고 안정되게 가는 것을 지켜보았다.

남편은 너무 좋은 사람이라고 한다. 정축대운에 돈을 긁어모았다.

▶ **참고문헌**

滴天髓闡微 적천수천미 중화민국 무릉출판사유한공사

滴天髓徵義 적천수징의 중화민국 무릉출판사유한공사

滴天髓補註 적천수보주 중화민국 무릉출판사유한공사

淵海子平　연해자평　　중화민국 무릉출판사유한공사

窮通寶鑑　궁통보감　　중화민국 무릉출판사유한공사

命理正宗　명리정종　　중화민국 무릉출판사유한공사

命理約言　명리약언　　중화민국 무릉출판사유한공사

神峰通考　신봉통고　　중화민국 무릉출판사유한공사

自平眞詮　자평진전　　중화민국 무릉출판사유한공사

滴天髓　　적천수　　　중화민국 무릉출판사유한공사